KB147354

펴낸이	김기훈 l 김진희
펴낸곳	(주)쎄듀 l 서울특별시 강남구 논현로 305 (역삼동)
발행일	2023년 8월 21일 초판 1쇄
내용문의	www.cedubook.com
구입문의	콘텐츠 마케팅 사업본부
	Tel. 02-6241-2007
	Fax. 02-2058-0209
등록번호	제 22-2472호
ISBN	978-89-6806-282-7

어법끝
서술형

Grammar & Usage + Writing

저자

김기훈 現 ㈜쎄듀 대표이사

現 메가스터디 영어영역 대표강사

前 서울특별시 교육청 외국어 교육정책자문위원회 위원

저서 천일문 / 천일문 Training Book / 천일문 GRAMMAR

첫단추 BASIC / Grammar Q / ALL쎄 서술형 / Reading Relay

어휘끝 / 어법끝 / 쎄듀 본영어 / 절대평가 PLAN A

The 리딩플레이어 / 빈칸백서 / 오답백서

첫단추 / 파워업 / 쎈쓰업 / 수능영어 절대유형 / 수능실감 등

황성현 現 인천외국어고등학교 영어교사

前 서문여자고등학교 영어교사

前 인천포스코고등학교 영어교사

쎄듀 영어교육연구센터

쎄듀 영어교육센터는 영어 콘텐츠에 대한 전문지식과 경험을 바탕으로
최고의 교육 콘텐츠를 만들고자 최선의 노력을 다하는 전문가 집단입니다.
오혜정 수석연구원 · **이혜경** 전임연구원 · **이민영** 연구원 · **심승아** 연구원

교재 개발에 도움을 주신 분들

강다현 선생님(서울 강쌤영어교습소) | 권기중 선생님(대구 kj 고3영어) | 김경수 선생님(서울 탑킴입시컨설팅진학지도교습소) | 김기원 선생님(대구 아너스어학원) | 김능황 선생님(경기 삼성영어 민락학원) | 김다은 선생님(경기 티엔디플러스영어수학학원) | 김도엽 선생님(광주 스카이영어전문학원) | 김명열 선생님(서울 대치명인학원 은평캠퍼스) | 김미나 선생님(대구 메이쌤 영어) | 김선우 선생님(경남 이해성 김해 의대관 학원) | 김성호 선생님(충남 J&k튜터 영어) | 김은영 선생님(경기 JEY 어학원) | 김은진 선생님(서울 진영어학원) | 김정원 선생님(서울 MP영어) | 김정은 선생님(경기 조이력영어학원) | 김지나 선생님(충북 킴스영어) | 김지연 선생님(인천 송도탑영어학원) | 노우정 선생님(광주 노우정영어교습소) | 문장엽 선생님(광주 엠제이영어수학전문학원) | 박경일 선생님(부산 제니스영어) | 박고은 선생님(대구 스테듀입시학원) | 박민지 선생님(부산 박민지교습) | 박소현 선생님(대구 SKY English) | 박승열 선생님(광주 박길영수전문학원) | 박은경 선생님(대구 박쌤영어) | 박정선 선생님(강원 잉글리쉬클럽) | 박정희 선생님(부산 학림학원) | 박차희 선생님(전북 연세입시학원) | 박찬미 선생님(부산 한림영어 교습소) | 박효정 선생님(경기 PlantingEnglsih) | 방성모 선생님(대구 방성모영어학원) | 백은진 선생님(경기 백티영어) | 서세미 선생님(대전 영어종결센터 새롬점) | 석주영 선생님(광주 일등급공부방) | 성지현 선생님(부산 support 영어) | 손아미 선생님(광주 공감플러스영수학원) | 송명현 선생님(경기 하이송숭 영어교습소) | 심소미 선생님(경기 정도학원) | 안상현 선생님(경기 프라미스영어학원) | 우희진 선생님(대전) | 윤현미 선생님(충남 비비안의 잉글리쉬 클래스) | 이경민 선생님(경남 KM ENGLISH) | 이동현 선생님(대구 쌤마스터입시학원) | 이민지 선생님(충남 마스터영어학원) | 이상용 선생님(경남 교담학원) | 이상훈 선생님(경기 몬스터잉글리쉬학원) | 이승관 선생님(부산 참영어수학전문학원) | 이윤주 선생님(인천 트리플워) | 이정현 선생님(경기 몬스터잉글리쉬학원) | 이주연 선생님(경남 위잉글리쉬 영어학원) | 이충기 선생님(경기 영어나무) | 이화연 선생님(서울 써니사이드학원) | 임해림 선생님(서울 그레이스학원) | 장윤정 선생님(부산 톡톡영어교습소) | 전혜경 선생님(경기 JHK영어교습소) | 조민재 선생님(서울 정성학원) | 조시후 선생님(경북 SI어학원) | 조효숙 선생님(광주 눈높이러닝센터 월계학원) | 지애란 선생님(경기 Doer's Study) | 최명선 선생님(경기 뮤토영수학원) | 최우성 선생님(부산 초이English&Pass) | 한주희 선생님(경기 Jenny English) | 함수향 선생님(경기 진심팩토리) | 황승휘 선생님(울산 에버스쿨 영어학원) | 황혜진 선생님(서울 이루다 영어) | Karl 선생님(경북 고대어학원 EiE 옥곡점)

마케팅   콘텐츠 마케팅 사업본부

제작   정승호

영업   문병구

인디자인 편집 올댓에디팅

디자인   윤혜영

영문교열   James Clayton Sharp, Stephen Daniel White

Preface

이 책을 내며

고등학교의 내신 영어의 약 40%는 주관식(서답형)으로 출제된다.

(서답형의 하위 유형으로 단답형, 완성형, 논술형/서술형이 있다. 서답형보다는 서술형으로 불리므로 이 교재에서도 서술형이라 칭한다.)

중학교에서도 내신 영어에 서술형 문제가 있긴 하지만, 준비기간에 열심히 학습하면(암기하면) 큰 어려움 없이 풀 수 있었을 것이다. 그에 반해 고등 내신은 중학교에 비해 어마어마한 범위, 범위 내의 지문 문장의 변형 가능성, 외부 지문 출제 가능성도 있으므로, 단시간 내에 해결하거나 암기로 해결하기 어렵다. 중학교 때는 어떻게든 부분점수를 주시려는 선생님을 만날 수도 있지만 고등학교에서는 그것도 기대할 수 없다. 실수든 실력 탓이든 학생들 대부분은 서술형에서 감점을 아주 치명적으로 맛보게 된다.

고등 내신 영어의 문항 수는 평균적으로 30문항이다. 그중 7~8문항이 서술형으로 비율은 30~40%이고 배점은 대략 40점을 차지한다. 서술형만을 놓고 보면 어휘/내용완성 문제, 어법, 영작이 각각 1/3 정도씩 차지한다.

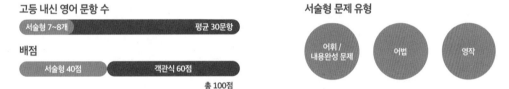

고등 내신 영어 문항 수

| 서술형 7~8개 | 평균 30문항 |

배점

| 서술형 40점 | 객관식 60점 |

총 100점

서술형 문제 유형

어휘 / 내용완성 문제 | 어법 | 영작

이중 어휘/내용완성은 어휘학습과 독해력 학습이 충분히 되었다면 별 무리 없이 해결할 수 있다. 문제는 90% 이상의 고등학교에서 서술형 중 60% 이상을 차지하는 어법과 영작이다. 그런데, 영작 문제를 들여다보면 어법상 중요한 요소들이 여기저기 자리 잡고 있다. 즉, 어법이 곧 영작이고 영작이 곧 어법이 되는 것이다. 어법이 전혀 중요하지 않은 문장을 영작으로 출제하지 않는다.

이 교재는 <어법끝 서술형>이라는 제목에서 알 수 있듯이, 서술형 어법 문제를 중심으로 영작까지 완성하는 데 도움이 되고자 쓴 것이다. 전국 218개 학교의 서술형 문제를 분석하였으며, 인천외고 황성현 선생님과 함께 저술하여 학생들의 실제 답안이나 문제를 해결하는 데 좀 더 실질적인 도움이 되고자 하였다.

아무리 단기간에 해결할 수 없다고 해도 서술형에 대한 전략과 대비책은 있다. 출발은 출제되는 서술형 어법이 무엇인지를 아는 것이다. 선택형 학습만으로는 부족하다. 훨씬 다양한 유형으로 출제할 수 있기 때문에 선택형에서는 묻기 어려운 '어순'도 아주 중요한 출제 포인트가 되기 때문이다.

서술형 문제는 그야말로 탄탄한 기본기와 훈련이 필수적이다. 학력평가, 모의평가 등과 같은 기출 문제 형태의 객관식 문제를 양적으로 많이 푼다고 해서 해결될 문제가 아니다. 한 문장 한 문장의 어법과 어순을 들여다보고 출제될 것을 골라내는 혜안을 갖추어야 할 일이다.

이 교재를 통해 학생 여러분이 서술형을 제대로 알고, 자신감을 갖고 대비하는 최고의 학습 효과를 보게 되리라 믿어 의심치 않는다. 학생 여러분의 꿈을 이루는 소중하고 탄탄한 발판이 되기 바란다.

저자

지역	고교명	지역	고교명	지역	고교명
서울	강서고	충청	논산대건고	서울	목동고
부산	개성고	인천	논현고	광주	문성고
서울	개포고	경기	늘푸른고	서울	문영여고
경상	거제고	대구	능인고	대전	반석고
경상	거창대성고	서울	단대부고	서울	반포고
서울	경기여고	서울	대광고	경기	백석고
경기	경기외고	대구	대구경신고	경기	백영고
부산	경남여고	대구	대구대건고	경기	병점고
경상	경남외고	대전	대덕고	서울	보성고
경상	경산고	경상	대동고	경기	보정고
경기	경안고	광주	대동고	충청	복자여고
대구	경원고	대구	대륜고	부산	부산국제외고
경상	경주고	경상	대아고	경기	부천고
경상	경주여고	부산	대연고	경기	부천여고
경상	경해여고	서울	대원외고	경기	부흥고
경기	계원예고	서울	대일고	충청	북일여고
경기	고양동산고	서울	대일외고	경기	분당고
인천	고잔고	대전	대전대성고	경기	분당대진고
경기	과천고	대전	대전둔산여고	서울	불암고
경기	과천여고	대전	대전외고	경기	사우고
경기	과천외고	대전	대전전민고	부산	사직여고
경기	광교고	서울	대진고	경상	삼방고
서울	광남고	서울	대진여고	서울	상문고
경기	광명북고	서울	덕원여고	경기	상일고
광주	광주인성고	서울	동덕여고	대전	서대전고
경기	광주중앙고	경기	동두천외고	서울	서라벌고
경상	구미여고	경기	동산고	서울	서울고
광주	금호고	부산	동아고	서울	서울외고
경상	김천고	부산	동인고	서울	서초고
경기	김포고	경기	동패고	경기	서현고
경기	김포외고	경기	동화고	서울	선일여고
경상	김해고	경상	마산제일고	경기	성남외고
경상	김해여고	경상	마산중앙고	경상	성민여고
경상	김해중앙여고	서울	명덕여고	경기	성복고
제주	남녕고	서울	명덕외고	경상	성지여고
인천	남동고	인천	명신여고	충청	세광고
대전	노은고	서울	명지고	경기	세원고

지역	고교명	지역	고교명	지역	고교명
인천	세일고	서울	영신여고	광주	진흥고
세종	세종고	경상	영일고	서울	창덕여고
서울	세화고	서울	예일여고	경상	창신고
서울	세화여고	제주	오현고	경상	창원남고
경기	소래고	전라	완산고	경기	창현고
경기	소명여고	서울	용산고	충청	천안고
경기	수내고	강원	원주고	충청	천안중앙고
서울	수도여고	강원	원주여고	서울	청담고
경기	수리고	대전	유성고	충청	청석고
경기	수성고	대전	유성여고	강원	춘천고
경기	수원외고	경기	유신고	강원	춘천여고
경기	수지고	서울	은광여고	대전	충남고
서울	숙명여고	경기	은행고	충청	충주여고
전라	순천매산고	경기	의정부고	경기	태장고
전라	순천효천고	경기	의정부여고	경기	평택고
광주	숭덕고	경기	이매고	경상	포항고
서울	숭의여고	경기	이의고	경상	포항여고
서울	신목고	서울	이화여고	경상	포항영신고
경기	신성고	서울	이화여자외고	경상	포항중앙여고
제주	신성여고	인천	인천국제고	경기	풍덕고
경상	안동여고	인천	인천외고	경상	풍산고
경기	안법고	경기	일산대진고	인천	학익여고
경기	안산고	서울	잠신고	서울	한가람고
경기	안산동산고	서울	잠실여고	경기	한광여고
서울	압구정고	서울	장훈고	경기	한국디지털미디어고
경기	양서고	전라	전주기전여고	서울	한국삼육고
서울	양재고	서울	정신여고	서울	한영고
서울	언남고	경상	제일여고	서울	한영외고
서울	여의도고	제주	제주사대부고	서울	현대고
서울	여의도여고	제주	제주제일고	서울	혜성여고
인천	연수고	서울	중대부고	경기	호원고
인천	연수여고	서울	중동고	경기	효원고
대구	영남고	서울	중산고	서울	휘문고
경기	영덕여고	대전	지족고		
서울	영동고	서울	진명여고		
서울	영동일고	서울	진선여고		
서울	영신고	경기	진성고		

about **this BOOK**

본책 **Zero-Main-Plus 3단 구성 + UNIT EXERCISE**

Step 1 **Zero Stage**

- Main Stage 학습에 도움이 되는 기본 사항 정리
- 쉬운 예문과 간결한 설명으로 학습을 위한 워밍업

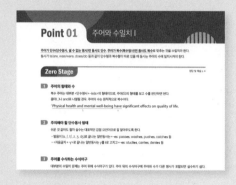

Step 2 **Main Stage**

- **어법 서술형** 서술형의 어법 문제의 출제포인트와 해결책 집중 학습
- **영작 서술형** 영작을 단계적으로 쉽게 이해할 수 있도록 설명
- **문장전환 서술형** 서술형 문장전환 문제의 출제포인트와 해결책 집중 학습

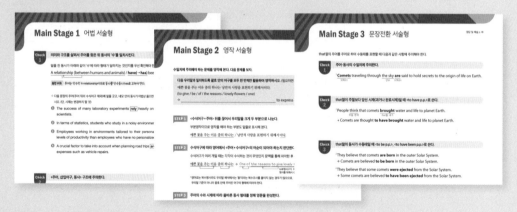

Step 3 **Plus Stage**

- 시험 범위에서 출제 예상 문장 골라내기 훈련
- 이해를 심화시켜주는 마무리 Stage

 UNIT EXERCISE

- 유닛의 모든 주요 사항을 한데 모아 점검
- 다양한 문제 유형으로 실전 대비 능력 기르기

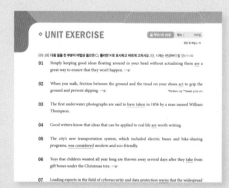

정답 및 해설

① 정답모음 문제별 배점과 감점 요소 표기로 채점에 용이

② 정답 & 해석

③ 배경설명 내용 이해에 도움이 되는 배경설명

④ 어휘 본문에 쓰인 주요 어휘 정리

⑤ 돋보기 문제에 대한 상세한 해설과 빠지기 쉬운 함정 설명

⑥ 구조 분석 끊어 읽기를 통해 문장의 구조를 한눈에 확인

⑦ NOTE 알아두면 좋은 추가 설명

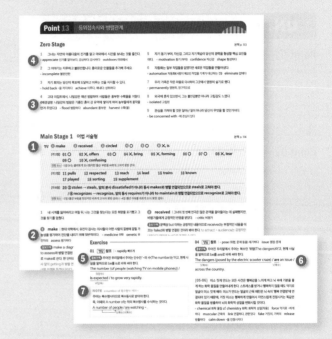

무료 부가서비스 **www.cedubook.com**

어휘리스트/어휘테스트와 교재의 예문과 문장 문제에 대한 **영작연습지/해석연습지**를 무료로 다운로드하실 수 있습니다.

쎄듀런 학습하기 유료 **www.cedulearn.com**

쎄듀런 웹사이트와 앱을 통해 온라인으로 풍부한 서술형 문항을 학습하실 수 있습니다.

쎄듀런

학생
· 학습 TR(Training) 제공
· 실력향상 TEST 제공

선생님
· 온라인 TR/TEST 및 학사관리 제공
· 학교 및 학원용 TEST 인쇄 서비스 제공

일러 두기

<기출> 학평, 모평, 수능에서 발췌하여, 그대로 사용하거나 일부 변형한 문장 또는 지문

to-v to부정사 **v-ing** 동명사/현재분사 **p.p.** 과거분사 **v** 동사원형/원형부정사

( ) 생략 가능 어구 *e.g.* (being) frustrated = being frustrated 또는 frustrated

[ ] 대체 가능 어구 *e.g.* that[which] = that 또는 which

<문장 구조 분석 기호>

S 주어 **V** 동사 **O** 목적어 (IO 간접목적어, DO 직접목적어) **C** 보어 **M** 수식어

S′ 종속절의 주어 **V′** 종속절·준동사구 내의 동사 **O′** 종속절·준동사구 내의 목적어/전치사의 목적어

C′ 종속절·준동사구 내의 보어 **M′** 종속절·준동사구 내의 수식어 **S1 (숫자)** 중복되는 문장 성분 구분

( ) 형용사구 [ ] 형용사절(관계사절)

/, // 문장 구조와 자연스러운 우리말의 의미 단위를 나타낸 것이다.

일반적인 어구의 구별은 /로, 절과 절의 구별은 //로 표시하였다. 단, 더 큰 절 내의 부속절은 /로 표시하였다.

CONTENTS

[책속책] 정답 및 해설

영어 지필고사 서술형 전략

영어 지필고사는 평균적으로 30문항으로 구성되며, 그중 7~8문항이 서답형(서술형)이고 나머지는 선택형(선다형, 객관식)이다. 서술형은 답을 직접 써야 하므로 운이 좋아서 맞힐 수 있는 것이 아니며 좀 더 종합적 지식을 묻는다는 평가상의 장점이 있다. 문항 수에 비해 배점이 높아, 서술형을 점수로 따지면 100점 중 40점이다. (학교마다 다를 수 있으므로 본인 학교의 출제 및 평가 지침을 반드시 알아야 한다.)

고등학교 지필고사는 대략 3~4일에 걸쳐 이루어지며, 보통 하루에 2~3과목 정도의 시험을 본다. 당일치기가 불가능하며, 하루에 한 과목만 올인해서 준비할 수도 없다. 대체로 범위가 넓고 종류도 다양한데, 보통 교과서 및 학교 프린트물, 외부 자료 등으로 구성된다.

e.g. 3일 차 시험의 과목별 시험 범위

영어	교과서 Lesson3~5, 부교재 p.15~50, 어휘학습교재 p.20~50 3월 학력평가 영어 (듣기파트 제외)
한국사	교과서 p.20~120, 수업 시간에 나누어준 프린트물 5장
기술·가정	교과서 p.45~110

이와 같은 상황에서 영어를 모두 암기로만 준비할 수는 없으므로, 전략적 대비가 필요하다.

효율적으로, 그리고 효과적으로 정답률을 높이려면, 내신 준비기간 이전에는 '이해'에 초점을 둔 학습을, 그리고 내신 준비기간에는 출제 예상 문장의 '쓰기' 훈련을 해야 한다. 좀 더 구체적으로 알아보자.

1 내신 준비기간 이전

❶ 기본 문법 실력 다지기

영어로 어구나 문장을 쓰는 것은 어려운 일이다. 구체적으로 표현하면, 기본 지식부터 아주 탄탄해야 하고 개별 어휘의 쓰임을 일일이 알아야 한다. 문법이나 구문학습서에서 문형 부분을 충분히 학습해 두어야 한다. 문장 성분, 개별 동사의 의미와 만드는 문형을 익히는 것이 기본 중의 기본이 된다.

문장성분	어순 배열
주어 (S)	S+V (SV문형)
동사 (V)	S+V+C (SVC문형)
목적어 (O)	S+V+O (SVO문형)
보어 (C)	S+V+O+O (SVOO문형)
수식어(형용사, 부사, 전명구) (M)	S+V+O+C (SVOC문형)

어느 정도 학습이 이뤄지면 아래와 같은 단순한 구조의 우리말을 의미대로 끊어 영작할 수 있다.

실패에 관한 너의 감정들은 / 더 복잡하다.

→ **Your feelings** toward the failure / **are** more complex.
  명사구　　　　　전명구　　　　　동사
　　　　　(앞의 명사구를 뒤에서 수식)

이렇게 단순한 구조의 우리말부터 주어, 동사를 찾고 동사가 만드는 문형에 맞추어 문장 성분을 나열해 보는 연습을 많이 해보는 것이 좋다.

❷ 서술형 대비를 위한 문어법 학습하기

수능이나 학력평가의 어법 문제는 주로 한 단어에만 밑줄이 있고 정답은 하나이다. 반면, 서술형은 밑줄이 어구나 문장 전체에 있기도 하고 아예 없기도 하며, 영작 유형은 어순까지 정확히 알아야 한다. 즉, 객관식에서 다뤄지는 출제포인트 학습만으로는 서술형 대비가 충분하지 않다.

> **서술형1. 밑줄 친 ①~⑥ 중 어법상 틀린 부분을 적고 올바르게 고치시오. 틀린 부분이 없으면 번호 옆에 ○표 하시오.**
>
> [1] The biggest animals, such as elephants and rhinos, ① <u>have little to fear from predators</u>, because ② <u>there are no animals enough large to eat such huge creatures</u>. Once these animals grow past a few months old, ③ <u>they are no longer in danger of eating</u>. This is always a danger for smaller herbivores because ④ <u>there are always predators larger than they do</u>. But their high-density populations mean ⑤ <u>that not all of them will be eaten</u>. ⑥ <u>The main problem for small herbivores are that they can only go out to find food at certain times</u> because they must hide when predators are out hunting. *herbivore: 초식 동물
>
> [정답]　① ＿＿＿＿ ○ ＿＿＿＿　② ＿enough large → large enough＿　③ ＿eating → being eaten＿
> 　　　　④ ＿＿ do → are ＿＿　⑤ ＿＿＿ ○ ＿＿＿　⑥ ＿＿ are → is ＿＿

정답 및 해설 p.2

2 내신 준비기간

과목마다 마치 경쟁하듯이 범위가 넓으며 영어 또한 마찬가지이다. 모조리 암기하여 대비하는 것은 불가능하므로 1에서 언급한 기본 문법 실력과 함께, 출제가 될 만한 부분을 얼마나 정확히 예상하여 학습했는가가 관건이다. 따라서 항상 출제자의 입장에서 지문과 문장을 바라보아야 한다.

출제자는 중요 문어법이라도 아무 문장에서나 출제하지 않는다. 문어법이 성립하는 핵심을 잘 이해하고 있는지, 단순 지식이 아니라 종합적 지식인지, 변별력이 있는지 등을 집중 고려하여 출제한다!

이 책의 **Plus Stage**를 유념해서 학습해 주기 바란다.

3 시간 배분

시험 시간은 보통 수업 시간과 같은 50분이므로 평균적인 문항 수(30개)로 나누면 1문제당 1분 남짓한 시간으로 풀어야 한다.

50분 ÷ 문항 수 30 = 1.6분 (선다형 23문항 / 서답형 7문항)

그런데 답안지 작성에도 적지 않은 시간이 필요하다. 아래 예시를 보자.

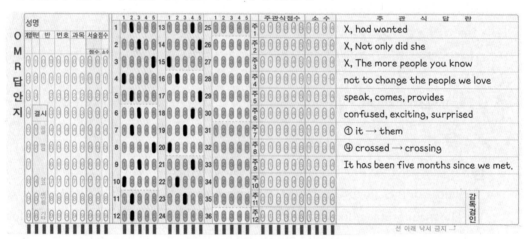

이보다 더 많은 필기를 해야 하는 시험도 있을 수 있다. 평소 본인 학교의 출제경향을 알아두어 그에 따른 시간 배분을 철저히 계획하고 시험에 임해야 한다.

4 서술형 답안 작성 주의점

답안을 작성할 때 철자 실수가 나거나 철자 모양을 알아보기 힘들게 적어 틀리는 경우도 생각보다 훨씬 많이 생긴다. 정답을 적고도 틀릴 수 있으므로 주의해야 한다.

영어는 띄어쓰기와 더불어 철자의 정확한 모양이 중요하다. 철자가 틀리면 오답이므로 아래 사례를 보고 주의할 점을 판단해 보길 바란다. 글씨를 예쁘게 쓸 필요는 없지만 확실하게 구별되도록 또박또박 써야 한다.

사례 1 a와 d

d dd

이것은 dad를 쓴 것인가 아니면 ddd를 쓴 것인가? dad처럼 쉬운 단어를 모를 리가 없다며 채점자가 알아서 정답으로 채점해 줄지는 알 수 없다. 오답으로 처리할 가능성이 더 높다.

사례 2 f와 t / r과 v

The trees on the mountain caught on fire.

정답: The trees on the mountain caught on fire.
오답: The **fv**ees on **f**he moun**f**ain caugh**f** on **t**ive.

이쯤에서 철자를 다시 보자. g와 q, m과 n도 확실히 구별되도록 써야 한다.
a는 α의 인쇄체이므로 둘 중 어느 것을 써도 되고, † 대신 t를 써도 된다.

A a B b C c D d E e F f G g
H h I i J j K k L l M m N n
O o P p Q q R r S s T t U u
V v W w X x Y y Z z

Introduction II
서술형 유형

정답 및 해설 p.2

어법, 영작, 문장전환 유형을 중심으로, 다양한 유형의 문제가 출제된다.

1 어법

가장 빈출되는 유형은 아래와 같다.

서술형 1. 다음 글의 밑줄 친 (A)~(F)에서 어법상 틀린 3개를 찾아 기호와 틀린 부분을 쓰고 바르게 고치시오. [6점]

²Most students (A) <u>used</u> to a classroom in which they ask questions and the teacher answers them. But how would you feel if, in your class, the teacher asked all the questions and the students (B) <u>were expected</u> to answer them? If this (C) <u>were happened</u>, in your class, your teacher would be using the Socratic method of teaching. The Socratic method is most often used to (D) <u>teach</u> moral concepts such as the meaning of justice. In the Socratic method, the teacher asks the students to answer a series of (E) <u>questions</u> about a topic. The purpose of the questions is to reveal the weaknesses in their way of thinking, and (F) <u>leading</u> the students to stronger, better ideas.

*Socratic method of teaching: 소크라테스식 교수법

[정답]
① ___(A) used___ → ___are used___ [2점]
② ___(C) were happened___ → ___happened___ [2점]
③ ___(F) leading___ → ___(to) lead___ [2점]

대부분 틀린 부분의 기호와 틀린 부분, 바르게 고친 것 모두를 써야 한다.

앞서 말했듯이, 밑줄은 어구나 문장에 걸쳐 길게 주어지거나 아예 없기도 하고 답의 개수도 일정하지 않다. 지시문을 정확하게 읽고 답해야 한다.

다음과 같이 틀린 이유를 서술해야 하는 것도 자주 출제된다.

***e.g.* 서술형 1. 다음 글의 밑줄 친 (A)~(F)에서 어법상 틀린 3개를 찾아 바르게 고치고, 틀린 이유를 서술하시오.** [9점]

2 영작

주어진 단어를 배열하여 구 또는 문장을 완성할 수 있어야 한다. 우리말이 주어질 때도 있고 그렇지 않을 때도 있다. 우리말이 주어지지 않으면 문맥에 의거하여 영작해야 하므로 당연히 더 어렵다.

서술형 1. 다음 글에서 괄호 안의 우리말을 영어로 바꾸시오. (<보기>의 단어를 모두 한 번씩만 사용할 것) [6점]

[3]In situations of uncertainty—when a fire alarm sounds, for instance—people look to others for cues on how to respond. You may panic, yet you're unwilling to do anything. (당신은 만약 비상구를 향해 비명을 지르며 달려가는 사람이 자신뿐이라면 얼마나 당황스러울지를 생각해 본다.) If you were alone, you would probably leave right away, but when there's a crowd, you have to process two stimuli: the alarm itself, and the crowd's reaction to it. So you pause and look at faces for a sign to spring into action, but as you stand there, people are looking back at you and taking your behavior as evidence that nothing is wrong. That's why three people can sit in a room with a fire alarm ringing, and none of them will make a peep.

* make a peep: 말소리를 내다

> **<보기>**   you / you / would / if / screaming / the only one / embarrassed / to run / be / how / for the exit / were

[정답]   You consider   how embarrassed you would be if you were the only one to run screaming for the exit .

다음과 같이 <보기> 단어를 기본형으로 주고 어형을 변화시킬 것을 요구하는 경우도 자주 있다.

***e.g.* 서술형 1. 다음 글에서 괄호 안의 우리말을 영어로 바꾸시오. (<보기>의 단어를 모두 한 번씩만 사용하되, 필요하면 단어 추가 및 밑줄 친 단어의 어형 변화 가능)** [9점]

> **<보기>**   you / you / would / if / scream / the only one / embarrass / to run / be / how / for the exit / be

---

다음과 같이 <조건>이 별도로 제시되는 경우는 반드시 이 조건에 따라 작성해야 한다.

***e.g.* 서술형 1. 주어진 단어를 아래 <조건>에 따라 배열하여 문장을 완성하시오.** [9점]

> **<조건>**   1. 문장 형태(1문장)로 작성할 것
>   2. 본문에 있는 문장을 그대로 쓰지 말 것
>   3. 단어 추가 및 어형 변화 불가
>   4. <보기>의 어구만을 한 번씩 모두 사용하여 20단어 이하로 작성할 것

3 문장전환

서로 근접한 의미를 가지고 있지만, 형태가 다른 구문들을 상호 전환하는 문제도 출제된다.
여러 가지 구문들의 형태를 빈틈없이 숙지하자.

서술형 1. 밑줄 친 문장과 의미가 같도록 so ~ that 구문을 사용하여 바꾸어 쓰시오. [6점]

[4] In the early 2000s, British psychologist Richard Wiseman performed a series of experiments with people who viewed themselves as either "lucky" or "unlucky." In one experiment he told both groups to count the number of pictures in a newspaper. The "unlucky" diligently ground their way through the task; the "lucky" usually noticed that the second page contained an announcement that said: "Stop counting—there are 43 photographs in this newspaper." On a later page, the "unlucky" were too busy counting images to spot a note reading: "Stop counting, tell the experimenter you have seen this, and win $250." Wiseman's conclusion was that the "lucky" people were good at spotting opportunities while the "unlucky" people failed to notice that other options were passing them by. <기출>

[정답]   the "unlucky" were so busy counting images that they could not spot a note reading

---

4 독해 결합형

문맥 이해, 주제나 요지, 지칭 내용 판단 등, 독해와 어법/영작을 결합한 것으로 최근 들어 비중이 늘어나는 추세이다.
난이도가 높아지지만 서술형 대비를 끝냈다면 어렵지 않게 해결할 수 있을 것이다.

예1 빈칸 채우기

서술형 1. 문맥상 빈칸에 들어갈 알맞은 말을 주어진 <조건>에 맞게 쓰시오. [9점]

[5] Whether praise helps or hurts a performance depends on the task. The performance of tasks requiring a high level of skill has been shown to be hurt by praise. In contrast, the performance of tasks that depend mainly on effort is improved by praise. Thus, for example, it might be wise to withhold praise from a pole vaulter for succeeding at greater and greater heights. Praise heightens the athlete's state of self-consciousness. As a consequence, our pole vaulter begins to notice aspects of his or her performance that were previously automatic. The outcome can be a disruption of a finely-tuned, coordinated performance. That same praise would be better directed at members of a tug-of-war team whose success in competition depends entirely upon ＿＿＿＿＿＿.   *pole vaulter: 장대높이뛰기 선수 **tug-of-war: 줄다리기

<조건>   1. 본문에 있는 표현을 사용할 것   2. 한 단어로 쓸 것

[정답]   effort

서술형 2. 다음 글을 읽고, 빈칸 (A), (B)에 들어갈 말을 아래 <조건>에 맞게 써서 이 글의 요약문을 완성하시오. [9점]

[6] A study has shown that moviegoers consume popcorn in proportion to the size they are served; given 50 percent more popcorn, they will eat 50 percent more. Similarly, when snacks are available to workers, they tend to eat throughout the workday, regardless of hunger. One study showed that when cookies were placed within reach of workers in an office, they each ate an average of nine. Storing cookies out of reach reduced consumption to six each, while putting them in a cupboard cut the number down to just one per person.

[요약문] What really influences our eating habits is not so much our ____(A)____ but the ____(B)____ of food.

> <조건>　1. 본문에 있는 표현을 사용할 것　　2. 필요하면 단어의 형태를 변화시킬 것
> 　　　　3. 한 단어로 쓸 것

[정답]　(A) _____ hunger _____　(B) _____ availability _____

서술형 3. 다음 글의 주제를 <조건>에 맞게 써서 완성하시오. [9점]

[7] The weak economy is on everyone's mind. In the corporate world, this takes the form of lay-offs and closures. For individuals, it means a shift in consumer spending habits. Unlike times when the economy was good, we now must all make decisions about what is truly necessary. Some items, especially food and clothing, will continue to be purchased. On the other hand, sales of non-essentials, such as electronics, are likely to continue to decline, which makes the competition between companies specializing in these types of items fierce. Many companies will fail to survive, but there will also be benefits. For example, strong competition drives companies to create better products that can attract more customers.

> <조건>　1. 본문에서 찾은 단어와 <보기>의 단어를 조합하여 쓸 것 (단어 변형 불가)
> 　　　　2. 밑줄 하나당 한 단어만 쓸 것
> <보기>　on / of / weak / the / economy

[주제]　the impact _of_ _the_ _weak_ _economy_ _on_ _consumer_ _spending_ _habits_ _and_ _the_ _corporate_ _world_

UNIT
01

수일치·태

주어와 함께 동사는 아주 중요한 문장 요소이다.
영어 동사는 do, does, did, is done, has done 등으로 형태가 변화한다.
이 변화하는 이유들 중, 주어의 수에 따른 수일치와 주어와의 의미 관계에 따른 태 변화에 대해 알아본다.

Point 01 주어와 수일치 I

주어가 단수(단수명사, 셀 수 없는 명사)면 동사도 단수. 주어가 복수(복수명사)면 동사도 복수로 맞추는 것을 수일치라 한다.
동사가 is/are, was/were, does/do 등과 같이 단수형과 복수형이 따로 있을 때 동사는 주어의 수에 일치시켜야 한다.

Zero Stage

정답 및 해설 p. 4

1 주어의 형태와 수

복수 주어는 대부분 <단수명사+-(e)s>의 형태이므로, 주어(S)의 형태를 보고 수를 판단하면 된다.
콤마(,)나 and로 나열될 경우, 주어의 수는 원칙적으로 복수이다.

¹ **Physical health and mental well-being** **have** significant effects on quality of life.
　　　　　　　　　S　　　　　　　　　　　　　　V

2 주의해야 할 단수동사 형태

쉬운 것 같아도 철자 실수는 대표적인 감점 요인이므로 잘 알아두도록 한다.

- 발음이 [s, ʃ, tʃ, z, ʒ, dʒ]로 끝나는 일반동사는+-**es**: pass**es**, wash**es**, push**es**, catch**es** 등
- <자음글자+-y>로 끝나는 일반동사는 y를 **i**로 고치고+-**es**: stud**ies**, carr**ies**, den**ies** 등

3 주어를 수식하는 수식어구

대부분의 수일치 문제는 주어 뒤에 수식어구가 있다. 주어 뒤의 수식어구에 주어와 수가 다른 명사가 포함되면 실수하기 쉽다.
네모 안에서 어법상 올바른 동사를 골라보자.

<S +(수식어구)+V ~>

전명구 　　　² The children **in the room** is / are playing with toys.
to부정사구 　³ The way **to deal with the problems** is / are to find the source.
현재분사구 　⁴ The boys **participating in the event** was / were excited to show their skills.
과거분사구 　⁵ The dance **performed by the men** is / are a cultural performance.
관계사절 　　⁶ The investigators **who found the evidence** was / were experienced.
형용사구 　　⁷ The food **full of nutrients** is / are good for your health.

수식어구는 둘 이상 연달아 올 수도 있다.

⁸ The children **in the playground** **at the mall** were laughing with joy.
　　　　　　　　수식어구1　　　　　수식어구2

Main Stage 1 어법 서술형

Check 1 의미와 구조를 살펴서 주어를 찾은 뒤 동사의 '수'를 일치시킨다.

밑줄 친 동사가 아래와 같이 '수'에 따라 형태가 달라지는 것인지를 우선 확인해야 한다.

A relationship (between humans and animals) / **have(→has)** been ~. (인간과 동물 사이의) 관계는 / ~해 왔다.

틀린 이유 주어는 단수인 A relationship이므로 동사를 단수동사 has로 고쳐야 한다.

❖ 다음 문장의 주어(주어 뒤의 수식어구 제외)에 밑줄 긋고, 네모 안의 동사가 어법상 옳으면 ○, 틀리면 ✕로 표시하고 바르게 고치시오. (단, 시제는 변경하지 말 것)

① The success of many laboratory experiments rely heavily on the technical ability of the scientists.

② In terms of statistics, students who study in a noisy environment often learn inefficiently.

③ Employees working in environments tailored to their personal taste experience higher levels of productivity than employees who have no personalized workspace.

④ A crucial factor to take into account when planning road trips are to budget for unexpected expenses such as vehicle repairs.

Check 2 <주어, 삽입어구, 동사> 구조에 주의한다.

삽입어구는 앞에 나온 어구에 대해 설명을 덧붙이는 단어, 구, 절을 말한다.
앞뒤에 콤마(,)나 대시(—)가 있어 쉽게 알 수 있다. 삽입어구로 인해 주어와 동사가 멀어질 때, 삽입어구 내의 명사에 동사의 수를 일치시키지 않도록 주의한다.

❖ 다음 문장의 주어(주어 뒤의 수식어구 제외)에 밑줄 긋고, 네모 안의 동사가 어법상 옳으면 ○, 틀리면 ✕로 표시하고 바르게 고치시오. (단, 시제는 변경하지 말 것)

⑤ Many people these days, feeling overwhelmed at work, **complain** of experiencing stress and burnout.

⑥ The school, which is experimenting with new teaching methods, are seeing positive results in students' engagement and academic performance.

⑦ The retail company running supermarket chains, which are very popular for their low prices, are expanding to new locations.

Exercise

[01-04] 다음 문장의 동사에 밑줄 긋고, 밑줄 친 부분이 어법상 옳으면 ○, 틀리면 ×로 표시하고 바르게 고치시오. (단, 시제는 변경하지 말 것) [각 4점]

01 The mystery surrounding the extinction of dinosaurs across all continents seem to catch almost everyone's attention. <기출>

02 Even in modern times, many people in remote areas of the planet observes the night sky for practical purposes. <기출>

03 The percentage of people who used online learning materials were higher than that of people who took online courses. <기출>

04 Sheep, especially in harsh winters, protect themselves from weather conditions by gathering close to one another.

05 **다음 글의 밑줄 친 ①~④ 중 틀린 부분 2개를 찾아 바르게 고친 후, 틀린 이유를 작성하시오.** [각 7점]

> We usually get along best with people who we think are like us. In fact, we seek them out. Places like Little Italy, Chinatown, and Koreatown ① exists for this reason. As the saying goes, birds of a feather ② flock together. This tendency, which is deep within us, ③ was essential to how our species developed. Imagine you are walking out in a forest. Unfamiliar or foreign things are what you need to avoid because there is a likelihood that they will harm you. Similarity among people ④ make us relate better to other people because we think they'll understand us on a deeper level. <기출>

(1) 틀린 부분: _____ → 바르게 고치기: _____ [3점]

   틀린 이유: _____ [4점]

(2) 틀린 부분: _____ → 바르게 고치기: _____ [3점]

   틀린 이유: _____ [4점]

Main Stage 2 영작 서술형

수일치에 주의해야 하는 문제를 영작해 본다. 다음 문제를 보자.

다음 우리말과 일치하도록 괄호 안의 어구를 모두 한 번씩만 활용하여 영작하시오. (필요하면 단어 변형 가능)

예쁜 꽃을 주는 이유 중의 하나는 낭만적 사랑을 표현하기 위해서이다.

(to give / be / of / the reasons / lovely flowers / one)

→ _____ to express romantic love.

STEP 1 **<수식어구 + 주어> 뒤를 끊어서 우리말을 크게 두 부분으로 나눈다.**

부분영작이므로 영작을 해야 하는 부분도 밑줄로 표시해 본다.

예쁜 꽃을 주는 이유 중의 하나는 / 낭만적 사랑을 표현하기 위해서이다.

STEP 2 **수식어구에 따라 영어에서 <주어 + 수식어구>의 어순이 되어야 하는지 판단한다.**

수식어구가 여러 개일 때는 각각이 수식하는 것이 무엇인지 문맥을 통해 파악한 후 순서대로 배치한다.

예쁜 꽃을 주는 이유 중의 하나는 → One of the reasons to give lovely flowers

to부정사구가 이끄는 수식어구는 명사를 뒤에서 수식한다.

*영어로는 복수명사라도 우리말 해석에서는 '들'이라는 복수조사를 붙이지 않는 경우가 많으므로, 우리말 기준이 아니라 괄호 안에 주어진 어구의 형태에 따라야 한다.

STEP 3 **주어의 수와 시제에 따라 올바른 동사 형태를 정해 영문을 완성한다.**

→ One of the reasons to give lovely flowers is to express romantic love.

주어 One에 수를 일치하여 단수동사 is로 쓴다.

Exercise

[01-04] 다음 우리말과 일치하도록 괄호 안의 어구를 모두 한 번씩만 활용하여 영작하시오. (필요하면 밑줄 친 단어 변형 가능)

[각 5점]

01 휴대전화로 TV를 시청하는 사람들의 수는 매우 빠르게 늘어날 것으로 예측된다.

(watching TV / of people / on / the number / be / mobile phones)

→ _____ expected to

grow very rapidly.

02 유리 케이스 안에 든 모형 배들로 가득 찬 그 박물관은 시내에서 멀리 떨어진 곳에 위치해 있다.
(glass cases / the museum / in / <u>be</u> / model ships / full of)

→ _____ located

far from downtown.

03 부정적인 감정의 상태를 드러내는 리더는 다른 사람들로부터 제한된 지지를 받는다.
(emotional states / support / displays / limited / who / negative / a leader / <u>have</u>)

→ _____

from others. <기출>

04 전기 스쿠터 열풍으로 제기된 위험이 전국적으로 문제이다.
(posed by / <u>be</u> / the electric scooter craze / an issue / the dangers)

→ _____

across the country.   *craze: (특히 일시적인) 대유행, 열풍

[05-06] 다음 글을 읽고 물음에 답하시오.

> Every event that causes you to smile makes you feel happy and produce feel-good chemicals in your brain. Force your face to smile even when you are stressed or feel unhappy. Since the facial muscular patterns produced by a smile (A) is linked to the "happy networks" in your brain, a fake smile can change your brain chemistry by releasing the same chemicals that make you happy and naturally calm you down. <기출>

05 윗글의 밑줄 친 (A)가 어법상 옳으면 ○, 틀리면 ×로 표시하고 바르게 고친 후 틀린 이유를 작성하시오. [3점]

_____

06 윗글의 내용을 한 문장으로 요약하고자 한다. <조건>에 맞게 요약문을 완성하시오. [7점]

> <조건> 1. <보기>에 주어진 어구를 모두 한 번씩만 사용할 것
>   2. 필요하면 동사 변형 가능
> <보기> in the body / reduce / of the stress response / the intensity

[요약문] A smile, whether forced or genuine, during stressful events, _____

_____ .

Plus Stage 출제 범위에서 예상 문장 골라내기

출제 범위 내의 많은 문장 중에서 수일치로 출제될 만한 문장들을 예상하여 대비해 보자.
출제자들은 바로 아래 조건을 모두 충족하는 문장을 가장 선호한다.

조건 1 **동사 형태가 '수'의 구분에 따라 달라지는 것**

is/are, was/were
does/do, goes/go, takes/take
has p.p./have p.p. 등

조건 2 **<주어+수식어구+동사 ~> 또는 <주어, 삽입어구, 동사 ~>의 구조인 것**

조건 3 **동사 바로 앞의 명사와 주어의 수가 서로 다른 것**

동사 바로 앞의 명사가 함정으로 작용하므로 출제 확률이 높다. 주어와 수가 같은 것은 출제 확률이 낮다.

[1]The old buildings at the mountainside farm **are** gone today. 《출제 확률 높음》
　　　복수　　　　　　　　　　　단수

[2]The old building at the mountainside farm **is** over 100 years old. 《출제 확률 낮음》
　　　단수　　　　　　　　　　　단수

✦ Try by Yourself!

다음 글에서 수일치 문제로 출제될 확률이 높은 문장을 3개 골라 문장의 번호, 주어(수식어구 제외), 동사를 쓰시오.

① The demand for freshness can have hidden environmental costs. ② While freshness is now being used as a term in food marketing as part of a return to nature, the demand for year-round supplies of fresh produce, such as exotic fruit and vegetables, has led to the widespread use of hot houses in cold climates and increasing reliance on total quality control. ③ The demand for freshness has also contributed to concerns about food waste. ④ Use of "best before," "sell by," and "eat by" labels has allowed institutional waste. ⑤ Campaigners have exposed the scandal of over-production and waste. ⑥ Tristram Stuart, one of the global anti-waste campaigners, argues that, with freshly made sandwiches, over-ordering is standard practice across the retail sector to avoid the appearance of empty shelf space. ⑦ This leads to high volumes of waste when supply regularly exceeds demand. <기출>

*hot house: 온실

번호	주어	동사

Point 02 주어와 수일치 II

Point 01에서 살펴본 명사 외에도 다양한 형태의 어구가 주어로 올 수 있다. 수일치에 주의해야 할 주어의 형태를 모아 살펴본다.

Zero Stage

정답 및 해설 p. 7

1 단수동사로 받는 주어

1 명사구(동명사구, to부정사구)

[1]**Thinking[To think] critically** is / are a skill to be learned.

2 each[every]+단수명사

[2]**Each[Every] resident** is / are dedicated to making their community a better place.

3 All (that) S′ ~ do+is[was]+(to)-v ~.: S′가 ~하는 오직 한 가지[전부]는 v이다[였다]
　　　주어└───┘　　단수동사　　보어

이때의 All은 the only thing을 의미하므로 단수동사 is[was]가 온다.

[3]**All we have to do** is / are believe in ourselves and never give up.

2 복수동사로 받는 주어

1 both (of): 둘 다(의) / both A and B: A도 B도 (둘 다)

[4]**Both the environment and human health** is / are closely linked to each other.

2 the+형용사: ~한 사람들

the rich[poor] / the young[old, elderly] / the unemployed(실업자들) / the homeless(노숙자들) 등

[5]**The young** is / are becoming increasingly concerned about the environment.

3 단수 또는 복수동사로 받는 주어

부분 표현 of +　┌─ 단수명사+단수동사
　　　　　　　└─ 복수명사+복수동사
　　└─ all, some, half, most, the rest, 분수, % 등
　　　　　　　　　a third(⅓), two thirds(⅔), one fourth(¼) 등

부분 표현이 아니라 of 뒤에 나오는 명사에 동사의 수를 일치시켜야 한다.

[6]**Most of the water** on Earth is / are in the seas and oceans, but some is underground.

[7]**A fourth of them** is / are blue in color and **the rest of them** is / are in pink.

＊단, all과 half 뒤의 of는 생략될 수 있다. [8]**All (of) the effort** is going to pay off.

Main Stage 1 어법 서술형

 Check 1 동사 바로 앞의 명사는 언제나 함정으로 작용할 수 있으므로 주의해야 한다.

[1]Paying attention to some people and not *others* **don't(→doesn't)** mean you're rude.
S(단수)   <기출>

틀린 이유 주어는 동명사구이며 단수 취급하므로 동사를 단수형인 doesn't로 고쳐야 한다.

❖ 다음 밑줄 친 부분이 어법상 옳으면 ○, 틀리면 ×로 표시하고 바르게 고치시오. (단, 시제는 변경하지 말 것)

❶ Having dry eyes <u>is</u> a common condition that can lead to other eye-related problems.

❷ To bring outside food and drinks <u>is</u> not allowed, as the theater has its own snack stand.

❸ It is thought that some 70 to 80 percent of the logging in the rainforests <u>contribute</u> to deforestation.
*deforestation: 삼림 파괴

❹ He said, "All this talk about delicious things <u>is</u> making me hungry. What do you feel like having?"

 Check 2 <v-ing ~>가 밑줄 친 동사의 주어 역할인지를 확인한 뒤, 주어 역할이라면 단수동사로 수를 일치시킨다.

[2]Living alone with physical limitations / **is** far from easy for anyone.
S(단수)   V(단수)

cf. [3]Living things in an ecosystem / **depend** on each other to survive.
S(복수)   V(복수)

❖ 다음 밑줄 친 부분이 어법상 옳으면 ○, 틀리면 ×로 표시하고 바르게 고치시오. (단, 시제는 변경하지 말 것)

❺ Putting on layers of clothes <u>helps</u> to regulate your body temperature and keep you warm in cold weather.

❻ Opposing views of climate change theory <u>includes</u> challenges to the science of human-caused climate change.

❼ Effectively cutting down our carbon emissions <u>is</u> essential to lessening the long-term impact of climate change.

Exercise

[01-04] 다음 문장의 동사에 밑줄 긋고, 밑줄 친 부분이 어법상 옳으면 ○, 틀리면 ✕로 표시하고 바르게 고치시오. (단, 시제는 변경하지 말 것) [각 4점]

01 Watching the actions of ordinary people carrying out their daily routines are a source of motivation to strive for a more fulfilling life.

02 According to the survey, most of the unemployed over the age of 55 lack the skills relevant to the current labor market, such as digital skills and literacy.

03 All parents and educators in the neighborhood works to create safe spaces for children to play and learn.

04 Both individual plays and strategic planning are crucial for football teams to win games and achieve their goals.

05 **다음 글의 밑줄 친 ①~④ 중 틀린 부분 2개를 찾아 바르게 고친 후, 틀린 이유를 작성하시오.** [각 7점]

> According to top nutrition experts, most of the nutrients for our body ① is better absorbed and used when consumed from whole food. However, many people feel the need to take pills, powders, and supplements in an attempt to obtain more nutrients and fill the gaps in their diets. But in reality, the large majority of supplements we purchase in stores today ② are artificial and may not even be completely absorbed by your body. Some are even contaminated with other substances and could contain ingredients not listed on the label. For example, a recent investigative report says that 40 percent of protein powders on the market ③ has heavy metals. Taking supplements without control and moderation ④ is a gamble and costly. <기출>
>
> *supplement: 보충제 **contaminate: 오염시키다

(1) 틀린 부분: _____ → 바르게 고치기: _____ [3점]

    틀린 이유: _____ [4점]

(2) 틀린 부분: _____ → 바르게 고치기: _____ [3점]

    틀린 이유: _____ [4점]

Main Stage 2 영작 서술형

주어의 형태에 주의하여 동사의 수를 일치시켜야 하는 문장을 영작해 본다. 다음 문제를 보자.

> 다음 우리말과 일치하도록 괄호 안의 어구를 모두 한 번씩만 활용하여 영작하시오. (필요하면 밑줄 친 단어 변형 가능)
>
> 단기적 이익에만 집중하는 것은 장기적으로 이익이 감소하는 결과를 낳는다.
>
> (only on / result in / short-term profits / focusing)
>
> → _____ a decrease of profits in the long-term. <기출>

STEP 1 우리말을 크게 주어 부분과 동사가 이끄는 부분으로 나눈다.

부분영작일 경우 영작할 부분을 확인하여 밑줄 긋는다.

단기적 이익에만 집중하는 것은 / 장기적으로 이익이 감소하는 결과를 낳는다.

STEP 2 주어진 어구로 주어 형태를 파악한 뒤 올바른 순서로 영작한다.

단기적 이익에만 집중하는 것은 → Focusing only on short-term profits

*동명사에 딸린 어구가 매우 길 때는 우리말 어구를 의미 단위로 자르고 순서에 주의한다.

e.g. 미래 발전과 상관없이 / 단기적 이익에만 집중하는 것은 / ~이다.

→ Focusing only on short-term profits / regardless of future development / is ~.

STEP 3 주어 형태와 시제에 따라 올바른 동사 형태를 정해 영문을 완성한다.

→ Focusing only on short-term profits results in a decrease of profits in the long-term.

└ 주어가 동명사구이므로 단수동사로 바꾼다.

<부분 표현+of+명사(A)>가 주어일 때 우리말 해석은 'A의 ~은', 'A 중 ~은'이다.

때로는 아래와 같이, <부분 표현+of>를 형용사처럼 해석하기도 한다.

all (of)+A (A의 전부는, 모든 A는)	the rest of +A (A의 나머지는, 남은[나머지] A는)
most of +A (A의 대부분은, 대부분의 A는)	the majority of +A (A 중 대다수는, 대다수의 A는)
some of +A (A의 일부는, 일부의 A는)	분수(e.g. two thirds) of +A (e.g. A의 3분의 2는)
half (of)+A (A의 절반은, 절반의 A는)	00 percent of +A (A의 00퍼센트는, 00퍼센트의 A는)

all과 half는 뒤에 of의 생략이 가능하므로 주어진 어구를 잘 살펴야 한다.

Exercise

[01-04] 다음 우리말과 일치하도록 괄호 안의 어구를 모두 한 번씩만 활용하여 영작하시오. (필요하면 밑줄 친 단어 변형 가능)

[각 5점]

01 우리가 할 수 있는 전부는 최고의 결과를 기다리고 바라는 것뿐이다.

(to wait / can do / we / the best / hope for / be / all / outcome / and)

→ _____ .

02 소리를 내는 다른 방법들을 찾는 것은 음악적 탐구의 중요한 단계이다.

(to produce / different / sounds / ways / be / finding)

→ _____ an important stage of

musical exploration. <기출>

03 매년 인간 활동들로 방출된 탄소 중 약 절반 정도는 일시적으로 대양과 식물에 저장된 채 남아 있다.

(emitted / of the carbon / temporarily stored / remain / about half / from human activities)

→ Every year, _____

_____ in the oceans and plants.

04 그 경연의 참가자 중 나머지는 결승전에 대비하기 위해 기술을 연마하고 있다.

(in the competition / to prepare / be training / of the participants / the rest / their skills)

→ _____

_____ for the final round.

05 다음 빈칸에 들어갈 가장 적절한 말을 <조건>에 맞게 완성하시오. [10점]

> Sometimes, you feel the need to avoid something that will lead to success out of discomfort. Maybe you are avoiding extra work because you are tired. You are actively shutting out success because you want to avoid being uncomfortable. Therefore, _____ _____. Try doing new things outside of your comfort zone. <기출>

> <조건> 1. <보기>에 주어진 어구를 모두 한 번씩만 사용할 것
>
>   2. 필요하면 밑줄 친 단어 변형 가능
>
> <보기> essential / to avoid / overcoming / be / things / your instinct / uncomfortable

[정답] _____

Plus Stage 출제 범위에서 예상 문장 골라내기

정답 및 해설 p. 10

동사 바로 앞의 명사와 동사의 수가 서로 일치하지 않는 경우에 속지 않도록 주어를 확인하는 습관을 들이는 것이 좋다.
아래 실제 기출 문장들을 보면서, 학습한 모든 수일치 관련 사항들을 정리해보자.

◈ Try by Yourself!

[01-03] 다음 밑줄 친 동사가 수일치 문제로 출제될 확률이 높으면 ○, 높지 않으면 ✕로 표시하시오.

01 One variable that can make a dramatic change in sports <u>is</u> the concept of home-field advantage. <기출>

02 All the things we buy that then just sit there gathering dust <u>are</u> waste — a waste of money, a waste of time, and waste in the sense of being pure rubbish. <기출>

03 Developing a personal engagement with poetry <u>brings</u> a number of benefits to you as an individual, in both a personal and a professional capacity. <기출>

04 다음 글에서 수일치 문제로 출제될 확률이 높은 문장을 3개 골라 문장의 번호, 주어(첫 세 단어), 동사를 쓰시오.

> ① The fast-paced evolution of Information and Communication Technologies (ICTs) has transformed the dynamics and business models of the tourism and hospitality industry. ② This leads to new levels of competitiveness among service providers, transforming the customer experience through new services. ③ Providing unique experiences to customers leads to satisfaction and, eventually, customer loyalty to the service provider or brand. ④ In particular, the most recent *technological* boost received by the tourism sector is represented by mobile applications. ⑤ Indeed, empowering tourists with mobile access to services such as hotel reservations, airline ticketing, and recommendations for local attractions generates strong interest and considerable profits. <기출>
>
> *hospitality industry: 서비스업(호텔·식당업 등)

번호	주어(첫 세 단어)	동사

Point 03 동사의 태 I

주어가 동사의 동작을 하는 것은 능동태, 받는 것은 수동태로 표현한다.

Zero Stage

정답 및 해설 p. 11

1 **간단한 형태의 수동태: <be+p.p.>**

주어의 인칭과 수, 동사의 시제에 따라 알맞은 be동사를 이용한다.

능동태의 주어는 수동태에서 <by ~>로 표현하는데, 문맥상 중요한 정보가 아닐 때는 생략하는 경우가 더 많다.

~되다, ~받다, ~당하다 《현재시제》	am/is/are p.p. (by ~)
~되었다, ~받았다, ~당했다 《과거시제》	was/were p.p. (by ~)

[1] Lunch boxes delivered / were delivered to the children and the elderly.

[2] Some people delivered / were delivered lunch boxes to the children and the elderly.

2 **좀 더 복잡한 형태의 수동태: 조동사/진행형/완료형**

[3] Out-of-service satellites **must be removed** within 5 years. 《조동사+be p.p.》

[4] Five locations **are being considered** for this meeting. 《진행형: be + being p.p.》

[5] Wine **has been made** there since the 1550s. 《완료형: have[has, had] been p.p.》

3 **자동사는 수동태로 쓰일 수 없다. 자동사는 목적어를 필요로 하지 않기 때문이다.**

consist of(~로 구성되다), happen[occur](발생하다), appear(나타나다), disappear(사라지다), emerge(모습을 드러내다),

result in(결과적으로 ~을 낳다), result from(~이 원인이다), remain(남아 있다) 등의 자동사

[6] The incident of the unexpected power outage occurred / were occurred yesterday.

4 **수동태 문장의 구조**

3문형(SVO)의 수동태	<be+p.p.>로 끝나거나, 부사구가 뒤따른다.
4문형(SVOO)의 수동태	목적어 둘 중에 주어로 나가지 않은 목적어가 그 자리에 남는다.
5문형(SVOC)의 수동태	보어(명사/형용사/to-v, v, v-ing, p.p.)가 그 자리에 남는다.

[7] I gave him **another chance.** → He was given **another chance.** 《4문형》

[8] They consider Jane **a teacher.** → Jane is considered **a teacher.** 《5문형》

[9] I kept the money **safe.** → The money was kept **safe.** 《5문형》

[10] Jimmy found the mug **broken.** → The mug was found **broken.** 《5문형》

[11] She asked him **to open** the door. → He was asked **to open** the door. 《5문형》

단, 원형부정사 보어(◀ p. 70 Point 08)는 수동태에서는 to-v가 된다.

[12] His mom made him **clean** his desk. → He was made **to clean** his desk. 《5문형》

Main Stage 1 어법 서술형 I

Check 1 주어가 동작을 하는지, 받는지를 판단한다.

동사가 타동사인데 주어가 동작을 직접 하면 능동태, 다른 누군가의 동작을 받으면 수동태이다.
수동태라면 시제별 형태, 주어와 be동사의 수일치에 주의한다.

[1] New skyscrapers were **building(→built 또는 being built)** in the city center.

틀린 이유 주어 New skyscrapers와 동사 build는 수동관계이므로 수동태인 built 또는 being built로 고쳐야 한다.

❖ 다음 밑줄 친 부분이 어법상 옳으면 ○, 틀리면 ×로 표시하고 바르게 고치시오.

❶ By traveling and experiencing new cultures, we can <u>acquire</u> a broader perspective and understanding of the world.

❷ The computer has <u>been disconnected</u> from the network to prevent any unauthorized access during the upgrade of the security system.

❸ The air conditioning system, which has revolutionized our lives, <u>invented</u> during the early 20th century.

Check 2 대명사 주어가 대신하는 것을 올바로 파악하여 동사의 태를 판단한다.

대명사가 대신할 수 있는 명사가 여러 개일 때, 대신하는 것을 정확히 파악해야 동사의 태를 올바르게 판단할 수 있다.

[2] <u>Students</u> remember <u>historical facts</u> when <u>they</u> **are tied** to a story. <기출>

부사절의 대명사 주어는 뒤에 나오는 주절의 명사를 대신할 수 있다.

[3] A fish fills its bladder with oxygen. As <u>it</u> **is filled**, <u>the bladder</u> expands. <기출>

*bladder: (물고기의) 부레((공기 주머니))

❖ 다음 괄호 안의 단어를 어법상 알맞은 형태로 바꿔 쓰시오.

❹ Since the people reading daily horoscopes want to believe the information so badly, they will (search)_____ for meaning in their lives that makes it true. <기출>

*horoscope: 별자리 운세

❺ After they had already (serve)_____, the guests were asked to complete a survey about their dining experience.

Exercise

[01-05] 다음 밑줄 친 부분이 어법상 옳으면 ○, 틀리면 ✕로 표시하고 바르게 고치시오. (단, 시제는 변경하지 말 것) [각 5점]

01   Some years ago, their traditional ways of life <u>threatened</u> by rapid industrialization.

02   The organization known as "Greenpeace" <u>was found</u> in 1971 with the aim of raising awareness about environmental issues.

03   Fatigue and pain are your body's ways of saying that it <u>is being overworked</u>. <기출>

04   Evolution <u>involves</u> changes to the structures of an organism (such as the brain) that occur over many generations. <기출>

05   The use of renewable energy sources has increasingly <u>encouraged</u> to help achieve carbon neutrality.

*carbon neutrality: 탄소 중립(탄소의 실질 배출량을 '0'으로 만드는 일)

06   **다음 글을 읽고, 빈칸 (A) ~ (C)에 들어갈 말로 가장 적절한 것을 <보기>에서 골라 어법상 알맞은 형태로 바꿔 쓰시오.**

[각 5점]

<보기>	convince	choose	require

Performance is a function of both training and fitness. If one attempts to increase athletic performance without regard to the maintenance of physical fitness, that fitness will be weakened. For instance, a runner training for a marathon may (A) _____ to increase his training distance without regard to recovery time. As a result, the runner may find his fitness improving immediately, and it will (B) _____ him that he will complete the marathon in record time. Nevertheless, the immediate success may come at the expense of success in the marathon, since more recovery time will (C) _____ as the increased training continues. The runner may find a decreased fitness level on the day of the marathon, resulting in a worse performance in the race.

[정답] (A) _____ (B) _____ (C) _____

Main Stage 2 어법 서술형 II

정답 및 해설 p. 13

Check 1
다양한 동사의 태에 주의하자.

우리말 의미는 수동(~되다, ~받다, ~당하다 등)이지만 능동으로 표현하는 동사들에 주의한다.
주어와의 능수동 관계로 판단할 수 없는 개별 동사 고유의 쓰임이므로 각 동사의 의미를 알아두자.

❖ 다음 밑줄 친 부분을 해석하시오.

① The magazine <u>sells</u> very well.　　　　　　　→ _____

② The notice <u>says[reads]</u> that the pool is closed for repairs.　→ _____

③ The group <u>consisted of</u> two people.　　　　　→ _____

④ Fear and misinformation about the disease <u>spread</u> rapidly.　→ _____

⑤ The innovative idea <u>originated from</u> their conversation.　→ _____

Check 2
단서가 될 수 없는 것으로 태를 판단하지 마라.

1 3문형(SVO)은 영어에서 압도적으로 많이 등장하며 수동태로 표현하면 <be p.p.> 뒤에 명사 목적어가 있을 수 없다. 그러므로 타동사 뒤에 목적어라 할 만한 명사가 없으면 일단 수동태로 판단할 수 있다.
그러나 4문형(SVOO)과 5문형(SVOC)의 수동태는 <be p.p.> 뒤에 명사가 있을 수 있으므로 주의한다. (◀p. 31)

2 and나 or, 콤마(,)로 연결되는 동사들은 태가 서로 다를 수 있으므로, 이때는 다른 동사의 태가 정답의 힌트가 될 수 없다. 즉, <능동태+and+수동태>나 <수동태+and+능동태>와 같은 형태가 가능하다. (◀p. 114 Point 13)
그러므로 반드시 주어와 동사의 의미 관계로 태를 판단해야 한다.

¹James **lent** his neighbors his car for a day and, in return, **was offered** $50.
　　S　V1(능동태)　　　　　　　　　　　　　　　　　　　　　　　V2(수동태)

❖ 다음 밑줄 친 부분이 어법상 옳으면 ○, 틀리면 ✕로 표시하고 바르게 고치시오. (단, 시제는 변경하지 말 것)

⑥ The doctors' performance improved when they <u>gave</u> more information about their patients.

⑦ The technique I use to train my puppy <u>is called</u> behavior capture, which is different from normal training methods. <기출>

❖ 다음 괄호 안의 단어를 어법상 알맞은 형태로 바꿔 쓰시오.

⑧ She was born in 1941, (grow) _____ up in a poor family, and (raise) _____ in an orphanage after her father died. <기출>

⑨ More countries are (acknowledge) _____ the importance of preserving nature and are (expect) _____ to follow Ecuador's lead. <기출>

Exercise

[01-05] 다음 밑줄 친 부분이 어법상 옳으면 ○, 틀리면 ✕로 표시하고 바르게 고치시오. (단, 시제는 변경하지 말 것) [각 4점]

01 He had <u>inspired</u> thousands of people through his lectures and was selected as one of the ten top speakers. <기출>

02 Any stranger who did not belong to a certain society or culture and was not a part of that particular village was <u>considering</u> a foreigner.

03 A few months earlier, he had <u>been borrowed</u> a lot of money from the bank in order to open his own cafe.

04 The meal <u>was consisted</u> of a variety of dishes, including a hearty soup and a fresh salad.

05 In 1849, he <u>was appointed</u> the first professor of mathematics at Queen's College in Cork, Ireland, and he taught there until his death in 1864. <기출>

06 **다음 글의 밑줄 친 ①~⑥ 중 틀린 부분 2개를 찾아 바르게 고친 후, 틀린 이유를 작성하시오.** [각 5점]

> The expression "catch-22" ① <u>originates</u> from Joseph Heller's famous novel of the same name. In the novel, the pilot desperately wants to be relocated out of combat, but ② <u>refuses</u> because of the "catch-22" rule. The rule states that a pilot can only ③ <u>be relocated</u> from combat, if he ④ <u>is declared</u> insane. It also states that if a pilot ⑤ <u>is requested</u> a relocation, then he is clearly not insane, because only an insane person wouldn't want to be relocated out of combat. This is the origin of the expression "It's a catch-22," which refers to a situation in which you ⑥ <u>are stuck</u> with contradictory options.

(1) 틀린 부분: _____ → 바르게 고치기: _____ [2점]

    틀린 이유: _____ [3점]

(2) 틀린 부분: _____ → 바르게 고치기: _____ [2점]

    틀린 이유: _____ [3점]

Main Stage 3 영작 서술형

정답 및 해설 p. 14

수동태의 우리말 해석이 너무 어색하면 능동태 해석으로 제시될 수 있다는 것을 알아두자.

A lot of money was made by those who invested in the company.

- 수동태 해석: 많은 돈이 그 회사에 투자한 사람들에 의해 벌렸다.
- 능동태 해석: 그 회사에 투자한 사람들은 돈을 많이 벌었다.

태를 판단할 때는 우리말 해석보다 문제에 주어진 주어와 동사의 의미 관계를 살펴야 한다. 다음 문제를 보자.

> **다음 우리말과 일치하도록 괄호 안의 단어를 모두 한 번씩만 활용하여 영작하시오.** (필요하면 단어 변형 가능)
>
> 사람의 신체에는 수백만 개의 아주 작은 살아 있는 유기체가 살고 있다.
>
> (living organisms / inhabit / tiny / millions of / by)
>
> → The human body _____.

STEP 1 **주어진 우리말을 의미 단위로 나눠 영작한다.**

사람의 신체에는 / 수백만 개의 아주 작은 살아 있는 유기체가 / 살고 있다.
　　　　　　　└ millions of tiny living organisms　└ inhabit

*inhabit은 '(특정 지역에) 살다[거주/서식하다]'란 의미의 타동사이다. enter(~에 들어가다) 등과 같이 동사와 목적어 사이에
전치사가 필요하지 않다. 동사 바로 다음에 오는 명사는 '~에'로 해석되지만 목적어라는 점에 주의한다.
e.g. inhabit the area 그 지역에 살다 / enter the room 그 방에 들어가다

STEP 2 **주어진 주어와 동사의 의미관계를 파악하여 태를 결정한다.**

또한 시제, 주어의 수에 따라 올바른 be동사의 형태를 정하여 영문을 완성한다.

→ **The human body** is inhabited by millions of tiny living organisms.
　　주어(단수)　　　└ 단수　　└ 능동태의 주어 앞에
　　　　　　　　　　+ 현재시제　　전치사 by를 쓴다.

Exercise

점수 |　　30점

[01-04] 다음 우리말과 일치하도록 <조건>에 맞게 영작하시오. [각 5점]

> <조건>　1. 괄호 안의 어구를 모두 한 번씩만 사용할 것
> 　　　　2. 필요하면 밑줄 친 단어의 태·수 변형 가능

01 그리스에서 열린 2004 올림픽의 모든 메달리스트는 메달과 함께 올리브 화환을 받았다.

(along with / an olive wreath / give / their medal)

→ Every medalist in the 2004 Olympics in Greece _____

_____. <기출>   *wreath: 화환

02 소비자들은 그 제품에 대해 충분한 정보를 제공받을 때 자신감을 가지고 제품을 구매할 것이다.

(the product / enough information / offer / about / they)

→ Customers will buy products with confidence when _____

_____. <기출>

03 이 핸드북에는 아이들이 필요할 때만 약을 복용하는 것이 권장되어야 한다고 되어 있다.

(medicine / encourage / children / to take / that / say / should)

→ This handbook _____

only when necessary.

04 현재 생물연료는 전기를 생산하는 데 사용되고 자동차 연료로 기능을 한다.

(function as / use / and / to produce / for cars / electricity / fuel)

→ Currently, biofuel _____.

05 다음 글의 내용을 한 문장으로 요약하고자 한다. <조건>에 맞게 요약문을 완성하시오. [각 5점]

> Different cultures have different concepts of time. In the western concept of time, human needs and choices must adjust to time's unbending demands, and tasks must be attended to at the right time and in the right order. The non-western concept, on the other hand, sees time as but a tool and a servant that must bend to fit people's needs. Timetables can be changed without notice, and tasks don't have to be finished on time or in the right order.

<조건> 1. <보기>의 어구를 모두 한 번씩만 사용할 것
        2. 필요하면 밑줄 친 단어의 태·수 변형 가능
<보기> (A) prioritize / punctuality   (B) schedules / understand

[요약문] In western cultures, (A) _____, whereas in non-western cultures, (B) _____ to be flexible.

*punctuality: 시간 엄수

Plus Stage 출제 범위에서 예상 문장 골라내기

정답 및 해설 p. 15

시험 범위에 있는 문장 중에 태를 혼동할 수 있는 요소가 있는 문장을 골라 집중해야 한다.
아울러, 수일치와 태를 동시에 물어볼 수 있는 문장도 잘 알아두어야 한다.

조건 1 **수동태인데 <be p.p.> 뒤에 바로 명사(구)가 나오는 문장**

4문형이나 5문형(명사 보어)이 수동태로 표현된 것들이며, 태와 의미를 반드시 확인해 둔다.

¹She **was awarded** her first patent for inventing a machine that cut, folded, and glued paper bags in 1981. <기출>

²The first automobile in history **was called** a horseless carriage, which helped the public to understand the concept against the existing mode of transportation. <기출>

조건 2 **우리말 해석이 수동태지만 능동태로 쓰이는 자동사** (◀ p. 34)

³Following an extremely dry spring, parts of Italy **suffered** from water shortages in 2017.
고통받았다 (were suffered (×))

조건 3 **and, but, or로 연결된 동사의 태가 서로 다른 문장**

⁴Many creatures **are consumed** entirely [or] **decompose** rapidly when they die, so there may be no fossil record at all for some species. <기출>

조건 4 **대명사 주어 + 수동태**

대명사가 대신하는 명사를 확인하여 대명사 주어와 동사의 의미 관계로 태를 이해하도록 한다.

⁵Most workers were often immigrants, teenagers, or others in desperate need of a job. They **were paid** hourly wages without any other benefits.

조건 5 **수일치와 태를 동시에 물어볼 수 있는 문장**

내신은 특히 여러 어법 사항이 겹치는 문제를 선호하기 때문에 이런 문장은 좋은 출제 대상이다.
<주어 + 수식어구 + 수동태>인데, 주어와 수식어구 내의 명사의 수가 일치하지 않는 문장에 주목한다.

⁶People [who are jobless and are searching for work] / **are** not **included** in the unemployment rate.
S(복수)　　　　　　　　　　　　　　단수(셀 수 없는 명사)　　　V(복수) (is not included (×))

Point 04 동사의 태 Ⅱ

주의해야 할 수동태의 여러 형태에 대해 알아본다.

Zero Stage

정답 및 해설 p. 16

1 구동사[군동사]의 수동태

구동사(◀ p. 40)란 bring about(~을 유발하다), deal with(~을 처리하다) 등과 같이 동사에 부사/전치사 등이 붙어 하나의 동사로 쓰이는 것들로, 주로 숙어로 외운다. 수동태에서도 하나의 덩어리로 움직인다.

¹The government **brought about** significant changes to the tax system.

→ Significant changes to the tax system were brought / brought about by the government.

²The issue of illegal parking in the residential area was finally dealt / dealt with .

2 be+p.p. 뒤의 부사구

1 by 이외 다른 전치사로 능동태 주어를 나타낼 수 있는 것들을 잘 알아두자.

be pleased[satisfied, dissatisfied, troubled, filled]	with ~
be surprised[annoyed, excited, angered]	at ~
be absorbed[disappointed, engaged, interested]	in ~

³When she held her published book in her hands, the author's heart was filled **with** pride.

⁴She was actively engaged **in** politics and worked for a refugee support organization.

2 목적어 뒤에 전명구를 자주 취하는 타동사(◀ p. 40)는 수동태에서 <be+p.p.+전명구>의 형태가 된다.

⁵The abandoned house reminded me **of a ghost story.** (remind A of B: A에게 B를 상기시키다)

→ I was reminded **of a ghost story** by the abandoned house. (A be reminded of B)

3 People[They, We]+say[think, believe, expect]+that절: ~라고 말한다[여긴다, 예상한다]

that절이 목적어지만 이를 주어로 하여 수동태를 만들지 않는다. 대신, <it ~ that> 구문(◀ p. 197 Point 24)을 사용하거나, that절의 주어를 주어로 가져오고 동사를 to-v로 변경하여 표현한다.

⁶People **say that** mobile marketing^S′ is^V′ the future of e-commerce.
　　S　　V　　　　　　　　O

→ That mobile marketing is the future of e-commerce is said. (×)

→ **It is said that** mobile marketing is the future of e-commerce. 《It ~ that 활용》

→ Mobile marketing **is said** to be the future of e-commerce. 《S(that절의 주어)+**be p.p.+to-v**(that절의 동사)》

Main Stage 1 어법 서술형

Check 1

구동사를 잘 익혀두자.

look at ~을 보다	
deal with ~을 다루다, 처리하다	make (good) use of ~을 (충분히) 이용하다
approve of ~을 찬성하다	pay (close) attention to ~에 (세심한) 주의를 기울이다
laugh at ~을 비웃다	take (full) advantage of ~을 (충분히) 이용하다
look up to ~을 존경하다	take (great) care of ~을 (잘) 돌보다 (= look after)
wait for ~을 기다리다	

구동사를 이루는 명사에 수식어가 있으면 이를 주어로 하는 수동태도 자주 볼 수 있다.

[1]The safety of the workers **was paid close attention to** during the construction.

→ **Close attention was paid to** the safety of the workers during the construction.

Check 2

<by+명사구>의 by는 문장에서 여러 의미를 나타낼 수 있다.

문장에 <by+명사구>가 보인다고 해서 무조건 수동태로 판단해서는 안 된다.

숙어	by mistake 실수로 / by chance[accident] 우연히 / by nature 선천적으로, 본래
방법, 수단	by email, by credit card, by train[bus] ~로
시간, 장소	by tomorrow, by ten o'clock (늦어도) ~까지는 / by the river, by the window ~ 옆에
양, 정도	by 30%, by ten inches ~만큼

❖ 다음 밑줄 친 부분이 어법상 옳으면 ○, 틀리면 ×로 표시하고 바르게 고치시오.

 When you <u>pay</u> by check, businesses often need more information about you so they can be assured of receiving payment.

 In the period between 1988 and 2008, pet ownership <u>was increased</u> by 6 percentage points among U.S. households. <기출>

Check 3

<동사+A(목적어)+전명구> 구조 → <A+be p.p.+전명구>

remind A of B와 같이 목적어 뒤에 전명구를 자주 쓰는 동사는 수동태에서도 전명구를 그대로 써야 한다.
이와 같은 동사는 종류가 아주 많은데(◀p. 61 Point 07), 수동태로도 자주 쓰이는 것들은 아래와 같다.

remind A **of B**	A be reminded **of B** B가 생각나다
associate A **with B**	A be associated **with B** B와 관련되다
view[see, regard, think of] A **as B**	A be viewed[seen, regarded, thought of] **as B** B로 여겨지다
attribute A **to B**	A be attributed **to B** B 때문이다
identify A **as B**	A be identified **as B** (정체, 신원 등이) B로 확인되다
compare A **with B**	A be compared **with B** B와 비교되다

Exercise

[01-07] 다음 밑줄 친 부분이 어법상 옳으면 ○, 틀리면 ✕로 표시하고 바르게 고치시오. [각 4점]

01   She was <u>waited</u> anxiously by her parents who had not heard from her since she left for college. <기출>

02   It is widely <u>believed</u> that certain herbs somehow magically improve the work of certain organs, and "cure" specific diseases as a result. <기출>

03   Since the nineteenth century, shopkeepers have <u>been taken</u> advantage of a trick by choosing prices ending in a 9, to give the impression that a product is cheaper than it is. <기출>

04   Richard Feynman, the Nobel Prize winning physicist, set up a laboratory in his childhood home where he <u>learned</u> by experimentation.

05   Only 14 percent of the public <u>disapproves</u> of the decision by the government to have the flood victims settle in the new area.

06   Hydropower dams have an impact on aquatic ecosystems and, more recently, have <u>identified</u> as significant sources of greenhouse gas emissions. <기출>   *hydropower dam: 수력 발전 댐

07   The customer <u>was dissatisfied</u> the poor quality of the product and demanded a refund.

[08-10] 다음 빈칸에 들어갈 말로 가장 적절한 것을 <보기>에서 골라 어법상 알맞은 형태로 바꿔 쓰시오. [빈칸당 3점]

<보기> return	believe	associate	pay

08   More and more media attention is _____ to famous people who are successful in sports and movies.

09   Finding the perfect shoe fit can be difficult since your feet get larger during the day and _____ to normal by the next morning. <기출>

10   Pigs were traditionally (A) _____ with dirtiness because of their habit of rolling around in mud while cats (B) _____ to be clean. <기출>

Main Stage 2 영작 서술형

정답 및 해설 p. 17

be p.p.뒤에 오는 어구에 주의한다.

1 구동사를 이루는 부사, 전치사 등을 빠뜨리지 않는다.

2 능동태 주어 앞에 by 이외의 전치사를 쓰는 경우에 주의한다.

태에 주의해야 하는 문제를 영작해 본다. 다음 문제를 보자.

> **다음 우리말과 일치하도록 괄호 안의 단어를 모두 활용하여 영작하시오.** (필요하면 단어 변형 및 추가 가능)
>
> 언제나, 13세 미만의 어린이들은 어른에게 돌봄을 받아야 한다.
>
> (look after / an adult / the age / must / of 13 / below)
>
> → At all times, children _____ .

STEP 1 **주어진 우리말을 의미 단위로 나눠 영작한다.**

13세 미만의 어린이들은   /   어른에게   /   돌봄을 받아야 한다

└ children below the age of 13   └ by an adult   └ must be looked after

   └ by 추가

STEP 2 **올바른 순서로 배열한다.**

→ At all times, children below the age of 13 must be looked after by an adult.

❖ 다음 우리말과 일치하도록 <조건>에 맞게 영작하시오.

> **<조건>**   1. (A), (B) 각 괄호 안의 어구를 모두 한 번씩만 사용할 것
>
> 2. 필요하면 밑줄 친 단어의 시제·태·수 변형 가능

➊ 1980년대 전에 야구는 기술의 경기로 여겨져서, 근력 운동과 같은 훈련은 선수들이 속도를 잃게 할 수 있으므로 주목받지 못했다.

(A) (of technique / a game / as / view)   (B) (to / not / pay / attention)

→ Before the 1980s, baseball (A) _____ ,

so training like weightlifting, which can cause players to lose speed, (B) _____

_____ .

➋ 여러분은 지구의 천연자원의 빠른 고갈에 놀랄 것이다. 너무 늦기 전에 그것들을 가장 잘 이용해야 한다.

(A) (the rapid exhaustion / will / at / surprise) (B) (them / make / should / of)

→ You (A) _____ of the Earth's natural resources.

The best use (B) _____ before it's too late.

Main Stage 3 문장전환 서술형

that절의 주어를 주어로 하여 수동태를 표현할 때 다음과 같은 사항에 주의해야 한다.

Check 1 주어-동사의 수일치에 주의한다.

[1] **Comets** traveling through the sky **are** said to hold secrets to the origin of life on Earth.
　　S(복수)　　　　　　　　　　　　　단수　V(복수)

Check 2 that절이 주절보다 앞선 시제(과거나 완료시제)일 때 <to have p.p.>로 쓴다.

[2] People think that comets **brought** water and life to planet Earth.
　　　　　　　　주절: 현재　　　　that절: 과거
→ Comets are thought **to have brought** water and life to planet Earth.

Check 3 that절의 동사가 수동태일 때 <to be p.p.>, <to have been p.p.>로 쓴다.

[3] They believe that comets **are born** in the outer Solar System.
→ Comets are believed **to be born** in the outer Solar System.

[4] They believe that some comets **were ejected** from the Solar System.
→ Some comets are believed **to have been ejected** from the Solar System.

❖ 다음 두 문장의 의미가 일치하도록 빈칸을 완성하시오.

❶ It is often said that the process of job advancement in the field of sports is shaped like a pyramid.

→ The process of job advancement in the field of sports _____

_____. <기출>

❷ People think that the population that started humanity was less than 2,000 individuals.

→ The population that started humanity _____

_____.

❸ They believe that the temple ruins in the jungle were built by an ancient civilization thousands of years ago.

→ The temple ruins in the jungle _____

_____ thousands of years ago.

Plus Stage 출제 범위에서 예상 문장 골라내기

정답 및 해설 p. 18

영어 문장은 SVO가 압도적으로 많다. 그러므로 대부분의 수동태 문장은 p.p. 뒤에 '명사'가 없고 대신 전명구가 이어진다.
p.p. 뒤의 전명구는 시간, 장소, 방법 등을 뜻하거나 <by + 능동태 주어>이다.

[1] A strange noise was heard / at midnight.
[2] A strange noise was heard / by them.

이 Point에서 학습한 수동태 문장들은 형태상 전형적인 수동태 문장과 다른 점들이 있는 것이다.
빈출되는 대표적인 표현들을 학습했지만, 워낙 그 수가 많아 다른 표현들도 출제 범위에 포함되어 있을 수 있다.
각 표현과 의미를 잘 정리해 두어야 한다.

1 [3] Sarah was brought **up** by her grandparents after her parents passed away.
　　(← bring up (~을 기르다, 양육하다))

2 [4] The container was filled **with** fresh water. 《by (✕)》
　　(← be filled with (~로 가득 차다))

3 [5] The movie is based **on** a true story about a group of mountaineers.
　　(← base A on B (A를 B에 근거하다))

4 [6] The new software update is expected **to fix** the bugs.
　　(← People expect that the new software update will fix the bugs.)

[01-10] 다음 밑줄 친 부분이 어법상 옳으면 ○, 틀리면 ✕로 표시하고 바르게 고치시오. (단, 시제는 변경하지 말 것) [각 4점]

01 Simply keeping good ideas floating around in your head without actualizing them <u>are</u> a great way to ensure that they won't happen. <기출>

02 When you walk, friction between the ground and the tread on your shoes <u>act</u> to grip the ground and prevent slipping. <기출> *friction: 마찰 **tread: 접지면, 바닥

03 The first underwater photographs are said to <u>have taken</u> in 1856 by a man named William Thompson.

04 Good writers know that ideas that can be applied to real life <u>are</u> worth writing.

05 The city's new transportation system, which included electric buses and bike-sharing programs, <u>was considered</u> modern and eco-friendly.

06 Toys that children wanted all year long are thrown away several days after they <u>take</u> from gift boxes under the Christmas tree. <기출>

07 Leading experts in the field of cybersecurity and data protection <u>warns</u> that the widespread use of internet-connected devices makes us more vulnerable to cyber attacks.

08 Seaside plants that can grow in saline soil <u>have been found</u> on some roadsides. <기출> *saline soil: 염토(염류 성분을 많이 지닌 흙)

09 As news of the outbreak spread, researchers around the world were already <u>starting</u> to collaborate on developing effective treatments for the new virus. *outbreak: (질병 등의) 발생

10 According to linguists, the number of languages <u>are believed</u> to be close to around 7,000, though there is no scientific method that can accurately determine this.

11 다음 (A), (B)의 괄호 안에 주어진 단어를 어법상 알맞은 형태로 바꿔 쓰시오. [각 3점]

> More than two-thirds of the Earth's surface (A) (cover) _____ with water. All that water, though, doesn't necessarily mean that humans have an adequate supply of water to meet their needs. Most of the inhabitants (B) (rely) _____ on groundwater, which is 95 percent of the world's available fresh water.

[정답] (A) _____ (B) _____

[12-16] 다음 우리말과 일치하도록 괄호 안의 어구를 모두 한 번씩만 활용하여 영작하시오. (필요하면 밑줄 친 단어 변형 가능)

[빈칸당 5점]

12 이 새로운 스피커에서 나오는 소리는 더 강하고 선명하게 들린다.
(comes / these new speakers / hear / from / that)

→ The sound _____ with greater strength and clarity.

13 가축화로 인한 물리적 변화 중 하나는 뇌의 크기 감소이다.
(caused by / the physical changes / be / one of / domestication)

→ _____ a reduction in the size of the brain. <기출>

14 독서하지 않는 아이들의 가장 큰 불만은 자신들의 흥미를 끄는 읽을 만한 어떤 것도 찾을 수 없다는 것이다.
(of kids / be / the biggest / don't read / complaint / who)

→ _____ that they can't find anything to read that interests them. <기출>

15 우리의 모든 경험을 학습과 성장의 한 방법으로 여긴다면, 어떤 경험도 나쁘다고 말해질 수 없을 것이다.
(see / bad / as / say / of learning and growing / a way / to be)

→ If all our experiences (A) _____ , no experience could (B) _____ .

16 모든 동물의 종은 균형 잡히고 건강한 생태계를 유지하는 데 중요한 역할을 한다.
(to maintain / an important role / play / animal species)

→ Every _____ a balanced and healthy ecosystem.

Studies from cities all over the world ① show the importance of life and activity as an urban attraction. People ② gather where things are happening and seek the presence of other people. Faced with the choice of walking down an empty or a lively street, most people would choose the street with life and activity. The walk will be more interesting and feel safer. Events where we can watch people perform or play music ③ attracts many people. Studies show that benches with the best views of city life ④ uses far more frequently than those that do not offer views of other people. <기출>

17 틀린 부분: _____ → 바르게 고치기: _____ [2점]

틀린 이유: _____ [3점]

18 틀린 부분: _____ → 바르게 고치기: _____ [2점]

틀린 이유: _____ [3점]

[19-20] 다음 글을 읽고 물음에 답하시오.

The term "false friends" (A) (introduce) _____ in 1928, describing words in different languages that are very similar in sound and spelling, but very different in meaning. False friends, also known as bilingual homophones, can be created in various ways. They can (B) (appear) _____, for instance, as a result of shared etymology. (C) 이를 설명하기 위해, friend라는 단어 자체를 더 면밀히 들여다볼 수 있다(be / at / taken / can). We know what it means in English, and the German equivalent *freund* has the same meaning. But the Danish (*frænde*) and Swedish (*frände*) words mean *a relative*. All these words have (D) (inherit) _____ from a Proto-Germanic ancestor that roughly means someone that you care for. However, the English and German versions have lost the "relative" part of the meaning along the way.   *homophone: 동음이의어 **etymology: 어원

19 윗글의 (A), (B), (D)의 괄호 안에 주어진 단어를 어법상 알맞은 형태로 바꿔 쓰시오. [각 3점]

[정답] (A) _____ (B) _____ (D) _____

20 윗글의 밑줄 친 (C)의 우리말과 일치하도록 괄호 안에 주어진 어구를 올바른 순서로 배열하시오. [5점]

[정답] To illustrate this, a closer look _____ the word *friend* itself.

UNIT
02

시제·조동사·문형

동사는 형태를 변화시켜 동작의 때를 나타내기도 하고,
조동사를 더해 다양한 의미를 나타낼 수도 있다.
또한 동사에 따라 뒤따르는 어구들의 요소나 형태가 달라지기도 한다.

Point 05 시제

여러 시제 중에서 자주 출제되는 시제를 중심으로 알아두면 된다.
시간을 나타내는 부사, 부사구, 부사절 또는 문맥을 바탕으로 시제를 판단한다.

정답 및 해설 p. 22

Zero Stage

1 현재시제

[1]To this day, the tower **stands** as a symbol of the city's cultural heritage. (현재의 일)
'현재'를 나타내는 부사구

[2]When the weather **clears up**, we will be able to go outside. (미래의 일)
시간·조건 부사절 (will clear up (×))

2 과거시제

[3]He **traveled** to several different countries in Europe last year. (과거에 이미 끝난 일)
'과거'를 나타내는 부사구

| '과거'를 나타내는 부사구: yesterday, last, just now (조금 전에) / ~ ago (~ 전에) / in, at, on + 과거의 때 |

*주절의 시제가 과거(완료)일 때, 종속절(명사절)도 마찬가지로 과거(완료)가 된다.

[4]He **said** he **would** be able to finish the project by the end of the week. (시제 일치)

3 현재완료형(계속): have p.p. / have been v-ing / have been p.p.

```
┌─────────────────────── ·········· ───────────►
        has undergone          현재
```

[5]The city skyline **has undergone** significant changes over the years. (과거부터 현재까지)
(현재까지) 여러 해에 걸쳐

| 자주 쓰이는 부사구: for + 기간 + now (지금까지 ~ 동안) / for the last[past] + 기간 (지난 ~ 동안) / since + 과거시점 (~ 이래로) / how long (얼마나 오래) / so far, up to now, until now (지금까지) |

*현재완료형은 '과거'를 뜻하는 부사구와 함께 쓰지 못한다.

4 과거완료형(계속): had p.p. / had been v-ing / had been p.p.

```
┌───────── ·········· ─────── · ───────►
had lived      과거       현재
            (moved)
```

[6]They **had lived** for many years in Suwon before they moved here. (대과거부터 과거까지)

5 과거완료형(대과거): 과거보다 앞서 일어난 일

```
┌───────── · ─────── · ───────►
대과거          과거
(had installed)  (realized)
```

[7]After the break-in, the company realized that they **had installed** an outdated security system.

Main Stage 1 어법 서술형

정답 및 해설 p. 22

Check 1
시간을 나타내는 부사구 등의 단서로 시제를 판단한다.

[1]Ten years ago I **come(→came)** here by train. At that time, I hadn't eaten for two days.

<기출>

틀린 이유 10년 전의 과거 사실을 말하므로 과거시제로 고쳐야 한다.

이때, 문장을 이루는 다른 절의 시제, 부사구를 보고 판단하지 않도록 주의한다.

[2]He **moved** to the city last year / and **has been exploring** new areas ever since.
has moved (×)

❖ 다음 밑줄 친 부분이 어법상 옳으면 ○, 틀리면 ×로 표시하고 바르게 고치시오.

❶ Since 1900, the global average life expectancy <u>had</u> increased significantly and is now above 70 years.

❷ Last year, they hired a candidate who <u>had</u> been working with a non-profit organization for a decade.

❸ Once you <u>will take</u> this online course for 30 minutes per day for one week, reading the financial pages will be much easier. <기출>

❹ Prior to the modern era, human rights <u>were</u> not widely recognized, and society has only begun to give them the respect and attention they deserve in recent times.

❺ The church <u>has been</u> under construction for many years now, with numerous setbacks and delays constantly postponing its completion.
*setback: 차질

Check 2
시제를 판단할 단서가 없을 때는 문맥에 따라 판단한다.

시간을 나타내는 부사구 등이 없는 문장에서 시제가 출제될 때는 문맥으로 명백한 현재나 과거의 사실임을 알 수 있다.

❖ 다음 밑줄 친 부분이 어법상 옳으면 ○, 틀리면 ×로 표시하고 바르게 고치시오.

❻ The product I received looked like it <u>has</u> been used. I immediately contacted the seller to ask for a refund.

❼ The people of France <u>gifted</u> the U.S. the Statue of Liberty, which has become a universal symbol of freedom and democracy.

❽ The Second World War <u>had</u> a great impact on global history, changing political boundaries, economic systems, and cultural norms across the world.

Exercise

[01-04] 다음 밑줄 친 부분이 어법상 옳으면 ○, 틀리면 ✕로 표시하고 바르게 고치시오. [각 4점]

01 Few can dispute the fact that the development of global trade for the past few decades <u>has led</u> to tremendous economic growth for emerging and developed countries alike.

*dispute: 반박하다

02 The stone bridge was located where the present bridge <u>stood</u>, but unfortunately it was destroyed by extreme flooding in 2010.

03 When she reached the door, she found that she <u>has</u> left the key on the stand before leaving the house earlier that day.

04 Some professionals argue that many teenagers can actually study productively under less-than-ideal conditions because they <u>have been</u> exposed repeatedly to "background noise" since early childhood. <기출>

*less-than-ideal: 이상적이지 않은

05 **다음 글의 밑줄 친 ①~⑤ 중 틀린 부분 2개를 찾아 바르게 고친 후, 틀린 이유를 작성하시오.** [각 7점]

> The earliest challenges and contests to solve important problems in mathematics date back to the 16th and 17th centuries. Some of these ① <u>have continued</u> to challenge mathematicians until modern times. For example, Pierre de Fermat ② <u>issued</u> a set of mathematical challenges in 1657, many on prime numbers and divisibility. The solution to what ③ <u>was</u> now known as Fermat's Last Theorem was not established until the late 1990s by Andrew Wiles. David Hilbert, a German mathematician, identified 23 unsolved problems in 1900. Although some of the problems were solved, others ④ <u>remain</u> unsolved to this day. More recently, in 2000, the Clay Mathematics Institute named seven problems that ⑤ <u>have</u> not been solved with the hope that they could be solved in the twenty-first century. <기출>
>
> *prime number: 소수 **divisibility: 가분성(나누어떨어짐) ***theorem: 《수학》 정리

(1) 틀린 부분: _____ → 바르게 고치기: _____ [3점]

　　 틀린 이유: _____ [4점]

(2) 틀린 부분: _____ → 바르게 고치기: _____ [3점]

　　 틀린 이유: _____ [4점]

Main Stage 2 영작 서술형

정답 및 해설 p. 24

우리말 해석과 시간 부사구 등에 따라 시제를 판단하면 된다. 수일치, 태에도 주의해서 영작해야 한다.
시제만 출제 포인트로 하기보다는 다른 중요 어법 사항들을 같이 묻는 경우가 많다.

아래와 같이, 자연스러운 우리말 해석과 영어 동사는 서로 시제가 다를 수 있으므로 주의하자.

- 그 역사학자들의 목표는 역사 전반의 지도자들이 공통적으로 **가지고 있는** 것을 알아내는 것**이었다**.

  우리말: 현재시제 ┃   우리말: 과거시제

  → The goal of the historians **was** to find out what leaders across history **had** in common.
  　　　　　　　　　　　과거시제　　　　　　　　　　　　　　　　　　　　　　과거시제

- 유명한 소셜미디어 회사의 한 창립자는 소셜미디어가 우리를 **결속시킬** 것으로 **생각했다**.

  우리말: 미래시제 ┃   우리말: 과거시제

  → One founder of a famous social media company **believed** social media **would unite** us.
  　　　　　　　　　　　　　　　　　　　　　　　　　　과거시제　　　　　　　조동사 과거형 + 동사원형

시제에 주의해야 하는 문장을 영작해 본다. 다음 문제를 보자.

> **다음 우리말과 일치하도록 괄호 안의 단어를 모두 한 번씩만 활용하여 영작하시오.** (필요하면 단어 변형 가능)
>
> 그는 아내가 2년 전에 병에서 회복한 이후로 축복받았다고 느껴 왔다고 말했다.
>
> (from her illness / recover / two years ago / since / blessed / his wife / feel / he)
>
> → He said that _____ .

STEP 1　우리말을 의미 단위별로 크게 묶어 구조를 분석한다.

그는 / 아내가 2년 전에 병에서 회복한 이후로 축복받았다고 느껴 왔다고 / 말했다.
　S　　　　　　　　　　　　O　　　　　　　　　　　　　　　　　　　　　V
　　　└ 접속사 since(~ 이후로)가 이끄는 부사절

STEP 2　의미 단위별로 영작할 때 시제, 수일치, 태에 주의한다.

그는 / 말했다 → He / said

(그는) 축복받았다고 **느껴 왔다고** → that he **had felt** blessed
　　　　　　　　　　　　└ 아내가 2년 전에 회복한(recovered) 때부터 말한 시점(said)까지
　　　　　　　　　　　　'계속' 축복받았다고 느껴 온 상황이므로 과거완료형을 쓴다.

아내가 2년 전에 병에서 **회복한** 이후로 → since his wife **recovered** from her illness two years ago
　　　　　　　　　　　　과거 사실

STEP 3　순서대로 영문을 완성한다.

→ **He said that** he had felt blessed since his wife recovered from her illness two years ago.

Exercise

[01-04] 다음 우리말과 일치하도록 <조건>에 맞게 영작하시오. [각 5점]

<조건>　1. 괄호 안의 어구를 모두 한 번씩만 사용할 것　2. 필요하면 단어 변형 가능

01 우리가 일요일마다 우리 상점을 열기 시작한 지 10년이 되었다.

(opening / have / start / 10 years / on Sundays / since / our shop / we / be)

→ It _____ .

02 2주가 넘는 동안, 그 도시의 거주자들은 어떤 식수도 끓이라는 주의를 받아왔다.

(be / more than / in the city / to boil / warn / have / two weeks / any drinking water / residents)

→ For _____ , _____

_____ .

03 선생님은 어떻게 그녀가 그 문제들을 다른 사람들의 도움 없이 푸는 데 성공했는지 질문하셨다.

(how / help / have / in solving / she / the problems / ask / without / from others / succeed)

→ The teacher _____

_____ .

04 소년이 TV에 나온 후에, 그를 3개월간 찾아왔었던 그 형사는 그를 발견할 수 있었다.

(be able to / be / for him / have / search / him / for 3 months / find)

→ After the boy appeared on TV, the detective who _____

_____ .

05 다음 글을 읽고, 괄호에 주어진 어구를 활용하여 (A)를 완성하시오. (필요하면 단어 변형 가능, 빈칸당 한 단어만 쓸 것) [10점]

> In medieval times, sugar was widely considered good for health and was added to almost all meals. In the 17th century, however, physicians began to consider sugar as bad for one's health. Sugar was linked to tooth decay and the disease later called diabetes. As a result, it began to be removed from all recipes except desserts. (A) It (ever since / be / to desserts / limit / have).
>
> *diabetes: 당뇨병

[정답] (A) It _____ _____ _____ _____

_____ _____ .

Plus Stage 출제 범위에서 예상 문장 골라내기

정답 및 해설 p. 24

다양한 시제가 사용된 글에서 특정 시제가 출제될 확률이 더 높다.
특히 시제가 갑자기 바뀌는 부분을 주목하여, 그 시제를 판단할 단서가 될 만한 시간 부사구나 문맥을 확인해 두어야 한다.

또한, 불규칙 활용을 하거나 혼동하기 쉬운 동사 변화형도 주의해서 알아둔다.

1 cut-cut-cut / burst-burst-burst 등: 현재-과거-과거분사 형태가 같다.

2 found(설립하다)-founded-founded: found를 find의 과거형으로 착각하지 말아야 한다.

3 lie와 lay
   lie(놓여 있다; 눕다)-lay-lain-lying *자동사이므로 뒤에 목적어인 명사가 나오지 않는다.
   lie(거짓말하다)-lied-lied-lying *'거짓말하다'란 의미로는 규칙 변화를 한다.
   lay(놓다, 두다; 알을 낳다)-laid-laid-laying

아래 예시로 학습해 보자.

[1]The whole history of mathematics [a]**is** one long sequence of taking the best ideas of the moment and finding new extensions, variations, and applications. Our lives today [b]**are** totally different from the lives of people three hundred years ago, mostly owing to scientific and technological innovations requiring the insights of calculus. Isaac Newton and Gottfried von Leibniz independently [c]**discovered** calculus in the last half of the seventeenth century. But a study of the history [d]**reveals** that mathematicians [e]**had thought** of all the essential elements of calculus before Newton or Leibniz [f]**laid** them out. ~ (이하 생략) <기출>   *calculus: 미적분학

[a]**is:** 일반적 사실

[b]**are:** 현재 사실 (힌트: today (○), three hundred years ago (✕))

[c]**discovered:** 과거 사실 (힌트: in the last half of the seventeenth century)

[d]**reveals:** 일반적 사실

[e]**had thought:** laid out(과거) 시점까지의 완료

[f]**laid:** lay out((주장 등을) 제시하다)의 과거형

Point 06 조동사

조동사는 동사에 의미를 더하므로 문맥에 따른 적절한 조동사를 판단하고 사용할 수 있어야 한다.

Zero Stage

정답 및 해설 p. 25

아래 조동사들은 능력, 허가, 의무 등의 기본 의미 외에 '가능성·추측'을 모두 나타낼 수 있다.
확신의 정도가 강하고 약함에 따라 구별해서 쓴다. not과 함께 쓰일 때의 의미도 중요하므로 함께 알아두자.

can / could	《가능성·추측》 ~할 것이다, ~할 수도 있다 [1] The sales **can** go up again.
	~할지도 모른다 [2] The sales **could** go up again.
	*can't = cannot 《강한 추측》 ~할 리가 없다 [3] The news **can't** be true.
	《금지》 ~해서는 안 된다 [4] We **can't** park here. It's a fire lane.
may / might	《약한 가능성·추측》 어쩌면 ~할지도 모른다 [5] The sales **may/might** go up again.
will / would	《다소 강한 추측》 ~할 것이다 [6] The sales **will/would** go up again.
	《습성·경향》 ~하기 마련이다 [7] If the temperature rises, the ice **will** melt.
	*would 《과거 습관》 ~하곤 했다 [8] He **would** always tell me stories from his youth.
must	《의무》 (반드시) ~해야 한다 (= have to) [9] All passengers **must** wear seatbelts.
	《강한 추측》 ~임에 틀림없다 [10] The news **must** be false; it **can't** be true.
	*must not 《강한 금지》 ~해서는 안 된다 [11] You **must not** smoke in here.
	cf. don't have to ≒ don't need to ≒ need not 《불필요》 ~할 필요가 없다
	[12] We **don't have to** do it now. We have plenty of time.
should / ought to	《의무·당연》 ~해야 한다 [13] We **should** follow the rules set by society.
	《약한 조언》 ~하는 것이 좋을 것이다 [14] You **should** wash your hands.
	《추측》 ~할 것이다 [15] It's almost 7 o'clock. He **should** be here in a minute.
	*should not 《금지》 ~해서는 안 된다 [16] You **should not** click on suspicious links.

다음 조동사들의 의미도 잘 알아두자. 이들은 '가능성·추측'의 의미로는 사용되지 않는다.

used to (◀ p. 56)	《과거 습관·상태》 (지금은 아니지만) ~하곤 했다; 예전에는 ~했다
	[17] She **used to** live in Paris before she moved to London.
had better	《강한 권고》 ~하는 것이 좋을 것이다, ~해야 한다
	[18] You **had better** leave now if you want to catch the train.
	*had better not 《금지》 ~해서는 안 된다
	[19] You **had better not** be late for the meeting.

Main Stage 1 어법 서술형

Check 1 '과거'에 대한 가능성, 추측, 후회, 유감을 나타내는 <조동사+have p.p.>

may[might] have p.p.	가능성, 추측	(어쩌면) ~했을지도 모른다 [1] He **may have bought** it.
could have p.p.		~했을 수도 있다 [2] He **could have bought** it.
must have p.p.		~했음이 틀림없다 [3] He **must have bought** it.
can't[cannot, couldn't] have p.p.		~했을 리가 없다 [4] He **can't have bought** it.
should have p.p.	후회, 유감	~했어야 했는데 (하지 않았다) [5] He **should have bought** it.
shouldn't have p.p.		~하지 말았어야 했는데 (했다) [6] He **shouldn't have bought** it.

*수동과 진행일 때의 형태도 잘 알아두자.
• 수동: <조동사 + have been p.p.>
• 진행: <조동사 + have been v-ing>

❖ 다음 밑줄 친 부분이 어법상 옳으면 ○, 틀리면 ×로 표시하고 바르게 고치시오.

❶ Most people like to hire people just like themselves. This may <u>work</u> in the past, but today we don't want to hire people who are all the same. <기출>

❷ The students concluded that they must <u>have missed</u> the hidden meaning, as they were unable to notice it even after thinking as hard as possible. <기출>

❸ The package <u>can't</u> have been delivered yet because I haven't received a notification from the delivery service and the tracking website says it's in transit.

*in transit: 수송 중인

Check 2 used to-v / be used to-v / be used to v-ing

used to-v	v하곤 했다; 예전에는 v했다
be used to-v	v하는 데 사용되다
be used to v-ing/명사	v하는 것에/~에 익숙하다 《be동사 외에 become/get도 많이 사용된다.》

❖ 다음 밑줄 친 부분이 어법상 옳으면 ○, 틀리면 ×로 표시하고 바르게 고치시오.

❹ The economic theory of Say's Law holds that everything that's made will get sold. The money from anything that's produced is used to <u>buying</u> something else. <기출>

❺ She <u>used</u> to spend so much time trying to be perfect and please everyone, but she has now learned to prioritize her own needs and happiness.

Exercise

[01-05] 다음 밑줄 친 부분이 어법상 옳으면 ○, 틀리면 ✕로 표시하고 바르게 고치시오. [각 5점]

01 We <u>had better</u> start working on this project now if we want to finish it before the deadline.

02 When a foreign language is spoken in film, subtitles are used to <u>translating</u> the dialogue for the viewer. <기출>

03 I <u>shouldn't have stayed</u> up so late last night, as now I'm feeling tired and unable to concentrate on my work.

04 We <u>used to</u> think that the brain never changed, but according to the neuroscientist Richard Davidson, we now know that this is not true. <기출>   *neuroscientist: 신경과학자

05 We got a call from him saying he missed the flight because he got the time wrong. He should <u>double-check</u> the flight time yesterday.

06 **다음 글의 <요약문>을 보고, 이에 맞도록 (A)~(C)의 각 네모 안에서 문맥상 올바른 것을 골라 쓰시오.** [각 5점]

> <요약문> Rewarding business success can be accomplished without material incentives.

> A software company I once worked for had a great way of recognizing sales success. The sales director kept an air horn outside his office and (A) | would / should | come out and blow the horn every time a salesperson settled a deal. The noise had an amazingly positive impact on everyone. Sometimes rewarding success (B) | can / can't | be as easy as that, especially when peer recognition is important. You (C) | should / shouldn't | have seen the way the rest of the sales team wanted the air horn blown for them. <기출>
>
> *air horn: (압축 공기로 작동하는) 경적

[정답] (A) _____   (B) _____   (C) _____

Main Stage 2 영작 서술형

다양한 조동사의 의미에 주의하며 영작해 본다. 다음 문제를 보자.

> **다음 우리말과 일치하도록 괄호 안의 어구를 모두 한 번씩만 활용하여 영작하시오.** (필요하면 밑줄 친 단어 변형 가능)
>
> 그는 집을 떠날 수도 있었지만 나로 인해 우리와 함께 머물기로 결심했다.
>
> (to stay / could / leave / decided / but / have / home / with us)
>
> → He _____ because of me.
>
> *- The Color of My Words* (by Lynn Joseph)

STEP 1 **우리말을 의미 단위별로 크게 묶어 구조를 분석한다.**

그는 집을 떠날 수도 있었지만 / 나로 인해 / 우리와 함께 머물기로 결심했다.
　S　O1　　　V1　　　　　　　　　　　　O2　　　V2

*동사의 목적어는 자연스러운 우리말에서 '~하기를' 외에 '~하기로' 등으로도 해석된다.

STEP 2 **의미 단위별로 영작할 때 시제, 수일치, 태에 주의한다.**

그는 집을 떠날 수도 있었지만　　→ He could have left home but
　　　　'과거'에 대한 가능성

나로 인해　　　　　　　　　　→ because of me

우리와 함께 머물기로 결심했다　→ decided to stay with us

STEP 3 **순서대로 영문을 완성한다.**

→ He could have left home but decided to stay with us because of me.

Exercise

[01-02] 다음 우리말과 일치하도록 괄호 안의 어구를 모두 한 번씩만 활용하여 영작하시오. (필요하면 단어 변형 가능) [각 5점]

01　네안데르탈인은 추운 기후에 대비하여 피난처를 만들었음이 틀림없다.

(have / against / shelters / build / the cold climate / must)

→ Neanderthals _____ .

- The Third Chimpanzee (by Jared Diamond)

02 우리는 고대 조상들의 생존 기술 중 일부를 잃었을지도 모르지만, 그것들이 필요하게 됨에 따라 새로운 기술을 익혔다.

(lose / our ancient ancestors' / some of / have / survival skills / may)

→ While we _____

_____, we have learned new skills as they have become necessary. <기출>

03 다음 글의 빈칸에 들어갈 가장 적절한 말을 <조건>에 맞게 완성하시오. [10점]

> I couldn't believe it when I received the phone call yesterday. I have won the Big Dream Scholarship to Redwood University! This was possible because you wrote that recommendation letter. Your recommendation _____
>
> _____. I cannot thank you enough for your help. <기출>

<조건> 1. <보기>의 어구를 모두 한 번씩만 사용할 것

2. 필요하면 밑줄 친 단어 변형 가능

<보기> a chance / have / the scholarship committee / on me / must / persuade / to take

[정답] _____

04 다음 글의 내용을 한 문장으로 요약하고자 한다. <조건>에 맞게 요약문을 완성하시오. [10점]

> Throughout history, scientists have wondered about human organs that don't seem to do anything useful. Wisdom teeth are an example of a body part with hidden powers. Today, most people get their wisdom teeth removed before they can squeeze other teeth out of place or get infected. However, millions of years ago, human faces weren't as flat as they are today, and mouths had more room for wisdom teeth. Our ancestors might have benefited from them when chewing and grinding raw food. <기출>   *wisdom teeth: 사랑니

<조건> 1. <보기>의 어구를 모두 한 번씩만 사용할 것

2. 단어 변형 불가

<보기> but used to / purposes / seem / certain / have / unnecessary

[요약문] Some body parts _____

_____.

Plus Stage 출제 범위에서 예상 문장 골라내기

정답 및 해설 p. 27

조동사는 대부분 둘 이상의 의미를 가지므로 문맥에 따른 정확한 의미를 알아두어야 한다.
다음과 같은 사항에 특히 주의하여 대비하자.

유형 1 조동사 + have p.p.
언제나 출제 가능성이 높으므로 빼놓지 않고 기억해 두어야 한다.

유형 2 used to / be used to-v / be used to v-ing
역시 출제 가능성이 높으므로 잘 구별해서 기억해 두어야 한다.

유형 3 과거형 조동사 could, would, should, might
형태는 '과거'지만 '가능성, 추측'의 의미로 쓰여 현재나 미래를 뜻할 수 있다는 것을 기억해야 한다.
had better 역시 '과거'와는 거리가 멀다.
특히 could와 should의 의미를 잘못 해석할 가능성이 높으므로 주의하자.
- could: '~할 수 있었다' 또는 '~할지도 모른다 《가능성, 추측》'
  '~할 수 있었다'로 해석하기 쉬우므로 '가능성, 추측'의 의미로 쓰인 경우를 잘 알아둔다.
- should: '~해야 한다 《의무》' 또는 '~할 것이다 《가능성, 추측》'
  '~해야 한다'로 해석하기 쉬우므로 '가능성, 추측'의 의미로 쓰인 경우를 잘 알아둔다.

☛ Try by Yourself!

[01-02] 다음 밑줄 친 조동사의 의미를 골라 □에 ✔표 하시오.

01 Display your work in noticeable locations so that you can be constantly reminded of it. You **could**, for example, have a notice board in your room where you can organize important materials. You can also use the board as a place to post all those sticky notes reminding you of things you have to do for your classes. By displaying your work in this way, you can have a constant visual reminder of it. <기출>
□ ~할 수 있었다   □ ~할지도 모른다

02 One way that music could express emotion is simply through a learned association. Perhaps there is nothing naturally sad about a piece of music in a minor key or played slowly with low notes. Maybe we have just come to hear certain kinds of music as sad because we have learned to associate them in our culture with sad events like funerals. If this view is correct, we **should** have difficulty interpreting the emotions expressed in culturally unfamiliar music. <기출>
*minor key: 《음악》 단조
□ ~해야 한다   □ ~할 것이다

Point 07 　SVO문형

3문형(SVO)의 목적어(to부정사, 동명사)와 목적어 뒤에 자주 오는 전명구에 대해 알아본다.

Zero Stage

정답 및 해설 p. 27

1　동사의 목적어: to-v vs. v-ing

1 <동사+to부정사>: 주로 '미래에[앞으로] 할 일' 또는 '아직 하지 않은 일'을 의미한다.
　　e.g. want, learn, refuse, manage, plan, choose, tend 등

2 <동사+동명사>: 주로 '과거에[이미] 끝난 일, 해본 일' 또는 '현재[지금] 하고 있는 일'을 의미한다.
　　e.g. stop[quit], avoid, require, enjoy, involve, mind, finish, consider, put off[postpone] 등

3 <동사+to부정사 또는 동명사>
　　• 의미 차이가 거의 없는 동사: 주로 '좋거나 싫음, 시작, 계속'을 의미한다.
　　　e.g. like, love, hate, prefer, start, begin, continue 등
　　• 의미 차이가 있는 동사: 문맥에 따라 올바른 목적어 형태를 써야 한다. (◀ p. 62)
　　　e.g. forget, remember, regret, try 등

[1] They wanted │to connect / connecting│ the computers to share information.

[2] As soon as I heard about the accident, I put off │to celebrate / celebrating│ my birthday and decided │to go / going│ help him right away.

[3] If you never take the risk of driving a car, you can never learn │to drive / driving│. <기출>

[4] The employees don't mind │to make / making│ additional efforts to support their boss.

2　<동사+목적어+전명구>: 목적어 뒤에 특정한 전명구가 자주 오는 동사들

from	**keep[protect]** A from B (A를 B로부터 보호하다)	**for**	**mistake** A for B (A를 B로 오인[혼동]하다)
	prevent[hinder] A from B (A가 B하는 것을 막다)	**of**	**remind** A of B (A로 하여금 B를 생각나게 하다)
	distinguish A from B (A를 B와 구별하다)		
with	**fill** A with B (A를 B로 채우다)	**to**	**lead** A to B (A를 B로 이끌다)
	provide A with B (A에게 B를 주다[공급하다])		**prefer** A to B (B보다 A를 선호하다)
	(= provide B for A)		**attribute** A to B (A를 B의 덕분[탓]으로 보다)
	replace A with B (A를 B로 대체하다)		*이때의 to는 전치사이므로, B는 명사/동명사만 가능하다. to 뒤에 동사원형을 쓰지 않도록 주의한다.
as	**refer to** A as B (A를 B라고 부르다)		
	treat A as B (A를 B로 대하다[다루다])		
	consider[think of, view, see, look upon] A as B (A를 B로 여기다[생각하다, 간주하다])		
	*consider A (as) B: consider는 B 앞의 as를 생략할 수 있다.		

Main Stage 1 어법 서술형

Check 1 동사의 목적어 자리인지 확인하고, 목적어의 형태가 맞는지 판단한다.

[1]We have to avoid **to take(→taking)** advertising claims too seriously. <기출>

틀린 이유 동사 avoid는 목적어로 동명사를 취하므로 taking으로 고쳐야 한다.

to-v/v-ing가 모두 가능할 때는 문맥으로 판단한다. 주로 to-v는 '미래', v-ing는 '현재나 과거'를 뜻한다.

[2]My laptop stopped **to work(→working)** suddenly two days ago, and I can't turn it on.

틀린 이유 문맥상 노트북이 '작동하는 것을 멈춘 것'이므로 동명사인 working으로 고쳐야 한다.

to부정사 (미래에 할 일, 아직 하지 않은 일)	v-ing (과거에 한 일, 현재 하고 있는 일)
forget to-v: (미래에) v할 것을 잊다	forget v-ing: (과거에) v했던 것을 잊다
remember to-v: (미래에) v할 것을 기억하다	remember v-ing: (과거에) v했던 것을 기억하다
try to-v: v하려고 노력하다[애쓰다]	try v-ing: 시험 삼아 v해보다
regret to-v: v하게 되어 유감이다	regret v-ing: (과거에) v했던 것을 후회하다
*stop to-v: v하려고 (하던 일을) 멈추다	stop v-ing: v하는 것을 멈추다

*stop to-v의 to-v는 목적어가 아니라 '~하려고, ~하기 위해'를 의미하는 부사구이다.

❖ 다음 밑줄 친 부분이 어법상 옳으면 ○, 틀리면 ×로 표시하고 바르게 고치시오.

❶ When you were born, your parents probably took lots of pictures, but over the years they took them less often and sometimes forgot <u>taking</u> pictures at all. <기출>

❷ While feet stop <u>growing</u> in length by age twenty, most feet gradually widen with age. <기출>

Check 2 <동사+목적어+전명구> 형태는 전명구에 주목한다.

1 전명구에서 전치사가 올바른지 확인한다.

2 전명구에서 전치사 뒤 명사어구는 명사 또는 동명사여야 한다. 전치사가 to일 때 동사원형을 쓰지 않아야 한다.

• keep: 뒤따르는 어구의 형태와 의미를 서로 혼동하지 않도록 주의한다.

keep (on) v-ing	keep from B	keep A from B
계속해서 v하다	B를 하지 않다[참다]	A를 B로부터 보호하다 / A가 B하지 못하게 하다

❖ 다음 밑줄 친 부분이 어법상 옳으면 ○, 틀리면 ×로 표시하고 바르게 고치시오.

❸ They agreed to provide a silver trophy <u>for</u> the winner of a horse race. <기출>

❹ The frog must remain near the water where it can take a dip every now and then to keep <u>on</u> drying out. <기출>

Exercise

[01-03] 다음 밑줄 친 부분이 어법상 옳으면 ○, 틀리면 ✕로 표시하고 바르게 고치시오. [각 4점]

01 I am very grateful for this opportunity and am strongly considering <u>to accept</u> it. ‹기출›

02 The artist referred to photographs <u>as</u> "a source of inspiration."

03 The simple act of fact-checking prevents misinformation from <u>shape</u> our thoughts. ‹기출›

04 **다음 두 글을 읽고, (A)~(C)의 괄호 안의 단어를 어법상 알맞은 형태로 바꿔 쓰시오.** (필요하면 전치사 추가 가능) [각 4점]

> 가: Last year, Roberta Vinci played a tennis match against No.1-ranked Alice Eve in the US Open. No one thought Vinci would win, but she did. In an interview after the match, Vinci said she did not think it was possible, so she tried not (A) (think) _____ about winning. "In my mind I said, 'Hit the ball and run. Don't think, just run.' And then I won."

> 나: Sometimes the best way to achieve a difficult goal is to stop (B) (think) _____ that it is possible, and just take things one step at a time. Focusing too much on the goal can prevent you (C) (accomplish) _____ the thing you want. ‹기출›

[정답] (A) _____　　(B) _____　　(C) _____

05 **다음 글의 밑줄 친 ①~⑤ 중 틀린 부분을 찾아 바르게 고친 후, 틀린 이유를 작성하시오.** [6점]

> When I was seven, I was admitted to the hospital for asthma. The treatment involved ① <u>swallowing</u> lots of pills. Since my parents both worked, I was alone and terrified at night, and I remember ② <u>to cry</u> myself to sleep. On the second day, when my pills were brought to me, I started ③ <u>sobbing</u>. I kept ④ <u>on refusing</u> to take them. Then, a stranger who was passing by explained how one should go about swallowing a pill. I gathered up the courage and swallowed that pill. She soon left, and I never saw her again. I deeply regret not ⑤ <u>asking</u> for her name, as her kindness still stays in my mind. ‹기출›

틀린 부분: _____　　→ 바르게 고치기: _____ [2점]

틀린 이유: _____ [4점]

Main Stage 2 영작 서술형 I

3문형에서 동사 뒤의 목적어 형태가 중요한 문제를 영작해 본다. 다음 문제를 보자.

> **다음 우리말과 일치하도록 괄호 안의 어구를 모두 한 번씩만 활용하여 영작하시오.** (필요하면 단어 변형 가능)
>
> 우리는 불필요한 것에 돈을 낭비하는 것을 멈추고 그것을 저축하기 시작해야 한다.
>
> (save / and / waste / on unnecessary things / stop / start / our money / it)
>
> → We should _____ .

STEP 1 우리말을 의미 단위별로 크게 묶어 구조를 분석한다.

우리는 / 불필요한 것에 돈을 낭비하는 것을 멈추고 / 그것을 저축하기 시작해야 한다.
　　　　　　　　　　　 O1　　　　　　 V1　　 O2　　 V2

STEP 2 의미 단위별로 영작할 때 동사의 목적어 형태에 주의한다.

불필요한 것에 돈을 낭비하는 것을 멈추고 → <u>stop (wasting) our money on unnecessary things</u>
└ 낭비하기 위해 하던 일을 멈추라는 것이 아니고
현재 낭비하는 것을 멈추라는 것이므로 wasting이 적절

그것을 저축하기 시작해야 → <u>start (saving[to save)) it</u>
└ start는 v-ing와 to-v를 모두 목적어로 쓸 수 있다.

STEP 3 순서대로 영문을 완성한다.

→ We should <u>stop wasting our money on unnecessary things and start saving[to save] it.</u>

❖ 다음 우리말과 일치하도록 괄호 안의 어구를 모두 한 번씩만 활용하여 영작하시오. (필요하면 단어 변형 가능)

❶ 핵심어를 포함시키는 것을 잊지 말고 그 단어의 형태를 변경하지 않을 것을 기억해라.

(not / include / of the word / change / the key word / remember / the form / and)

→ Don't forget _____, _____

_____ .

❷ 나는 실수한 것을 후회해 본 적이 전혀 없는데 그것이 학습 과정의 자연스러운 일부이기 때문이다.

(because / regret / mistakes / a normal part / make / is / of the learning process / it)

→ I have never _____

_____ .

❸ 사람들은 일관성이 있기를 원하여 이미 한번 말했으면 yes라고 말하기를 계속할 것이다.

(and / continue / yes / be consistent / say / will)

→ People want _____

_____ if they have already said it once. <기출>

Main Stage 3 영작 서술형 II

동사의 목적어 뒤에 특수한 전명구가 있는 문제를 영작해 본다. 다음 문제를 보자.

> **다음 우리말과 일치하도록 괄호 안의 어구를 모두 활용하여 영작하시오.** (단어 변형 불가, 필요하면 전치사 추가 가능)
>
> 사람들은 종종 새로운 언어의 단어들을 발음이 비슷한 자신의 모국어 단어들로 혼동한다.
>
> (from their native language / words / ones / mistake / in a new language)
>
> → People often _____ that sound similar.

STEP 1 우리말을 의미 단위별로 크게 묶는다.

사람들은 종종 <u>새로운 언어의 단어들을</u> / <u>발음이 비슷한 자신의 모국어 단어들로</u> / <u>혼동한다.</u>
　　　　　　　　O　　　　　　　　　　　　전명구　　　　　　　　　　　　　V

STEP 2 의미 단위별로 영작할 때 단어(전치사) 추가에 주의한다.

새로운 언어의 단어들을 / 혼동한다 → <u>mistake</u> / <u>words in a new language</u>

　　　　　　　　　　　　　　　　　　┌ 앞에 언급된 words의 반복을 피하기 위해 부정대명사 ones 사용
발음이 비슷한 자신의 모국어 단어들로 → (for ones) from their native language **that sound similar**
　　　　　　　　　　　　　　　　　　└ mistake는 'A를 B로 오인[혼동]하다'라는 의미일 때
　　　　　　　　　　　　　　　　　　　목적어 뒤 전명구에 for를 사용하므로 추가한다.

STEP 3 순서대로 영문을 완성한다.

<동사+A(목적어)+전치사+명사(B)>에서 A와 B의 위치를 바꾸어 쓰지 않도록 주의한다.

→ People often <u>mistake words in a new language for ones from their native language</u> **that sound similar.**

❖ 다음 우리말과 일치하도록 괄호 안의 어구를 모두 활용하여 영작하시오. (필요하면 단어 변형 및 전치사 추가 가능)

❶ 세계적인 경쟁의 시대에, 국가는 일자리를 그 국가의 자국민으로 완전히 채울 수 없다.

(its own citizens / cannot / its jobs / entirely fill / a country)

→ In the age of global competition, _____

_____. <기출>

❷ 운동은 당신에게 더 많은 에너지를 주고 당신이 우울하게 느끼지 않게 해줄 것이다.

(you / keep / depressed / will give / and / you / feel / more energy)

→ Exercising _____

_____. <기출>

Exercise

[01-05] 다음 우리말과 일치하도록 <조건>에 맞게 영작하시오. [각 5점]

> **<조건>** 1. 괄호 안의 어구를 모두 사용할 것
> 2. 단어 변형 가능
> 3. 필요하면 전치사 from, with, to, as 중 하나를 추가할 것

01   감독으로서, 나는 팀의 승리를 선수들의 고된 노력과 헌신 덕분으로 본다.

(and / my team's / the hard work / attribute / dedication / victories / of the players)

→ As a coach, I _____ .

02   그녀는 다양한 붓질을 사용해서 캔버스에 역동적인 효과를 내려고 노력했지만, 성공하지 못했다.

(create / tried / on her canvas / dynamic effects)

→ Using many different brush strokes, she _____

_____ , but she didn't succeed.

03   마오리족은 그들의 문신을 그들의 정체성이자 유산으로 생각하는 경향이 있다.

(their tattoos / tend / of their identity / a reflection / and heritage / see)

→ Maori people _____

_____ .

04   많은 사람이 봄에 야생 버섯을 찾는 것을 즐기는데, 그것들이 맛있기 때문이다.

(wild mushrooms / many / the spring season / enjoy / in / hunt / people)

→ _____ because

they are delicious. <기출>

05   나는 비판을 건설적인 피드백으로 다뤘고 그것을 개인적으로 받아들이는 것을 피했다.

(constructive / take / criticism / avoided / feedback / treated / and)

→ I _____

it personally.

06 다음 글의 (A)에 주어진 어구를 모두 한 번씩만 활용하여 글의 흐름에 맞게 문장을 완성하시오. [5점]

Quality questions are one way that teachers can check students' understanding of the text. Questions can also facilitate students' search for evidence and their need to return to the text to deepen their understanding. Teachers take an active role in developing and deepening students' comprehension by asking questions that cause them to consult the text again, leading them to read the same text several times. In other words, these text-based questions (A) (with / provide / an opportunity / students) to reread the complex texts and develop a better understanding of them. <기출>

[정답] _____

07 다음 글의 내용을 한 문장으로 요약하고자 한다. <조건>에 맞게 요약문을 완성하시오. [10점]

The next time you're out under a clear night sky, look up. If you've picked a good spot for stargazing, you'll see a sky full of stars, shining and twinkling like thousands of brilliant jewels. But this amazing sight of stars can also be confusing. Try and point out a single star to someone. Chances are, that person will have a hard time knowing exactly which star you're looking at. It might be easier if you describe patterns of stars. You could say something like, "See that big triangle of bright stars there?" Or, "Do you see those five stars that look like a big 'W'?" When you do that, you're doing exactly what we all do when we look at the stars. We look for patterns, not just so that we can point something out to someone else, but also because that's what we humans have always done. <기출>

*stargaze: 별을 관측하다

<조건> 1. <보기>의 어구를 모두 사용할 것
        2. as, from, by 중 문맥상 적절한 전치사 하나를 추가할 것
        3. 단어 변형 불가
<보기> around it / an object / distinguish / the many others

[요약문] If you use a pattern, you can more easily _____
_____.

Plus Stage 출제 범위에서 예상 문장 골라내기

정답 및 해설 p. 30

1 동사의 목적어 형태

주로 to-v는 '미래', v-ing는 '현재/과거' 의미를 갖는 것으로 구분하는데, 그것이 적용되지 않는 동사들을 특히 주의해서 알아두어야 한다.

주의 1 목적어가 to-v인데 '미래에 할 일'과 거리가 먼 것

manage to-v 간신히[용케] v해내다 / (어떻게든) v하다[해내다]	[1]We managed **to get** to the airport in time.

주의 2 목적어가 v-ing인데 아직 하지 않은 일, 즉 '미래' 의미에 더 가까운 것

mind v-ing v하기를 꺼리다	[2]I don't mind **helping** if you can't find anyone else.
put off[postpone] v-ing v하기를 미루다	[3]He keeps putting off **going** to the doctor.
consider v-ing v할 것을 고려하다	[4]She's considering **buying** a new bike.
avoid v-ing v하기를 피하다	[5]You should avoid **mentioning** his problem.
recommend v-ing v할 것을 추천하다	[6]I recommended **reading** the book before seeing the movie.

주의 3 목적어로 to-v/v-ing 모두 가능한 것

어느 한 가지만 옳은 것으로 알면 오답을 낼 수 있으므로 주의해야 한다.

[7]As soon as she told the joke, he started **laughing[to laugh]**.

2 <동사+목적어(A)+전명구(전치사+B)>

A와 B를 확인한 뒤, 전치사에 동그라미하고 암기하는 식으로 학습한다.
A와 B는 문맥에 따라 판단할 수 있는데, 특히 A, B 자리를 혼동하기 쉬운 것이 출제되기 좋다.

[8]A field study investigated how a group of friends communicated while watching TV at their homes. The study found that the friends strongly preferred text chat[A] to voice chat[B], as they felt that text chat required less effort and attention and was more enjoyable than voice chat. <기출>

[9]Rather than attempting to punish students with a low grade in the hope it will encourage them to make a greater effort in the future, teachers can better motivate students by considering their work[A] as an incomplete task[B] and then requiring additional effort. If teachers no longer accept substandard work, students will not submit it and continue to work until their performance is satisfactory. <기출>

*substandard: 미흡한, 수준 이하의

Point 08 SVOC문형

5문형(SVOC)의 목적격보어로 to부정사(to-v), 원형부정사(v), 분사(v-ing, p.p.)가 쓰일 수 있다.
우리말에 없는 문법이라 다소 어렵게 느껴질 수 있으므로 개념 이해에 핵심이 되는 것들을 먼저 알아본다.

Zero Stage

정답 및 해설 p. 31

1 **동사(V)의 '의미'를 정확히 알아야 한다.**

5문형(SVOC)의 동사는 목적어(O)와 목적격보어(C) 두 개가 다 필요한 의미를 가진다. (***e.g.*** O가 C하게[C하도록] ~하다)
그러므로, 다른 문형, 특히 3문형(SVO)에서 쓰일 때의 의미로 해석하면 안 된다.
동사의 의미를 정확히 알아야 문맥상 그 문장에 목적격보어가 필요하다는 것을 알 수 있다. (◀p. 70)

I **asked him**. 나는 **그에게 물었다.** (SVO)
I **asked him to buy** some groceries for dinner. 나는 **그에게** 저녁 식사를 위한 식료품을 **사달라고 부탁했다.** (SVOC)

2 **목적격보어는 목적어의 동작이나 상태를 나타낸다.**

즉, 목적어가 목적격보어의 의미상의 주어이다. 이를 적용하여 다른 문형과 구별해 보자.

¹ Allow children to make their own decisions. (SVOC: allow ~이 v하게 두다)
　　　　O(아이들이)　　　　　　C(스스로 결정을 내리다)

cf. ² Allow children time to practice new skills. (SVOO: allow ~에게 …을 주다)
　　　　V　　IO　　DO↑　　　　새로운 기술을 연마할(to-v는 time을 수식)

³ Nothing will make me change my mind. (SVOC: make ~이 v하게 만들다[하다])
　　　　　　　　O(내가)　　C(마음을 바꾸다)

cf. ⁴ Now I am making an effort to correct this habit. (SVO: make an effort 노력하다)
　　　　　　　V　　　　O　　　　습관을 바로잡기 위해
　　　　　　　　　　　　　　　(in order to correct ~의 의미. to-v의 부사적 쓰임)

3 **대부분의 동사는 목적격보어로 to부정사를 쓴다.**

일부 동사나 문맥에 따라 v, v-ing, p.p.가 쓰이는데, 이 형태를 묻는 문제가 자주 출제된다. (◀p. 70)

4 **5문형 동사는 준동사로 쓰일 때도 동일한 구조이다.**

⁵ Snakes might be enough to make a lot of people run. 《to부정사구》
　　　　　　　　　　　　　　V′　　　O′　　　　C′

⁶ Express your emotions by allowing yourself to write down your thoughts. 《동명사구》
　　　　　　　　　　　　　　V′　　O′　　　C′

Main Stage 1 어법 서술형

동사와 문맥(목적어와의 의미관계)에 따라 어떤 형태의 목적격보어를 써야 할지 결정한다.

Check 1 │ 목적어와 목적격보어가 능동관계일 때 목적격보어는 to-v 또는 v이다.

5문형 동사는 'O가 C하게[C하도록] ~하다'란 의미를 가지고 있으며, 이때 O와 C는 능동관계이다.
많은 5문형 동사들이 C로 to-v를 쓰는데, 아래 동사들은 to-v를 쓰지 않으므로 주의해야 한다.

1 make, have, let: 사역동사라 하여 C로 v(원형부정사)를 쓴다.

¹The caffeine in drinks such as coffee and tea can make you **to feel(→feel)** anxious.

> **틀린 이유** make는 목적격보어로 원형부정사를 취하므로 to feel은 feel로 고쳐야 한다.

2 see, hear 등: 지각동사라 하여 C로 v(원형부정사)나 v-ing를 쓴다.

5문형에 쓰인 지각동사는 보거나 들어서 'O가 C하는[C하고 있는] 것을 ~해서 알다[깨닫다]'란 의미이다.

*목적격보어 v는 동작의 처음부터 끝까지 보거나 들은 것을, v-ing는 동작의 일부를 보거나 들은 것을 의미한다.

to-v 목적격보어를 취하는 동사		v 목적격보어를 취하는 동사	
allow O to-v	O가 v하게 두다[허락하다]	make O v	O가 v하게 만들다[하다]
ask O to-v	O에게 v해 달라고 부탁하다	have O v	O가 v하게 하다[시키다]
cause O to-v	O가 v하게 하다[유발하다]	let O v	O가 v하도록 내버려 두다
encourage O to-v	O가 v하도록 격려하다	help O (to) v	O가 v하도록 돕다
enable O to-v	O가 v할 수 있게 하다	see O v/v-ing	O가 v하는 것을 보고 알다 (≒ watch, observe, notice)
expect O to-v	O가 v할 것을 예상하다		
get O to-v	O가 v하게 하다	hear O v/v-ing	O가 v하는 것을 듣고 알다 (≒ listen to)
want O to-v	O가 v하기를 바라다	feel O v/v-ing	O가 v하는 것을 느끼고 알다
lead O to-v	O가 v하게 하다	smell O v/v-ing	O가 v하는 것을 냄새 맡아 알다

*help: to부정사와 원형부정사 모두를 목적격보어로 취할 수 있다. (help O v/to-v)

*수동태에서는 v(원형부정사) 목적격보어를 to-v로 바꿔 표현한다.

²The students were made **to meditate** for 10 minutes before taking tests.

Check 2 │ 목적어와 목적격보어가 수동관계일 때 목적격보어는 p.p.이다.

³People get old software **to remove(→removed)** to increase their computer's speed.

> **틀린 이유** get의 목적어와 목적격보어가 서로 수동관계이므로 목적격보어는 removed로 고쳐야 한다.

get O p.p.	O가 ~되도록 하다	make O p.p.	O가 ~되도록 만들다[하다]
find O p.p.	O가 ~되어 있는 것을 알게 되다	let O be p.p.	O가 ~되도록 내버려 두다
keep O p.p.	O가 ~된 상태로 계속 있게 하다	have O p.p.	i) O가 ~되도록 (누군가를) 시키다
hear O p.p.	O가 ~된 것을 듣고 알다		ii) O가 ~당하는 것을 경험하다
see O p.p.	O가 ~된 것을 보고 알다		iii) O가 ~된 상태이다

[01-10] 다음 밑줄 친 부분이 어법상 옳으면 ○, 틀리면 ✕로 표시하고 바르게 고치시오. [각 4점]

01 On the way home, Lucas noticed a truck <u>parked</u> in front of the house across the street. <기출>

02 In one experiment, subjects observed a person <u>solve</u> 30 multiple-choice problems. <기출>

03 Due to a lack of effective marketing and promotion, consumers generally were seen <u>have</u> limited awareness of the services available to them.

04 Keep your kids away from excessive screens, such as tablets and smartphones, and get them <u>to read</u>.

05 Upon witnessing the accident, I saw the driver <u>carrying</u> away in an ambulance and hoped he would be okay.

06 When you make a person <u>feel</u> a great sense of importance, he or she will feel on top of the world—and their level of energy will increase rapidly. <기출>

07 The discipline acquired from sports practice carries over to other areas, such as doing homework and other school projects on time and keeping materials <u>organize</u>. <기출>

08 I encourage my friends and family members <u>make</u> their own choices to respect their autonomy.

*autonomy: 자율성

09 Impressionist paintings are probably the most popular; they are works of art which do not ask the viewer <u>work</u> hard to understand the imagery. <기출>

10 The possibility that the audience could produce the electric power during concerts is being considered; the members of an audience would be made <u>to take</u> turns pedaling electricity generating bikes. <기출>

Main Stage 2 영작 서술형

SVOC문형에서 주의해야 하는 문제를 영작해 본다. 다음 문제를 보자.

> **다음 우리말과 일치하도록 괄호 안의 어구를 모두 한 번씩만 활용하여 영작하시오.** (필요하면 단어 변형 가능)
>
> Amy는 자신의 이름이 불리는 것을 듣자, 그 소리가 나는 쪽으로 고개를 돌렸다.
>
> (in the direction / her name / her head / call / of the sound / hear / turn)
>
> → When she _____, Amy _____. <기출>

STEP 1 우리말을 의미 단위별로 크게 묶어 구조를 분석한다.

Amy는^S / 자신의 이름이^{O′} 불리는 것을^{C′} 듣자^{V′}, / 그 소리가 나는 쪽으로 / 고개를 돌렸다.

STEP 2 의미 단위별로 영작할 때 목적격보어 형태에 주의한다.

Amy(그녀)는 자신의 이름이 불리는 것을 듣자, → When she heard her name called,
└─ 목적어 her name과 수동관계
이므로 p.p.로 쓴다.

(Amy는) / 그 소리가 나는 쪽으로 / 고개를 돌렸다
→ Amy / turned her head / in the direction of the sound

STEP 3 순서대로 영문을 완성한다.

→ When she heard her name called, Amy turned her head in the direction of the sound.

Exercise

점수 | 40점

[01-05] 다음 우리말과 일치하도록 <조건>에 맞게 영작하시오. [각 4점]

> **<조건>** 1. 괄호 안의 어구를 모두 한 번씩만 사용할 것
> 2. 필요하면 단어 변형 가능
> 3. SVOC문형을 반드시 포함할 것

01 음악을 들으면서 공부하는 것은 학생들이 그 자료를 학습하는 데 어려움을 겪게 한다.

(a difficult time / students / cause / learning / have / the material)

→ Studying while listening to music _____. <기출>

02 추종자들은 리더들이 명확한 목표를 세우고 즉각적인 피드백을 제공할 것으로 예상한다.

(the leaders / feedback / provide / clear goals / immediate / and / establish / expect)

→ The followers _____.

03 나는 방에 들어가서 벽들이 온갖 동물들의 아름다운 그림으로 덮여 있는 것을 알아챘다.

(cover / of animals / notice / beautiful drawings / with / of all kinds / the walls)

→ I went in the room and _____ .

04 나는 아이들이 자신들의 선물에 즐거워하는 것을 보면서 파티의 남은 시간을 보냈다.

(of the party / enjoy / watching / the rest / the kids / their gifts)

→ I spent _____ . <기출>

05 승무원은 사람들에게 이착륙 중에 전자기기를 사용하지 말 것을 요청했다.

(people / ask / their electronic devices / use / takeoff and landing / not / during)

→ The flight attendant _____ .

06 다음 글의 (A)에 주어진 어구를 모두 한 번씩만 활용하여 글의 흐름에 맞게 완성하시오. (필요하면 단어 변형 가능) [10점]

In Colin Cherry's study, his participants listened to voices in one ear at a time, and then through both ears, in an effort to determine whether we can (A) (two people / listen to / at the same time / talk). One ear always received a message that the listener had to repeat back (called "shadowing") while the other ear heard people speaking. The trick was to see if you could totally focus on the main message and also hear someone talking in your other ear. Cherry found it was impossible for his participants to process two pieces of information at the same time. <기출>

[정답] _____

07 다음 글의 알맞은 제목이 되도록 <보기>의 어구를 올바른 순서로 배열하여 제목을 완성하시오. [10점]

Overprotective parents spare kids from all kinds of natural consequences. Their kids never learn how to bounce back from failure or how to recover from mistakes because their parents prevented them from making poor choices. Without an opportunity to experience real-world consequences, kids don't always understand why certain rules exist. Natural consequences prepare children for adulthood by helping them think about the potential consequences of their actions. <기출>   *spare A from B: A가 B를 피하게[면하게] 해주다

<보기>   Natural Consequences / Kids / Teach / Let

[제목] _____

Plus Stage 출제 범위에서 예상 문장 골라내기

정답 및 해설 p. 33

5문형 문장은 아래 순서대로 대비할 것을 권한다.

Step 1 동사 형태가 '수'의 구분에 따라 달라지는 것

동사는 여러 다른 문형으로도 쓰일 수 있으므로, 5문형 동사가 보이더라도 다음을 확인해야 한다.

1 동사가 SVOC문형에서 쓰이는 의미인가?

2 목적격보어는 목적어의 동작이나 상태인가?

목적어 뒤의 to-v는 목적격보어 외에 '목적(v하려고)'의 의미나 '형용사적 의미(v할, v하는)'로도 쓰일 수 있으므로 주의한다.

[1]We should listen to our kids to improve our relationships with them. (SVO문형)
     V   O   = 《목적》 in order to improve ~

영어에서 압도적으로 많은 것은 3문형(SVO)이므로, 출제 범위에서 5문형은 그리 많지 않을 수도 있다.

Step 2 5문형이 맞으면, 목적격보어의 올바른 형태를 확인한다.

to-v는 이를 목적격보어로 하는 동사가 많아 등장하는 빈도가 높기 때문에 출제빈도도 자연히 높다.

v와 p.p.는 상대적으로 적게 나타나지만, 형태 때문에 출제가 집중될 수 있으므로 잘 알아두어야 한다.

☞ Try by Yourself!

[01-05] 다음 네모 안의 동사의 목적격보어가 없으면 ×, 있으면 ○로 표시하고 목적격보어에 밑줄 그으시오.

01 Meetings encourage creative thinking and can give you ideas that you may never have thought of on your own. <기출>

02 Social television systems now enable TV viewers living in different locations to interact with other viewers. <기출>

03 Spending too much time on social media can cause some negative effects on a person's mental health.

04 After listening carefully to his story, the judge said, "I could punish the hunter and instruct him to keep his dogs chained, or lock them up." <기출>

05 Two weeks earlier, the residents had been asked by another volunteer to make a small commitment to display a tiny sign that read "Be a Safe Driver" in their windows. <기출>

[01-10] 다음 밑줄 친 부분이 어법상 옳으면 ○, 틀리면 ×로 표시하고 바르게 고치시오. [각 4점]

01 To this day, the 1900 Galveston hurricane <u>remains</u> the deadliest natural disaster in the nation's history.

02 People often avoid <u>to ask</u> themselves difficult questions because they fear the discomfort that may come from thinking about challenging ideas.

03 Soccer practice <u>must have been cancelled</u> because none of Jake's team showed up. Perhaps there was some miscommunication that led to the confusion.

04 In 1928, he met an American deep-sea diver named Otis Barton, who <u>has</u> been working on a design for a deep diving sphere.

05 She lay on her back on the lawn and watched drops of sunlight <u>slide</u> through the mosaic of leaves above her. <기출>　　　　　　　*mosaic: 모자이크(여러 빛깔의 유리, 돌 등을 조각조각 붙여 만든 무늬나 그림)

06 When I was having dinner with my family, I heard my phone beep. I realized it was the app I <u>had installed</u>.

07 Every event that causes you to smile makes you <u>to feel</u> happy and produce feel-good chemicals in your brain. <기출>

08 In the 1960s, space exploration was a new and exciting concept, and for many people, the idea of exploring the moon might <u>capture</u> their imaginations during this time period.

09 While some designers love a blank slate and the freedom to do whatever they want, I prefer <u>to work</u> with clients who have an opinion and a story. <기출>　　　*blank slate: (비유적) 백지상태; 빈 석판

10 The phrase "the cloud" is used to <u>refer</u> to a network of remote servers that store, manage, and process data, which allows users to access it from anywhere with an Internet connection.

11 다음 글에서 문맥상 틀린 부분 1개를 찾아 바르게 고치시오. [5점]

Identical twin brothers were running a small souvenir shop together. One day, one of the brothers left a bill on the counter and walked outside. When he returned, the money was gone. He asked his brother, "Did you notice that twenty-dollar bill on the counter?" His brother replied that he had not. But the young man kept questioning him. "Twenty-dollar bills don't just get up and walk away! Surely you must see it!" There was definite accusation in his voice. <기출>

*accusation: 비난

[정답] 틀린 부분: _____ → 바르게 고치기: _____

[12-16] 다음 우리말과 일치하도록 괄호 안의 어구를 모두 활용하여 영작하시오. (필요하면 단어 변형 및 전치사 추가 가능)

[빈칸당 4점]

12 국립공원관리공단은 2000년 이래로 1,825마리의 버마 비단뱀이 플로리다에서 잡혀 왔다고 말한다.
(since 2000 / in Florida / catch)

→ The National Park Service says 1,825 Burmese pythons _____
_____ .

13 1960년대 이후로, 비만은 그 부족원들 사이에 널리 퍼져왔다.
(widespread / obesity / among / of the tribe / become / the members)

→ Since the 1960s, _____
_____ .

14 James는 참석하지 못할 긴급한 일이 있었다. 그는 그녀의 공연을 놓치지 말았어야 했는데 (놓쳤다).
(her performance / attend / him / miss / should)

→ James had an emergency that prevented (A) _____ . He (B) _____
_____ .

15 누군가 목소리를 높여 언쟁하는 것을 들으면 침착하게 있도록 노력하고 그 언쟁에 휘말리는 것을 피해라.
(and / someone / avoid / remain / argue / when / calm / you / involve yourself / hear)

→ Try (A) _____ in the argument
(B) _____ in a raised voice. <기출>

16 그는 다른 도시의 일자리 기회 때문에 집을 떠날 수도 있었다. 대신, 그는 고향에 머물러 직장 생활을 해나가기로 결정했다.
(stay / could / pursue / leave / decide / and / home)

→ He (A) _____ due to the job opportunity in a different city.
Instead, he (B) _____ his career in his hometown.

No one wants ① to think they're average, least of all below average. When they are asked ② to evaluate themselves, the majority of people tend ③ to rate themselves as above average across various measures such as intelligence, appearance, health and so on. Self-control is no different: people consistently overestimate their ability to control themselves. This over-confidence can lead people ④ assume they'll be able to control themselves in situations in which, it turns out, they can't. This is why trying to stop ⑤ to engage in an unwanted habit can be an frustrating task. Over the days and weeks after our resolution to change, we start to notice it ⑥ to pop up again and again.

17 틀린 부분: _____ → 바르게 고치기: _____ [2점]

틀린 이유: _____ [3점]

18 틀린 부분: _____ → 바르게 고치기: _____ [2점]

틀린 이유: _____ [3점]

19 틀린 부분: _____ → 바르게 고치기: _____ [2점]

틀린 이유: _____ [3점]

20 다음 글의 빈칸에 들어갈 가장 적절한 말을 <조건>에 맞게 완성하시오. [8점]

One of the main reasons that students may think they know the material, even when they don't, is that they _____ _____ _____ _____. Here is how it works: You read the chapter once, perhaps highlighting as you go. Then later, you read the chapter again, perhaps focusing on the highlighted material. As you read it over, the material is familiar because you remember it from before, and this familiarity might lead you to think, "Okay, I know that." The problem is that this feeling of familiarity is not necessarily equivalent to knowing the material and may be of no help when you have to come up with the answer on an exam. <기출>

<조건> 1. <보기>의 어구를 모두 사용할 것   2. 필요하면 단어 변형 가능
        3. 전치사를 하나 추가할 것   4. 빈칸당 한 단어만 쓸 것
<보기> familiar / mistake / understanding

[정답] _____ _____ _____ _____

UNIT
03

동사·준동사

동사는 여러 형태로 변신하여 동사와는 다른 역할을 한다.
형태에 따른 역할에 반드시 익숙해져야 한다.
서술형에서 단연코 가장 많이 출제되는 영역이다.

Point 09 to부정사

to부정사(to-v) 또는 원형부정사(v)는 문장에서 명사, 형용사, 부사 역할을 한다.
문장의 주어(◀p. 197 Point 24), 목적어(◀p. 61 Point 07), 목적격보어(◀p. 69 Point 08)로 쓰이는 것은 해당 Point를 통해 학습하자.

Zero Stage

정답 및 해설 p. 36

1 **보어**: v하는 것(이다)

¹ The most important part of any experiment^S is **to conduct** it safely^C.
= _____ 주격보어

² The teacher asked the girl^O **to answer** a question about the story^C.
목적격보어

2 **의문사(how, when, where, what, which 등)+to-v**

<의문사+to-v>는 명사 역할을 하며 문장의 목적어로 가장 많이 쓰인다.

³ I don't know^V **how to drive**^O / **when[where] to go**^O / **what to do**^O / **which** areas **to visit**^O.

3 **형용사 역할**: v하는, v할, v해야 할

to-v는 언제나 명사 뒤에서 수식한다.

⁴ She needed something **to read** on the plane, so she bought a magazine.

4 **부사 역할**: v하기 위해 등

⁵ We should follow the rules **to prevent** unwanted accidents. 《목적: v하기 위해, v하려고, v하도록》
= **in order to prevent** = **so as to** prevent

⁶ I am **glad to see** your message. 《감정의 원인: v해서》

⁷ He was **foolish to buy** such an expensive gift. 《판단의 근거: v하다니, v하는 것을 보니》

⁸ This melody is **hard to forget** once you hear it. 《형용사 수식: v하기에 (~한)》

⁹ I looked for an answer **only to find** that there wasn't one. 《결과: 결국 v할 뿐인》

5 **to부정사가 쓰이는 빈출 구문**

¹⁰ The movie was **too** scary **to watch** alone. 《too ~ to-v: 너무 ~해서 v할 수 없다, v하기에 너무 ~하다》

¹¹ Those places are safe **enough to walk** around in after dark. 《~ enough to-v: 충분히 ~해서 v하다》

Main Stage 1 어법 서술형

정답 및 해설 p. 36

Check 1 문맥과 구조상 to-v 자리인지 확인한 뒤 알맞은 형태인지 판단한다.

[1]Leaving the store, I returned to my car only **to finding(→to find)** that I'd locked my car key and cell phone inside the vehicle. <기출>

틀린 이유 '결국 발견할 뿐인'을 의미하는 부사 역할의 to부정사 자리이므로 to find로 고쳐야 한다.

• 자주 쓰이는 <to(전치사)+v-ing> 어구

object to v-ing	v하는 것에 반대하다 (= be opposed to v-ing)
look forward to v-ing	v하기를 고대하다
commit to v-ing	v하는 데 전념[헌신]하다 (= be devoted to v-ing)
be used to v-ing	v하는 것에 익숙하다 (= be accustomed to v-ing)
when it comes to v-ing	v하는 것에 관한 한

Check 2 형용사 역할일 때 to-v 뒤에 이어지는 전치사가 있는지 확인한다.

to-v의 수식을 받는 명사가 전치사의 목적어여서 전치사가 반드시 필요한 경우가 있다.

[2]I'm looking for a new house **to live(→to live in)** that can accommodate my family.

틀린 이유 to live의 수식을 받는 a new house는 live에 이어지는 전치사 in의 목적어이므로 to live in으로 고쳐야 한다.

❖ 자주 출제되는 <명사+to-v+전치사> 형태의 어구들이다. 주어진 우리말과 일치하도록 빈칸에 알맞은 전치사를 쓰시오.

❶ something to write _____ (가지고) 쓸 것

❷ a friend to talk _____ 이야기할 친구

❸ some paper to write _____ 쓸 종이

❹ a song to listen _____ 들을 노래

❺ a chair to sit _____ 앉을 의자

❻ a new toy to play _____ (가지고) 놀 새 장난감

❼ kids to take care _____ 돌봐야 할 아이들

Check 3 의미상의 주어와 능동관계일 때는 to-v, 수동관계일 때는 to be p.p.이다.

의미상의 주어는 대부분 문장의 주어나 목적어 등 문장 안에 이미 있으므로 문맥으로 확인하면 된다.

[3]**A sentence** without context is likely **to be misunderstood**.
(← A sentence is misunderstood. (○))

to-v 앞에 <for[of]+명사>가 있으면 '명사'가 to-v의 의미상의 주어이므로, 둘의 관계로 능수동을 판단한다.

[4]A thorough inspection is necessary *for quality* **to ensure(→to be ensured)**.

틀린 이유 의미상의 주어 quality가 '보장되는 것'이므로 수동관계를 표현하는 to be ensured로 고쳐야 한다.

Exercise

[01-06] 다음 밑줄 친 부분이 어법상 옳으면 ◯, 틀리면 ✕로 표시하고 바르게 고치시오. (단, 3단어 이하로 고칠 것) [각 4점]

01 From my experience, this is the advice for you to <u>listen</u> if you want to improve your relationships and become a better communicator.

02 After spending hours shoveling snow, there's nothing better than coming inside and enjoying something <u>warm to drink</u>, like hot cocoa or tea.

03 He's opposed to <u>eat</u> processed foods and tries to stick to natural foods whenever possible.

04 The company has a policy for employees to <u>adhere</u> regarding social media use during work hours.

05 The deadline for the report <u>to submit</u> is approaching, so please make sure to have it completed and turned in on time.

06 My training plan for the marathon includes running three times a week, increasing my mileage gradually, and stretching regularly <u>to prevent</u> injury.   *mileage: 주행 거리

07 다음 (A)~(D)의 괄호 안에 주어진 단어를 어법상 알맞은 형태로 바꿔 쓰시오. [각 4점]

FOBO, or Fear of a Better Option, is the anxiety that something better will come along, which makes it undesirable to commit to (A) (preserve) _____ existing choices when making a decision. It's a tendency to keep all of your options open and avoid risks that scare you. Rather than assessing your options, choosing one, and moving on with your day, you allow the outcome (B) (delay) _____. It's not unlike hitting the snooze button on your alarm clock only (C) (pull) _____ the sheets over your head and fall back asleep. As you probably found out the hard way, if you hit snooze enough times, you'll end up being late and racing for the office. And your day and mood will be ruined. While pressing snooze feels so good in the moment, it ultimately requires you (D) (suffer) _____ negative consequences. <기출>

[정답] (A) _____   (B) _____

(C) _____   (D) _____

Main Stage 2 영작 서술형 I

우리말과 주어진 어구를 통해 to부정사의 역할을 확인하고 적절히 표현해야 한다.
주어진 어구에 to가 빠진 채 제시되기도 하므로, 이때는 to-v 형태로 변형한다.

우리말	역할	표현
(S(주어)) = v하는 것이다	보어	S +be 동사+**to-v** ~
v하는[할, 해야 하는]+A(명사)	형용사	A(명사)+**to-v** ~
v하기 위해[하려고, 하도록]	부사(목적)	**to-v = in order to-v = so as to-v**
v해서 ~한	부사(원인)	happy, sad 등 감정형용사+**to-v**
v하다니[하는 것을 보니] ~한	부사(근거)	wise, foolish 등 판단, 추측형용사+**to-v**
v하기에 (~한)	부사(형용사 수식)	easy, difficult 등 형용사+**to-v**
결국 v하게 되다	부사(결과)	only **to-v**
(~해서) v하게 되다		grow up[wake up, live] **to-v** / come **to-v**

to부정사의 '주어'로 해석되는 것(의미상의 주어)과 to부정사가 수동관계일 때는 <to be p.p.>로 표현해야 하는 것도 잊지 말자.

다음 문제를 보자.

> **다음 우리말과 일치하도록 괄호 안의 어구를 모두 한 번씩만 활용하여 영작하시오.** (필요하면 단어 변형 가능)
>
> 그 기계는 작업자들이 종이봉투를 손으로 더디게 조립해야 할 필요를 없앴다.
>
> (paper bags / for / the need / assemble / eliminated / workers)
>
> → The machine _____ slowly by hand. <기출>

STEP 1 **우리말을 의미 단위별로 크게 묶어 구조를 분석한다.**

그 기계는 / 작업자들이 종이봉투를 손으로 더디게 조립해야 할 필요를 / 없앴다.
　　S　　　　　　　　　　　　　O　　　　　　　　　　　　　　　V

STEP 2 **의미 단위별로 영작할 때 추가할 단어와 to-v의 형태에 주의한다.**

┌─── to-v의 의미상의 주어를 <for + 명사>의 형태로 쓴다. ───┐
작업자들이 종이봉투를 조립해야 할 필요를 → the need for workers to assemble paper bags
└── the need를 뒤에서 수식하는 준동사가 필요하다. ──┘
　　　의미상의 주어와 능동관계이므로 to-v 형태로 쓴다.

*의미상의 주어를 <of+목적격>으로 표현할 때는 '칭찬' 또는 '비난'을 나타내는 형용사가 앞에 있고,
이어지는 to부정사에서 칭찬이나 비난의 이유를 보여준다.
 e.g. It was generous **of him to forgive** us. (우리를 용서하다니 그는 너그럽다.)

STEP 3 **순서대로 영문을 완성한다.**

→ The machine eliminated the need for workers to assemble paper bags slowly by hand.

Exercise

[01-04] 다음 우리말과 일치하도록 괄호 안의 어구를 모두 한 번씩만 활용하여 영작하시오. (필요하면 단어 변형 가능하나, 동명사로 변형하지 말 것) [각 5점]

01   우리 TV 프로그램의 목표는 긍정적인 학습 가치를 아이들과 부모들에게 퍼뜨리는 것이다.

     (and / to children / learning values / spread / parents / positive)

→ The aim of our TV show is _____

_____. <기출>

02   그녀는 그 소설을 읽는 데 몇 시간을 보냈지만, 결국 마지막 몇 페이지가 없어진 것을 발견했을 뿐이었다.

     (few pages / that / were missing / discover / the last / only)

→ She spent hours reading the novel, _____

_____.

03   최근까지, 자전거는 그것들이 고급으로 여겨지도록 많은 기어를 가지고 있어야 했다.

     (consider / for / had to / gears / many / them / have / high-end)

→ Until recently, bicycles _____

_____. <기출>

04   그는 그들 각자에게 백 달러짜리 수표 한 장씩을 보낼 수 있어 기쁘다고 그들에게 말했다.

     (a check / happy / was / each of them / for a hundred dollars / send)

→ He told them that he _____

_____. <기출>

05   **다음 글의 (A)에 주어진 어구를 모두 한 번씩만 활용하여 글의 흐름에 맞게 문장을 완성하시오.** (밑줄 친 단어 변형 가능, 빈칸당 한 단어만 쓸 것) [10점]

> In modern times, society became more dynamic. Social mobility increased, and people began to exercise a higher degree of choice regarding, for instance, their profession, their marriage, or their religion. This posed a challenge to traditional roles in society. It was less evident that one needed to commit to the roles one was born into when alternatives could be realized. Identity then became a problem. It was no longer almost ready-made at birth (A) (discover / something / but). <기출>

[정답] _____ _____ _____ _____

Main Stage 3 영작 서술형 II

정답 및 해설 p. 38

to부정사를 포함하는 여러 구문도 자주 출제되므로, 우리말 해석과 어순을 알아두어야 한다.

문장전환 형태로도 출제되므로 유사한 의미의 구문도 함께 알아두자.

우리말	표현
ⅰ) 너무 ~해서 (A가) v할 수 없다 ⅱ) (A가) v하기에 너무 ~한	too+형용사[부사]+(for A)+to-v / so+형용사[부사]+that A can't v
ⅰ) 매우 ~해서 (A가) v하다 ⅱ) v할 만큼 (매우) ~한	so+형용사[부사]+as to-v / so+형용사[부사]+that S'+V' / 형용사[부사]+enough to-v
ⅰ) 충분히 ~해서 (A가) v하다[할 수 있다] ⅱ) (A가) v할 (수 있을) 만큼 ~한	형용사[부사]+enough+(for A)+to-v / so+형용사[부사]+that A (can) v

이 구문에서도 의미상의 주어와 to부정사가 수동관계일 때는 to be p.p.가 되어야 한다.

다음 문제를 보자.

> **다음 우리말과 일치하도록 괄호 안의 어구를 모두 한 번씩만 활용하여 영작하시오.** (필요하면 단어 변형 가능)
>
> 그 그림은 너무 추상적이어서 처음 전시되었을 때 그것의 진정한 가치가 인식되지 못했다.
>
> (for / realize / was / the painting / too / its true value / abstract)
>
> → _____ when it was displayed for the first time.

STEP 1   **우리말을 의미 단위별로 크게 묶어 구문을 적용한다.**

그 그림은 너무 추상적이어서 / 처음 전시되었을 때 / 그것의 진정한 가치가 인식되지 못했다.
    └ too ~   └ to-v

STEP 2   **의미 단위별로 영작할 때 to-v의 형태에 주의한다.**

그 그림은 너무 추상적이어서 → The painting was too abstract

┌ to-v의 의미상의 주어를 <for+명사>의 형태로 쓴다. ┐
그것의 진정한 가치가 인식되지 못했다 → for its true value to be realized
└ its true value가 '인식되는' 것이므로 의미상의 주어와
to-v는 수동관계이다. to be p.p. 형태로 바꿔 쓴다.

STEP 3   **순서대로 영문을 완성한다.**

→ The painting was too abstract for its true value to be realized when it was displayed for the first time.

Exercise

[01-04] 다음 우리말과 일치하도록 괄호 안의 어구를 모두 한 번씩만 활용하여 영작하시오. (필요하면 단어 변형 가능) [각 6점]

01 그녀는 어떤 안전장치도 없이 높은 건물에 기어오를 만큼 매우 무모했다.

(climb / any safety gear / reckless / without / as / the tall building / so)

→ She was _____ .

02 내가 승진할 사람으로 선정되었다고 회사가 발표했을 때, 나는 너무 놀라 말을 할 수 없었다.

(I / too / for a promotion / surprised / had been selected / speak / was)

→ When the company announced that I _____ ,

_____ .

03 그는 전체 프로젝트를 스스로 관리하는 책무를 처리할 만큼 성숙하지 않았다.

(the entire project / so / as / mature / of managing / not / the responsibility / handle)

→ He was _____

_____ on his own.

04 미세 플라스틱은 그물망을 통과할 정도로 충분히 작기 때문에 완벽하게 제거되기 매우 힘들다.

(tiny / the nets / very difficult / through / are / enough / to be eliminated / pass / are)

→ The microplastics _____ entirely because

they _____ .

05 다음 글의 요지를 한 문장으로 표현하고자 한다. <조건>에 맞게 요지를 완성하시오. [6점]

> Pepper, along with other spices, was highly valued in ancient times and the Middle Ages for its flavor, medicinal properties, and preservative effects. It was imported to Europe from India and other parts of Asia through long and dangerous trade routes. In the Middle Ages, pepper was even more expensive than gold by weight. It was so expensive that most common people couldn't obtain it. The rarity and cost of pepper made it a status symbol and a luxury item, and it was often used to show wealth and power.

<조건>　1. 지문에 나온 단어를 사용하되, 필요하면 단어 변형 가능
　　　　2. 빈칸당 한 단어만 쓸 것

[요지] In the Middle Ages, pepper was too expensive _____ _____

_____ _____ _____ _____ .

Plus Stage 출제 범위에서 예상 문장 골라내기

정답 및 해설 p. 39

to부정사는 여러 의미와 쓰임을 가지므로 다의어처럼 문맥상의 의미와 쓰임을 확인해야 한다.

글에서 to-v를 만나면 'v하기 위해, v하려고'란 의미부터 적용해도 좋을 만큼 '목적'을 의미하는 경우가 압도적으로 많다.
그러므로 상대적으로 빈도가 낮은 쓰임의 to-v를 집중 학습하는 전략이 필요하다.
to-v의 다른 형태(to be p.p.)도 기억해야 한다.

정리 1 동사+to-v

- fail to-v(v하지 못하다), manage to-v(어떻게든 v하다)(◀ p. 68 Point 07) 등은 하나의 표현으로 의미와 함께 정리한다.
  to-v와 v-ing 둘 다 목적어로 취하지만 의미가 다른 동사들(forget, remember 등)도 중요하다. (◀ p. 62 Point 07)
- <be동사+to-v(주격보어)>는 '~은 v이다'로 해석되며 영작에서 자주 출제된다.

정리 2 동사+목적어+to-v

아래 3가지 쓰임 중에 어떤 것인지 파악한다.

[1] People can reset their biological clocks **to overcome** jet lag. 《v하기 위해, v하려고(목적)》

[2] Emoticons help Internet users **to understand** emotions in online communication. 《목적격보어》

[3] I didn't have enough time **to read** all the books on the list. 《명사 수식》

정리 3 기타 여러 의미

이유, 판단의 근거, 결과 등도 그 의미와 쓰임을 알고 있는지 묻기 위해 출제될 수 있다.
자주 등장하지 않지만 알아두면 to부정사의 정확한 의미 파악에 도움을 줄 것이다.

정리 4 to be p.p.

의미상의 주어와 to부정사가 수동관계임을 이해하면서 정리해 둔다.

정리 5 전치사 to

기본적으로 '~쪽으로'라는 '방향'의 의미를 강하게 가지고 있다. 전치사는 목적어로 명사나 v-ing형이 오기 때문에 전치사 to 뒤에
v 형태는 절대 올 수 없다. to부정사와 혼동하기 쉬우므로 <전치사 to +v-ing>는 어법과 영작 모두 출제 가능성이 높다.
이 Point에서 배운 것(◀ p. 80) 외에도 시험 범위에 나오는 표현은 모두 알아두도록 하자.

[4] She never went back **to flying** but lived a long and exciting life nonetheless. <기출>

분사는 현재분사(v-ing)와 과거분사(p.p.)가 있다. 주요 역할과 의미를 알아본다. 〈분사구문 ◀ p. 93 Point 11〉

Zero Stage

정답 및 해설 p. 39

1 명사 수식: 분사+명사 / 명사+분사 ~

현재분사(v-ing)	~하는, ~하고 있는 《능동·진행》	[1] a **flying** kite (= a kite which **is flying**)
과거분사(p.p.)	~된, ~당한, ~받은, ~해진 《수동·완료》	[2] a **broken** chair (= a chair which **is broken**)

분사 단독이면 명사 앞에서, 뒤에 딸린 어구가 있으면 명사 뒤에서 수식하는 것이 보통이다.
분사는 동사에서 나온 것이므로 그 동사가 취하는 목적어, 부사구 등의 딸린 어구가 있을 수 있다.

[3] **displayed** toys   [4] toys **displayed in a shop window**
(= toys which are displayed ~)

수식하는 명사와의 사이에 또 다른 수식어구가 있을 수도 있다.

[5] The library has many books *for children* **displayed** near the entrance.
(= many books are displayed ~)

*타동사에서 나온 분사는 '능동, 수동', 자동사에서 나온 분사는 '진행, 완료'를 의미한다.
growing children 자라는 아이들 (= children who are growing) 《진행》
grown children 다 자란 아이들 (= children who have grown) 《완료》

2 보어

[6] Some people remained **trapped** inside the elevator due to a power outage. 《주어 설명》

[7] He noticed farmers **working** in their rice fields. 《목적어의 동작·상태》 〈◀ p. 69 Point 08〉
(= farmers were working)

※ v-ing, p.p. 형태의 접속사·전치사
명사 수식 분사와 혼동하지 않도록 역할과 의미를 잘 알아두어야 한다.

접속사+주어+동사 ~	considering[given] (that) S´+V´(~하는 것을 고려하여) 등
전치사+명사(구)	considering[given](~을 고려하여), concerning[regarding, relating to](~에 관하여), including(~을 포함하여), following(~에 따라, ~ 후에) 등

[8] We need to adjust our budget, **considering** the cost^S´ is^V´ higher than expected.

[9] **Considering** the traffic on the highway, we should leave earlier to make sure we arrive on time.
전치사 considering의 목적어

Main Stage 1 어법 서술형

Check 1 수식받는 명사와 분사가 능동관계일 때는 v-ing, 수동관계일 때는 p.p.이다.

[1]The subjects **putting(→put)** in a positive mood were more honest during the experiment.

틀린 이유 수식받는 명사 The subjects가 긍정적 분위기에 '놓인' 것이므로 수동관계를 나타내는 과거분사 put으로 고쳐야 한다.

❖ 다음 괄호 안의 단어를 어법상 알맞은 형태로 바꿔 쓰시오. (단, 분사를 이용하여 한 단어로 쓸 것)

① The climate activist delivered a speech (criticize)＿＿＿＿＿＿＿＿ world leaders for their inaction on protecting the environment.

② After much debate and analysis, the (accept)＿＿＿＿＿＿＿＿ proposal for the new project was approved by the board of directors.

③ Profits (estimate)＿＿＿＿＿＿＿＿ from the new sales strategy are expected to significantly increase the company's revenue.

Check 2 감정분사는 누군가에게 감정을 느끼게 하면 v-ing, 감정을 느끼면 p.p.이다.

대부분 사물이나 상황 등은 사람에게 감정을 느끼게(v-ing) 한다. 반면, 사람은 감정을 느낄 수도(p.p.) 다른 누군가에게 감정을 느끼게(v-ing) 할 수도 있으므로, 알맞은 형태를 잘 판단해야 한다.

[2]Henry met **fascinated(→fascinating)** people while traveling, each with their own experiences to admire.

틀린 이유 수식받는 명사 people이 Henry에게 감정을 느끼게 한 것이므로 현재분사 fascinating으로 고쳐야 한다.

v-ing	p.p.
exciting	excited
satisfying	satisfied
embarrassing ─ news	embarrassed ─ crowd
disappointing	disappointed
frustrating	frustrated

❖ 다음 밑줄 친 부분이 어법상 옳으면 ○, 틀리면 ✕로 표시하고 바르게 고치시오.

④ She is an exciting friend to be around because she always has interesting stories to tell and is up for trying new things.

⑤ Just in the last decade we acquired the ability to do amazed things with computers. <기출>

⑥ She felt embarrassing after misspeaking during her speech in front of a large audience.

Exercise

[01-06] 다음 밑줄 친 부분이 어법상 옳으면 ◯, 틀리면 ✕로 표시하고 바르게 고치시오. (단, 분사를 이용하여 한 단어로 고칠 것)

[각 4점]

01 <u>Growing</u> evidence shows that a continuous lack of sleep increases the risk of developing serious diseases. <기출>

02 A donkey <u>crossed</u> a river with a heavy load of salt fell into the water. <Aesop's Fables>

03 Reading or translating a work in class can be such a <u>bored</u> experience that many students never want to open a foreign language book again. <기출>

04 Despite some skepticism about vegetarianism, properly <u>planning</u> vegetarian diets are healthful and nutritionally adequate. <기출응용>

05 Lucy put a note in one of the bathrooms <u>asking</u> people not to remove the toilet paper as it was a shared item. <기출>

06 In your essay, it's important to present the arguments of the topic <u>supported</u> your position.

07 다음 글의 밑줄 친 ①~④ 중 틀린 부분 2개를 찾아 바르게 고친 후, 틀린 이유를 작성하시오. [각 8점]

> How do archaeologists know that different social classes existed in ancient civilizations? Laws and other ① <u>written</u> documents, as well as archaeological features including habitation size and location, can suggest social stratification. Another clear sign of social hierarchies in primitive times comes from burial practices. Graves ② <u>excavated</u> at early Neolithic sites consist mostly of simple pits ③ <u>contained</u> few personal goods. The uniformity of these burials indicates classless societies. In contrast, graves in more advanced civilizations vary in size, mode of burial, and the range of grave goods, which reflects societies ④ <u>dividing</u> into social classes.   *social stratification: 사회적 계층화 **Neolithic: 신석기 시대의

(1) 틀린 부분: _____ → 바르게 고치기: _____ [3점]

틀린 이유: _____ [5점]

(2) 틀린 부분: _____ → 바르게 고치기: _____ [3점]

틀린 이유: _____ [5점]

Main Stage 2 영작 서술형

분사와 분사가 수식하는 명사는 의미상 아주 밀접하여 한 덩어리로 묶이므로 큰 명사 덩어리로 생각하면 된다.

1 역할

수식 관계인 <분사+명사>, <명사+분사구>는 한 덩어리로 문장에서 주어, 목적어, 보어가 된다.

또한, to부정사 등의 준동사에 딸린 목적어, 보어도 될 수 있다.

2 분사의 형태: v-ing vs. p.p.

분사가 아니라 동사원형으로 주어질 때는 수식하는 명사와의 의미 관계에 따라 알맞은 분사 형태로 변형시킨다.

이때 자연스러운 우리말은 수동을 능동으로 표현하기도 하므로 주의해야 한다.

구운 감자 = a **baked** potato (= a potato which **has been baked**)

3 분사구의 위치

분사 뒤에 딸린 어구가 있으면 수식하는 명사 뒤에 위치시킨다. <명사+분사구>의 형태로 하나의 커다란 명사 덩어리를 만드는 것이다.

분사의 쓰임, 위치 등에 주의하며 영작해 본다. 다음 문제를 보자.

> **다음 우리말과 일치하도록 괄호 안의 어구를 모두 한 번씩만 활용하여 영작하시오.** (필요하면 밑줄 친 동사를 알맞은 분사 형태로 변형할 것)
>
> 열린 대화를 통해, 그들은 말다툼에서 야기된 분노를 관계를 강화시키는 귀중한 교훈으로 변화시켰다.
>
> (generate / the anger / the relationship / a valuable lesson / into / in the argument / strengthen)
>
> → Through open communication, they transformed _____.

STEP 1 우리말을 의미 단위별로 크게 묶어 구조를 분석한다.

~, / 그들은 / 말다툼에서 야기된 분노를 / 관계를 강화시키는 귀중한 교훈으로 / 변화시켰다.
      S   O   부사구(전명구)   V

STEP 2 의미 단위별로 영작할 때 수식하는 분사 형태에 주의한다.

말다툼에서 야기된 분노를 → the anger generated in the argument

         └ 수식하는 명사 the anger와 수동관계이므로 p.p. 형태로 바꾸고,
           뒤에 딸린 어구가 있으므로 명사 뒤에 쓴다.

관계를 강화시키는 귀중한 교훈으로 → into a valuable lesson strengthening the relationship

           수식하는 명사 a valuable lesson과 능동관계이므로 v-ing 형태로 바꾸고, ┘
           뒤에 딸린 어구가 있으므로 명사 뒤에 쓴다.

STEP 3 순서대로 영문을 완성한다.

→ Through open communication, they transformed the anger generated in the argument into a valuable lesson strengthening the relationship.

Exercise

[01-04] 다음 우리말과 일치하도록 괄호 안의 어구를 모두 한 번씩만 활용하여 영작하시오. (필요하면 밑줄 친 동사를 알맞은 분사 형태로 변형할 것) [각 5점]

01   도서관의 평화로운 분위기는 큰 소리로 말하는 배려심 없는 사람들의 집단에 의해 방해받았다.

(talk loudly / was disrupted / inconsiderate people / by a group of)

→ The peaceful atmosphere in the library _____

_____.

02   그 제조 시설은 제품을 효율적으로 조립하는 선진 도구가 갖춰진 로봇을 이용한다.

(equip with / to assemble / utilizes / advanced tools / robots / the products)

→ The manufacturing facility _____

_____ efficiently.

03   새롭게 출시된 그 뉴스 웹사이트는 전 세계에서 일어나고 있는 사건들의 종합 보도를 제공한다.

(around the world / of events / news website / take place / launch / comprehensive coverage / provides)

→ The newly _____

_____.

04   특정 약물들의 남용은 때로 그것들의 장기 복용과 연관된 부작용을 낳을 수 있다.

(their prolonged / the side effects / result in / associate with / consumption)

→ The overuse of certain medications can sometimes _____

_____.

05   **다음 글의 빈칸에 들어갈 가장 적절한 말을 <조건>에 맞게 완성하시오.** [10점]

Food is the original mind-control drug. Countless studies show that the positive emotional state _____. It triggers an instinctive desire to repay the provider. This is why executives regularly combine business meetings with meals and why major state occasions usually involve an impressive banquet. <기출>

<조건>   1. <보기>의 어구를 모두 한 번씩만 사용할 것

2. 필요하면 밑줄 친 동사를 알맞은 분사 형태로 변형할 것

<보기>   to be persuaded / enhances / by a good meal / our receptiveness / induce

[정답] _____

Plus Stage 출제 범위에서 예상 문장 골라내기

정답 및 해설 p. 42

분사에서 출제되는 문제의 핵심은 바로 현재분사와 과거분사를 제대로 판단하는 것이다.
앞서 배운 것처럼 우리말 해석으로 판단하면 해결되는 것이 보통이다.

- 현재분사(v-ing): ~하는, ~하고 있는 《능동·진행》
- 과거분사(p.p.): ~된, ~당한, ~받은, ~해진 《수동·완료》

하지만 자연스러운 우리말 해석과 영어가 서로 일치하지 않거나 우리가 판단하는 능수동 개념과 영어 표현이 다를 수도 있으므로, 그런 것들에 주목하여 알아두는 것이 매우 중요하다.

Case 1   a letter **written** in English: **쓴** 편지

자연스러운 우리말 '쓴'은 능동이지만, a letter가 write라는 동작을 하는 것이 아니므로 written으로 표현했다.
우리말은 영어와 달리 수동 표현을 많이 쓰지 않기 때문에 능동 표현이 자연스러운 경우가 많다.

Case 2   a plastic bag **containing** water and a goldfish: 물과 금붕어를 **담은** 비닐봉지

contain이란 동작은 a plastic bag이 아니고 다른 누군가가 하는 것이고 '물과 금붕어가 담겨 있는' 것이니 수동으로 착각할 수 있지만, 영어로는 '비닐봉지가' contain이라는 동작을 하는 것으로 인식하여 능동인 containing으로 표현하는 것이다.
우리말과 영어의 이런 차이를 염두에 두고 학습하자.

Case 3   a **missing** child: **실종된[없어진]** 아이

현재분사나 과거분사 형태이긴 하지만 분사가 아니라 형용사인 것들이 있다.
단어 형태와 의미가 이미 정해져 있는 것들이므로 암기해 두어야 한다.

a **rewarding** experience **보람 있는** 경험	a **leading** cause **주요한** 원인
a **lasting** relationship **지속적인** 관계	a **complicated** matter **복잡한** 문제
my **aged** uncle **연로한** 삼촌	a **married** couple **결혼한[결혼 생활을 하고 있는]** 부부
a **developed** country **선진국**	**dedicated** fans **헌신적인** 팬들
a **qualified** candidate **적격인** 후보	an **experienced** teacher **능숙한[경력 있는]** 교사

Case 4   **falling** vs. **fallen**

자동사는 '진행'을 나타내는 현재분사(v-ing)와 '완료'를 나타내는 과거분사(p.p.) 모두로 자주 쓰인다.
자동사는 '수동'으로 쓰지 않기 때문에 과거분사로 쓰이지 않는다고 착각하기 쉽지만, 과거분사로 쓰였어도 '완료'의 의미라면 올바르게 쓰인 것이다. 문맥으로 알 수 있다.

[1] The image of leaves gently **falling** from trees to the ground gives some people a feeling of sadness.

[2] On the park's ground, there were many **fallen** leaves: yellow, orange, and red.

Point 11 분사구문

분사구문이란 <접속사＋주어＋동사 ~>의 '절'을 간략하게 '구'로 표현한 것이다.

Zero Stage

정답 및 해설 p. 42

분사구문의 가장 일반적인 형태는 <v-ing ~>이다. 문장 앞이나 뒤, 또는 주어와 동사 사이에 올 수 있다.

1 주절의 동작과 '동시'에 하는 일

대부분의 분사구문은 '동일한' 주어가 두 가지 동작을 '동시'에 하는 것을 의미한다. 《동시동작/부대상황》

[1]As she was sitting at the table, she ate her cereal.

→ **Sitting** at the table, she ate her cereal.
　= 접속사＋주어＋동사　　　　편의상 '주절'로 칭한다.

*분사 Sitting의 의미상의 주어는 주절의 주어인 she이다.

2 분사구문으로 표현할 수 있는 절

동시에 하는 일 외에, 주로 아래와 같은 접속사가 이끄는 절을 분사구문으로 표현할 수 있다.
접속사는 분사구문의 의미를 확실히 해주므로 분사 앞에 써주기도 한다.

• **when** ~할 때 / **while** ~하는 동안 / **after** ~ 후에 / **as** ~하면서 …하다 《동시동작》	
• **and** ~하고 나서 …하다 《연속동작》; ~하여 (그 결과) …하다 《결과》	
• **because, as, since** ~해서, ~ 때문에 《이유》	• **if** 만약 ~하면

[2]When he looked out the window, he saw her mowing the lawn.
　→ **Looking** out the window, he saw her mowing the lawn.

not, never(부정부사) / thus, therefore(접속부사) / 기타 다른 부사들이 분사 앞에 올 수 있다.

[3]The new technology simplified their workflow, **thus reducing** the time to complete tasks.
　　　　　　　　　　　　　　　　(= and thus it reduced ~)

[4]**Never listening** to anyone's advice, she often made poor decisions.
　(= Because she never listened ~)

다음 문장의 밑줄 친 부분을 분사구문으로 바꿔 쓰시오. (단, 접속사는 생략할 것)

[5]After he finished the dishes, he started watching TV.

　→ ＿＿＿＿＿＿＿＿＿＿＿＿＿＿＿＿＿＿＿＿＿, ~.

[6]Since he didn't worry about consequences, he faced difficulty frequently.

　→ ＿＿＿＿＿＿＿＿＿＿＿＿＿＿＿＿＿＿＿＿＿, ~.

Main Stage 1 어법 서술형

정답 및 해설 p. 42

대부분 분사구문의 분사 형태를 묻는 것이 출제된다. 일반적으로 <v-ing ~>이지만, 여러 다른 형태도 가능하므로 주의해야 한다.

 Check 1 분사구문을 이끄는 것의 형태에 주의한다.

분사구문을 이끄는 being은 거의 생략한다. 그러므로 수동태, SVC문형은 아래와 같은 형태가 된다.

¹ As he **was wounded**^{수동태} in the leg, he limped to the nearest medical tent. *limp: 절뚝거리다
 → **(Being) Wounded** in the leg, ~. (즉, 분사와 의미상의 주어가 수동관계이다.)

² As she^S **was**^V **eager**^C for new challenges, she decided to take on the role of team leader.
 → **(Being) Eager** for new challenges, ~.

의미상의 주어와의 관계에 주의하여 v-ing와 p.p.를 구별한다.

³ **Writing(→(Being) Written)** in haste, the email had several errors.

틀린 이유 의미상의 주어인 the email과 write는 수동관계이므로 Written 또는 Being written으로 고쳐야 한다.

❖ 다음 밑줄 친 부분이 어법상 옳으면 ○, 틀리면 ✕로 표시하고 바르게 고치시오.

❶ <u>Assigning</u> to the new project, he spent countless hours researching to ensure its success.

❷ These devices, <u>called</u> fitness trackers, are becoming increasingly popular as people strive to monitor their health.

 Check 2 분사구문을 이끄는 분사의 시제와 태가 올바른지 확인한다.

부사절의 시제가 완료형이거나 주절보다 앞선 시제일 때, 분사구문을 이끄는 분사는 having p.p.(능동) 또는 (having been) p.p.(수동)의 형태가 된다.

⁴ After they **had spent** six hours at the hospital, they finally **came** home.
 → **Having spent** six hours at the hospital, they finally came home.

⁵ As it **was designed** by a well-known architect, the building **is** a sight to see.
 → **(Having been) Designed** by a well-known architect, the building is a sight to see.

❖ 다음 밑줄 친 부분이 어법상 옳으면 ○, 틀리면 ✕로 표시하고 바르게 고치시오.

❸ Having <u>caught</u> in traffic for hours, I missed the beginning of the concert.

❹ Having <u>finished</u> designing the new logo for the company, the graphic designer submitted it to the CEO for approval.

분사구문의 의미상의 주어와 주절의 주어가 다른 표현에 주의한다.

1 <with + 명사(A) + 분사> : A가 ~한 채로[~하면서, ~함에 따라] 《동시동작, 부대상황》

⁶ **The boy** was making a sandwich. **His mother was watching** him.

→ The boy was making a sandwich **with his mother watching** him.

이 구문에서도 being은 생략되는 것이 보통이다.

⁷ With the bridge **(being) destroyed**, they had to find another way to cross the river.

⁸ He walked down the street with his hands **(being) in his pockets**.

2 <의미상의 주어 + v-ing ~, 주절>: 분사의 의미상의 주어가 주절 주어와 다를 때 분사 앞에 써준다.

*다만, 애초에 분사구문은 의미상의 주어와 주절 주어가 같을 때 표현되는 것이므로, 주어가 다를 때 굳이 분사구문으로 표현하는 경우는 많지 않다.

⁹ When **the signal** was given, **we** set off.

→ **The signal (being) given**, we set off.

3 <there is[are] ~> 구문에서 there는 문장을 이끄는 역할을 하므로 being 앞에 그대로 써준다.

¹⁰ As **there is** no cure for the common cold, we need to focus on symptom management.

→ **There being** no cure for the common cold, ~.

❖ 다음 밑줄 친 부분이 어법상 옳으면 ○, 틀리면 ✕로 표시하고 바르게 고치시오. (단, 한 단어로 고칠 것)

⑤ The lioness strolled across the savannah with her cubs <u>followed</u> closely.

⑥ I drove down the highway with the radio <u>turned</u> on, singing along to my favorite songs.

Exercise

점수 | 40점

[01-08] 다음 밑줄 친 부분이 어법상 옳으면 ○, 틀리면 ✕로 표시하고 바르게 고치시오. (단, 한 단어로 고칠 것) [각 4점]

01 <u>Asking</u> about her hobbies during a job interview, she mentioned her love of painting and photography.

02 The pupils in your eyes dilate when it is dark, <u>allowing</u> more light to get inside the eye. <기출>

*pupil: 동공 **dilate: 확장하다

03 When <u>preparing</u> with confidence and creativity, a presentation can be an effective way to communicate ideas.

04 They have helped us to see things from a different perspective, thus <u>gave</u> insight into the issue. <기출>

05 <u>There being</u> no clear consensus on the issue, we need to continue our research to gain a better understanding.

*consensus: 합의, 동의

06 They danced in circles making joyful sounds and shaking their hands with arms <u>raising</u> over their heads. <기출>

07 The volunteer group started with just a handful of members, with additional people <u>joined</u> them to support their cause.

08 Having <u>been written</u> by a renowned scholar in the field, the report was highly respected by experts and policymakers alike.

09 다음 글의 밑줄 친 ①~④ 중 틀린 부분 2개를 찾아 바르게 고친 후, 틀린 이유를 작성하시오. (단, 한 단어로 고칠 것) [각 4점]

① <u>Born</u> in 1867, Sarah Breedlove was an American businesswoman and social activist. As she was left orphaned at the age of seven, her early life was marked by hardship. In 1888, she moved to St. Louis, where she worked as a washer for more than a decade, ② <u>earned</u> barely more than a dollar a day. During this time, long hours of backbreaking labor and a poor diet caused her hair to fall out. She tried every treatment that was available but had no success. Then, after ③ <u>working</u> as a maid for a chemist, she invented a successful hair care product and sold it across the country. Not only was she successful, she also recruited and trained lots of women as sales agents who could receive a share of the profits. In the process, she became America's first self-made female millionaire, ④ <u>given</u> black women everywhere an opportunity for financial independence. <기출>

(1) 틀린 부분: _____ → 바르게 고치기: _____ [2점]

틀린 이유: _____ [2점]

(2) 틀린 부분: _____ → 바르게 고치기: _____ [2점]

틀린 이유: _____ [2점]

Main Stage 2 문장전환 서술형

분사구문은 부사절을 간결하게 표현하는 것이므로, 시험에서도 부사절을 주고 분사구문으로 전환하라는 것이 주로 출제된다.
가장 중요한 것은 v-ing와 p.p.를 잘 구별하는 것이다. 또한 다른 형태의 분사구문도 출제될 수 있으므로 주의한다.

Exercise
점수 |　　30점

[01-04] 다음 문장의 밑줄 친 부분을 분사구문으로 바꿔 쓰시오. (단, 접속사는 생략할 것) [각 5점]

01 <u>When they start a new project</u>, designers use their past experience to help them figure out how to approach it.

→ _____, ~.

02 <u>Since she hadn't heard the news</u>, she was unaware of the change in schedule and missed the meeting.

→ _____, ~.

03 <u>As he was frustrated</u>, he decided to take a break and go for a walk to clear his head.

→ _____, ~.

04 <u>Because it was painted by a modernist</u>, the artwork challenges traditional conventions of beauty and realism.

→ _____, ~.

[05-06] 다음 (A), (B) 두 문장을 with를 이용하여 한 문장으로 연결하시오. [각 5점]

05 (A) Her smartphone is turned on.

(B) She has difficulty concentrating on the task at hand.

→ With _____, she has difficulty concentrating on the task at hand.

06 (A) The old buildings on a mountainside farm were surrounding us.

(B) Sheep and cows were feeding in the mountain pastures.

→ The old buildings on a mountainside farm were surrounding us, with _____ _____. <기출>

Main Stage 3 영작 서술형

정답 및 해설 p. 45

분사구문을 사용하라는 것이 <조건>으로 주어지기도 하지만, 다음과 같은 경우에 주의한다.

1 주어진 어구에 접속사와 주어가 없고 단어 추가가 불가능하면 분사구문을 사용해야 한다.

2 접속사는 있고 주어가 없는 경우 <접속사+분사구문>으로 표현하면 된다.

3 <with+명사(A)+분사> 구문도 자주 출제되므로 분사 형태에 주의하여 영작한다.

분사구문의 형태에 주의가 필요한 문제를 영작해 본다. 다음 문제를 보자.

다음 우리말과 일치하도록 괄호 안의 어구를 모두 한 번씩만 활용하여 영작하시오. (필요하면 단어 변형 가능, 분사구문을 포함하되 being은 생략할 것)

과학 지식으로 무장하여, 사람들은 우리가 사는 방식을 바꾸는 도구와 기계를 개발해서 우리의 삶이 더 안락하고 나아지게 만든다. (better / arm with / and / make / scientific knowledge / easier / our lives)

→ _____, people build tools and machines that transform the way we live, _____. <기출>

STEP 1 **우리말을 의미 단위별로 크게 묶어 구조를 분석한다.**

부분영작이므로 영작을 해야 하는 부분도 밑줄로 표시해 본다.

<u>과학 지식으로 무장하여</u>, / 사람들은 [우리가 사는 방식을 바꾸는] 도구와 기계를 개발해서 /
<u>우리의 삶이 더 안락하고 나아지게 만든다</u>.

STEP 2 **의미 단위별로 영작할 때 분사 형태에 주의한다.**

의미상의 주어와의 의미 관계를 반드시 파악해야 한다.

과학 지식으로 무장하여 → ⟨Armed⟩ with scientific knowledge
└ 사람들이 무언가를 '무장시키는' 것이 아니라 '무장되는' 것이므로 수동인 p.p.가 되어야 한다.
(being을 생략하지 않아도 된다면 Being armed도 가능하다.)

우리의 삶이 더 안락하고 나아지게 만든다 → ⟨making⟩ our lives easier and better
└ 사람들이 '만드는' 것이므로 능동인 v-ing가 되어야 한다.

STEP 3 **순서대로 영문을 완성한다.**

→ <u>Armed with scientific knowledge</u>, people build tools and machines that transform the way we live, <u>making our lives easier and better</u>.

Exercise

[01-04] 다음 우리말과 일치하도록 <조건>에 맞게 영작하시오. [각 4.5점]

> <조건>　1. 괄호 안의 어구를 모두 한 번씩만 사용할 것
>
> 　　　　2. 필요하면 밑줄 친 단어 변형 가능
>
> 　　　　3. 반드시 분사구문을 포함한 형태로 쓸 것 (단, being은 생략할 것)

01　그 독특한 디자인에 완전히 매료되어, 그녀는 박물관의 조각품을 몇 분간 바라보았다.

　　(design / fascinate / unique / its / by)

　→ Completely _____, she stared at the sculpture in the museum for several minutes.

02　완전히 충전되면, 배터리는 6시간의 재생 시간을 제공한다. (offers / the battery / 6 hours / charge fully)

　→ When _____, _____ of play time.

03　경기의 마지막 쿼터를 준비하면서, 선수들은 코치의 지시를 들었다.

　　(the game / ready for / of / the last quarter / get)

　→ The players listened to their coach's instructions, _____

　　_____.

04　너무 많은 질문에 대답하도록 압박당하면, 우리는 열정 없이 대답할 수도 있다.

　　(to answer / press / too many questions / if)

　→ _____, we may respond without passion. <기출>

05　**다음 밑줄 친 우리말과 일치하도록 <조건>에 맞게 (A)~(C)를 영작하시오.** [각 4점]

> (A) 낯선 사람들로 가득한 엘리베이터에 타고 있으면, you probably feel very uncomfortable. (B) 물리적 공간이 침해된 채로, you may have tried to create "psychological" space by avoiding eye contact, (C) 엘리베이터 버튼에 집중해서. <기출>

> <조건>　1. 괄호 안의 어구를 모두 한 번씩만 사용할 것
>
> 　　　　2. 필요하면 밑줄 친 단어 변형 가능

　[정답] (A) (in / strangers / full / an elevator / be / of) _____

　　　　(B) (physical space / your / violate / with) _____

　　　　(C) (on / focus / the elevator buttons) _____

Plus Stage 출제 범위에서 예상 문장 골라내기

분사구문은 출제 가능성이 높다. 아래 내용으로 잘 대비해 두자.

대비 1 **분사 형태를 확인한다.**

어법과 영작 유형 모두에서 분사 형태는 주요 출제 포인트이다. v-ing형이 대부분이므로 출제 빈도도 따라서 높다.

상대적으로 빈도가 낮은 p.p., having p.p., having been p.p.를 집중적으로 알아두는 것도 전략이다.

[1]**Faced** with the challenge of a tight deadline, we worked tirelessly to complete the task on time.
(← Since we **were faced** with ~.)

[2]**Having spent** several years working in the finance industry, he decided to pursue his passion for art.
(← After he **had spent** several years ~.)

[3]If you hear "I like you" in an angry tone of voice while your friend exhibits no facial expression, avoids eye contact, and sits slightly turned away from you, with arms **folded** tightly, you would question his or her sincerity. (arms are folded (O), arms are folding (×)) <기출>

*sincerity: 진실성, 진심

대비 2 **<부사절 ⇄ 분사구문> 전환 문제에 대비한다.**

바로 위 대비 1의 예문과 같이, 분사구문을 적절한 의미의 접속사를 이용하여 절로 전환해 본다.

부사절을 분사구문으로 전환하는 문제도 출제될 수 있으므로 가능한 부사절은 분사구문으로 전환해 보는 것이 좋다.

이렇게 연습하면 분사 형태도 더 명확히 기억할 수 있다.

*주의: 분사구문이 문장 뒤에 콤마(,) 없이 올 때 후치수식 분사나 목적격보어로 혼동하지 말아야 한다.

[4]Take the opportunity to look in the mirror and make a smile **using** the lower half of your face only. <기출>
《using ~은 주절인 명령문에서 생략된 주어인 you를 의미상의 주어로 하여 부대상황을 의미하는 분사구문이다. 앞의 a smile을 후치수식하거나 목적격보어로 쓰인 것이 아니다.》

Point 12 동사 자리 vs. 준동사 자리

동사와 준동사(부정사, 동명사, 분사)는 형태가 비슷하지만 쓰임이 다르므로 이를 잘 구별해야 한다.

Zero Stage

정답 및 해설 p. 46

1 **동사:** 주어의 동작이나 상태를 나타낸다.

[1] The deadline^S for the project **is**^{V} tomorrow. (You^S) **Make**^{V} sure to submit your work on time.

2 **절:** 주어(S)와 동사(V)를 포함하며 등위절, 종속절, 주절이 있다.

- 등위절: and, but, or 등의 등위접속사로 연결된 절. 서로 대등하여 문장과 문장으로 분리된다.

  [2] He^{S1} **decided**^{V1} to go to the beach, but she^{S2} **wanted**^{V2} to stay home.
  　　　　　　　등위절　　　　　　　　　　접속사　　　　　　등위절

- 종속절: 다른 절(= 주절)에 종속되어 그 절의 명사, 형용사(관계사절), 부사 역할을 하는 절
  주절: 종속절을 주어, 목적어, 보어, 수식어로 취하는 절

  [3] He^S truly **understands**^{V} that success$^{S'}$ **takes**^{V} hard work and dedication.
  　　　　　주절　　　　　　　　　　　　　종속절(명사절: understands의 목적어절)

  [4] She^S **found**^{V} *her bag* that $^{S'}$ **was lost**^{V} yesterday.
  　　　　주절　　　　　　　　　종속절(관계사절: 선행사 her bag 수식)

  [5] When he$^{S'}$ **realized**^{V} his mistake, he^S immediately **corrected**^{V} it.
  　　　종속절(부사절: 주절 동사 corrected 수식)　　　　　　주절

원칙적으로 한 문장이나 절에서 접속사[관계사] 없이 두 개의 동사가 있을 수 없다. 어느 하나는 반드시 준동사(부정사, 동명사, 분사)여야 한다.
단, 콤마(,)나 등위접속사로 동사를 병렬 연결할 수 있다. (◀ p. 113 Point 13)

[6] I **got** up, **took** a shower, and **got** dressed for work.

다음 문장에서 접속사나 관계사가 있으면 네모 표시하고, 모든 절의 동사에 밑줄 그으시오.

[7] An island located in the Mediterranean Sea is famous for its ancient architecture.

[8] Remember to turn off your cell phone before the movie starts.

[9] We walked to the market, but it is easy to reach by car or bus.

[10] He suddenly realized that the solution was right in front of him all along.

[11] The project, which we completed last week, received high praise from the client.

[12] Although she worked on it for hours, she failed to solve the math problem.

Main Stage 1 어법 서술형

Check 1 모든 문장이나 절은 반드시 동사가 있어야 한다.

1 밑줄이 준동사에 있을 때는 먼저 밑줄이 있는 문장이나 절의 동사를 찾는다.

동사가 없으면 준동사가 아니라 동사 자리이므로 시제, 수, 태를 판단하여 올바르게 고친다.

[1]People in today's fast-paced society **engaging(→engage)** in foraging either for necessity or for entertainment. <기출>

*forage: 식량을 찾아다니다

틀린 이유 주어 People의 동사 자리이다. 현재 사실을 말하는 것이고 주어와 능동관계이므로 engage로 고쳐야 한다.

동사가 있으면 역할에 따른 올바른 준동사 형태인지 확인한다. (◀ Point 09, 10, 11)

부정사(to-v, v)	(주어), 목적어, 보어, 명사 수식, 부사 역할(목적, 원인, 근거, 결과 등을 의미)
동명사(v-ing)	주어, 동사나 전치사의 목적어, 보어
분사(v-ing, p.p.)	명사 수식, 보어, 분사구문

2 문장이나 절의 동사를 찾을 때, 잘못 판단하지 않도록 아래 사항들에 주의해야 한다.

(1) 동사의 과거형과 같은 형태의 과거분사 p.p.

특히 주어를 후치수식하는 p.p.를 동사로 착각하지 않도록 해야 한다.

[2]The washing machine and other appliances **used**[p.p.] to do household chores **allowing(→allowed)**[V] women to enter the labor market in the mid-20th century. <기출>

(2) 명사와 동사로 모두 쓰이는 단어

명사로 쓰인 것을 동사로, 동사로 쓰인 것을 명사로 착각하지 않도록 해야 한다.

access 명 접근 동 ~에 접근하다	break 명 휴식; 중단 동 깨뜨리다	cause 명 원인 동 야기하다
charge 명 요금 동 ~을 부과하다	cost 명 비용 동 비용이 들다	demand 명 요구 동 ~을 요구하다
delay 명 연기 동 연기하다	experience 명 경험 동 경험하다	experiment 명 실험 동 실험하다
flow 명 흐름 동 흐르다	function 명 기능 동 기능하다	place 명 장소 동 위치시키다
question 명 질문 동 질문하다	transfer 명 이동 동 이동하다	process 명 과정 동 처리하다

*lower 형 더 낮은《low의 비교급》 / 동 ~을 낮추다

[3]Frequent and unexpected **breaks** in the assembly line **causing(→caused)** significant **delays** in production and impacted the efficiency of the manufacturing **process**.

(3) 접속사나 관계사 생략

접속사나 관계사가 있는 것으로 간주하여 필요한 동사의 개수를 판단해야 한다.

[4]She **said** (that) the meeting **has been postponed**. 《동사의 목적어절》(◀ p.121 Point 14)

[5]I **am** proud of the painting (that) I **bought** at the art fair. 《목적격 관계대명사절》(◀ p.147 Point 17)

❖ 다음 밑줄 친 부분이 어법상 옳으면 ○, 틀리면 ×로 표시하고 바르게 고치시오. (단, 한 단어로 고칠 것)

1 When you read the comics section of the newspaper, <u>cutting</u> out a cartoon that makes you laugh. <기출>

2 The old, rusty bicycle that my grandfather <u>cherishing</u> when he was alive has been passed down to me.

3 In some countries, revenue covering the operating costs of newspapers, television stations, and radio stations <u>is generated</u> through public taxes. <기출>

4 As children grow, musical training <u>continuing</u> to help them develop the discipline and self-confidence needed to achieve in school. <기출>

5 <u>Allow</u> children time to explore ways of handling and playing the instruments for themselves before showing them. <기출>

6 In the past, newspaper stories, television reports, and even early online reporting (prior to communication technology such as tablets and smartphones) <u>requiring</u> one central place to which a reporter would submit his or her news story for printing, broadcast, or posting.

<기출>

Check 2 대동사 do, have, be동사에 밑줄이 있을 때 올바르게 사용되었는지 확인한다.

명사를 대신하는 대명사가 있듯이 동사를 대신하는 대동사도 있다.
대동사는 앞에 언급된 동사나 그 이후를 대신하여 문장을 간결하게 해주는데, 특히 비교급 문장의 than 뒤 또는 <so+V+S(S도 역시 그렇다)> 구문에서 많이 사용된다. (◀ p.179 Point 21), (◀ p.191 Point 23)
이때 적절한 대동사를 올바른 시제와 수로 나타내야 한다.

[6] Our lives have been enhanced by technology at a faster pace than they **were** a century ago.
= were enhanced at a pace

[7] Under reckless development, plant-eating animals lose their food source and die out, and so **do** the animals that prey upon them. <기출>
= lose ~ and die out

❖ 다음 밑줄 친 부분이 어법상 옳으면 ○, 틀리면 ×로 표시하고 바르게 고치시오. (단, 한 단어로 고칠 것)

7 The modern school library is no longer the quiet zone it once <u>did</u>. <기출>

8 Experts on writing say, "Get rid of as many words as possible." Each word must do something important. If it <u>isn't</u>, get rid of it. <기출>

9 Most dictionaries list names of famous people, and they are chosen based on their frequency of use and their usefulness to the users. For that very reason, Elton John and Paul McCartney aren't in the dictionary, but both Marilyn Monroe and Elvis Presley, who died decades ago, <u>are</u>. <기출>

Exercise

[01-10] 다음 밑줄 친 부분이 어법상 옳으면 ○, 틀리면 ✕로 표시하고 바르게 고치시오. (단, 한 단어로 고칠 것) [각 4점]

01 The number of children looking for the lost watch slowly <u>decreasing</u>, and only a few tired children were left. <기출>

02 Joni's sisters, on their big horses, <u>thinking</u> it was exciting to cross the river at the deepest part. They never seemed to notice that Joni's little pony sank a bit deeper. <기출>

03 Providing unique experiences and convenient services to customers <u>leads</u> to satisfaction and, eventually, customer loyalty to the service provider or brand. <기출>

04 Performance feedback can be very helpful, not only to the participant who does not win or place, but also to those who <u>do</u>. <기출>

05 When a product becomes popular, more competitors enter the market, and businesses usually <u>lower</u> its price to remain competitive. <기출>

06 Lower magnesium levels in soil <u>occurring</u> with acidic soils, and around 70% of the farmland on earth is now acidic. <기출>   *acidic: 산성의

07 Galileo, who heard about the Dutch spyglass and began making his own, <u>realizing</u> right away how useful the device could be to armies and sailors. <기출>

08 The study reports that when facing difficulties, adolescents <u>exposed</u> to an authoritative parenting style are more likely to be passive, helpless, and afraid to fail. <기출> *authoritative: 권위적인

09 I willingly signed a petition to prevent cruelty against animals, but many other people on the street <u>weren't</u> and just passed by.

10 In today's digital age, text messaging <u>is</u> a ubiquitous form of communication, allowing you to send a text message to one or more people to start a new conversation.

*ubiquitous: 아주 흔한, 어디에나 있는

11 다음 글의 밑줄 친 ①~⑤ 중 틀린 부분 2개를 찾아 바르게 고친 후, 틀린 이유를 작성하시오. (단, 동사로 고치는 경우 모두 현재시제로 표현할 것) [각 5점]

A recent study from Carnegie Mellon University in Pittsburgh, called "When Too Much of a Good Thing May Be Bad," ① indicating that classrooms with too much decoration are a source of distraction for young children and directly affect their cognitive performance. Being visually ② overstimulated, the children have a great deal of difficulty concentrating and ③ end up with worse academic results. On the other hand, if there is not much decoration on the classroom walls, the children are less distracted, ④ spending more time on their activities, and learn more. So it's our job, in order to support their attention, ⑤ to find the right balance between excessive decoration and the complete absence of it. <기출>

(1) 틀린 부분: ＿＿＿＿＿＿＿＿ → 바르게 고치기: ＿＿＿＿＿＿＿＿   [2점]

　　틀린 이유: ＿＿＿＿＿＿＿＿＿＿＿＿＿＿＿＿＿＿＿＿＿＿＿＿＿   [3점]

(2) 틀린 부분: ＿＿＿＿＿＿＿＿ → 바르게 고치기: ＿＿＿＿＿＿＿＿   [2점]

　　틀린 이유: ＿＿＿＿＿＿＿＿＿＿＿＿＿＿＿＿＿＿＿＿＿＿＿＿＿   [3점]

Main Stage 2 영작 서술형

정답 및 해설 p. 49

여러 동사가 기본형으로 주어지면 먼저 주어에 따른 동사를 선택하고 나머지 동사들은 알맞은 준동사 형태로 변형해야 한다.
to-v나 v-ing(동명사)가 모두 가능할 때는 문제에 주어진 조건을 확인해야 한다.
e.g. ~ 단어 이하로 쓸 것 / ~ 형태를 포함할 것 / ~ 형태를 포함하지 말 것 등

주어진 동사의 문장 내 역할과 형태에 주의한다. 다음 문제를 보자.

> **다음 우리말과 일치하도록 괄호 안의 어구를 모두 한 번씩만 활용하여 영작하시오.** (필요하면 단어 변형 가능)
>
> 인성은 학습된 행동이며, 코치들이 그러한 교훈을 체계적으로 가르치는 것을 계획할 때만 페어플레이 정신이 발달한다.
> (plan / develop / teach / of fair play / a sense / coaches / only if / those lessons)
> → Character is a learned behavior, and _____,
>   systematically. <기출>

STEP 1 **우리말을 의미 단위별로 크게 묶어 구조를 분석한다.**

주어, 동사, 목적어나 보어, 그에 딸린 수식어구를 잘 구분한다.
두 개 이상의 절이 있을 때는 각각의 절 내에서 이들을 잘 구분해야 한다.

인성은 학습된 행동이며, / 코치들이^{S′} 그러한 교훈을 체계적으로 가르치는 것을^{O′} / 계획할^{V′} 때만 /
페어플레이 정신이^S 발달한다^V.
　　　　　　　　　　종속절
　　　주절

STEP 2 **의미 단위별로 영작할 때 주어진 어구 중 동사들의 형태에 주의한다.**

동사 plan, develop을 제외하면 teach는 준동사 역할이므로 형태와 위치를 잘 판단한다.
우리말이 모두 현재이므로, 동사는 주어에 수일치시켜야 한다.

코치들이^{S′} / 계획할^{V′} 때만 → only if coaches plan
└ 주어 coach의 동사. plan은 명사뿐 아니라 동사로도 쓰인다.

그러한 교훈을 체계적으로 가르치는 것을^{O′} → to teach those lessons systematically
└ plan은 목적어로 to-v를 취하므로 to teach로 바꿔 쓴다.

페어플레이 정신이^S 발달한다^V → a sense of fair play develops
└ 주어 a sense ~의 동사이므로 단수형으로 수일치한다.

STEP 3 **순서대로 영문을 완성한다.**

→ Character is a learned behavior, and a sense of fair play develops only if coaches
  plan to teach those lessons systematically.

Exercise

[01-04] 다음 우리말과 일치하도록 <조건>에 맞게 영작하시오. [각 5점]

> <조건> 1. 괄호 안의 어구를 모두 한 번씩만 사용할 것
>   2. 필요하면 밑줄 친 단어 변형 가능 (단, to부정사로 변형하지 말 것)

01 우리는 재활용을 통해 버려지는 쓰레기의 양을 줄이고 천연자원을 보존할 수 있다.

(conserve / <u>recycle</u> / natural resources / <u>throw away</u> / by / and)

→ We can reduce the amount of trash _____

_____.

02 많은 사람은 영양분을 얻고 자신들의 식사에서 부족한 부분을 채우려는 시도로 보충제를 섭취할 필요성을 느낀다.

(<u>feel</u> / fill / to obtain / to take / the gaps / supplements / nutrients / the need / and)

→ Many people _____ in an attempt

_____ in their diets. <기출>

03 동물들에게 훌륭한 보호를 제공하는 것의 가장 중요한 측면 중 하나는 그것들의 욕구가 일관되고 예측하던 대로 충족되고 있다는 것을 보장하는 것이다.

(<u>meet</u> / <u>provide</u> / ensuring / their needs / for animals / that / good care / are being / <u>be</u>)

→ One of the most important aspects of _____

_____ consistently and predictably. <기출>

04 여러분의 날마다의 감정에 대해 쓰는 것은 자기 인식과 개인적 (행동) 양식의 이해를 증가시키는 데 도움이 될 수 있다.

(help / about / can / your daily emotions / increase / <u>write</u> / self-awareness)

→ _____

and understanding of personal patterns.

Plus Stage 출제 범위에서 예상 문장 골라내기

정답 및 해설 p. 49

동사와 준동사 구별은 시험에 빠지지 않고 등장하는 중요한 출제 포인트이므로, 문장의 주어와 동사를 파악하고 준동사의 쓰임을 확인하는 것은 필수적이다.

준동사는 '동사'를 제외한 모든 역할을 한다.

동사	주어의 동작이나 상태를 의미 *명령문 주의
준동사	주어, 목적어, 보어, 수식어(구)

모든 문장이 다 출제 대상인 것은 아니고, 동사와 준동사를 구별하는 데 혼란을 느낄 만한 것들이 주로 출제된다.
다음과 같은 문장들을 특히 주목하여 알아둔다.

주의 1 주어와 동사가 멀리 떨어진 문장

대부분 <주어+수식어구+동사 ~>의 구조이다. 수식어구에 포함된 준동사(아래의 경우 presented)를 동사로 착각할 수 있다.
이런 문장은 수식어구를 괄호로 묶어 문장 구조를 파악한다.

¹Chess masters (presented with a chess board in the middle of a game for 5 seconds with 20 to 30 pieces still in play) / **can** immediately **reproduce** the position of the pieces from memory. <기출>

주의 2 길고 복잡한 문장

의미 단위로 끊어 각각의 절에서 동사를 확인한 뒤, 준동사의 쓰임을 알아두는 식으로 정리한다.

²The way to modify people's behavior / **depends** on their perception: // if the new behavior **is regarded** as safe, / emphasizing the rewards **works**, // but if it **is regarded** as risky, / highlighting the loss of staying unchanged **works**. <기출>

주의 3 동사나 준동사가 이끄는 절/문장

문장에서의 쓰임을 확인해 두어야 한다.

³If you make a mistake, **remember** to learn from it and use it as an opportunity to grow. 《명령문》
⁴**Rewarding** business success doesn't always have to be done in a material way. <기출> 《동명사 주어》
⁵**Increasing** populations can put pressure on public infrastructure, such as transportation and healthcare systems. 《주어 populations를 앞에서 수식하는 현재분사》

---

*다른 품사로 잘 쓰이지만 동사나 준동사로 쓰인 단어들도 잘 익혀두어야 한다.

⁶After reading the manual, the students **experimented** with the settings on the equipment to see if they could get better results. 《experiment 실험; 실험하다》
⁷Learners **function** within complex cognitive, physical, and social systems. <기출> 《function 기능; 기능을 수행하다》

◆ UNIT EXERCISE

[01-10] 다음 밑줄 친 부분이 어법상 옳으면 ○, 틀리면 ×로 표시하고 바르게 고치시오. [각 4점]

01 Generalizations without specific examples that humanize writing are <u>bored</u> to the listener and to the reader. <기출>

02 It is recommended to take the time to pause and <u>reflected</u>, as that time will give you the potential to change your life.

03 <u>Given</u> a camera as a gift by her daughter in December 1863, she quickly and energetically devoted herself to the art of photography. <기출>

04 Traditional role identities prescribed by society began to appear as masks <u>imposing</u> on people whose real self was to be found somewhere underneath. <기출>

05 People differ in how quickly they can make decisions <u>react</u> to changing circumstances.

06 When you are absolutely <u>terrified</u>, your body triggers the release of adrenaline, which causes your heart rate to increase and your muscles to tense up in preparation for fight or flight.
<기출>

07 We frequently overestimate agreement with others, assuming that everyone else thinks and feels exactly like we <u>are</u>. <기출>

08 City governments <u>struggling</u> with traffic jams and a lack of parking lots are driving the growing popularity of car-sharing. <기출>   *car-sharing: 카 셰어링(한 대의 차를 여러 사람이 나누어 빌려 쓰는 일)

09 Consumers reduce uncertainty by buying the same brand that they did the last time, <u>believed</u> that the product should be at least as satisfactory as their last purchase. <기출>

10 A 2006 study published in the American journal *Psychosomatic Medicine* <u>noted</u> that a lower socioeconomic status was associated with higher levels of stress hormones in the body. <기출>

[11-14] 다음 (A), (B) 두 문장의 의미가 일치하도록 괄호 속 조건에 맞게 빈칸을 완성하시오. [각 6점]

11 (A) It was quite clear that the box was too small to fit all of my belongings. (enough 사용)

(B) It was quite clear that the box was _____ .

12 (A) He was too busy preparing for the upcoming exam to attend the dinner. (so ~ that 구문 사용)

(B) He was _____

_____ .

13 (A) His hands were wrapped tightly in a soft cloth to protect them from the clay. He worked diligently at his pottery wheel. (with 사용)

(B) _____ to protect them from the clay, he worked diligently at his pottery wheel.

14 (A) As they were delighted with their new home, the couple spent the entire weekend decorating and organizing each room. (분사구문 사용)

(B) _____ , the couple spent the entire weekend decorating and organizing each room.

[15-17] 다음 우리말과 일치하도록 괄호 안의 어구를 모두 한 번씩만 활용하여 영작하시오. (필요하면 밑줄 친 단어 변형 가능)

[각 6점]

15 그 지역사회의 대부분의 사람들은 발전소에서 연료를 태워서 발생되는 전기를 낭비한다.

(by / generate / most of / burning / waste / in the community / electricity / the people)

→ _____

_____ fuel in power plants. <기출>

16 제조업의 발전은 환경에 상당한 영향을 미치면서 경제를 변화시켰다.

(while / have transformed / impacts / produce / economies / significant / manufacturing advances)

→ _____

_____ on the environment. <기출>

17 각 과제가 달성되는 데 필요한 시간의 양을 추산하는 습관을 들여라.

(for each task / the amount of / accomplish / need / estimate / time)

→ Make a habit of _____

_____ . <기출>

18 다음 글의 밑줄 친 ①~⑤ 중 틀린 부분 2개를 찾아 바르게 고치시오. (단, 한 단어로 고칠 것) [각 2점]

We all know that tempers are one of the first things ① lost in many arguments. It's easy to say one should keep cool, but how do you do it? The point to remember is that sometimes in arguments the other person ② trying to get you to be angry. They may be saying things intentionally ③ designed to annoy you. They know that if they get you to lose your cool, you'll say something ④ sounding foolish; you'll simply get angry and then it will be impossible for you to win the argument. So don't fall for it. A remark may be made to cause your anger, but ⑤ respond with a cool answer that focuses on the issue raised is likely to be most effective. <기출>

[정답] (1) 틀린 부분: _____ → 바르게 고치기: _____ [2점]

(2) 틀린 부분: _____ → 바르게 고치기: _____ [2점]

[19-20] 다음 글을 읽고 물음에 답하시오.

You need to change the lens through which you observe and interpret our increasingly interdependent world — a world that is getting more and more (A) (complicate) _____ every day. You can neither capture nor appreciate the full richness and complexity of the physical world if you only take snapshots (B) (use) _____ a still camera with a fixed 2D lens. Rather, you need to train your mind to act as a sophisticated "mental camera" (C) (gain) _____ a dynamic view of the rapidly-changing world. For example, a still picture of an athlete (D) (sprint) _____ in a 100m race won't unveil his or her sheer velocity; but a 10-second video will. Unfortunately, many people form opinions and make decisions based on a static view of an issue, thus (E) _____. *sprint: 전력 질주하다 **velocity: 속도

19 윗글의 (A)~(D)의 괄호 안에 주어진 단어를 어법상 알맞은 형태로 바꿔 쓰시오. (단, 두 단어 이하로 쓸 것) [각 2점]

[정답] (A) _____ (B) _____ (C) _____ (D) _____

20 윗글의 흐름에 맞게 <보기>에 주어진 어구를 모두 한 번씩만 활용하여 (E)를 완성하시오. (필요하면 단어 변형 가능) [6점]

<보기> can / situations / that / change very rapidly / underestimate

[정답] _____

UNIT
04

접속사·가정법

단어와 단어가 모여 문장의 일부를 이루며 <주어+동사>가 포함된 것을 '절'이라고 한다.
한 문장에는 여러 개의 절이 있을 수 있는데, 문장 안에 두 개 이상의 <주어+동사>가 있다면
접속사가 반드시 필요하다.

Point 13 등위접속사와 병렬관계

등위접속사 and, but, or는 문법적으로 대등한 성격이나 형태를 가진 단어와 단어, 구와 구, 절과 절을 연결한다.
이렇게 연결된 관계를 병렬관계라고 한다.

Zero Stage

정답 및 해설 p. 53

1 등위접속사가 연결하는 것

¹ She **appreciates** the beauty of nature and **enjoys** spending time outdoors. 《동사+동사》

² The story is **boring** and **incomplete**. Please add some interesting characters. 《형용사+형용사》

³ Self-doubt can hold you back from **reaching** and **achieving** your goals. 《v-ing+v-ing》

⁴ In ancient Egypt, **the Nile flooded every year**, and **people had abundant harvests**. <기출> 《절+절》

*3개 이상을 병렬로 연결할 때는 콤마(,)와 등위접속사로 연결한다. (A, B, and C)

⁵ **Self-motivation, self-confidence, and self-learning** are key factors that will shape your career.

2 병렬구조의 반복어구 생략

병렬구조에서 뒤에 반복되는 조동사, to부정사의 to, 전명구의 전치사는 생략할 수 있다.

• have p.p. and (have) p.p. (완료) / be v-ing and (be) v-ing (진행) / be p.p. and (be) p.p. (수동) /
will v and (will) v / to-v and (to-)v / by 명사 and (by) 명사

⁶ Automation **has eliminated** some jobs but **(has) created** new ones. <기출>

⁷ My family decided **to move** to a small town and **(to) live** there permanently.

3 and, but, or를 포함하여 짝을 이루는 상관접속사

상관접속사는 주로 영작 문제로 출제되므로 각 의미를 잘 알아두어야 한다.
연결되는 A와 B가 병렬관계를 이룬다는 것도 잊지 말자.

not only A but (also) B	A뿐만 아니라 B도 (= B as well as A)
not A but B	A가 아니라 B
both A and B	A와 B 둘 다
either A or B	A 또는 B
neither A nor B	A도 아니고 B도 아닌 (= not either A or B)

⁸ Being alone in a foreign country, he felt not only **nervous** but also **isolated**.

⁹ The thing to be concerned with is not **what happened**, but **what you're going to do**. <기출>

Main Stage 1 어법 서술형

병렬관계 문제는 <A 등위접속사 B>에서 B의 형태(동사나 준동사)를 묻는 것이 대부분이다.
그러므로 등위접속사 뒤의 동사나 준동사에 밑줄이 있으면 B가 A와 문법적으로 대등한 형태인지를 확인해야 한다.

Check 1 **A와 B 사이의 어구를 A로 판단하지 않도록 주의해야 한다.**

B와 병렬을 이루는 A(동사나 준동사)에는 흔히 딸린 어구가 있다. 더 복잡하게는 딸린 어구에 수식어구가 덧붙기도 하고 중간에 삽입어구가 있을 수도 있다. 이들을 A와 혼동하지 말아야 한다.

¹A few days after I lost my watch, I gave up all hope of finding it and **stopping(→stopped)** searching for it.

틀린 이유 　앞의 finding이 아니라 동사 gave up과 병렬 연결된 것이므로 stopped로 고쳐야 한다.

❖ 다음 괄호 안의 단어를 어법상 알맞은 형태로 바꿔 쓰시오. (단, 한 단어로 쓸 것)

❶ In modern medicine, genetic testing is common for doctors to assess a person's likelihood of getting a disease and (make) _____ a diagnosis. <기출>

❷ Her first play failed to attract a large audience but (receive) _____ positive responses from critics. <기출>

❸ The jets flew through the sky, performed stunning acrobatics, and (circle) _____ around again and again.

Check 2 **등위접속사 뒤가 동사 자리일 때는 시제와 태를 고려한다.**

서로 다른 시제나 태의 동사가 연결될 수도 있으므로 각 자리에 알맞은 형태를 판단해야 한다.
시제 판단은 시간을 나타내는 부사구나 문맥, 태는 주어와의 의미 관계로 판단한다. 수일치에도 주의한다.

❖ 다음 밑줄 친 부분이 어법상 옳으면 ○, 틀리면 ✕로 표시하고 바르게 고치시오. (단, 한 단어로 고칠 것)

❹ The pianist was born in Cannes, France, but spent most of his life in Paris. <기출>

❺ The local builder has volunteered to assist with the remodeling of the library building but now desperately needs additional help. <기출>

❻ Car-sharing reduces the money that individuals have to spend on commuting, and are a better option for the environment.

Exercise

[01-10] 다음 밑줄 친 부분이 어법상 옳으면 ○, 틀리면 ✕로 표시하고 바르게 고치시오. (단 한 단어로 고칠 것) [각 2점]

01 The reason that you blink is to prevent harmful substances from getting in your eyes and <u>causing</u> you pain. <기출>

02 Reading a book a second time brings back the initial emotions caused by the book and <u>offered</u> the opportunity to appreciate it differently. <기출>

03 Urban planners are actively seeking solutions to combat traffic congestion but <u>facing</u> challenges in balancing the needs of motorists, cyclists, and pedestrians.

04 Language revitalization is an attempt to stop a language from declining or <u>bringing</u> back an extinct language.

*revitalization: 재활성화

05 Survival and reproduction are the criteria of success for natural selection, and <u>form</u> relationships with other people is necessary for both survival and reproduction. <기출>

*criterion: 기준(복수형 criteria)

06 The European bison was once spread across Europe, but it is now regarded as endangered and <u>has disappeared</u> from many of its habitats. <기출>

*bison: 들소

07 Music connects people to one another not only through a shared interest, but also <u>through</u> emotional bonds formed with specific songs. <기출>

08 The city council chose not to renovate the old buildings that had been abandoned for years but instead <u>torn</u> them apart next year.

09 The decrease of agricultural yields is being influenced by contamination caused by human activity and <u>poses</u> a threat to food security.

*yield: 수확량

10 Complex legal documents can be difficult to read and <u>confuse</u> for people who are not familiar with legal terms.

> **<조건>**   1. 어법·문맥상 알맞은 형태로 쓸 것
>   2. 한 단어로 쓸 것

11   The gravitational force of Jupiter grabs passing asteroids and (pull) _____ them to its surface. <기출>

                                                                    *gravitational force: 중력

12   In the past, rats were considered disgusting in much of Europe but (respect) _____ in some parts of India. <기출>

13   The fitness app encourages users to track their progress within their workout routines and (reach) _____ their fitness goals.

14   Studying history can either make you more interesting to talk to or (lead) _____ to brilliant explorations and careers. <기출>

15   Doctors Without Borders, founded in 1971, provides primary health care, runs nutrition programs, and (train) _____ local medical personnel. <기출>

16   Most folk paintings were created by people who may not have had formal artistic training or (know) _____ the "acceptable" painting styles of the time. <기출>   *folk painting: 민화

17   The advance of the telegraph made it easier to communicate over long distances and (play) _____ an important role in revolutionizing the way people build relationships with each other.

                                                           *telegraph: 전신(전기나 전파를 이용한 통신)

18   Children can investigate mathematical concepts through their own experiences, for example, like figuring out how many crackers to take at snack time or (sort) _____ shells into piles. <기출>

19   When presenting a research paper, use clear language to explain your findings, as well as (supplement) _____ your argument with visual material such as charts, graphs, or images.

20 다음 글의 밑줄 친 ①~④ 중 **틀린 부분 2개**를 찾아 바르게 고친 후, **틀린 이유**를 작성하시오. (단 한 단어로 고칠 것) [각 6점]

People have a tendency to focus not on what they have, but ① on what they don't have, even when in reality they are sitting on a pile of blessings. Expecting more than what we have and ② comparing oneself to others can lead to feelings of envy and jealousy. Being envious of what others have not only makes you dissatisfied with the current state but also ③ stolen your capability to cherish your own gifts. Often frustration and dissatisfaction are actually the result of unrealistic expectations on our part. We think our situation should be this way or that way, or at least different from the way it is. Gratitude requires one to maintain a positive and thankful outlook on life and ④ recognizes the good things that one already has, rather than always seeking more or better. <기출>

(1) 틀린 부분: _____ → 바르게 고치기: _____ [2점]

  틀린 이유: _____ [4점]

(2) 틀린 부분: _____ → 바르게 고치기: _____ [2점]

  틀린 이유: _____ [4점]

Main Stage 2 영작 서술형 I

등위접속사를 사용하여 영작할 때는 아래 두 가지를 기억하자.

1 의미와 구조상 자연스럽게 연결되는 것들을 찾아 어법상 대등한 형태가 되도록 한다.

2 반복되는 조동사나 to부정사의 to 등 생략할 수 있는 어구가 있다면 주어진 어구를 살펴 생략 여부를 판단한다.

병렬구조에 주의하며 등위접속사가 포함된 문장을 영작해 본다. 다음 문제를 보자.

> **다음 우리말과 일치하도록 괄호 안의 어구를 모두 한 번씩만 활용하여 영작하시오.** (필요하면 단어 변형 가능, 빈칸당 한 단어만 쓸 것)
>
> 몇 번이고 지역사회들은 수도 체계를 연구해 왔고 현명한 이용을 재정의해 왔다.
>
> (study / wise use / water systems / redefine / and)
>
> → Time and again, communities ＿＿＿ ＿＿＿ ＿＿＿ ＿＿＿ ＿＿＿ ＿＿＿ ＿＿＿ ＿＿＿ . <기출>

STEP 1 주어진 우리말에서 병렬을 이루는 부분(A, B)을 찾고, 적절한 등위접속사를 찾는다.

몇 번이고 지역사회들은 <u>수도 체계를 연구해 왔고</u> / <u>현명한 이용을 재정의해 왔다.</u>
　　　　　　　　　　　　A　　그리고(and)　　　　　B

STEP 2 병렬을 이루는 부분이 어법상 대등해야 한다는 점에 유의하며 영작한다.

A = 수도 체계를 연구해 왔고 → <u>have studied water systems</u>
B = 현명한 이용을 재정의해 왔다 → <u>have redefined wise use</u>

STEP 3 병렬을 이루는 부분과 등위접속사를 올바른 순서로 배열해 영문을 완성한다.

현재완료형을 병렬 연결해야 하는데, 주어진 조건에서 빈칸당 한 단어만 쓰라고 했으며 주어진 빈칸은 8개이다.
등위접속사 뒤의 조동사 have를 생략하여 문장을 완성한다.

반복되는 조동사 have를 생략했다.
→ Time and again, communities <u>have studied water systems and (redefined) wise use.</u>

❖ 다음 우리말과 일치하도록 괄호 안의 어구를 모두 한 번씩만 활용하여 영작하시오. (필요하면 단어 변형 가능)

❶ 어두운 조명에서 책을 읽는 것은 당신을 피곤하게 만들거나 당신의 눈 주변 근육에 통증을 일으킨다.

(cause / around your eyes / you / pain / tired / make / or / in the muscles)

→ Reading books in poor light ＿＿＿＿＿＿＿＿＿＿＿＿＿＿＿＿＿＿＿＿ .

<기출>

❷ 망원경은 멀리 떨어진 은하를 관측하는 데 사용되지만 제대로 작동하려면 맑은 밤하늘과 어두운 장소가 필요하다.

(require / and / to observe / a clear night sky / be used / distant galaxies / a dark location / but)

→ The telescope ＿＿＿＿＿＿＿＿＿＿＿＿＿＿＿＿＿＿＿＿＿＿＿

＿＿＿＿＿＿＿＿＿＿＿＿＿＿＿＿＿ to work properly.

Main Stage 3 영작 서술형 Ⅱ

상관접속사를 사용하여 영작할 때는 아래 두 가지를 기억하자.

1 우리말과 주어진 어구를 보고 적절한 상관접속사를 찾는다.

2 병렬관계를 파악하고 어법상 대등한 형태가 되도록 한다.

문맥에 맞는 상관접속사를 사용하여 영작해 본다. 다음 문제를 보자.

> **다음 우리말과 일치하도록 괄호 안의 어구를 올바른 순서로 배열하시오.**
>
> 역마케팅의 목적은 수요를 완전히 없애는 것이 아니라, 그것을 줄이는 것이다.
>
> (to / but / it / completely destroy / reduce / demand / to / not / is)
>
> → The aim of demarketing _____, _____. <기출>

STEP 1 주어진 우리말에서, 병렬을 이루는 부분(A, B)을 찾고, 적절한 상관접속사를 찾는다.

역마케팅의 목적은 / 수요를 완전히 없애는 것이 아니라, / 그것을 줄이는 것이다.

<u>not A</u>   <u>but B</u>

STEP 2 병렬을 이루는 부분이 어법상 대등해야 한다는 점에 유의하며 영작한다.

A = 수요를 완전히 없애는 것 → to completely destroy demand

B = 그것을 줄이는 것 → to reduce it

STEP 3 병렬을 이루는 부분과 상관접속사를 올바른 순서로 배열해 영문을 완성한다.

→ The aim of demarketing is not to completely destroy demand, but to reduce it.

❖ 다음 우리말과 일치하도록 괄호 안의 어구를 모두 한 번씩만 활용하여 영작하시오. (필요하면 밑줄 친 단어 변형 가능)

❶ 인턴십은 실무 경험을 쌓는 것과 그 분야의 경험이 풍부한 전문가들에게 조언을 받는 것을 모두 할 수 있는 귀중한 기회이다.

(practical / be mentored / gain / to / both / work experience / to / and)

→ An internship is a valuable opportunity _____

_____ by experienced professionals in the field.

❷ 21세기의 교육은 개인의 능력을 성취하는 것뿐만 아니라 다른 이들로부터 독립할 수 있는 능력을 개발하는 것에도 초점을 맞춰야 한다.

(on / be independent / on / but also / individual competence / the ability / <u>achieve</u> / to / <u>develop</u>)

→ Education in the 21st century should focus not only _____

_____ from others.

Plus Stage 출제 범위에서 예상 문장 골라내기

정답 및 해설 p. 57

병렬구조는 출제 빈도가 높으므로 주의해서 학습해 두어야 한다.

특히 병렬을 이루는 어구가 서로 떨어져 있어서 중간에 혼란을 주는 어구가 포함된 문장이 출제 가능성이 크다.

아래와 같이 등위접속사를 네모 표시하고 A와 B에 밑줄을 그어 연습해 보자. 긴 문장을 이해하는 데도 많은 도움이 될 것이다.

[1]We can <u>call</u> [or] <u>send</u> text messages from our cellphones to anyone in the world.

《A와 B가 가까워서 출제 확률 낮음》

[2]A business consultant <u>helps</u> organizations to **identify** weaknesses that can **pose** threats to their operations [and] <u>provides</u> them with business solutions.

《A와 B가 멀고 중간에 **혼동을 주는 어구**가 있으므로 출제 확률 높음》

↔ *Try by Yourself!*

[01-05] 다음 문장에서 <보기>와 같이 등위접속사를 찾아 네모 표시하고, 병렬관계를 이끄는 단어나 어구에 밑줄 그으시오.

> <보기> Correct breathing <u>comes</u> from the deepest area of the lungs [and] <u>benefits</u> your emotional well-being.

01 You can help people simply by speaking a kind word to them when they're down or lending a listening ear to them when they are in need.

02 The Cantor's giant soft-shell turtle spends most of its life buried under the sand in the water and rises to the surface only twice a day to take a breath. <기출>

03 People who can admit to not knowing something are likely to be more comfortable with who they are and don't feel the need to cover up their ignorance. <기출>

04 A diary helps you document daily thoughts that might otherwise be forgotten and accurately remember important events in your life.

05 Emoticons, particularly character-based ones, are much more ambiguous relative to face-to-face cues and may end up being interpreted very differently by different users. <기출>

Point 14 명사절 접속사

절은 주어와 동사를 갖추고 하나의 품사 역할을 하는 것이다. 명사절은 문장에서 명사 역할을 하여 주어/목적어/보어가 된다.

정답 및 해설 p. 58

Zero Stage

명사절을 이끄는 접속사와 의문사는 다음과 같다.

접속사	that (~라는 것) / whether (~인지 (아닌지)) (= if)
의문대명사·의문형용사	what (무엇, 무슨) / who (누구, 누구의) / which (어느 것, 어느)
의문부사	when (언제) / where (어디) / how (어떻게) / why (왜)

*if 명사절은 주로 동사의 목적어이며, 주어나 보어, 전치사의 목적어로는 쓰지 않는다.

1 주어

that, whether절은 대부분 가주어 it(◀ p. 197 Point 24)으로 대신하며, 의문사절 주어도 간혹 볼 수 있다.
명사구 주어를 단수 취급하는 것처럼 명사절 주어도 단수 취급하여 단수동사로 수일치시킨다.

¹**That** he won the race was surprising. → **It** was surprising **that** he won the race.
²**Whether** the data is reliable is questionable. → **It** is questionable **whether** the data is reliable.
³**Who** wrote a letter to me remains a mystery.

2 목적어

주로 SVO, SVOO문형의 직접목적어, 또는 전치사의 목적어로 쓰인다. that은 자주 생략되므로 주의한다.

⁴Researchers^S found^V **(that)** using smiley emoticons too much makes you look incompetent^O. <기출>
⁵Food labels^S tell^V you^{IO} **what** is inside the food^{DO}. <기출>
⁶Color^S can have^V an influence^O on^전 **how** you perceive weight^{전치사의 O'}. <기출>
*명사절은 준동사의 목적어로도 쓰인다.

if절 목적어는 동사와 함께 어구로 알아두는 것이 좋다. if부사절(◀ p. 127 Point 15)로 착각하지 않도록 주의해야 한다.

ask if (~인지 (아닌지)를 묻다) / wonder if (~인지 (아닌지)를 궁금해하다) / know if (~인지 (아닌지)를 알고 있다)

⁷The child **asked if** she could stay up late to finish her favorite book.

3 보어

주로 truth, fact, problem, matter, reason, difference 등의 주어를 보충 설명한다.

⁸*The truth*^S is^V **that** we are largely governed by our emotions^C. <기출>

Main Stage 1 어법 서술형

정답 및 해설 p. 58

명사절은 절의 어순이 집중적으로 출제되므로 이에 초점을 두어 학습해야 한다.

Check 1 접속사와 의문사에 따라 절의 어순이 다르다.

의문대명사/의문형용사 외에는 정상어순(S′+V′ ~)이다. 의문부사가 절을 이끌 때 의문문 어순으로 착각하지 말자.

1 Accepting a job means **that** you$^{S'}$ accept$^{V'}$ the responsibility that goes with it$^{O'}$. <기출>

2 **Why** Sophia$^{S'}$ is$^{V'}$ a friend$^{C'}$ with him has been a secret. (Why is Sophia a friend ~ (✕))

의문대명사는 절에서 주어, 목적어, 또는 보어 역할을 한다. 주어일 때는 의문문 어순과 같지만, 목적어나 보어일 때는 정상어순(S′+V′ ~)이므로 의문문 어순으로 착각하지 않도록 주의해야 한다.

3 Always remember **who**$^{S'}$ was$^{V'}$ supportive$^{C'}$ during difficult times.

4 We know **what**$^{O'}$ people$^{S'}$ need$^{V'}$ from our product. (~ what do people need from our product (✕))

의문형용사는 뒤의 수식하는 명사와 함께 <의문형용사+명사>의 어순으로 절을 이끈다.

5 I checked my blog analytics to see **which posts**$^{O''}$ readers$^{S'}$ are interested$^{V'}$ in$^{전'}$.

❖ 다음 밑줄 친 부분이 어법상 옳으면 ○, 틀리면 ✕로 표시하고 바르게 고치시오.

❶ We acquire a sense of who are we by weighing ourselves against those around us. <기출>

❷ Where do you end up ten years from now, ultimately, is up to you. <기출>

❸ Which courses we offer can vary from semester to semester, so make sure to look at the course catalog in advance.

Check 2 의문부사 how가 형용사/부사와 어울려 쓰일 때의 어순에 주의한다.

how는 수식하는 형용사/부사와 의미상 강하게 연결되므로 <how+형용사/부사+S′+V′>의 어순이 된다.

6 Tree rings can tell us **how** the tree is old(→**how old**$^{C'}$ the tree$^{S'}$ is$^{V'}$). <기출>

틀린 이유 how가 형용사와 함께 쓰였으므로 <how+형용사+주어+동사>의 어순으로 고쳐야 한다.

Check 3 주절의 동사가 think, believe 등일 때는 의문사가 문장 맨 앞에 온다.

<의문사+do you think[believe …]+(S′)+V′ ~?>의 어순이다.

Do you think? + **What** will AI achieve in the future?

→ 7 **What**$^{O'}$ *do you think* AI$^{S'}$ will achieve$^{V'}$ in the future?

Exercise

[01-06] 다음 밑줄 친 부분이 어법상 옳으면 ○, 틀리면 ✕로 표시하고 바르게 고치시오. [각 4점]

01   Before bed, regardless of <u>how badly their day went</u>, successful people typically avoid thinking about negative situations from that day. <기출>

02   Each individual's dietary preferences, metabolism, and specific nutritional requirements define <u>which food is best</u> for their overall health.

03   <u>Do you think what</u> should be done to secure personal data online?

04   One of the most essential decisions any of us can make is <u>how do we invest</u> our time. <기출>

05   The car insurance expert asked the police for the report of the accident to figure out <u>who was legally responsible</u> for it.

06   <u>Do you believe why</u> some people dislike the idea of working in teams and how would you deal with them?

07   **다음 글의 밑줄 친 ①~④ 중 틀린 부분 2개를 찾아 바르게 고친 후, 틀린 이유를 작성하시오.** [각 8점]

> It's reasonable to assume ① <u>that</u> every person alive today has, at some point in their life, expressed something like "Where did all the time go?" or "I can't believe ② <u>whether</u> it's the New Year. Time flies!" The sentiment behind these phrases is the same: Time feels like it moves faster as we get older. But have you thought about ③ <u>what makes it happen</u>? According to the research, our perception of time is greatly influenced by the amount of novel information that our brains receive and process. The more new information we take in, the slower time feels. It could explain ④ <u>why does time feel slower</u> for children. Since everything around them is unfamiliar, their brains have an enormous task. <기출>

(1) 틀린 부분: _____ → 바르게 고치기: _____ [3점]

  틀린 이유: _____ [5점]

(2) 틀린 부분: _____ → 바르게 고치기: _____ [3점]

  틀린 이유: _____ [5점]

Main Stage 2 영작 서술형

정답 및 해설 p. 59

명사절은 다음 두 가지 사항에 주의하여 영작한다.

1 우리말에서 명사절 부분을 찾아 문장에서의 역할(주어, 목적어, 보어)을 파악한다.

2 명사절을 이끌 접속사나 의문사를 찾아 쓰고, 그 뒤의 어구를 어순에 주의하여 영작한다.

문장 속에서의 명사절의 역할과 명사절을 이끌 접속사 또는 의문사를 파악한다. 다음 문제를 보자.

> **다음 우리말과 일치하도록 괄호 안의 어구를 올바른 순서로 배열하시오.**
>
> 좋은 결정이 나쁜 결과를 낳을 수 있다는 것을 기억해라.
>
> (result in / decisions / outcomes / remember / good / that / can / bad)
>
> → _____. <기출>

STEP 1 문장의 구조를 분석하고, 명사절을 찾아 문장에서의 역할을 파악한다.

좋은 결정이 나쁜 결과를 낳을 수 있다는 <u>것을</u> / <u>기억해라</u>.
　　　　　　　　　　　　　　　　　　O　　　　　　V

*절이 동사의 목적어 역할을 해야 하므로 명사절을 이끄는 접속사가 필요하다.

STEP 2 적절한 명사절 접속사나 의문사를 찾아 앞에 두고, 이어지는 절을 영작한다.

좋은 결정이 / 나쁜 결과를 낳을 수 있다는 것을

→ 명사절 접속사: that – 뒤의 절이 완전하고 '~ 것을'로 해석되므로 접속사 that을 쓴다.

→ 접속사 뒤: <u>good decisions</u> <u>can result in</u> <u>bad outcomes</u>
　　　　　　　　S'　　　　　　　V'　　　　　　　O'

STEP 3 영작한 명사절을 역할에 맞는 올바른 위치에 배열하여 문장을 완성한다.

→ Remember ~~that~~ good decisions can result in bad outcomes.
　　　　└ 명령문의 동사 Remember 뒤에 동사의 목적어인 명사절이 왔다.

❖ 다음 우리말과 일치하도록 괄호 안의 어구를 올바른 순서로 배열하시오.

❶ 그는 인쇄기가 왜 제대로 작동하지 않는지에 대한 설명을 얻기 위해 설명서를 읽었다.

(the printer / an explanation / didn't / get / for / function / why)

→ He read the manual to _____ properly.

❷ 의사는 환자에게 그가 과거에 비슷한 증상을 경험했던 적이 있는지 물었다.

(any similar symptoms / whether / asked / the doctor / had experienced / the patient / he)

→ _____ in the past.

Exercise

[01-07] 다음 우리말과 일치하도록 괄호 안의 어구를 올바른 순서로 배열하시오. [빈칸당 5점]

01 어떤 사람이 하루에 어떻게 접근하는지는 그 사람의 인생의 다른 모든 것에 영향을 미친다.

(everything else / a person / how / impacts / the day / approaches)

→ _____ in that person's life. <기출>

02 그 공익 광고는 단순한 이미지만을 사용하여 보는 이들에게 그들이 교통 법규를 따라야 한다는 것을 상기시킨다.

(they / traffic regulations / should / reminds / follow / that / viewers)

→ The public advertisement _____

_____ only by using a simple image.

03 당신은 우리가 다음 여행으로 어디에 가야 한다고 생각하나요? 그리고 당신은 우리가 그곳에서 어떤 활동들을 해야 한다고 생각하나요?

(what / you / should go / you / do / think / where / we / activities / should do / do / we / think)

→ (A) _____ on our next trip?

And (B) _____ there?

04 생태계 연구는 인간들이 자연으로부터 얼마나 단절되어 왔는지에 대한 단서를 제공한다.

(humans / clues / provides / disconnected / have become / how / about)

→ The study of ecosystems _____

_____ from nature. <기출>

05 인간은 보통 특정한 얼굴을 본 적이 있는지 아닌지 기억해 내기 위해 많은 노력이 필요하지 않다.

(or not / recall / they / a particular face / have seen / whether / to)

→ Humans typically don't need much effort _____

_____. <기출>

06 그 회사의 마케팅팀은 어떤 소셜 미디어 플랫폼들이 대상 고객들 사이에서 가장 인기 있는지 조사했다.

(researched / most popular / social media platforms / which / were)

→ The company's marketing team _____

_____ among the target customers.

07 대부분의 초보 투자자의 문제는 주식 시장에 투자하는 것이 위험을 수반한다는 것을 이해하지 못한다는 것이다.

(risk / that / that / in the stock market / is / they / involves / investing / don't understand)

→ The problem with most new investors _____

_____. <기출>

Plus Stage 출제 범위에서 예상 문장 골라내기

앞서 학습했듯이 명사절에서 출제의 초점은 '어순'에 있으므로 주의해서 알아두어야 한다.
주어, 보어보다 상대적으로 빈도가 월등히 높은 목적어절에 대한 이해가 특히 중요하다.

목적어절은 that, what이 주로 이끄는데, 동사와 함께 묶어서 알아두는 것이 가장 좋다.
that/what의 다른 역할과 구별할 때나 심지어 that이 생략되었을 때도 이를 쉽게 알 수 있게 해주기 때문이다.

목적어절을 취하는 동사는 많지만, 아래와 같이 의미가 비슷한 것끼리 묶어서 익히면 훨씬 쉽다.

동사 1 **'말하다' 류**: 이러한 동사들은 '말한 내용(명사절)'을 목적어절로 취한다.
원래 목적어절은 '말의 전달'과 연관이 깊기 때문에 '말하다'라는 의미를 담고 있는 동사가 많다.

	+ "She works so hard."	→ ¹He said[told me] that she worked so hard.
He said	+ "Do you like cooking?"	→ ²He asked[wondered] if I liked cooking.
	+ "What do you do for a living?"	→ ³He asked what I did for a living.

> say, ask, tell, show, teach, mean, prove, remind 등

동사 2 **'생각하다, 알다, 알게 되다' 류**: 이러한 동사들은 '생각[인지]한 내용(명사절)'을 목적어절로 취한다.

> think, believe, imagine, feel, know, learn, understand, see, hear, notice,
> find, figure out, guess, realize, remember, recall, discover 등

❖ Try by Yourself!

[01-04] 다음 문장에서 목적어절이 있으면 모두 찾아 밑줄 긋고, 없으면 ✕로 표시하시오.

01 I'm glad that you enjoyed the movie we watched together last night.

02 Recent studies found that regular exercise can improve cognitive function and reduce the risk of developing certain health conditions.

03 I woke up early this morning so that I could finish my work before my meeting.

04 Mary thought for a moment they had forgotten her birthday, but then she saw the surprise party decorations and realized they had been planning something special for her all along.

Point 15 부사절 접속사

부사절은 시간, 조건, 이유 등을 의미한다. 명사절과 비교해 보면 좀 더 명확한 쓰임을 이해할 수 있다.

Zero Stage

정답 및 해설 p. 61

1 부사절을 이끄는 접속사

시간	when (~할 때) / while (~하는 동안) / as (~할 때) / before (~ 전에) / after (~ 후에) / since (~한 이래로) / until (= till) (~까지) / once (~하자마자; 일단 ~하면) / as soon as (~하자마자)		
이유/원인	because, since, as (~ 때문에) / now that ((지금) ~이기 때문에)		
조건	if (만약 ~라면) / unless (만약 ~하지 않는다면) / as[so] long as (~하는 한, ~하기만 하면)		
양보	although, (even) though, while (비록 ~이지만, ~에도 불구하고) / whether (~이든 (아니든))		
대조	while, whereas (~인 반면에)	목적	so that (= in order that) (~하기 위해서)
양태	as (~처럼, ~와 같이, ~하는 대로)	결과	so+형용사[부사]+that (너무 ~해서 …하다) so that (그래서, ~하여)

*양보: 주절에서 부사절 내용으로 예상되는 결과와 반대되는 내용을 말할 때이다.

¹**Although** the sun was shining, it wasn't very warm. ((해가 비치면 따뜻할 것으로 예상했지만, 그렇지 않았다.))

*양태: 모양이나 태도를 묘사한다.

²⌐When / Although⌐ we achieve something difficult, we say it took "blood, sweat, and tears." <기출>

³⌐Unless / If⌐ you can't do the little things right, you will never do the big things right. <기출>

2 명사절 vs. 부사절

1 문장의 구조

- 명사절: 주어, 목적어, 보어 역할을 하므로, 생략하면 불완전한 문장이 된다.
- 부사절: 부사 역할을 하므로, 생략해도 완전한 문장이다.

⁴**When** the rain will stop is not certain. 《명사절》 → is not certain은 주어가 없는 불완전한 구조의 절

⁵**When** the rain stops, we'll go for a walk. 《부사절》 → we'll go for a walk는 완전한 구조의 절

*시간과 조건의 부사절과 달리 명사절에서는 미래를 미래시제로 나타낸다.

2 위치

- 명사절: 주어, 목적어, 보어 각 역할에 따라 정해진 위치에 와야 한다.
- 부사절: 문장 앞, 뒤, 중간에 모두 올 수 있다. 뒤에 올 때는 콤마(,)를 찍지 않는 것이 보통이다.

⁶**Since** I joined the company in 2015, I have been a loyal worker. (○) <기출>

⁶I have been a loyal worker **since** I joined the company in 2015. (○)

Main Stage 1 어법 서술형

Check 1   **문맥상 알맞은 의미가 될 수 있도록 접속사를 확인한다.**

영작, 빈칸 채우기 등의 유형으로 올바른 접속사 사용이나 접속사의 의미 판단이 필요한 문제가 자주 출제된다.
의미가 다양한 접속사에도 주의한다.

since	1. 《시간》 ~한 이래로 / 2. 《이유》 ~ 때문에
while	1. 《시간》 ~하는 동안에 / 2. 《대조》 ~인 반면에 (= whereas) / 3. 《양보》 비록 ~이지만 (= although)
as	1. 《시간》 ~할 때, ~하면서 / 2. 《이유》 ~ 때문에 / 3. 《양태》 ~처럼, ~와 같이, ~하는 대로

❖ 다음 빈칸에 들어갈 가장 적절한 접속사를 <보기>에서 골라 쓰시오. (단, 중복 사용 불가)

> **<보기>**   now that   as   so that   whereas

❶ Some people like the taste of coriander _____ others find it tastes like soap. <기출>
*coriander: 고수(식용 허브의 일종)

❷ She prepared lots of interesting videos _____ she could captivate her students.

❸ He can finally take the backpacking trip he postponed _____ he's healthy again.

❹ _____ the business consultants expected, the company's profits have significantly
increased following the implementation of cost-cutting measures.   *implementation: 시행

Check 2   **비슷한 의미를 가진 접속사와 전치사를 구별한다.**

접속사는 '절'을 이끌고 전치사는 '명사(구)'를 이끌므로, 뒤따르는 어구를 보고 올바른 것이 쓰였는지 판단한다.

	접속사+절(S′+V′~)	전치사 + 명사(구)
시간	while (~하는 동안에)	during (~ 동안에)
이유	because (~ 때문에)	because of / due to (~ 때문에)
양보	(even) though, although (비록 ~일지라도)	despite / in spite of (~에도 불구하고)

❖ 다음 밑줄 친 부분이 어법상 옳으면 ○, 틀리면 ×로 표시하고 바르게 고치시오.

❺ The captain said that passengers must remain seated <u>during</u> the final hour of flight. <기출>

❻ <u>Despite</u> individual preferences vary, cultural and societal norms still play a significant role in
determining clothing. <기출>

❼ The leopard shark got its name <u>because</u> its dark brown markings similar to those found on
leopards. <기출>

Exercise

[01-06] 다음 밑줄 친 부분이 문맥상 옳으면 ○, 틀리면 ✕로 표시하고 알맞은 접속사를 <보기>에서 골라 쓰시오. [각 4점]

> **<보기>** until   unless   although

01 Adults can lose flexibility rather rapidly <u>if</u> they make a conscious effort to maintain it. <기출>

02 Staring at the Sun when it is high in the sky is harmful for eyes <u>whether</u> the sky appears clear or hazy.

03 Discipline yourself to begin immediately and to persist <u>when</u> the task is completed before moving on to something else. <기출>

04 The human brain has shrunk in mass by about 10 percent <u>since</u> it peaked in size 15,000-30,000 years ago. <기출>

05 It is said, <u>once</u> a vampire bites a person, that person turns into a vampire who seeks the blood of others. <기출>

06 <u>Before</u> the fashion industry developed first in Europe, today it is an international and highly globalized industry. <기출>

[07-10] 다음 밑줄 친 부분이 어법상 옳으면 ○, 틀리면 ✕로 표시하고 바르게 고치시오. [각 4점]

07 <u>Although</u> the poems in the collection come from diverse cultural backgrounds, they all speak to the common experiences of humanity.

08 The lightning that we see <u>while</u> a storm is caused by electrical charges between clouds and the earth. <기출>

09 Markets are rarely left entirely free <u>although</u> the widespread acceptance of the free-market system. <기출>   *free-market system: 자유 시장 체제

10 <u>Because of</u> the amount of garbage floating in the ocean has reached unimaginable levels, it seems hard to find a practical way to clean it up entirely.

Main Stage 2 영작 서술형 I

정답 및 해설 p. 63

부사절이 포함된 문장은 보통 <부사절+주절>의 순서로 해석되므로, 두 개의 절을 잘 구분해서 영작하면 된다.
단, 부사절 해석이 주절의 주어와 동사 해석 사이에 들어가기도 하므로, 이때 우리말에서 부사절과 주절 부분을 잘 구분해야 한다.

부사절 접속사를 활용한 문장을 영작해 본다. 다음 문제를 보자.

> **다음 우리말과 일치하도록 괄호 안의 어구를 올바른 순서로 배열하시오.**
>
> 아이들은 부모가 그들의 자기표현을 장려할 때 모든 종류의 감정을 표출할 수 있다.
>
> (all sorts of / encourage / as / can let out / parents / emotions / children / their self-expression)
>
> → _____

STEP 1 주어진 우리말에서 주절과 종속절을 확인한다.

아이들은 / 부모가 그들의 자기표현을 장려할 때 / 모든 종류의 감정을 표출할 수 있다.

부사절(종속절)
주절

STEP 2 우리말에 맞는 부사절 접속사로 시작하는 종속절을 영작한다.

부모가 그들의 자기표현을 장려할 때 → as parents encourage their self-expression

STEP 3 주절을 영작하고, 종속절을 주절의 앞 또는 뒤에 쓴다. 종속절을 앞에 쓸 때는 콤마(,)를 붙인다.

→ Children can let out all sorts of emotions (as) parents encourage their self-expression.

[(As) parents encourage their self-expression, children can let out all sorts of emotions.]

❖ 다음 우리말과 일치하도록 괄호 안의 어구를 올바른 순서로 배열하시오.

❶ 자기 성찰은 성장을 촉진하므로, 우리는 목표와 진행을 정기적으로 평가해야 한다.
   (we / growth / promotes / since / regularly assess / self-reflection / must)

   → _____, _____
   our goals and progress.

❷ 우리의 지식은 우리가 실수와 경험을 통해 그것을 어떻게 적용할지 배우고 나서야 정말로 쓸모가 있게 된다.
   (not / we / become / until / does / our knowledge / learn / genuinely useful)

   → _____ how to apply
   it through our mistakes and experiences.

❸ 저희의 특별 패키지 상품을 예약하시면 합리적인 가격에 모든 것을 즐기시게 될 것입니다.
   (enjoy / you / if / will / book / you / everything / our special package)

   → _____, _____ at a reasonable price.

<기출>

Main Stage 3 영작 서술형 II

주어진 어구에 so와 that이 나오고 우리말 해석이 아래와 같으면 잘 구별하여 올바른 어순으로 써야 한다.

1 **so+형용사[부사]+that S′+V′ ~**: 아주[너무] ~해서   ~하다
　　　　　　　　└ 원인, 이유: so ~　　└ 결과: that ~

2 **so that S′+V′ ~**: i) 그래서, ~하여 《결과》   ii) ~하기 위해서, ~하도록 《목적》

- -

so와 that을 활용한 문장을 영작해 본다. 다음 문제를 보자.

> **다음 우리말과 일치하도록 괄호 안의 어구를 올바른 순서로 배열하시오.**
>
> 그의 웃음은 아주 전염성이 심해서 모든 사람이 그와 같이 웃을 수밖에 없었다.
>
> (so / laugh along / contagious / with him / everyone / that / couldn't help / was / but)
>
> → His laughter ＿＿＿＿＿＿＿＿＿＿＿＿＿＿＿＿＿＿＿＿＿＿＿＿＿. <기출>

STEP 1　**우리말에서 이유와 결과를 찾아 각 부분을 영작한다.**

그의 웃음은 아주 전염성이 심해서　　　/　　　모든 사람이 그와 같이 웃을 수밖에 없었다.
└ 이유 (너무 ~해서)　　　　　　　　　　　　└ 결과 (~하다)

→ His laughter was so contagious　　　　→ everyone couldn't help but laugh along with him

STEP 2　**둘 사이에 that을 써서 문장을 완성한다.**

→ His laughter was so contagious (that) everyone couldn't help but laugh along with him.

❖ 다음 우리말과 일치하도록 괄호 안의 어구를 올바른 순서로 배열하시오.

❶ 격렬한 훈련 때문에, Tony는 너무 지쳐서 팔을 거의 들 수 없었다.

(that / exhausted / could barely / was / his arms / so / lift / he)

→ Due to the intense training, Tony ＿＿＿＿＿＿＿＿＿＿＿＿＿＿＿＿＿＿＿＿

＿＿＿＿＿＿＿＿＿＿＿＿＿＿＿＿＿.

❷ 흙, 물, 그리고 공기 중의 몇몇 박테리아는 우리가 지구에서 숨 쉬고 살 수 있도록 산소를 만든다.

(so / can / live / breathe / oxygen / we / produce / that / and)

→ Some bacteria in soil, water, and air ＿＿＿＿＿＿＿＿＿＿＿＿＿＿＿＿＿

＿＿＿＿＿＿＿＿＿＿＿＿＿＿＿ on Earth. <기출>

❸ 때때로 신체 언어는 너무 미묘해서 객관적으로 해석하기 어려울 수 있다.

(that / can be / to / subtle / so / interpret objectively / difficult / is / it)

→ Sometimes body language ＿＿＿＿＿＿＿＿＿＿＿＿＿＿＿＿＿＿＿＿＿

＿＿＿＿＿＿＿＿＿＿＿＿＿＿＿.

Exercise

[01-04] 다음 우리말과 일치하도록 괄호 안의 어구를 활용하여 영작하시오. (단, [ ] 안에 주어진 어구 중 하나만 사용할 것, 필요하면 단어 변형 가능) [각 5점]

01   과학자들은 실험이 진행되고 있는 동안 결과들을 관찰하고 기록했다.

(the results / being conducted / [**while / during**] / was / observed and recorded / the experiment)

→ The scientists _____

_____.

02   그녀는 너무 심하게 넘어져서 발목을 삐어 쉬어야만 했다.

(that / sprained / had fallen / severe / her ankle / [**so / now**] / she)

→ She _____ and had to rest. <기출>

*sprain: 삐다

03   주문하신 책상이 도착하자마자, 저희가 전화 드려서 편리한 배송 시간을 정할 것입니다.

(will / the desk / arrive / arrange / we / you ordered / call / and / you / [**as long as / as soon as**])

→ _____, _____

_____ a convenient delivery time. <기출>

04   나는 어떤 방해도 받지 않고 평화로운 저녁을 보낼 수 있도록 휴대전화를 음소거했다.

(could / [**so / now**] / muted / I / a peaceful evening / my phone / that / have)

→ I _____ without

any interruptions.

05   다음 글의 내용을 한 문장으로 요약하고자 한다. <보기>의 어구를 올바른 순서로 배열하여 요약문을 완성하시오. [10점]

> Public speaking is audience-centered because speakers should "listen" to their audiences during speeches. They have to monitor audience feedback, including the verbal and nonverbal signals. Audience feedback often indicates whether listeners understand, have interest in, and are ready to accept the speaker's ideas. This feedback helps the speakers know when to slow down or to explain something in more detail. It also aids them in creating a respectful connection with the audience. <기출>

<보기>   so / ignored / it / audience feedback / be / that / important / is / cannot

[요약문] In public speaking, _____.

Plus Stage 출제 범위에서 예상 문장 골라내기

부사절 문제의 핵심은 앞뒤 절의 논리 관계를 파악하고 그에 맞는 접속사를 쓰는 것이다.

그러므로 논리 관계가 분명한 문장이 선호된다. 대표적으로, 대조, 원인, 결과, 목적 등을 의미하는 부사절이 포함된 문장은 주목해서 알아둘 필요가 있다.

- 대조: while, whereas
- 원인/이유: so ~ that, because, since, as, now that
- 결과: so ~ that, so that
- 목적: so that, in order that

논리 관계1 대조

접속사마다 의미가 약간 다르지만, 앞뒤 절이 서로 반대 의미인 것으로 이해해도 큰 문제가 없다.

[1]The first quarter of the year saw a significant <u>increase</u> in sales, **whereas** the second quarter experienced a slight <u>decline</u>.

논리 관계2 원인/결과 (인과관계)

1 앞서 일어난 일이 원인이다. 무엇이 원인이고 결과인지 모를 때는 시간 관계를 따지면 된다.

   e.g. <u>간밤에 잠이 자꾸 깨서</u> <u>오늘 하루 종일 피곤하다.</u>
            원인   →   결과

2 원인은 결과에 영향을 미치는 일이므로, 둘은 서로 관련된 일이어야 한다.

예를 들어 '간밤에 잠이 자꾸 깼다. 아침을 맛있게 먹었다.'란 두 문장을 보자. 잠이 깬 것이 아침 식사보다 앞선 일이라고 해도, 서로 인과관계가 있다고 볼 수 없다.

논리 관계3 목적

이때 '목적'은 '행동의 이유, 또는 이루려는 결과'를 의미한다.

   e.g. <u>시험에 합격하려고</u> <u>열심히 공부했다.</u>
            목적   →   행동

◆ Try by Yourself!

[문제유형 1] 어법 문제

앞뒤 절의 논리 관계를 살펴서 문맥과 어법상 올바른 접속사를 판단해야 한다.

01 **다음 빈칸에 문맥상 알맞은 접속사를 <보기>에서 골라 쓰시오.**

> <보기>　if　　　　　because　　　　　so that　　　　　whereas

She practiced the piano every day _____ she could play the difficult piece perfectly at the recital.

빈칸 문제를 풀려면 빈칸 문장의 확실한 이해 없이는 불가능하다. 빈칸 전후에 논리 관계를 나타내는 접속사가 포함된 경우, 접속사의 의미에 유의하여 빈칸 내용을 추론한다.

02 다음 빈칸에 들어갈 말로 알맞은 것을 고르시오.

> Many companies _____ to their employees **now that** technology has made it easier to stay connected and work efficiently from home.

① are assigning various kinds of tasks
② are providing additional vacation time
③ are offering remote work options
④ are increasing salaries and benefits
⑤ are enforcing stricter attendance policies

지문에 대한 요약문을 완성해야 하는 문제를 풀려면 제시된 지문의 핵심 내용을 파악하는 것이 우선이지만, 요약문을 올바르게 완성하기 위해서는 요약문에 쓰인 접속사에 대한 이해도 중요하다.

03 아래 요약문의 빈칸에 들어갈 적절한 것을 네모 안에서 고르시오.

> [요약문] Reading books can be a ⎡social / solitary⎤ activity, **while** joining a book club provides opportunities for social interaction.

고난도 내신 유형 중 하나로, <조건>에 접속사 추가 사용이 제시되는 영작 문제가 있다. 주어진 어구와 일부 문장으로 내용을 유추하여 알맞은 접속사와 함께 영작해야 한다.

04 다음 문장을 아래 제시된 <조건>에 맞게 영작하시오.

> **<조건>** 1. <보기>의 어구를 모두 한 번씩 사용할 것
> 2. 밑줄 친 단어의 품사를 변형할 것
> 3. 접속사를 반드시 추가할 것
> 4. 주어진 단어를 포함하여 16단어 이내의 완성된 문장으로 영작할 것
> **<보기>** prevention / online communication / can / crimes / our / we

→ We should secure _____
_____ on social media.

Point 16 가정법

우리는 자주, '지금 (시간이 없지만) 시간이 있다면 ~, 어제 (늦게 잤지만) 일찍 잤더라면 ~' 등과 같이 **사실과 반대되거나 사실이 아닌 일**을 가정, 상상한다. 이를 영어에서는 **하나 앞선 시제**를 이용하여 표현하고 '**가정법**'이라 한다.

Zero Stage

정답 및 해설 p. 65

1 직설법과 가정법의 시제

	직설법 (사실) (◀p. 127 Point 15)	가정법 (가정, 상상, 소망)
의미	• 사실 • 말하는 사람이 사실일 가능성이 높다고 보는 것	• 사실과 반대되거나 사실이 아닌 것 • 말하는 사람이 사실일 가능성이 없거나 희박하다고 보는 것
시제	'현재의 일' → 현재시제 '과거의 일' → 과거시제	'현재·미래의 일' → 과거시제 '과거의 일' → 과거완료
예	[1] I **don't have** time. I **can't help** you. **현재** 시간이 없음 → **현재시제**	[2] If I **had** time, I **would help** you. **현재** 시간이 없음 (반대로 시간이 있는 것으로 가정) → **과거시제**

2 가정법을 주로 이끄는 연결어

1 if: 만약 ~라면

[3] **If** I **won** the lottery, I **would travel** all over the world.

[4] You **could have gotten** a better score on the exam **if** you **had studied** harder.

＊If절은 주절 앞이나 뒤에 모두 올 수 있다.

2 as if / as though: 마치 ~인 것처럼

[5] You **may appear** foolish when you act **as if** you **had** knowledge that you do not. <기출>

3 without = but for: ~가 없다면, ~가 없었다면

[6] **Without** her assistance, I **would have struggled** to understand the material.

우리말과 다를수록 문법의 이해와 적용이 어려워지는데, 가정법도 그런 문법 중의 하나이다. 이를 극복하기 위해 직설법을 가정법으로 전환하는 연습을 되도록 많이 해봐야 한다. 직설법이 우리말을 그대로 표현한 것이므로, 이를 가정법으로 전환하다 보면 자연스럽게 가정법 시제를 이해하고 받아들이기 쉽다. 그러므로 우선 문장전환부터 학습해 보자.

Main Stage 1 문장전환 서술형

사실과 반대되는 일을 가정, 상상하는 가정법일 때 직설법과의 전환 문제가 출제된다.

Check 1 **if 가정법의 시제는 직설법보다 한 단계 이전이고 내용은 반대임에 주의한다.**

시제를 바꾸고, not을 빼거나 적절한 위치에 넣어 반대로 표현한다.

[직설법] [1] As[Because] I **wasn't** tired, I **joined** the party. (= I wasn't tired, so I joined the party.)

[가정법] If I **had been** tired, I **wouldn't have joined** the party. (would 대신 could, might도 가능)
= **Had** I **been** tired, ~.
└─ if절 동사가 had 또는 were일 때, if를 생략하고 주어와 동사를 도치시켜 표현하기도 한다.

❖ 다음 주어진 문장을 가정법 문장으로 바꿔 쓰시오.

❶ Because she read the original book, she could understand the movie well.

→ If she _____ the original book, she _____ the movie well.

❷ The earth is not flat, so we are not vulnerable to the rays of the sun.

→ If the earth _____ flat, we _____ vulnerable to the rays of the sun.

❸ As I missed the chance to apologize to my friend, I couldn't restore the trust.

→ If I _____ the chance to apologize to my friend, I _____ the trust.

Check 2 **if절과 주절은 서로 나타내는 때가 다를 수 있으며, 따라서 시제도 다를 수 있다.**

if절과 주절의 시제가 서로 다른 가정법을 '혼합가정법'이라 한다. 대부분 시간을 나타내는 부사를 통해 시제 판단이 가능하다.

[직설법] [2] As I **spent** all the money, I **cannot buy** a better gift for my mother **now**.

[가정법] If I **had not spent** all the money, I **could buy** a better gift for my mother **now**.

❖ 다음 주어진 문장을 가정법 문장으로 바꿔 쓰시오.

❹ Because the microchip was invented, computers today aren't as big as a room.

→ If the microchip _____ , computers today _____

_____ as big as a room.

❺ As he didn't use sunscreen at the beach, he has a severe sunburn now.

→ If he _____ at the beach, he _____

_____ a severe sunburn now.

주절의 동사 시제에 따라 if절의 시제를 판단하면 된다. if절은 if를 생략하고 도치가 자주 일어난다.

<가정법 과거> (지금) ~가 없다면 …할 텐데	<가정법 과거완료> (과거에) ~가 없었다면 …했을 텐데
Without[But for] 명사, S + **조동사 과거형+동사원형** ~. = If *it* **were not** for 명사, ~ ⤫ 도치 = **Were** *it* **not** for 명사, ~	Without[But for] 명사, S + **조동사 과거형+have p.p.** ~. = If *it* **had not been** for 명사, ~ ⤫ 도치 = **Had** *it* **not been** for 명사, ~

❖ 다음 문장의 의미가 일치하도록 빈칸을 완성하시오. (단, 빈칸당 한 단어만 쓸 것)

❻ Without messenger apps, we might struggle to stay in touch with overseas friends.

→ If _____ _____ _____ _____ messenger apps, ~.

→ _____ _____ _____ _____ messenger apps, ~.

❼ But for the detailed instructions, I could not have assembled my new bookshelf.

→ If _____ _____ _____ _____ _____ the detailed instructions, ~.

→ _____ _____ _____ _____ _____ the detailed instructions, ~.

Exercise

점수 | 30점

[01-03] 다음 주어진 문장과 같은 의미가 되도록 문장을 완성하시오. [각 10점]

01 Because the fire alarm sounded, the people could escape the building.

→ If _____ , _____ .

02 Without Columbus' voyage, the discovery of America might have been significantly delayed.

→ _____ , the discovery of America might have been significantly delayed.

03 The city didn't approve the bill to add new bus lines five years ago, so the average commute time is over an hour now.

→ If _____ to add new bus lines five years ago, _____ _____ now.

Main Stage 2 어법 서술형

Check 1 나머지 절의 시제를 먼저 살피고 문맥을 검증한다.

대부분의 가정법 문장은 두 절이 모두 같은 때를 가정하므로, 우선 다른 절의 시제와 맞추고 문맥이 자연스러운지 확인하면 된다. 간혹, 혼합가정법이 출제되기도 하므로 반드시 문맥을 검증해야 한다.

가정법 과거	If S′+ 과거시제/were ~, S+ 조동사의 과거형(would, could, might)+동사원형 ….
	if절(종속절): 만약 ~라면 주절: …할 텐데
가정법 과거완료	If S′+ had p.p. ~, S+ 조동사의 과거형(would, could, might)+have p.p. ….
	If절(종속절): 만약 (그때) ~했다면 주절: …했을 텐데 (안 했다)
혼합가정법	If S′+ had p.p. ~, S+ 조동사의 과거형(would, could, might)+동사원형 ….
	if절(종속절): 만약 (그때) ~했다면 주절: (지금) …할 텐데

❖ 다음 밑줄 친 부분이 어법상 옳으면 ○, 틀리면 ✕로 표시하고 바르게 고치시오.

① The aircraft would <u>have crashed</u> if both engines had stopped working.

② If I <u>had been</u> a billionaire, I could purchase a ticket to space.

③ Had they saved and invested their money wisely, they would <u>have had</u> a comfortable retirement now.

Check 2 문장 전체를 판단해야 할 때는 문맥상 언제의 일인지를 정확히 판단한다.

문맥상 '현재·미래의 일'을 가정하는 것인지 '과거의 일'을 가정하는 것인지를 판단해서 적절한 가정법 시제로 표현해야 한다.

❖ 다음 괄호 안의 단어를 문맥상 알맞은 형태로 바꿔 쓰시오.

④ Beethoven only left some sketches and fragments of his 10th Symphony. If he (complete) _____ it, it could have been a masterpiece on the same level of his previous works.

⑤ The turning point in my life was when I decided to take a trip to Europe. My life would be entirely different now if I (not, take) _____ that plane.

⑥ Hippos are herbivorous animals and their meat is known to taste similar to beef, yet they are considered one of the deadliest large mammals on the planet. If they (not, be) _____ so aggressive, people might try to domesticate them for food.

*herbivorous animal: 초식 동물

<as if[though] 가정법> 문장에서 가정법이 나타내는 때에 주의한다.

주절은 사실을 그대로 말하는 직설법이고, as if절은 직설법 또는 가정법을 쓴다.

as if 가정법의 형태는 주절의 때와 관련이 있다.

1 as if+가정법 과거: 직설법 주절의 때와 같은 때를 의미한다.

S+**현재시제** + as if+*과거*
주절(직설법)　부사절(*가정법 과거*)
└ 마치 ~**인 것처럼 (현재)**

S+**과거시제** + as if+*과거*
주절(직설법)　부사절(*가정법 과거*)
└ 마치 ~**였던 것처럼 (과거)**

2 as if+가정법 과거완료: 직설법 주절의 때보다 이전의 일을 의미한다.

S+**현재시제** + as if+*과거완료*
주절(직설법)　부사절(*가정법 과거완료*)
└ 마치 ~**였던 것처럼 (과거)**

S+**과거시제** + as if+*과거완료*
주절(직설법)　부사절(*가정법 과거완료*)
└ 마치 ~**였었던 것처럼 (대과거)**

❖ 다음 밑줄 친 부분이 어법상 옳으면 ○, 틀리면 ✕로 표시하고 바르게 고치시오.

7 "The Trophy for Student of the Year is awarded to Miss Zoe Perry," the principal declared. Zoe felt as if she <u>were</u> in heaven. <기출>

8 Five months after the strong hurricane, the town is now back to its normal pace as if nothing <u>happened</u>.

9 The dog behaved as if it <u>had been trained</u> by a professional, following every command effortlessly.

Exercise

점수 |　　20점

[01-04] 다음 밑줄 친 부분이 어법상 옳으면 ○, 틀리면 ✕로 표시하고 바르게 고치시오. [각 5점]

01 James is now fully recovered from an accident during a high-speed bike race. Without his helmet, he would <u>suffer</u> serious head injuries.

02 I used to feel that I knew her as if she <u>were</u> my own sister, but now I feel a distance growing between us.

03 Whenever he puts skis on his feet, he feels as if he <u>had had</u> wings to fly over the snow.

04 If historical preservation efforts had been a higher priority in the past, many of today's cultural heritage sites could <u>have been</u> in a much better condition.

Main Stage 3 영작 서술형

if절과 주절을 구분하고, 우리말 해석이나 문맥에 알맞은 시제를 사용해야 한다.

주어진 어구에 if가 없고 단어 추가가 불가능하면 아래와 같이 해결한다.

1 if절을 대신하는 표현을 찾아 사용한다.

2 if가 생략된 도치구문으로 표현한다.

우리말 해석에 따른 가정법 시제에 주의하여 문장을 영작해 본다. 다음 문제를 보자.

> **다음 우리말과 일치하도록 괄호 안의 어구를 모두 한 번씩만 활용하여 영작하시오.** (필요하면 단어 변형 가능)
>
> 만약 그가 차 내비게이터에 더 세심한 주의를 기울였다면, 우리는 길을 잃는 걸 피할 수 있었을 텐데.
>
> (avoid / pay / we / to / he / the car navigator / closer attention / could / get lost)
>
> → If _____, _____. <기출>

STEP 1 **주어진 우리말에서 if절과 주절을 구분하고, 시제를 파악한다.**

가정법 과거는 우리말 현재(~한다면 …할 텐데)로 제시된다.

가정법 과거완료는 우리말 과거(~했더라면 …했을 텐데)나 대과거(~했었다면 …했었을 텐데)로 제시된다.

만약 그가 차 내비게이터에 더 세심한 주의를 **기울였다면**, / 우리는 길을 잃는 걸 **피할 수 있었을 텐데.**

└── 우리말 과거, 대과거 → 가정법 과거완료 ──┘

STEP 2 **가정법 문장에 사용할 동사의 형태로 변형한다.**

만약 그가 차 내비게이터에 더 세심한 주의를 **기울였다면**, / 우리는 길을 잃는 걸 **피할 수 있었을 텐데.**

If절 (동사의 형태: had p.p.) 　　　　　　　　주절 (동사의 형태: 조동사의 과거형 + have p.p.)

→ had paid 　　　　　　　　　　　　　　→ could have avoided

STEP 3 **올바른 순서로 배열한다.**

→ If he had paid closer attention to the car navigator, we could have avoided getting lost.

Exercise

점수 | 30점

[01-04] 다음 우리말과 일치하도록 <조건>에 맞게 영작하시오. [각 5점]

> <조건>　1. 괄호 안의 어구를 모두 한 번씩만 사용할 것
>
> 　　　　2. 필요하면 밑줄 친 단어 변형 가능
>
> 　　　　3. 필요하면 if가 생략된 도치 문장으로 영작할 것

01 만약 우리가 부산이 이렇게 아름다운 줄 알았더라면, 더 오래 머물 계획을 세웠을 텐데.

(we / Busan / will / know / this beautiful / plan / was / we)

→ _____ , _____

_____ to stay longer.

02 그녀의 따뜻한 성품은 모두를 마치 그들이 고향에 있는 것처럼 편안하게 했다.

(be / make / comfortable / they / feel / as if / in their hometown / everyone)

→ Her warm personality _____

_____ .

03 만약 네가 내게 그 레스토랑의 드레스 코드에 대해 말해줬더라면 나는 청바지를 입지 않았을 텐데.

(jeans / wear / me / tell / will / about the dress code / you / of the restaurant / not / if)

→ I _____

_____ .

04 우리의 열정이 없었다면 우리의 성공은 이루어지지 않았을 것이다. (our passion / for / not / it / be)

→ Our success would not have been achieved _____ .

<기출>

05 **다음 글의 빈칸에 들어갈 가장 적절한 말을 <조건>에 맞게 완성하시오.** [10점]

> Only a generation or two ago, mentioning the word *algorithms* would have drawn a blank from most people. Today, algorithms appear in every part of our life. They're not just in your cell phone or your laptop but also in your car, your house, and your appliances. Algorithms run factories, trade goods, keep records, and schedule flights. If every algorithm suddenly _____ as we know it. <기출>

<조건> 1. <보기>의 어구를 모두 한 번씩만 사용할 것

2. 필요하면 밑줄 친 단어 변형 가능

3. 콤마(,)를 한 번 사용할 것

<보기> the end / be / stop / it / work / will / of the world

[정답] _____

Plus Stage 출제 범위에서 예상 문장 골라내기

정답 및 해설 p. 68

가정법 출제에 대비하기 위해서는 우선 가정법 문장인지부터 확인하고, 가정법이면 문맥에 알맞은 시제를 알아두어야 한다.

주의 1 if절이 언제나 가정법인 것은 아니다.

주절의 조동사가 현재형이라면 직설법이다. 가정법은 조동사 과거형을 사용한다는 것을 기억하자.

If I have time during my lunch break, I **will call** you. 점심때 시간이 나면, 네게 전화할게. 《직설법》

(말하는 사람이 생각할 때, 시간이 있을 가능성이 높은 경우)

If I had time during my work, I **would call** you. 일할 때 시간이 나면, 네게 전화할 텐데. 《가정법》

(말하는 사람이 생각할 때, 시간이 없거나 시간이 있을 가능성이 희박한 경우)

주의 2 문맥에 따른 시제를 확인한다.

문맥상 현재 또는 과거 사실이 아닌 것을 말하고 있는지 확인한다. 가정법은 현재나 과거 사실에 대한 안타까움, 후회, 불만 등을 표현하는 것이므로 이를 문맥에서 확인해 두면 더 쉽게 기억할 수 있을 것이다.

시험에는 가정법 과거보다 과거완료가 더 많이 출제되므로 주의해서 알아두는 것이 좋다. 특히, 지문의 나머지 문장은 현재시제인데, 과거를 가정·상상하여 쓴 가정법 과거완료 문장이 이어지면 출제 가능성이 더 커진다.

[1]Housing affordability **is** a growing concern in many regions around the world. Many people **are struggling** to secure adequate and affordable housing. Experts **believe** that the situation could have been prevented from reaching such alarming levels if governments had adopted more progressive measures earlier.

↠ Try by Yourself!

다음 문장 ①~③ 중 가정법이 쓰인 문장 2개를 찾아 번호를 쓰고 직설법으로 고치시오.

> ① If we treat others as well as we want to be treated, we will be treated well in return. <기출>
> ② If the window had not been left open all night, I wouldn't have gotten so many mosquito bites.
> ③ If he hadn't bought a new car last year, he might not be in financial trouble now.

(1) 가정법: _____

   → 직설법: As _____ , _____ .

(2) 가정법: _____

   → 직설법: As _____ , _____ .

[01-07] 다음 밑줄 친 부분이 어법상 옳으면 ○, 틀리면 ✕로 표시하고 바르게 고치시오. [각 4점]

01 Before beginning our project, we determined <u>what the best strategy would be</u> to achieve our goal.

02 When I talk with other people, I try to avoid telling unkind stories or <u>to be</u> too insensitive about certain subjects. <기출>

03 Engraving has long been replaced by photography in its commercial applications and <u>is</u> now much less common in printmaking. <기출>

*engraving: 판화술; 판화

04 This article about climate change and its impact on human beings tells you <u>why is reducing greenhouse gas emissions</u> necessary.

05 The traditional architecture and narrow streets of the Medina of Fez in Morocco make visitors feel as if they <u>were</u> in the medieval era.

06 It is not recommended to rely on giving information orally <u>because</u> all the mistakes that occur, including the omission of important details. <기출>

07 John Ray, the English naturalist, explained why birds reproduce by laying eggs. According to his theory, if their young <u>had developed</u> in an internal womb, pregnant birds would be too heavy to fly. <기출>

08 다음 (A), (B)의 괄호 안에 주어진 단어를 어법상 알맞은 형태로 바꿔 쓰시오. [각 5점]

> Children's play serves as a training ground for developing physical abilities and also (A) (allow) _____ children to learn social behaviors and (B) (acquire) _____ values that will be important in adulthood. <기출>

[정답] (A) _____   (B) _____

다음 우리말과 일치하도록 괄호 안의 어구를 올바른 순서로 배열하시오. [각 6점]

09 그녀가 오늘 아침에 늦잠을 자지 않았더라면, 그녀는 지금 직장으로 가는 지하철일 텐데.

(heading to / be / not / her work / would / overslept / on the subway / had / this morning)

→ If she _____, she _____

_____ now.

10 대화 중에, 특히 다른 사람이 말하고 있을 때 스마트폰을 사용하는 것은 무례한 행동으로 여겨진다.

(while / speaking / a conversation / someone else / during / is)

→ Using smartphones _____, especially _____

_____, is considered rude behavior.

11 당신의 성이 어디서 유래하는지 그리고 그것이 무엇을 의미하는지를 알려주는 많은 웹사이트가 있다.

(what / you / originates / it / teach / where / means / and / your surname)

→ There are many websites which _____

_____.

*surname: 성(姓)

12 규칙적인 운동은 나의 신체 건강을 향상시켜 왔을 뿐만 아니라 스트레스를 줄여 나의 정신 건강에도 긍정적으로 영향을 끼쳐 왔다.

(only / influenced / my physical health / also / not / my mental health / improved / but)

→ Regular exercise has _____

_____ in a positive way by reducing stress.

13 다음 글의 요지를 한 문장으로 표현하고자 한다. <조건>에 맞게 요지를 완성하시오. [10점]

> Most people believe that to have a successful business blog promoting a product, they have to stay strictly "on topic." If all you're doing is shamelessly promoting your product, however, then who is going to want to read the latest thing you're writing about? Instead, give some useful or entertaining information. By doing this, you can create an interested audience that you will then be able to sell to. <기출>

<조건> 1. <보기>의 어구를 모두 한 번씩만 사용할 것

2. 단어 변형 불가

<보기> and / you / readers / promote / interesting / that / your product / so / content / can gain

[요지] You need to write _____

_____ successfully.

14 다음 글을 읽고, <보기>의 어구를 모두 한 번씩만 활용하여 물음에 답하시오. (필요하면 밑줄 친 단어 변형 가능) [빈칸당 6점]

Imagine *Superman* without Kryptonite or the tale of *Little Red Riding Hood* without a scary wolf: Superman would not have had a worry in the world, and Little Red Riding Hood would have visited her grandmother and then gone home. No conflict, no story. But why is this the case? The answer lies in human nature. As humans, we instinctively look for balance and harmony in our lives. So, as soon as harmony is disrupted, we do whatever we can to restore it. When faced with a problem, we instinctively seek to find a solution. Conflict forces us to act. Thus, a story is set in motion by a change that disturbs this sense of harmony. <기출>

<보기> (A) for / will / compelling / be / not / it / conflict / be / not
　　　　(B) harmony / so / to restore / that / is / humans' instinct / strong

Q: What would happen if there were no conflict in stories and why?
A: (A) _____ , stories _____

_____ enough to grab people's attention. That's because (B) _____

_____ we are driven to

engage with stories that involve conflict and resolution.

15 다음 글의 (A)에 주어진 어구를 모두 한 번씩만 활용하여 글의 흐름에 맞게 문장을 완성하시오. (필요하면 단어 변형 가능)
[10점]

The continued survival of the human race can be explained by our ability to adapt to our environment. While we may have lost some of our ancient ancestors' survival skills, we have learned new skills as they have become necessary. Today, the gap between the skills we once had and the skills we now have grows ever wider as we rely more heavily on modern technology. Therefore, when you head off into a wild area, it is important to fully prepare for the environment. Before a trip, research how the local inhabitants dress, work, and eat. How they have adapted to their way of life helps you to understand the environment and (A) (learn / allow / the correct skills / you). This is crucial because most survival situations arise as a result of a series of events that could have been avoided. <기출>

[정답] _____

UNIT
05

관계대명사·관계부사

명사 역할을 하는 명사절, 부사 역할을 하는 부사절과 달리
관계사절은 형용사 역할을 할 수 있다.

Point 17 관계대명사

관계대명사는 접속사와 대명사의 역할을 동시에 하는 것이다.

정답 및 해설 p. 71

Zero Stage

1 관계대명사절과 선행사

앞에 콤마(,)가 없는 관계대명사절은 명사를 뒤에서 수식, 한정한다.

마치 분사구가 명사를 뒤에서 수식하는 것과 같지만, 주어와 동사가 모두 있으므로 관계대명사'절'이라 한다.

^{1} the person **remaining** silent ^{1} the person **who**$^{S'}$ **remains**$^{V'}$ silent

━━━━━━━━ 현재분사구   관계대명사절

선행사란 관계대명사절에 의해 수식, 한정 받는 명사(위 예문에서는 the person)이다.

선행사가 사람일 때는 관계대명사 who 또는 that, 사람 이외일 때는 which 또는 that을 쓴다.

^{2} She picked *the clothes* **which/that** reflected her personality and style.

＊관계대명사는 다른 대명사들과 달리 복수형이 따로 없다.

2 관계대명사 = 접속사 + 대명사

관계대명사는 절을 이끄는 '접속사'이면서, 관계대명사절의 주어(S′)나 목적어(O′)인 '대명사'이다.

^{3} She was *the person* **who**$^{S'}$ inspired me to pursue my dreams. 《주어》

← **She** inspired me ~.

^{4} *The book* **that**$^{O'}$ I read last night was very interesting. 《목적어》

← I read **it** last night. (관계대명사는 접속사 역할도 하므로 절 앞으로 나간 것이다.)

<whose(소유격)+명사>의 형태로 관계대명사절의 주어나 목적어가 되기도 한다.

^{5} *The man* **whose** car$^{S'}$ broke down on the highway needs assistance. 《주어》

← **His** car broke down ~.

^{6} I apologized to *the woman* **whose** coffee$^{O'}$ I accidentally spilled. 《목적어》

← I accidentally spilled **her** coffee.

※ 위 내용을 모두 표로 정리하면 아래와 같다.

선행사	주격 관계대명사	목적격 관계대명사	소유격 관계대명사
사람	who/that	who(m)/that	whose
사람 이외 (동물, 사물 등)	which/that	which/that	

Main Stage 1 어법 서술형

Check 1 관계대명사절의 구조가 어법상 적절한지 판단한다.

1 관계대명사는 생략하지 못한다. 단, 목적격 관계대명사는 생략 가능하다.

[1]We bought a house **that** had a pretty backyard. 《주격: 생략 불가능》

[2]The movie (**that**) I saw last night wasn't very good. 《목적격: 생략 가능》

2 관계대명사는 접속사나 대명사와 중복해서 쓰지 못한다.

[1]We bought a house **and(→삭제)** that had a pretty backyard.

> **틀린 이유** 관계대명사 that이 접속사의 역할을 하므로 중복되는 접속사 and는 삭제해야 한다.

[1]We bought a house that **it(→삭제)** had a pretty backyard.

> **틀린 이유** 관계대명사 that이 대명사의 역할을 하므로 중복되는 대명사 it은 삭제해야 한다.

❖ 다음 문장의 네모 안에서 어법상 알맞은 것을 고르시오.

❶ Pass me the newspaper you were just holding it / holding .

❷ The building that / it was built 200 years ago still looks fascinating.

❸ Mr. Brown is a data scientist and who / who has expertise in data visualization.

❹ Alice was the person who amazed / amazed everyone with her incredible artistic talent.

❺ The earrings I borrowed them / borrowed from you matched perfectly with my dress.

Check 2 선행사에 알맞은 관계대명사인지 판단하고 수일치에도 주의한다.

관계대명사절과 선행사 사이에 수식어구가 올 수 있으므로 수일치할 선행사는 문맥으로 찾는다.

선행사는 관계대명사 자리에 넣어 해석했을 때 의미가 자연스러워야 한다.

[3]There are some people in *the library* **who/that** are quietly studying. 《which (✕)》

주격 관계대명사는 동사의 수를 보고 선행사를 알 수도 있다.

[4]*People* in the library **which/that** is located downtown are immersed in their reading.

(People is ~ (✕), The library is ~ (○))   《who (✕)》

❖ 다음 문장의 네모 안에는 어법상 알맞은 관계대명사를 쓰고, 빈칸에는 주어진 단어의 알맞은 형태를 쓰시오. (단, 현재시제로 쓸 것)

❻ There are many stars in the universe [＿＿＿＿＿] (be) ＿＿＿＿＿ thousands of times hotter than the sun. <기출>

❼ The primary issue of students [＿＿＿＿＿] (study, not) ＿＿＿＿＿ is that they can't find a subject that (interest) ＿＿＿＿＿ them.

Exercise

[01-04] 다음 밑줄 친 부분이 어법상 옳으면 ◯, 틀리면 ✕로 표시하고 바르게 고치시오. [각 4점]

01   Old ideas are replaced when scientists find new information <u>they</u> cannot explain. <기출>

02   To avoid risk from the uncertainty of a new problem, you can ask for help from people who <u>has</u> dealt with it before. <기출>

03   Recent studies suggest that teens <u>who</u> parents set time or content limits on social media usage are more emotionally stable and do better in school. <기출>

04   A general strategy <u>it</u> is used to make animal characters more emotionally appealing, both to children and adults, is to give them enlarged childlike features. <기출>

05   **다음 글의 밑줄 친 ①~⑤ 중 틀린 부분 2개를 찾아 바르게 고친 후, 틀린 이유를 작성하시오.** [각 7점]

> For humans, being funny is a set of skills ① <u>they</u> can be learned. Exceptionally funny people don't depend upon their memory to keep track of everything they ② <u>find it</u> funny. In the old days, comedians carried notebooks ③ <u>which</u> they used to write down funny thoughts or observations. Today, you can do that easily by recording them on your smartphone. Accepting that fact is a blessing that ④ <u>gives</u> you everything you need to see humor on a daily basis. The only action ⑤ <u>you</u> have to do is document it and then tell someone. <기출>

(1) 틀린 부분: _____ → 바르게 고치기: _____ [3점]

    틀린 이유: _____ [4점]

(2) 틀린 부분: _____ → 바르게 고치기: _____ [3점]

    틀린 이유: _____ [4점]

Main Stage 2 영작 서술형

정답 및 해설 p. 72

명사(선행사) 뒤에 관계대명사절이 오는 것이 원칙이다. <선행사＋관계대명사절>은 하나의 의미 단위로 주어, 목적어, 보어가 된다.

1 [1] *The man*ˢ [**who is known for his exceptional skills**] / is highly respected in his field.
　　　　└──────┘ ~하는 S는

2 [2] We bought / *a house*ᴼ [**(that) we love so much**].
　　　　　　　└──────┘ ~하는 O를

3 [3] This is / *the autobiography*ᶜ [**whose story has captivated the hearts of readers everywhere**].
　　　　　　└──────┘ ~하는 C(이다)

4 [4] I enjoy working / with *the new manager*ᴬ in our department [**who has recently joined our team**].
　　　　　　　　　　　└──────────────┘ ~하는 A와 (전명구를 이루는 명사(A)도
　　　　　　　　　　　　　　　　　　　　　관계대명사절의 선행사가 될 수 있다.)

관계대명사절을 사용하여 영작해 본다. 다음 문제를 보자.

> **다음 우리말과 일치하도록 괄호 안의 어구를 모두 한 번씩만 활용하여 영작하시오.** (필요하면 단어 변형 가능)
>
> 너를 웃게 하는 모든 사건은 너를 행복하게 만들 것이다.
>
> (will make / to / you / that / feel / smile / you / cause / happy)
>
> → Every event ＿＿＿＿＿＿＿＿＿＿＿＿＿＿＿＿＿＿＿＿＿＿＿＿＿＿＿＿＿＿.

STEP 1 주어진 우리말을 의미 단위로 나누고, 수식받는 선행사와 관계대명사절을 찾는다.

너를 웃게 하는 모든 사건은 / 너를 행복하게 만들 것이다.
　　관계대명사절　　선행사

STEP 2 선행사 뒤에 관계대명사절을 영작한다. 이때 선행사의 종류·수와 관계대명사의 격에 주의한다.

선행사와 주격 관계대명사절 내 동사의 수를 일치시킨다.

Every event that causes you to smile
　　　　　　　└ 선행사 Every event는 단수 취급하고, 현재 사실을 말하고 있으므로
　　　　　　　　단수동사 causes로 바꿔 쓴다.

STEP 3 나머지 부분도 영작하여 올바른 순서로 배열한다.

→ Every event that causes you to smile will make you feel happy.

Exercise

[01-04] 다음 우리말과 일치하도록 괄호 안의 어구를 모두 한 번씩만 활용하여 영작하시오. (필요하면 단어 변형 가능) [각 5점]

01 드론은 이전에는 접근하기에 어렵거나 비용이 많이 들었던 장소들로 날아갈 수 있다.

(previously difficult / be / places / to reach / that / or costly)

→ Drones can fly to _____.

<기출>

02 당신이 사랑하는 누군가의 맞춤형 사진집을 만들고, 그들의 잊지 못할 순간들을 담으세요.

(photobook / someone / you / of / a personalized / whom / love)

→ Create _____, and capture

their unforgettable moments.

03 대부분의 여행객은 스케줄에 잦은 지연이 포함된 항공사에 시간을 낭비하고 싶어 하지 않는다.

(schedule / with an airline / contain / time / whose / waste)

→ Most travelers don't want to _____

_____ frequent delays.

04 사람들이 누군가에 대해 하는 가정은 그들이 그 사람에 대해 형성하는 인상에 영향을 미친다.

(form / they / people / the assumption / affect / make / the impressions)

→ _____ towards someone _____

_____ about that person. <기출>

05 다음 글의 내용을 한 문장으로 요약하고자 한다. <보기>의 어구를 올바른 순서로 배열하여 요약문을 완성하시오. [10점]

While technology has doubtless advantages, there is too much free information on the Internet. We lose our way in the sea of information and keep searching again and again for answers on the Internet before making a decision. This makes us information-blinded when trying to make personal, business, or other decisions. To be successful today, we have to keep in mind that in the land of the blind, the one-eyed person can accomplish the seemingly impossible. That person understands the power of keeping any analysis simple and will be a decision maker with his one eye of intuition. <기출>

*intuition: 직관

<보기> trust / decisions / will survive / those who / their intuition / and / can simplify

[요약문] In an era of information abundance, only _____

_____.

Plus Stage 출제 범위에서 예상 문장 골라내기

가장 우선해서 주목할 사항을 정리해 본다.

주의 1 **선행사에 따른 적절한 관계대명사를 반드시 확인한다.**

가장 기본 개념이므로 소홀해서는 안 된다. 원칙에 맞는지 확인하고, 특히 that에 주목한다.

1 사람이 선행사인 경우 that이 쓰이면 어색하게 느끼기 쉽지만 that이 사용될 수 있으므로 주의한다.

2 동물을 친근하게 표현하거나 의인화할 때는 who를 쓸 수 있다.

[1]The dog [**who** eagerly wagged its tail] greeted every visitor with excitement.

3 사람과 사물을 동시에 가리킬 때는 that을 쓴다.

[2]We were able to rescue the girl and her bag [**that** fell into the river].

주의 2 **관계대명사가 대신하는 선행사를 반드시 확인한다.**

대부분 관계대명사 바로 앞의 명사가 선행사이므로 그렇지 않은 문장은 매력적인 출제 대상이다.

[3]Fashion can be a source of *interest and trends* [**which** links us to each other]. <기출>

관계대명사가 선행사를 대신한다는 기본 개념을 물을 수 있고, 선행사에 따른 적절한 관계대명사의 사용과 수일치도 물을 수 있기 때문에 출제 가능성이 크다.

주의 3 **목적격 관계대명사절에 주목한다.**

주격에 비해 구문 난이도가 높고 생략도 많이 되기 때문에 출제가 집중될 수 있다.

관계대명사절에서 동사 뒤에 목적어가 빠져 있는 것을 보는 즉시 알 수 있어야 한다. 그러려면, 절을 분리해서 원래 문장의 목적어 자리에 선행사를 넣어보는 연습을 많이 해보는 것이 좋다.

➡ Try by Yourself!

[01-02] 굵게 표시한 관계대명사가 수식하는 선행사(수식어구 제외, 관사 포함)에 네모 표시하고, 관계대명사절에 밑줄 그으시오.

01 In the movie, various techniques are used to draw the audience's attention to the actor **that** the director wants to be in focus. <기출>

02 You have muscles in your face **which** enable you to move your face into lots of different positions. <기출>

03 주어진 문장을 두 개의 문장으로 나눠 쓰시오.

People who I met through volunteering last year have become my best friends.

→ People have become my best friends. + _____ .

Point 18 콤마(,) + 관계대명사

관계대명사 앞에 콤마(,)가 있으면 쓰임과 의미가 다르므로 주의해야 한다.

Zero Stage

정답 및 해설 p. 74

1 **앞에 콤마가 없는 관계대명사 (한정적[제한적] 용법)**

선행사가 여러 대상이 있음을 암시하고, 그중 어떤 사람[것]을 말하는지 그 의미를 한정해 준다.
관계대명사절이 있어야 어떤 사람[것]인지 알 수 있으므로, 관계대명사절은 선행사 이해에 필수적이다.

¹I saw a man **who** had an incredible talent for playing the guitar.

(내가 본 남자가 둘 이상 있음을 암시한다. 그들 중, who절 내용으로 한정된 남자를 말하는 것이다.)

²She has a son **who** dreams of becoming a professional soccer player one day.

(그녀에게 둘 이상의 아들이 있음을 암시한다. 그들 중, who절 내용으로 한정된 아들을 말하는 것이다.)

2 **앞에 콤마가 있는 관계대명사 (계속적 용법)**

선행사가 이미 한정된 것일 때, 콤마가 있는 관계대명사절은 선행사에 대한 설명을 추가하는 것이다.
관계대명사절이 없어도 어떤 사람[것]인지 분명하므로, 관계대명사절은 선행사 이해에 필수적이지 않다.

³She has a son, **who** dreams of becoming a professional soccer player one day.

≒ She has a son. (And) He dreams of becoming ~.

(그녀에게 아들이 단 하나 있음을 말하는 것이다. who절의 내용은 그 아들에 대한 추가 설명이다.)

세상에 단 하나만 있는 것은 한정할 필요가 없으므로 콤마가 있는 관계대명사절만 가능하다.

⁴The Mississippi River, **which** runs through several states, was a vital transportation route.

(콤마가 없으면 미시시피강이 여럿 있다는 것을 암시하는 것이므로 어색한 표현이 된다.)

＊콤마 뒤의 관계대명사는 원칙적으로 생략할 수 없다. 목적격일 때도 생략하지 못한다.

3 **추가 설명하는 관계대명사절의 의미**

앞에 콤마가 있는 관계대명사절은 문맥에 따라 접속사(and, but, because 등)를 적절히 덧붙여 해석한다.

⁵Bees play a crucial role in *pollination*, **which** is necessary for plant reproduction. (= **and it**)

＊pollination: 《식물》 수분, 가루받이

⁶The audience marveled at *the performer*, **who** failed to win the competition. (= **but he/she**)

⁷We decided to move to *the countryside*, **which** would be a healthier environment. (= **because it**)

Main Stage 1 어법 서술형

Check 1 관계대명사절의 구조가 어법상 적절한지 판단한다.

1 관계대명사는 접속사나 대명사와 중복해서 쓰지 못하고, 있어야 할 자리에 없어서도 안 된다.

[1] He is a passionate kid, **he(→who)** throws himself at things that he loves. <기출>

틀린 이유 두 절을 이어주는 접속사가 없으므로 접속사와 대명사의 역할을 동시에 하는 관계대명사 who로 고쳐야 한다.

2 콤마(,) 뒤에는 관계대명사로 that을 쓰지 않는다. 선행사에 따라 알맞은 관계대명사를 써야 한다.

[2] I finally met the author, **that(→who(m))** I have admired so long.

틀린 이유 선행사 the author를 대신하는 목적격 관계대명사 자리인데, 앞에 콤마가 있으므로 who 또는 whom으로 고쳐야 한다.

Check 2 콤마(,) 뒤의 which는 구나 절 전체를 선행사로 할 수도 있다.

선행사가 구나 절일 때는 관계대명사 자리에 넣었을 때 의미가 자연스러운 부분을 선행사로 판단하면 된다.
주격 관계대명사절에서 구나 절인 선행사는 단수 취급하여 단수동사로 수일치한다.

[3] The best way to bond is *to share stories*, which **deepens** our emotional connection.

→ which의 선행사는 앞의 구 to share stories이므로 단수동사 deepens를 썼다.

[4] *A career as a historian is a rare job*, which **is** probably why you have never met one. <기출>

→ which의 선행사는 앞의 절 전체이므로 단수동사 is를 썼다.

Check 3 <some of whom/which>의 구조와 수일치에 주의한다.

관계대명사는 접속사 역할을 하므로 절 앞에 두는데, 아래와 같은 경우는 of 뒤의 대명사 자리에 그대로 둔다.
이 구조에서도 역시, 접속사와 관계대명사를 중복해 쓰거나 관계대명사 대신 대명사를 쓰면 안 된다.

[5] The exhibit had <u>many paintings</u>. **(And) Some of <u>them</u>** were created by local artists.

→ The exhibit had many paintings, **some of which** were created by local artists. (○)

(~, and some of which (×) / ~, some of them (×))

위와 같이 주격 관계대명사절이라면 선행사에 동사를 수일치한다. 단, of 앞이 one, each일 때는 단수동사로 받는다.

- all/most/many/some/both 등 **of** whom/which + 단수 또는 복수동사
- one/each **of** whom/which + 단수동사

*none, either, neither의 경우 단수동사가 원칙이지만 일상에서는 복수동사를 많이 쓰므로 출제될 확률이 낮다.

Exercise

[01-12] 다음 밑줄 친 부분이 어법상 옳으면 ○, 틀리면 ×로 표시하고 바르게 고치시오. (단, 한 단어로 고칠 것) [각 5점]

01   Running improves lung capacity, <u>which this</u> in turn will enhance your endurance. <기출>

02   In November, the doctor saw more patients than usual, most of <u>whom</u> had flu symptoms.

03   Beethoven, <u>and who</u> died at the age of 56, remains one of the most amazing composers in the history of Western music.

04   You are encircled by skyscrapers, and many of <u>them</u> are more than 100 meters tall.

05   We visited the ancient castle standing tall on the cliffs, <u>that</u> we had only seen in pictures and read about in history books.

06   Tiffany has two brothers, both of <u>that</u> are working at the same company.

07   Bats can echo-locate their surroundings by using sound, which <u>enables</u> them to navigate in complete darkness.   *echo-locate: (~의 위치를) 음파로 탐지하다

08   The article includes references to the text, <u>its</u> original was destroyed during the Second World War.

09   We cannot predict the outcome of sporting contests, which <u>varies</u> from week to week. <기출>

10   After the party, we were left with a pasta dish, most of which <u>were</u> saved for leftovers.

11   The old maple tree, <u>that</u> leaves turn a vibrant red in the fall, towers over the farmhouse.

12   Birds use many techniques to save energy when they are flying, some of <u>those</u> are tricks to stay in the air without flapping. <기출>

Main Stage 2 영작 서술형

콤마(,)와 관계대명사를 사용하여 문장을 영작해 본다. 다음 문제를 보자.

> **다음 우리말과 일치하도록 <조건>에 맞게 영작하시오.**
>
> > <조건>　1. 괄호 안의 어구를 모두 한 번씩만 사용할 것
> >
> > 　　　　2. 필요하면 단어 변형 가능
> >
> > 　　　　3. 콤마(,)를 알맞은 위치에 넣을 것
>
> 그녀는 선거에서 투표한 것 때문에 체포되었는데, 그것은 1800년대에는 법에 어긋났다.
>
> (voting / be against / the election / which / the law / arrest for / in / be)
>
> → She _____ in the 1800s. <기출>

STEP 1　주어진 우리말을 콤마를 기준으로 나누고, 콤마 앞을 먼저 영작한다.

그녀는 선거에서 투표한 것 때문에 체포되었는데 / 그것은 1800년대에는 법에 어긋났다.

→ She <u>was arrested for voting in the election</u>

STEP 2　적절한 관계대명사를 판단하고, 나머지 부분을 영작한다.

영작한 내용 중 콤마 뒷부분이 보충 설명하고 있는 선행사를 찾아 적절한 관계대명사를 판단한다.

그것은 1800년대에는 법에 어긋났다 → <u>which was</u> against the law in the 1800s

└─ 선행사가 앞의 구(voting in the election)이므로,
관계대명사 which를 쓰고 단수동사 was를 이어 쓴다.

STEP 3　콤마를 이용해 두 부분을 이어준다.

→ She <u>was arrested for voting in the election, which was against the law</u> in the 1800s.

└─ 콤마를 알맞은 위치에 쓴다.

Exercise

점수 |　　30점

[01-04] 다음 우리말과 일치하도록 <조건>에 맞게 영작하시오. [각 5점]

> <조건>　1. 괄호 안의 어구를 모두 한 번씩만 사용할 것
>
> 　　　　2. 필요하면 밑줄 친 단어 변형 가능
>
> 　　　　3. 콤마(,)를 알맞은 위치에 넣을 것

01 2022 FIFA 월드컵은 카타르에서 열렸는데, 그곳은 중동에 위치해 있다.

(be located / in Qatar / be held / which)

→ The 2022 FIFA World Cup _____ in the Middle East.

02 한 신부가 갓 태어난 쌍둥이에 대한 이야기를 들려주고 있었는데, 그중 한 명은 매우 아팠다.

(whom / about / very ill / one of / a story / be / newborn twins)

→ A priest was sharing _____. <기출>

03 등산화는 더 넓게 발목을 보호해서, 발목을 접질리는 것을 예방하는 데 도움이 된다.

(to prevent / wider / which / ankle coverage / help)

→ Hiking boots offer _____ ankle sprains.

04 발전은 경제 성장으로 인한 사회적 변화를 포함하는데, 그중 일부는 긍정적인 반면 다른 것들은 부정적이다.

(which / caused / some of / positive / economic growth / be / by)

→ Development includes the social changes _____
_____ while others are negative. <기출>

05 다음 글의 내용을 한 문장으로 요약하고자 한다. <조건>에 맞게 요약문을 완성하시오. [10점]

> The common blackberry (*Rubus allegheniensis*) has an amazing ability to move manganese from one layer of soil to another. Manganese can be very harmful to plants, but the common blackberry is unaffected by this metal and has evolved two different ways of using manganese to its advantage. First, it redistributes manganese from deeper soil layers to shallow soil layers using its roots. Second, it absorbs manganese as it grows, concentrating the metal in its leaves. When the leaves drop and decay, their concentrated manganese deposits further poison the soil around the plant. For plants that are not immune to the toxic effects of manganese, this is very bad news. <기출>
>
> *manganese: 망가니즈(금속 원소) **deposit: 축적물

<조건> 1. <보기>의 어구를 모두 한 번씩만 사용할 것
2. 필요하면 단어 변형 가능
3. 콤마(,)를 알맞은 위치에 넣을 것

<보기> in the surrounding soil / the nearby soil / make / the amount of / deadly / manganese / which

[요약문] The common blackberry can increase _____
_____ for other plants.

Plus Stage 출제 범위에서 예상 문장 골라내기

구나 절을 선행사로 하는 which와 <some of whom/which>에 출제가 집중된다. 그러므로 출제 범위 내에 해당 구문이 있으면 다음과 같은 사항에 주목하여 알아두어야 한다. 선행사를 정확히 알아두는 것은 기본이다.

주의 1 which의 선행사가 구나 절을 대신하는 경우에 특히 주목한다.

선행사가 구나 절이라는 것을 파악하기 위해서는 문맥 파악이 필수이므로 난이도가 높다.
또한, 관계대명사절 안의 동사의 수일치까지 함께 물어볼 수 있으므로 매력적인 출제 대상이다.

주의 2 <some of whom/which>가 이끄는 절의 구조와 선행사에 주목한다.

some 등의 앞에 접속사가 보이지 않으므로 어법상 틀린 것으로 생각하기 쉽다. 반대로, 관계대명사 자리에 대명사를 두어도 맞는 것으로 생각하기 쉽다. 모두 빈출 사항이므로 주의해야 한다.
선행사가 무엇인지에 따라 of 뒤에 올 관계대명사와 관계대명사절 동사의 수와 태가 결정되므로, 선행사 파악이 중요하다.

◆ Try by Yourself!

[01-03] <보기>와 같이 굵게 표시된 관계대명사의 선행사에 밑줄 그으시오.

> <보기> There is often a lot of uncertainty in the realm of science, **which** the general public finds uncomfortable.

01 Plastic is extremely slow to degrade and tends to float, **which** allows it to travel in ocean currents for thousands of miles.

02 When you eat, it's important to chew food thoroughly, **which** helps the digestion process by breaking down food into smaller pieces. <기출>

03 In an effort to halt the spread of cholera, London began building a pioneering sewer system, **which** took about 16 years to complete.

[04-05] 굵게 표시된 관계대명사의 선행사(수식어구 포함)에 밑줄 긋고, 네모 안에서 어법상 적절한 것을 고르시오.

04 Indeed, all the coal, natural gas, and oil we use today is solar energy from millions of years ago, a very tiny part of **which** was / were preserved deep underground. <기출>

05 Photography is the principal way of exploring a mysterious deep-sea world, 95 percent of **which** has never seen / been seen before. <기출>

Point 19 <전치사+관계대명사>·관계부사

관계부사는 '접속사'와 '부사' 역할을 한다. 관계대명사와 마찬가지로 콤마(,)가 없으면 선행사를 한정하고, 있으면 선행사를 추가 설명한다.

Zero Stage

정답 및 해설 p. 77

1 **<전치사+관계대명사>**

부사 역할을 하는 전명구의 **(대)명사**를 관계대명사로 바꿔 문장을 연결할 때, 두 형태가 가능하다.

[1] She loved the park. She took daily walks **in it**.

→ i) [1] She loved *the park* **which/that** she took daily walks **in**. (관계대명사만 절 앞으로 이동)

→ ii) [1] She loved *the park* **in which** she took daily walks. (전치사도 관계대명사 앞으로 이동)

전치사 뒤 관계대명사는 목적격인 whom과 which만 가능하다. 전치사 뒤에 관계대명사 who와 that은 쓰지 않는다.

[2] She trusts only a few people **who/whom/that** she is very close **with**.

→ She trusts only a few people **with whom** she is very close. (with who/that (✕))

2 **관계부사 when, where, why, how**

위 예문의 <전치사+관계대명사>는 관계부사로도 표현할 수 있다.

→ iii) [1] She loved *the park* **where** she took daily walks.

선행사가 '시간, 장소, the reason(이유), the way(방법)'일 때 <전치사+관계대명사>를 관계부사로 쓸 수 있다.

선행사+<전치사+관계대명사>	선행사+관계부사	특징
시간 **in[on, at] which** ~	시간 **when** ~	시간 선행사 *e.g.* time, day, year 등
장소 **in[on, at] which** ~	장소 **where** ~	장소 선행사 *e.g.* place, house, country 등 *situation(상황), case(사례) 등 추상적 장소까지 폭넓게 쓸 수 있다.
the reason **for which** ~	the reason **why** ~	-
the way **in which** ~	the way ~ 또는 **how** ~	the way how (✕) 《the way와 how는 함께 사용 불가》 the way (in which) (○) 또는 how (○)

콤마(,) 뒤에는 when, where만 가능하다. 문맥에 따라 적절한 접속사를 더해 해석하면 된다.

[3] He was about to leave at *that moment*, **when** she arrived. (= 그런데 그때)

[4] They visited *London*, **where** they explored major attractions. (= 그리고 그곳에서)

Main Stage 1 문장전환 서술형

<전치사+관계대명사>나 관계부사는 많은 학생이 어려워하는 부분이다. 문장전환으로 좀 더 이해를 넓혀보자.

 Check 1 선행사를 확인하여 적절한 관계대명사(who(m)/which/that)를 쓴다.

전치사 뒤에 관계대명사를 둘 때는 who나 that을 쓰지 않도록 주의한다.

¹There are organizations for some people **for whom** English is a second language.

 Check 2 관계사절은 선행사 가까이 오는 것이 원칙이다.

²The city is known for its heritage. I'm going to move **to** it .
  선행사

→ *The city* **which** I'm going to move **to** is known for its heritage.

→ *The city* **to which** I'm going to move is known for its heritage.

단, 아래와 같은 경우도 있다.

1 선행사 뒤에 수식어구가 있으면 관계사절은 그 뒤에 온다.

³*The city* with historic landmarks **to which** I'm going to move is known for its heritage.

2 주어 부분에 비해 서술어 부분이 상대적으로 짧을 때, 문장 균형을 위해 관계사절이 서술어 뒤로 가기도 한다.

⁴The gender distribution in *nurseries and primary schools* was very one-sided, //

in which over ninety percent of their employees were female. <기출>
    └─ 선행사는 앞 절의 nurseries and primary schools

❖ ⓐ에서 굵게 표시한 부분과 가리키는 것이 같은 것을 ⓑ에서 찾아 밑줄 긋고, <조건>에 맞게 두 문장을 한 문장으로 연결하시오.

<조건>   1. 관계대명사 who, whom, which 중에 하나를 사용할 것
        2. ⓐ에서 굵게 표시된 부분을 선행사로 사용할 것
        3. 빈칸당 한 단어만 쓸 것

❶ ⓐ **The laptop** needs several updates. ⓑ I am currently working with it.

→ The laptop _____ _____ _____ _____ _____ with needs several update. (5단어)

❷ ⓐ I am providing care for **the elderly** in the nursing home. ⓑ I am responsible for them.

→ I am providing care for the elderly in the nursing home for _____ _____ _____
_____ . (4단어)

Check 3 가능한 형태와 불가능한 형태를 정리해서 알아둔다.

1 전치사와 관계부사를 한 문장에 쓸 수 없다.

⁵This is the room where / ~~which~~ my children spend countless hours playing **in**.

⁵This is the room **in** ~~where~~ / which my children spend countless hours playing.

2 특정하지 않은 일반적 의미의 명사 time, day, year, place, reason 등이 선행사일 때, 선행사나 관계부사를 생략하고 쓸 수 있다. 이때, 관계부사 when, where, why 대신 관계부사 that을 쓰기도 한다.

⁶I don't know **the time** **when[that]** the traffic accident happened.

  = I don't know **the time** the traffic accident happened. 《관계부사 생략》

  = I don't know **when** the traffic accident happened. 《선행사 생략》

*the way that도 가능하지만 대부분 the way 또는 how를 쓴다.

3 관계부사 where는 추상적 개념의 장소도 선행사로 하여 매우 폭넓게 쓰일 수 있다.

⁷It was *a strange case* **where** the suspect disappeared without a trace.

⁸His attitude is against *today's culture* **where** we emphasize positivity too much. <기출>

⁹Jonathan performed his dive and did well enough to move on to *the final round*, **where** he could select the dive of his choice. <기출>

Check 4 관계부사로 바꿀 때는 선행사와 <전치사+관계대명사>의 의미를 확인한다.

선행사가 의미상 관계부사의 선행사가 될 수 있을 때 <전치사+관계대명사>를 관계부사로 바꿀 수 있다.
보통 앞 페이지의 표(◀ p. 159)에 정리된 경우에 가능하다.

¹⁰*The one person* **with whom** you must always be honest is yourself.

└ 선행사 The one person은 의미상 관계부사의 선행사가 될 수 없으므로,
  with whom은 관계부사로 바꿀 수 없다.

❖ 다음 밑줄 친 부분을 관계부사로 바꿔 쓰시오. 관계부사로 바꿀 수 없으면 밑줄 친 부분을 그대로 쓰시오.

3 The language in which she is fluent is German.

  → The language _____ she is fluent is German.

4 The cozy café was located just around the corner from the park in which we used to play.

  → The cozy café was located just around the corner from the park _____ we used to play.

5 Art can flourish in a situation in which it's cherished by the community.

  → Art can flourish in a situation _____ it's cherished by the community.   *flourish: 번성하다

Main Stage 2 어법 서술형

정답 및 해설 p. 78

Check 1

<관계부사+완전한 구조의 절>, <관계대명사+불완전한 구조의 절>이어야 한다.

완전한 구조는 SV, SVC, SVO, SVOO, SVOC문형이 성립하는 것이고, 불완전한 구조는 주어, 목적어 등이 빠져 있는 것이다.

^{1}I love to hike in the area **where** I^S can witness^V the beauty of nature^O.
SVO문형의 완전한 구조

^{2}They found a restaurant **which/that** is^V open^C until midnight^M.
주어가 없는 불완전한 구조

이끄는 절의 준동사의 목적어나 전치사의 목적어가 없어도 불완전한 구조이다. 특히, (준)동사가 목적어가 필요한 타동사인지, 그렇지 않은 자동사인지를 잘 판단해야 한다.

^{3}The world **which/that** we live **in** is constantly changing.
전치사 in의 목적어가 없는 불완전한 구조

❖ 다음 밑줄 친 부분이 어법상 옳으면 ○, 틀리면 ✕로 표시하고 바르게 고치시오. (단, 관계사를 이용하여 한 단어로 쓸 것)

❶ Try to take note of the times <u>when</u> new ideas emerge most frequently.

❷ A home should be a special place <u>where</u> offers comfort from life's challenges.

❸ The food chain indicates the sequence in <u>which</u> food energy is transferred from producer to consumer. <기출>

*food chain: 먹이사슬

❹ We can pursue our dreams only in a place <u>which</u> we are free to speak our own minds in.

Check 2

관계부사가 아닌 <전치사+관계대명사>로 표현해야 하는 것에 주의한다.

앞서 살펴봤듯이 <전치사+관계대명사>를 관계부사로 바꿔 쓸 수 없는 경우가 있다.
완전한 구조의 절을 이끌지만 <전치사+관계대명사>만 가능한 것에 주의해야 한다.

^{4}The speed **where(→at which)** you$^{S'}$ speak$^{V'}$ / influences the effectiveness of your communication.
SV문형의 완전한 구조

❖ 다음 밑줄 친 부분이 어법상 옳으면 ○, 틀리면 ✕로 표시하고 바르게 고치시오. (단, 관계대명사를 포함하여 두 단어로 쓸 것)

❺ The country <u>where</u> she lives has a pretty good healthcare system.

❻ The report <u>where</u> I was responsible was completed ahead of schedule.

❼ The moment <u>when</u> your effort pays off is much more satisfying than any other because it validates your hard work.

*validate: 입증하다

Exercise

[01-10] 다음 밑줄 친 부분이 어법상 옳으면 ○, 틀리면 ✕로 표시하고 바르게 고치시오. (단, 생략하지 말 것) [각 4점]

01 I was really disappointed with his newly released movie, <u>from which</u> I had expected more.

02 At the age of 23, Coleman moved to Chicago, <u>which</u> she worked at a restaurant to save money for flying lessons. <기출>

03 Debate is an ideal setting to develop coping strategies <u>of which</u> allow people to manage their speech anxiety. <기출>

04 We are now in a situation <u>where</u> we have to deal with scarcity: labor, capital, and raw materials such as oil.

05 Every year, the English hold a festival to celebrate the writer <u>whom</u> they are immensely proud, William Shakespeare.

06 The building, <u>where</u> we now call "The Metropolitan Museum of Art," was once an arsenal during the American Civil War.   *arsenal: 무기고

07 Many insects enter a state of dormancy during winter <u>which</u> they slow down their body functions to save energy.   *a state of dormancy: 동면 상태

08 Sociologists found that the happiness of the first love can become an unreal standard <u>where</u> all future romances are judged by.

09 There are several reasons <u>for which</u> support may not be effective. One possible reason is that receiving help could be a blow to self-esteem. <기출>

10 Sight is a collaborative effort between our eyes and our brain, and <u>the way</u> we process visual reality depends on the way these two communicate. <기출>

Main Stage 3 영작 서술형

정답 및 해설 p. 79

주어진 어구와 우리말을 통해 관계대명사나 관계부사의 사용 여부를 알 수 있다.

이끄는 절이 완전하다면 관계부사 또는 <전치사＋관계대명사>를 사용해야 한다. 아래와 같은 순서로 해결한다.

1 관계사가 이끄는 절이 완전한 구조인지를 확인한다.

2 선행사에 따라 적절한 관계부사 또는 <전치사＋관계대명사>를 판단한다.

3 주어진 조건에 따라 관계부사 또는 <전치사＋관계대명사>로 영작한다.

다양한 관계사를 사용하여 문장을 영작해 본다. 다음 문제를 보자.

> **다음 우리말과 일치하도록 괄호 안의 어구 중 필요한 표현만 골라 올바른 순서로 배열하시오.**
>
> 야생동물들은 인간의 활동으로부터 숨을 수 있는 공간을 절실히 필요로 한다.
>
> (from human activity / which / where / can hide / they / space / desperately need / wildlife)
>
> → _____. <기출>

STEP 1 주어진 우리말을 의미 단위로 나누고, 선행사와 관계사가 이끄는 부분을 찾는다.

야생동물들은 / 인간의 활동으로부터 숨을 수 있는 공간을 / 절실히 필요로 한다.

STEP 2 선행사에 따라 적절한 관계부사 또는 <전치사＋관계대명사>를 결정한다.

인간의 활동으로부터 숨을 수 있는 / 공간을

→ space / where they can hide from human activity

└ SV문형의 완전한 구조의 절을 이끌므로 where 또는 in which가 가능한데,
주어진 어구에 전치사 in이 없다. 그러므로 where를 써야 한다.

STEP 3 나머지 부분도 영작하여 올바른 순서로 배열한다.

→ Wildlife desperately need space where they can hide from human activity.

Exercise

점수 | 40점

[01-05] 다음 우리말과 일치하도록 <조건>에 맞게 영작하시오. [각 6점]

> <조건> 1. 괄호 안의 어구를 사용할 것
>
>   2. 단, [ ] 안에 주어진 어구 중 하나만 사용할 것
>
>   3. 단어 변형 불가

01　그는 딸이 그에게 처음으로 "사랑해요"라고 말한 순간을 잊을 수 없다.
　　　(his daughter / [**when / which**] / said)

　→ He can't forget the moment _____ "I love you" to him for the first time.

02　눈 뒤쪽의 혈관이 플래시를 켜고 찍은 사진에서 눈이 빨갛게 보이는 이유이다.
　　　(in / look / photographs / eyes / [**how / why**] / red)

　→ The blood vessels at the back of the eyes are the reason _____ _____ taken with a flash. <기출>

03　그 고대 유적들은 약 1,800년 전에 큰 전투가 벌어졌던 평원에 있다.
　　　(place / [**which / where**] / a major battle / took)

　→ The ancient ruins stand on a plain _____ about 1,800 years ago.

04　위장은 동물들이 환경에 섞이고 생존 가능성을 높이기 위해 진화해 온 방법의 한 예이다.
　　　(animals / an example / have evolved / [**how / when**] / of)

　→ Camouflage is _____ to blend into their surroundings and enhance their chances of survival.

05　바넘 효과는 누군가가 매우 일반적인 것을 읽지만 그것이 오직 그들에게만 적용된다고 믿는 현상이다.
　　　(reads / something / someone / the phenomenon / [**where / which**] / very general)

　→ The Barnum Effect is _____ _____ but believes that it only applies to them. <기출>

06　**다음 글의 요지를 한 문장으로 표현하고자 한다. <보기>의 어구를 올바른 순서로 배열하여 요지를 완성하시오.** [10점]

> Judgments about flavor are often influenced by predictions based on the appearance of the food or on previous experience with a similar food. For example, strawberry-flavored foods would be expected to be red. However, if colored green, because of the association of green foods with flavors such as lime, it would be difficult to identify the flavor as strawberry unless it was very strong. <기출>

　<보기>　the flavor / can / the way / perceive / we / food / of / impact

　[요지] The appearance of food _____

　　　_____ .

Plus Stage 출제 범위에서 예상 문장 골라내기

정답 및 해설 p. 80

관계대명사와 관계부사 구별 문제가 집중 출제되므로 이끄는 절이 완전한지 불완전한지를 판단하는 것이 가장 중요하다.

영어는 SVO문형이 압도적으로 많기 때문에, 출제자들은 다른 문형들을 좀 더 매력적으로 생각하게 된다.
그러므로 본인이 판단하기에 완전하다고 생각하지만 불완전하여 관계대명사가 쓰인 것, 또는 불완전하게 보이지만 완전해서 관계부사가 쓰인 것을 중점적으로 알아두어야 한다.

사례 1 SVOO(4문형)와 SVOC(5문형)는 완전하다고 착각하기 쉽다.

¹The reason ~~why~~(→which/that) I told you explains my anger. → 직접목적어가 없는 불완전한 절 《SVOO》

²We gather during holidays ~~when~~(→which/that) we consider important. → 목적어가 없는 불완전한 절 《SVOC》

사례 2 SV(1문형) 또는 수동태 문장은 불완전하다고 착각하기 쉽다.

³This is the room ~~which~~(→where/in which) I sleep. → 완전한 절 《SV》

⁴Records reveal the date ~~which~~(→when/at which) the building was destroyed. → 완전한 절 《수동태》

사례 3 <동사+전치사> 형태로 뒤에 목적어를 취하는 타동사 역할의 구동사에 주의한다.

<동사+부사 전명구>로 착각하여 목적어가 없는 불완전한 구조로 판단하기 쉬우므로 주의해야 한다.
구동사는 전체를 하나의 동사로 보아야 한다.

⁵Athletes keep a journal ~~which~~(→where/in which) they reflect on their practices.
└ 구동사 reflect on의 목적어 their practices가 있는 완전한 절
즉, reflect만을 동사로 보지 말고 reflect on을 하나의 동사로 봐야 한다.

➻ Try by Yourself!

[01-04] 빈칸에 which와 where 중 하나를 골라 쓰고, 빈칸이 포함된 절의 주어, 동사, 목적어에 각각 밑줄 긋고 S, V, O로 표시하시오. (단, 목적어는 없을 수 있음)

01 For most people, emotions are tied to the situation _____ they originate. <기출>

02 The town square _____ the parade will come through is currently crowded with people.

03 The house _____ he showed me is located in a quiet and peaceful neighborhood and is perfect for living alone.

04 If you ever face a case _____ all others object to your decision, it's essential to reassess and consider their viewpoints.

Point 20　What / Which / That

가장 빈출되는 어법 중의 하나이다. 우선, 관계대명사 what과 접속사 that에 대해 알아본다.

Zero Stage

정답 및 해설 p. 80

1　관계대명사 what

1 선행사 the thing을 포함하여 the thing which[that](~하는 것)를 뜻한다.

> =
> ¹I really like the thing. + My husband bought it at the garage sale.

> → I really like *the thing* which/that my husband bought at the garage sale.

> → I really like **what** my husband bought at the garage sale.

*극히 드물게 선행사 the things(~하는 것들)를 받을 때도 있다.

2 명사절을 이끌어 주어, 목적어, 보어 역할을 한다.

> ²**What** really matters is kindness to others. 《주어》
> 　S

> ¹I really like **what** my husband bought at the garage sale. 《like의 목적어》
> 　　　　　　　　　　　　　O

> ³He paid attention to **what** I said. 《전치사 to의 목적어》
> 　　　　　　　　　전　　O′

> ⁴Self-reflection is **what** leads to personal growth. 《주어를 보충 설명하는 보어》
> 　　　　　　　　　　　C

2　접속사 that

명사절, 동격절, 부사절을 이끈다.

1 명사절일 때는 주로 동사의 목적어 역할을 한다. 이때의 that은 자주 생략된다.

> ⁵I finally realized **(that)** forgiveness is the first step towards healing.
> 　　　　　　　　　　　　　　O

2 the fact 등의 명사 뒤에서 그 의미를 보충 설명하는 동격절을 이끈다.

> ⁶The fact **that** your cell phone is ringing doesn't mean you should answer it. <기출>
> 　　　　　=

3 부사절을 이끈다. (◀p. 127 Point 15)

> ⁷I am *so* glad **that** our project proposal was accepted by the committee.
> 　　　　　　　　　　　S′　　　　　　　V′

Main Stage 1 어법 서술형

what, which, that 중 어느 것이 와야 할지를 구별하는 방법에 대해 알아본다.

 이끄는 절의 구조가 완전하면 that 또는 관계대명사 which의 자리이다.

1 이때의 that은 명사절, 동격절, 부사절을 이끄는 접속사이거나 관계부사이다.

¹She told herself **what(→that)** she^{S'} had to keep^{V'} trying hard^{O'} to succeed.
　　　S　　V　　IO　　　　　　　　　　　　　　　　DO 《완전한 구조의 절》

틀린 이유 동사 told의 직접목적어가 되는 완전한 구조의 절을 이끌 수 있는 명사절 접속사 that으로 고쳐야 한다.

목적어절과 동격절이 주로 출제되므로 이들을 자주 취하는 동사와 명사를 알아두는 것이 좋다.

SVO문형의 동사	인지·사고: know, realize, think, consider 등 / 전달: say, show 등
SVOO문형의 동사	tell +IO ~: IO에게 ~라고 말하다 / inform +IO ~: IO에게 ~을 알려주다 등
동격절을 자주 취하는 명사	the fact[news, idea, hope, feeling, evidence] ~: ~라는 사실[뉴스, 생각, 희망, 느낌, 증거]

2 앞에 전치사가 있다면 관계대명사 which(또는 whom)의 자리이다.

²Check the legal requirements in the contract of **what(→which)** you^{S'} should be^{V'} aware^{C'}.

 이끄는 절의 구조가 불완전하면 관계대명사 what, which, that의 자리이다.

1 앞에 선행사가 있을 경우: which 또는 that의 자리이다. what은 선행사(the thing)를 포함한다.

³I found the book **what(→which 또는 that)** is on the top of the bestseller list.

틀린 이유 선행사 the book을 수식하는 절이 주어가 없는 불완전한 구조이므로 관계대명사 which 또는 that으로 고쳐야 한다.

2 앞에 전치사가 있을 경우: 전치사의 목적어절을 이끄는 것이므로 what의 자리이다.

전치사 뒤에 관계대명사 that은 쓰지 못하며, <전치사+which>는 완전한 구조의 절을 이끌므로 which도 쓰지 못한다.

⁴The students hold varying opinions about **that(→what)** the author was trying to say.

틀린 이유 about의 목적어가 되는 절에서 to say의 목적어가 없는 불완전한 절을 이끌 수 있는 것은 관계대명사 what이다.

3 앞에 콤마(,)가 있을 경우: which의 자리이다. 계속적 용법으로 what, that은 쓰지 않는다.

⁵They contain deadly acid, **what(→which)** we can eliminate by thorough cooking. <기출>

틀린 이유 deadly acid를 선행사로 하면서 이를 보충 설명하는 관계대명사절을 이끌 수 있는 것은 관계대명사 which이다.

Exercise

[01-10] **다음 밑줄 친 부분이 어법상 옳으면 ○, 틀리면 ✕로 표시하고 주어진 <조건>에 따라 바르게 고치시오.** [각 4점]

> <조건>   1. what, which, that 중에 골라 쓸 것
>   2. 가능한 것을 모두 쓸 것

01   I am so pleased to have found out and fixed <u>that</u> was wrong with the process.

02   During the meeting, he said plainly <u>what</u> he wanted us to do.

03   She applied for the scholarship in the hope <u>which</u> it would provide her with financial assistance.

04   I didn't understand for many years <u>what</u> something ordinary could be someone else's most exciting adventure.

05   Advertisements are used to tell the potential customer about the product <u>that</u> is worth purchasing. <기출>

06   In the past, festivals were often held to highlight the agricultural abundance of the regions in <u>that</u> they took place.

07   Stepping off the bus, our tour guide mentioned <u>what</u> visiting the museum early in the morning helps to avoid large crowds.

08   Dorothy Hodgkin discovered what is essential for treating anaemia in 1954, <u>when</u> led to her being awarded the Nobel Prize in Chemistry in 1964. <기출>   *anaemia: 빈혈

09   <u>What</u> we now call the fact of evolution was, in 1838, a hypothesis that was slowly being revealed by naturalists such as Charles Darwin.   *naturalist: 박물학자, 동식물 연구가

10   During his performance review, he was advised by his manager to pay more attention to <u>which</u> the customers were complaining about.

11 다음 글의 밑줄 친 ①~⑤ 중 틀린 부분 2개를 찾아 <조건>에 맞춰 바르게 고친 후, 틀린 이유를 작성하시오. [각 5점]

We're often told that newborns are comforted by rocking because this motion is similar to ① which they experienced in the womb and ② that they must take comfort in this familiar feeling. This may be true; however, to date there is no convincing data ③ that demonstrates a relationship between them. Just as likely is the idea ④ that newborns come to associate gentle rocking with being fed. Parents understand ⑤ what rocking quiets a newborn, and they very often provide gentle, repetitive movement during feeding. Since food is a primary reinforcer, newborns may acquire a fondness for motion. <기출>

*reinforcer: 강화물(음식, 칭찬과 같이 특정 행동의 빈도를 증가시키는 데 사용된 자극물)

<조건>　1. what, which, that 중에 골라 쓸 것
　　　　2. 가능한 것을 모두 쓸 것

(1) 틀린 부분: ＿＿＿＿＿＿＿＿＿ → 바르게 고치기: ＿＿＿＿＿＿＿＿＿　　[2점]

　　틀린 이유: ＿＿＿＿＿＿＿＿＿＿＿＿＿＿＿＿＿＿＿＿＿＿＿＿＿＿　　[3점]

(2) 틀린 부분: ＿＿＿＿＿＿＿＿＿ → 바르게 고치기: ＿＿＿＿＿＿＿＿＿　　[2점]

　　틀린 이유: ＿＿＿＿＿＿＿＿＿＿＿＿＿＿＿＿＿＿＿＿＿＿＿＿＿＿　　[3점]

Main Stage 2 영작 서술형

관계대명사 what절은 영작에서도 빈출된다. 아래 세 가지를 알아두자.

1 주어진 어구에서 what을 확인한다.

2 관계대명사 what이 이끄는 명사절은 주어, 목적어, 보어 역할을 한다.

3 주어진 우리말에서 관계대명사 what의 해석인 '~하는 것'을 찾는다.

   • 주어: ~하는 것은[것이]   • 목적어: ~하는 것을   • 보어: ~하는 것(이다)

관계대명사 what이 이끄는 절의 역할에 주목한다. 다음 문제를 보자.

> **다음 우리말과 일치하도록 괄호 안의 어구를 올바른 순서로 배열하시오.**
>
> 나를 정말로 걱정하게 하는 것은 너의 다친 다리이다.
>
> (me / makes / what / is / really worried)
>
> → _____ your injured leg.

STEP 1 주어진 어구에 what이 있다면, 우리말에서 '~하는 것'으로 해석되는 부분을 확인한다.

   나를 정말로 걱정하게 하는 것은 / 너의 다친 다리이다.
       └── 관계대명사 what이 이끄는 절이 문장에서 '주어' 역할

STEP 2 관계대명사 what절과 그 외의 부분을 영작한다.

   나를 정말로 걱정하게 하는 것은 → What makes me really worried

   너의 다친 다리이다 → is your injured leg
       └── 관계대명사 what절은 대부분 단수 취급하기 때문에 동사도 단수동사를 쓴다.

STEP 3 관계대명사 what절의 문장에서의 역할을 고려해 적절한 위치를 선정하고 배열한다.

   → What makes me really worried is your injured leg.

Exercise

점수 | 50점

[01-07] 다음 우리말과 일치하도록 괄호 안의 어구를 올바른 순서로 배열하시오. [각 5점]

01   인내는 도전에 직면했을 때 당신이 침착하게 있도록 도와주는 것이다.
   (challenges / is / stay / helps / when / you / facing / what / calm)

   → Patience _____ .

02 사람이 활발하지 않게 하는 것은 그들이 동기 부족을 경험하고 있을 수도 있다는 것이다.

(that / to be / is / what / a person / inactive / causes)

→ _____ they might be

experiencing a lack of motivation. <기출>

03 당신에게 자연스러운 것이 다른 사람들에게는 중대한 어려움으로 여겨질지도 모른다.

(what / for others / to you / be / natural / is / considered / may / significant difficulties)

→ _____

_____ .

04 우리가 수면의 중요성에 대해 논의했던 세미나가 나의 밤의 일과를 바꾼 것이었다.

(the importance / where / changed / discussed / we / of sleep / what / was)

→ The seminar _____

_____ my nightly routines.

05 역사는 우리에게 잘못된 정보로 분류되었던 것이 종종 사실로 드러난 것을 가르쳐주었다.

(what / us / was labeled / has taught / as misinformation / that)

→ History _____ often

turned out to be true.

06 빈곤 퇴치에 성공한 국가는 좋은 통치가 성취할 수 있는 것을 보여준다.

(managed / can achieve / which / poverty / what / shows / good governance / to eliminate)

→ The country _____

_____ .

07 여러분의 발전을 결정하는 것은 여러분이 어떤 것이든 성취할 수 있다는 믿음이다.

(that / anything / what / achieving / your progress / are capable of / you / determines / the belief)

→ _____ is _____

_____ .

08 다음 글의 빈칸에 들어갈 가장 적절한 말을 <조건>에 맞게 완성하시오. [5점]

Hundreds of thousands of people journeyed far to take part in the Canadian fur trade. Many saw how inhabitants of the northern regions stored their food in the winter — by burying the meats and vegetables in the snow. A young man named Clarence Birdseye had a thought about how this custom might relate to other fields. With this thought, the frozen foods industry was born. He made something extraordinary from what, for the northern folk, was the ordinary practice of preserving food. Something mysterious happened in his curious, fully engaged mind. Curiosity _____ _____ . <기출>

<조건>   1. <보기>의 어구를 활용할 것
        2. 어구 중 하나는 사용하지 말 것
        3. 단어 변형 불가
<보기>   you / what / see / you / a way / to / value / can add / how / is

[정답] _____

09 다음 글의 내용을 한 문장으로 요약하고자 한다. <조건>에 맞게 요약문을 완성하시오. [10점]

Nearly eight of ten U.S. adults believe there are "good foods" and "bad foods." Unless we're talking about something spoiled, however, no foods can be labeled as either good or bad. There are, however, combinations of foods that add up to a healthful or unhealthful diet. Consider the case of an adult who eats only foods thought of as "good" — for example, raw broccoli, boiled tofu, and carrots. Although all these foods are nutrient-dense, they do not add up to a healthy diet because they don't supply a wide enough variety of the nutrients we need. Or take the case of the teenager who occasionally eats fried chicken. It isn't going to knock his or her diet off track. But the person who eats fried foods every day, with few vegetables or fruits, has a bad diet. <기출>

<조건>   1. <보기>의 어구를 모두 한 번씩만 사용할 것
        2. 단어 변형 불가
<보기>   is determined / the entire diet / what / by / is composed of

[요약문] Contrary to common belief, defining foods as good or bad is not appropriate; in fact, a healthy diet _____ _____ .

Plus Stage 출제 범위에서 예상 문장 골라내기

정답 및 해설 p. 83

what, which, that은 워낙 자주 사용되는 것들이므로 무엇보다 효율적 대비가 중요하다.

완전한 구조와 불완전한 구조의 절을 구별하는 것은 기본이므로 앞선 Point 19의 Plus Stage(◀ p. 166)를 반드시 복습하자.
여기에서는 출제할 때 주로 어떤 문장이 선호되는지를 알아본다.

대비 1 목적어절을 이끄는 동사를 알아둔다.

that절을 목적어절로 하는 동사는 매우 많다. know, say 같은 익숙한 동사 외에 낯선 동사가 쓰인 문장이 더 매력적인 출제 대상
이 될 수 있으므로 반드시 알아두도록 한다.

[1] He **stated that** he didn't know anything about the contract. (state: ~을 진술하다)

대비 2 동사와 목적어 사이에 부사, 전명구, 삽입어(구)가 올 수도 있으므로 주의한다.

특히 동사와 목적어 사이가 길어지는 문장에 주목한다. 사이에 많은 요소가 있을수록 동사와 목적어절을 연결하여 이해하기 어려
워지기 때문에 출제하기 좋은 문장이 될 수 있다.

[2] I **neglected** for a long time **what** I needed to achieve because of fear.

대비 3 명사와 그 뒤의 동격절을 함께 알아둔다.

동격절이 명사를 보충 설명하므로, 의미가 추상적이고 일반적인 명사(◀ p. 168)가 자주 동격절을 취한다.
아래와 같이 익숙하지 않은 명사가 동격절을 취하는 경우 반드시 알아두어야 한다.

e.g. burden, dream, experience, effect, fear, habit, problem, task 등

대비 4 자동사와 타동사로 모두 쓰이는 동사에 주의한다.

이러한 동사들은 뒤에 목적어가 있거나 없거나 다 맞을 수 있으므로 관계대명사와 접속사 that이 모두 가능하다.
이끄는 절만으로는 판단할 수 없으므로, 전체 문장의 구조와 의미로 판단해야 한다.

[3] He already read **what I was reading.**
[4] I told him **that I was reading.**
[5] This is a book **which/that I was reading.**

대비 5 형태만으로 판단했을 때 틀리기 쉬운 것들에 주목한다.

콤마 뒤에는 which만 가능하다고 외우지만, 삽입어구는 흔히 앞뒤로 콤마(,)를 동반하므로 아래와 같은 경우에는 콤마 뒤에 that
절이 나올 수 있다.

[6] I don't **feel, though, which(→that)** I'm in the position to provide information on it.
　　　　콤마(,) + 삽입어구 + 콤마(,)

*구조와 의미를 보지 않고 단순하게 접근하면 함정에 빠지기 쉬우므로 주의한다.

[01-08] 다음 각각의 밑줄 친 부분이 어법상 맞으면 ○, 틀리면 ✕로 표시하고 바르게 고치시오. (단, 생략하지 말 것) [밑줄당 4점]

01 Hunter-gatherers are those who adhere to a lifestyle of hunting and gathering in a natural environment, <u>which</u> means living by hunting wild animals and gathering food plants from their native surroundings.

02 An open ending of a play can be <u>that</u> forces the audience to think about what might happen next and invites them to continue the story in their own minds. <기출>

03 The Latin meaning of the verb "inspire" is "to breathe into," reflecting the belief that creative inspiration was similar to the moment in creation <u>when</u> God first breathed life into man. <기출>

04 <u>That</u> the tourists found most fascinating about the Pyramids of Giza is the way these ancient structures, which were built thousands of years ago, have withstood the test of time and still remain largely intact.

*intact: (손상되지 않고) 온전한

05 It's important that you fight for what you believe in, but there comes a time when it's wiser to stop fighting for your view and accept <u>that</u> what a trustworthy group of people think is best. <기출>

06 Picasso, (A) <u>what</u> bold use of abstract shapes revolutionized artistic expression, is considered one of the most influential artists of the 20th century (B) <u>that</u> reshaped the landscape of modern art.

07 The "elephant in the room" is an English idiom for an obvious truth (A) <u>which</u> is being ignored or goes unaddressed. It is based on the idea (B) <u>which</u> an elephant in a room would be impossible to overlook. <기출>

08 You may have heard from friends or family (A) <u>that</u> if your baby sleeps on her back, she will not sleep as soundly, but the truth is (B) <u>what</u> back-sleeping can be the safe option, as it greatly lowers the risk of sudden infant death syndrome.

09 다음 글의 밑줄 친 ①~⑤ 중 틀린 부분 3개를 찾아 바르게 고친 후, 틀린 이유를 작성하시오. [각 7점]

> Three extremely important inventions came out of Mesopotamia, ① <u>which</u> are the wheel, the plow, and the sailboat. At that time, the availability of animal labor was so extensive ② <u>that</u> it facilitated the invention of the wheel and the plow. Wheeled carts ③ <u>which they</u> are pulled by horses could transport more goods to market more quickly. Animals ④ <u>what</u> power is strong enough to pull plows to turn the earth over for planting were far more efficient than humans. The sail made it possible to trade with countries ⑤ <u>what</u> could only be reached by sea. All three inventions made the cities of Mesopotamia powerful trading centers with as many as 30,000 people each. <기출>

<조건>　1. what, which, that, whose 중에 골라 쓸 것
　　　　 2. 가능한 것을 모두 쓸 것

(1) 틀린 부분: ＿＿＿＿＿＿＿＿ → 바르게 고치기: ＿＿＿＿＿＿＿＿　[3점]

　　틀린 이유: ＿＿＿＿＿＿＿＿＿＿＿＿＿＿＿＿＿＿＿＿＿＿　[4점]

(2) 틀린 부분: ＿＿＿＿＿＿＿＿ → 바르게 고치기: ＿＿＿＿＿＿＿＿　[3점]

　　틀린 이유: ＿＿＿＿＿＿＿＿＿＿＿＿＿＿＿＿＿＿＿＿＿＿　[4점]

(3) 틀린 부분: ＿＿＿＿＿＿＿＿ → 바르게 고치기: ＿＿＿＿＿＿＿＿　[3점]

　　틀린 이유: ＿＿＿＿＿＿＿＿＿＿＿＿＿＿＿＿＿＿＿＿＿＿　[4점]

[10-14] 다음 우리말과 일치하도록 괄호 안의 어구를 올바른 순서로 배열하시오. [각 5점]

10　음식의 부패를 막는 냉장고의 발명은 전 세계 사람들이 먹는 방식에 극적으로 영향을 주었다.
　　(civilizations / prevent / of food / eat / the way / that / in which / spoilage)

→ The development of refrigerators ＿＿＿＿＿＿＿＿＿＿＿＿＿＿＿＿ has dramatically affected ＿＿＿＿＿＿＿＿＿＿＿＿＿＿＿. <기출>

11　우리의 몸은 나쁜 탄수화물들을 빨리 분해하고, 몸이 사용할 수 없는 것은 지방으로 전환되는데, 이는 체중 증가 및 관련된 건강 위험으로 이어질 수 있다.
　　(can / converted / lead to / which / is / what / cannot / the body / use)

→ Our body breaks down bad carbohydrates quickly, and ＿＿＿＿＿＿＿＿＿＿＿＿＿＿＿＿ to fat, ＿＿＿＿＿＿＿＿＿＿＿＿＿＿＿＿ weight gain and associated health risks. <기출>

12 때때로 우리가 하는 것은 다른 가치관을 가지고 있는 사람들에 의해 이해되지 않는다.

(do / hold / by individuals / what / understood / we / is not / who / different values)

→ Sometimes _____

_____ .

13 다른 사람들이 가지고 있는 것을 부러워하는 것은 자신이 개인적으로 가지고 있는 것에 대해 불행하다고 느끼게 하는 결과를 낳을 뿐이다.

(what / personally have / envious / you / what / have / others / being / of / with)

→ _____ only serves to make you

unhappy _____ . <기출>

14 요즘 유명 인사들은 자신의 회사를 시작하는데, 그중 많은 것은 그들이 열정을 가지고 있는 패션과 생활 방식을 반영한다.

(are / which / they / reflect / passionate about / many of / that / the fashion and lifestyles)

→ These days, celebrities launch their own companies, _____

_____ .

15 다음 글의 내용을 한 문장으로 요약하고자 한다. <보기>의 어구를 올바른 순서로 배열하여 요약문을 완성하시오. [10점]

> Timothy Wilson did an experiment in which he gave students a choice of five different art posters and then later surveyed them to see if they still liked their choices. People who were told to consciously examine their choices were least happy with their posters weeks later. People who looked at the posters briefly and then chose later were happiest. Another researcher then replicated the results in the real world with office furniture in a furniture store. Furniture selection is one of the most cognitively demanding choices any consumer makes. The people who had made their selections of office furniture after less conscious examination were happier than those who made their purchase after a lot of careful examination. <기출>

<보기> lower satisfaction / who / about / individuals / showed / their choice / thought more carefully / that / reported

[요약문] The experiments _____

_____ with their selections.

UNIT
06

주요 구문

표현하고 싶은 말을 효과적으로 전달하기 위해 쓰는 다양한 구문들에 대해 알아보자.

Point 21 비교구문 Ⅰ

비교구문은 대상들의 성질이나 상태 등을 비교하여 그 정도의 차이를 표현하는 것이다.

Zero Stage

정답 및 해설 p. 86

1 **원급, 비교급, 최상급**
- 원급: 형용사/부사의 기본형 *e.g.* tall, simple, early, beautiful
- 비교급: 원급 + -er[-r, -ier], <more + 원급> *e.g.* tall**er**, simpl**er**, earl**ier**, **more** beautiful
- 최상급: 원급 + -est[-st, -iest], <most + 원급> *e.g.* tall**est**, simpl**est**, earl**iest**, **most** beautiful

2 **<as + 원급 + as>: ~만큼 …한 / <not as[so] + 원급 + as>: ~만큼 …하지 않은**

[1] The new treatment method has proven to be **as effective as** the traditional approach.

[2] She spoke the foreign language **as naturally as** her mother tongue.

[3] Millions of years ago, human faces were**n't as[so] flat as** they are today. <기출>

[4] He did**n't** arrive **as[so] early as** he usually does.

3 **<비교급 + than ~>: (둘 중) ~보다 더 …한**

[5] Each of a snowy owl's ears is a different size, and one is **higher than** the other. <기출>

- -or/-er로 끝나는 일부 단어: than이 아닌 to를 쓴다.
  superior[inferior] **to** A (A보다 우수한[열등한]) / prefer A **to** B (B보다 A를 선호하다)

[6] The new smartphone model is **superior to** its previous one in terms of performance.

4 **<(the) + 최상급>: (~ 중에서) 가장 …한[하게]**

in + 단수명사(~에서), of[among] + 복수명사((셋 이상) ~들 중에서) 등 범위를 나타내는 어구가 주로 함께 온다.
ever(지금까지)와 완료형을 결합한 관계대명사절을 사용하여 표현하기도 한다.

[7] With a population of about 10,000, Nauru is **the smallest** country *in the South Pacific*. <기출>

[8] That was **the most delicious** *among all the dishes served at the dinner party*.

[9] The woman said, "Oh, she is **the most beautiful** lady *(that) I've ever seen*." <기출>

*부사의 최상급 앞에서는 the를 흔히 생략한다.

[10] The kids loved the amusement park, and they enjoyed the bumper cars (the) **most** *of all*.

5 **비교 대상, 범위의 생략**

<than ~>이나 최상급의 범위 어구는 문맥상 명백한 경우 생략하는 것이 자연스럽다.

[11] Women are often more attentive to details (*than men*).

[12] Social networking sites like Instagram are becoming more popular (*than they were before*).

[13] After trying different ice cream flavors, she declared chocolate the most delicious (*of all*).

Point 21 비교구문 Ⅰ **179**

Main Stage 1 어법 서술형

Check 1 문맥과 주변 구조에 맞게 원급, 비교급, 최상급 중 적절한 것을 쓴다.

❖ 다음 괄호 안의 형용사를 원급, 비교급, 최상급 중 어법상 적절한 형태로 쓰시오.

① Domestic animals are often (small) _____ than their wild cousins. <기출>

② Driving slowly on the highway is as (dangerous) _____ as racing in cities. <기출>

Check 2 as와 as 사이가 형용사 자리인지 부사 자리인지는 as를 뗀 문장 구조로 판단한다.

¹He disappeared as **quick(→quickly)** as he had appeared. (← He disappeared quickly.) <기출>

틀린 이유 동사 disappeared를 수식하는 부사 자리이므로 quickly로 고쳐야 한다.

단, '형용사 원급'이 수식하는 명사가 있으면 <as+형용사 원급+명사+as>의 어순이 된다.

²Her painting doesn't capture **as many details as** yours.

❖ 다음 밑줄 친 부분이 어법상 옳으면 ○, 틀리면 ✕로 표시하고 바르게 고치시오.

③ In advertising, the medium is as <u>importantly</u> as the design and the slogan.

*medium: 매체(복수형 media)

④ The little girl played the piano as <u>skillfully</u> as adults, which astonished the audience.

Check 3 very는 비교급을 수식할 수 없다.

원급, 비교급, 최상급 앞에는 아래와 같은 다양한 수식어가 자주 온다.

원급	just (꼭) / almost, nearly (거의) / quite (꽤)	*e.g.* **just** as tall as
비교급	much, (by) far, a lot, still, even 등 (훨씬) / a little, a bit, somewhat (약간)	*e.g.* **much** better
최상급	much, by[so] far, the very 등 (단연코)	*e.g.* **by far** the greatest

특히 비교급 앞에 very가 쓰인 틀린 문장이 자주 출제되므로 이에 주의해야 한다.

³Humans have evolved to be **very(→much 등)** smarter than every other species due to the unique structure of our brains.

틀린 이유 very는 비교급을 수식할 수 없으므로 much, (by) far, a lot, still, even 등으로 고쳐야 한다.

Exercise

[01-05] 다음 밑줄 친 부분이 어법상 옳으면 ○, 틀리면 ✕로 표시하고 바르게 고치시오. [각 4점]

01　After being washed, my car looked as <u>clean</u> as it did when I first bought it.

02　The brightly colored tropical fish was the <u>more</u> impressive creature that I had ever seen.

03　We live in a society where gender roles are not as <u>strictly</u> as in previous generations. <기출>

04　The actions of others often speak <u>loud</u> than their words. However, people are not always defined by their behavior. <기출>

05　Setting your goals <u>a lot</u> higher than your perceived limits pushes you to go beyond and discover new levels of success.

06　**다음 글의 밑줄 친 ①~④ 중 틀린 부분 2개를 찾아 바르게 고친 후, 틀린 이유를 작성하시오.** [각 5점]

> Even before we are born, we can be compared with others. Through the latest medical technology, parents may compare their babies with others before birth and try to decide whose child is the ① <u>best</u>. For the rest of our lives, we are compared with others. Comparisons such as "I can't speak English as ② <u>fluent</u> as he can" or "She looks ③ <u>better</u> than I look"·are likely to deflate our self-worth. Rather than focusing on others who seemingly are ④ <u>very</u> better than you, focus on your own unique attributes. Avoid judging your value by comparing yourself with others, because a positive self-concept stems from recognizing your inherent value. <기출>　　　*deflate: (희망, 자신 등을) 떨어뜨리다, 꺾다

(1) 틀린 부분: ＿＿＿＿＿＿＿＿ → 바르게 고치기: ＿＿＿＿＿＿＿＿ [2점]

　　틀린 이유: ＿＿＿＿＿＿＿＿＿＿＿＿＿＿＿＿＿＿＿＿ [3점]

(2) 틀린 부분: ＿＿＿＿＿＿＿＿ → 바르게 고치기: ＿＿＿＿＿＿＿＿ [2점]

　　틀린 이유: ＿＿＿＿＿＿＿＿＿＿＿＿＿＿＿＿＿＿＿＿ [3점]

Main Stage 2 영작 서술형

정답 및 해설 p. 88

아래 사항에 주의하여 영작한다.

1 비교되는 두 대상은 문법적으로나 논리적으로 서로 대등해야 한다. (◀ p. 113 Point 13)

[1] ***Reading* books** is a lot better than **TV(→*watching* TV)** in many ways.

특히, 대명사를 빠뜨리지 않도록 하고 대명사의 수에 주의해야 한다. 비교되는 두 대상의 수에 주의한다.

[2] ***The influence* of peers**, the psychologist argues, is stronger than **parents(→*that* of parents)**. <기출>
(those ~ (×))

2 as나 than 뒤에는 비교 대상만 쓰거나, 동사가 반복되면 대동사(◀ p. 103 Point 12)로 받는다.

[3] She exercises more frequently than **her parents**. (She와 비교 대상인 her parents)
[4] She exercises more frequently than her parents **do**. (exercise를 받는 대동사 do)

비교되는 대상을 파악한 후 적절한 구문을 활용해 비교구문을 영작해 본다. 다음 문제를 보자.

> **다음 우리말과 일치하도록 괄호 안의 어구를 모두 한 번씩만 활용하여 영작하시오.** (필요하면 밑줄 친 단어 변형 가능)
>
> 때때로 물건들을 만드는 것이 그것들을 사는 것보다 더 경제적일 수 있다.
>
> (economical / creating / them / can / things / than / be / buying)
>
> → Sometimes, _____ .

STEP 1 주어진 우리말에서 비교 대상을 찾고, 문법적으로 대등한 형태로 영작한다.

때때로 <u>물건들을 만드는 것</u>이 <u>그것들을 사는 것</u>보다 더 경제적일 수 있다.
　　　　　　creating things　　buying them

STEP 2 원급/비교급/최상급 구문 중 적절한 것을 사용하여 나머지 부분을 영작한다.

비교 대상이 둘이고 주어진 어구에 than이 있으므로 <비교급+than ~> 구문을 이용한다.

~보다 더 경제적일 수 있다 → can be more economical than
　　　　　　　　　　　　　　└ 형용사 economical을 비교급으로 변형한다.

*비교 대상이 둘이면 원급이나 비교급, 셋 이상 중에 정도가 가장 심한 것을 나타낼 때는 최상급을 사용한다.

STEP 3 각 구문에 맞는 올바른 순서로 배열하여 문장을 완성한다.

→ Sometimes, creating things can be more economical than buying them.

Exercise

점수 | 　　　30점

[01-04] 다음 우리말과 일치하도록 괄호 안의 어구를 모두 한 번씩만 활용하여 영작하시오. (필요하면 밑줄 친 단어 변형 가능) [각 5점]

01 내가 지금까지 현미경으로 관찰했던 것 중 가장 작은 미생물이 희미하게 빛나고 있었다.

(have / the / microorganism / I / tiny / ever observed / that)

→ _____ under a microscope

was glowing faintly.

02 당신이 잘 때, 당신의 몸은 낮 동안 당신이 소비한 만큼의 에너지를 회복한다.

(much / regains / spent / as / your body / as / energy / you)

→ When you sleep, _____ during the day.

<기출>

03 개인의 성장 측면에서 실패로부터 배우는 것은 성공을 축하하는 것만큼 중요하다.

(as / failures / significantly / celebrating / as / learning / is / successes / from)

→ _____ in terms

of personal growth.

04 우리 몸 전체에서 가장 민감한 신체 기관은 피부이며, 그것은 압력, 온도, 통증에 반응한다.

(our skin / in / organ / our entire body / the / is / sensitive)

→ _____ , which responds

to pressure, temperature, and pain.

05 다음 글의 내용을 한 문장으로 요약하고자 한다. <조건>에 맞게 요약문을 완성하시오. [10점]

> Noise in the classroom has negative effects on communication patterns and the ability to pay attention. Thus, it is not surprising that constant exposure to noise is related to children's academic achievement. Some researchers found that, when preschool classrooms were changed to reduce noise levels, the children spoke to each other more often and in more complete sentences, and their performance on prereading tests improved. On reading and math tests, elementary school students in noisy classrooms consistently performed below those in quieter settings. <기출>

<조건> 　1. <보기>의 어구를 모두 한 번씩 사용할 것

　　　　2. 필요하면 밑줄 친 단어를 비교급 또는 최상급으로 고쳐 쓸 것

<보기> 　perform / students / quiet / well / in / than / environments / on tests

[요약문] According to an experiment, students who study _____

_____ in noisy surroundings.

Plus Stage 출제 범위에서 예상 문장 골라내기

정답 및 해설 p. 89

비교구문은 출제 빈도가 높으므로 시험 범위 내의 지문과 도표 자료 설명의 비교 표현은 빠짐없이 알아두어야 한다.

사항 1 **원급 vs. 비교급 vs. 최상급**

형용사/부사의 올바른 형태는 대부분 뒤에 나오는 as B나 than B, 또는 in, of, among ~ 등의 어구를 통해 알 수 있다.
하지만 사항 2의 이유로 문맥상 어떤 형태가 올바른지 확인하는 습관을 들이는 것이 바람직하다.

사항 2 **than 이하나 최상급의 범위가 생략된 경우**

문맥상 충분히 알 수 있을 때 자주 생략된다. 문맥을 보고 생략된 부분을 고려하여 형태를 판단해야 한다.

◆ Try by Yourself!

01   다음 중 도표의 내용과 일치하지 않는 문장 1개를 찾아 그 번호를 쓰고, 틀린 부분을 바르게 고치시오.

① In each age group, the percentage of people who used online learning materials was higher than that of people who used online courses. ② The 25-34 age group had the highest percentage of people who used online courses in all the age groups. ③ Those aged 55 and older were less likely to use online courses among the five age groups. (이하 생략) <기출>

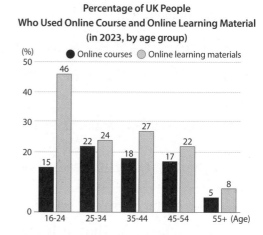

[정답] 번호: (   ) / 틀린 부분: _____ → 바르게 고치기: _____

02   다음 (A), (B) 괄호 안에 주어진 형용사를 문맥상 알맞은 형태로 바꿔 쓰시오.

Credit arrangements of one kind or another have existed throughout human civilization. The problem in previous eras was that people seldom wanted to extend much credit because they didn't trust that the future would be better than the present. They generally believed that times in the past had been (A) (good) _____ than their own times and that their futures would be (B) (bad) _____. (이하 생략) <기출>   *credit arrangement: 신용 거래

[정답] (A) _____   (B) _____

Point 22 비교구문 Ⅱ

Point 21에 이어 원급, 비교급, 최상급이 포함된 주요 구문을 집중적으로 알아본다.

Zero Stage

정답 및 해설 p. 89

1 원급, 비교급, 최상급 포함 빈출 구문

the+비교급 ~, the+비교급 ...	~할수록 더 ⋯하다 (◀ p. 186)
as 원급 as possible	가능한 한 ~한[하게] (= as 원급 as+S′+can[could])
A+less 원급+than B	A는 B보다 덜 ~한[하게] (= A not as[so] 원급 as B)
one of the 최상급+복수명사	가장 ~한 것들 중 하나
the+서수+최상급	~번째로 가장 ⋯인

[1] I asked the shopping mall to cancel my order **as soon as possible.** (= as soon as they can)

[2] Mammals tend to be **less colorful than** other kinds of animals. (= not as[so] colorful as) <기출>

[3] He is known as **one of the most successful writers** of all time.

[4] Carbon is **the fourth most abundant** element in the universe.

2 A+배수/분수+as 원급 as B: A는 B의 ⋯배만큼 ~한 (= A+배수/분수+비교급 than B)

- **배수**: twice (두 배), three times (세 배), half (절반) 등
- **분수**: a third (⅓), two thirds (⅔) 등
- *단, twice, half는 <배수/분수+비교급+than ~> 구문으로 쓰지 않는다.

[5] During peak season, room rates can be **three times as expensive as** the regular price.
= three times more expensive than

3 최상급의 의미를 나타내는 원급, 비교급 포함 구문

[6] Practice is **the most crucial** factor in mastering any skill.
= **No (other)** factor is **as crucial as** practice ~.　　<no (other) ... as[so] 원급 as ~>
= **No (other)** factor is **more crucial than** practice ~.　<no (other) ... 비교급 than ~>
= Practice is **more crucial than any other** factor ~.　<비교급 than any other ~>

nothing else(다른 어느 것도 ~ 아닌), no one else(다른 누구도 ~ 아닌)를 주어로 표현할 수도 있다.
의미 파악에 지장이 없으면 else는 생략 가능하다.

[7] **Nothing (else)** is **as crucial as/more crucial than** practice.

[8] **No one (else)** understands me **as well as/better than** you.

Main Stage 1 어법 서술형

정답 및 해설 p. 89

어법 문제는 <the+비교급 ~, the+비교급 ...(~할수록 더 …하다)> 구문에 특히 집중되므로 잘 알아두도록 하자.

 Check 1 | **<the+비교급 ~, the+비교급 ...> 구문을 이루는 각 절의 어순에 주의한다.**

각 절에서 비교급으로 만든 것 앞에 the를 붙여 절의 맨 앞으로 이동시킨다.

가장 일반적인 어순은 보어인 형용사나 부사를 비교급으로 만든 <the+비교급+S+V>이다.

We climbed **high**.　　　　It became **cold**.

¹**The higher** we climbed, // **the colder** it became.

비교급으로 만드는 형용사가 뒤에 오는 명사를 수식하여 의미적으로 긴밀한 어구를 만든다면, 한 덩어리로 이동하여 <the+비교급+명사> 어순이 된다.

You meet **many** people.　　　　You can gain a **broad** knowledge about various cultures.

²**The more** people you meet, // **the broader** knowledge you can gain about various cultures.

비교급 뒤의 <주어+동사> 또는 be동사는 없어도 의미 전달이 가능한 경우 생략할 수 있다.

³**The sooner** (you do it), **the better** (it is).

⁴**The higher** the expectations (are), the more difficult it is to be satisfied. <기출>

❖ 다음 밑줄 친 부분이 어법상 옳으면 ○, 틀리면 ✕로 표시하고 바르게 고치시오.

❶ The principle of scarcity states that the more limited something is, the more it becomes desirable. <기출>

❷ The more television we watch, the less time we have to spend with the people around us.

 Check 2 | **<the+비교급 ~, the+비교급 ...> 구문의 비교급 형태가 옳은지 판단한다.**

원래 절의 문장 구조에서 형용사인지 부사인지를 따져 판단해야 한다.

⁵The more **dangerous(→dangerously)** you drive, the higher the risk of accidents becomes. (← You drive dangerously.)

틀린 이유 원래 문장 구조가 You drive dangerously.이므로 동사를 수식하는 dangerously로 고쳐야 한다.

❖ 다음 밑줄 친 부분이 어법상 옳으면 ○, 틀리면 ✕로 표시하고 바르게 고치시오.

❸ The more diligently you research a destination before traveling, the smoother your trip will be.

❹ The more slowly we eat, the more effective our bodies can absorb nutrients from our food.

Main Stage 2 영작 서술형 I

정답 및 해설 p. 90

<the+비교급 ~, the+비교급 ...> 구문을 사용하는 문장을 영작해 본다. 다음 문제를 보자.

다음 우리말과 일치하도록 괄호 안의 어구를 모두 한 번씩만 활용하여 영작하시오. (필요하면 밑줄 친 단어 변형 가능)

두 물체의 질량이 더 클수록 그것들 사이의 중력은 더 강력하다.

(gravity between them / mass / strong / the / have / is / much / the force of / two objects / the)

→ _____ , _____ .

STEP 1 주어진 어구로 각 절의 구조에 맞게 영작한다.

두 물체의 질량이 더 클수록   /   그것들 사이의 중력은 더 강력하다

→ two objects have **much mass**   → the force of gravity between them is **strong**

STEP 2 비교급으로 바꾸고, the를 더하여 앞으로 보낸다. 나머지 어구는 순서대로 쓴다.

이때 비교급과 덩어리를 이루는 명사가 있다면 함께 앞으로 보낸다.

→ The more mass two objects have, the stronger the force of gravity between them is.
  └ 비교급과 수식받는 명사 mass가
    함께 앞으로 온다.

❖ 다음 우리말과 일치하도록 괄호 안의 어구를 모두 한 번씩만 활용하여 영작하시오. (필요하면 밑줄 친 단어 변형 가능)

❶ 당신이 발표를 더 많이 연습할수록 당신은 청중 앞에서 더 자신감을 갖게 될 것이다.

(the / you / be / much / confident / will / the / practice / you)

→ _____ a presentation, _____

_____ in front of an audience.

❷ 당신이 당신의 상황을 더 자주 평가할수록 자기 인식이 더 깊어진다.

(frequently / the / your self-awareness / the / assess / you / grows / deep)

→ _____ your situation, _____

_____ . <기출>

❸ 사람들이 얻을 수 있는 무료 정보가 더 많을수록 결정을 내리기가 더 힘들어질 수 있다.

(get / hard / the / free information / the / people / much / can)

→ _____ , _____

making decisions can become. <기출>

Main Stage 3 영작 서술형 Ⅱ

원급, 비교급, 최상급을 포함하는 다양한 구문을 활용하여 문장을 영작해 본다. 다음 문제를 보자.

> **다음 우리말과 일치하도록 괄호 안의 어구를 모두 한 번씩만 활용하여 영작하시오.** (필요하면 밑줄 친 단어 변형 가능)
>
> 패스트 패션 상품들은 가능한 한 빠르게 만들어지고 소비자들에게 판매된다.
>
> (as / sold / rapid / to consumers / possible / as)
>
> → Fast fashion items are created and _____. <기출>

STEP 1 우리말 해석과 주어진 어구를 보고 사용해야 할 구문의 종류를 파악한다.

패스트 패션 상품들은 [가능한 한 빠르게] 만들어지고 소비자들에게 판매된다.
└ as 원급 as possible

STEP 2 적절한 구문을 사용하여 주어진 문장을 완성한다.

→ Fast fashion items are created and <u>sold to consumers as ⟨rapidly⟩ as possible.</u>
동사를 수식하는 부사가 필요하므로 ┘
rapid는 부사 형태인 rapidly로 변형한다.

Exercise

점수 | 50점

[01-07] 다음 우리말과 일치하도록 괄호 안의 어구를 모두 한 번씩만 활용하여 영작하시오. (필요하면 밑줄 친 단어 변형 가능) [각 5점]

01 수은은 금속 원소인데, 같은 부피의 물의 13.6배만큼 무겁다.

(is / water / as / 13.6 / the / as / times / of / <u>heavy</u> / volume / same)

→ Mercury, a metallic element, _____.

02 아이들은 우리 사회의 다른 어떤 집단보다 더 취약하고, 따라서 그들은 보호가 필요하다.

(in / <u>vulnerable</u> / other / any / than / our society / are / group)

→ Children _____, and

therefore, they need protection.

03 대양의 지리적 경계들은 대륙의 그것들(지리적 경계들)보다 덜 명확하다.

(the continents / than / are / <u>that</u> / clear / of / less)

→ The geographical boundaries of the oceans _____

_____. <기출>

04 물질 단위당, 우리 몸의 다른 어떤 기관도 뇌보다 더 많은 에너지를 사용하지 않는다.

(than / our body / no / energy / the brain / other organ / uses / in / much)

→ Per unit of matter, _____.

<기출>

05 비행기가 흔들리기 시작하자, 그는 그의 좌석을 가능한 한 꽉 붙잡았다.

(he / as / grabbed / tight / could / as / his seat / he)

→ As the plane started shaking, _____. <기출>

06 사람들이 선택지를 분석하는 데 더 많은 시간을 쓸수록 나중에 자신들의 선택에 더 불만족스러워하는 경향이 있다.

(time / they / spend / be / the / tend / dissatisfied / the / people / much / to)

→ _____ analyzing their options, _____

_____ with their choices later.

07 내 휴가의 최악의 순간들 중 하나는 우산 없이 폭풍우를 만났을 때였다.

(of / bad / one / my vacation / the / be / of / moments)

→ _____ when I got caught

in a rainstorm without an umbrella.

08 다음 빈칸에 들어갈 가장 적절한 말을 <보기>의 어구를 올바른 순서로 배열하여 완성하시오. [각 7.5점]

Psychologists Leon Festinger, Stanley Schachter, and sociologist Kurt Back began to wonder how friendships form. Why do some strangers build lasting friendships, while others struggle to get past basic platitudes? Some experts explained that friendship formation could be traced to infancy, when children acquired the certain attitudes toward life. But Festinger, Schachter, and Back pursued a different theory. They believed that physical space was the key to friendship formation; People tend to make friends with people they cross paths with frequently. That is, _____, _____. In their view, it wasn't so much that people with similar attitudes became friends, but rather that people who passed each other during the day tended to become friends and so came to adopt similar attitudes over time. <기출>

*platitude: 상투적인 말, 진부한 말 **cross paths with: (우연히) 누군가를 마주치다

<보기> (A) someone / often / see / people / the more
(B) likely / to develop / a friendship / the more / is

[정답] That is, (A) _____, (B) _____

_____.

Plus Stage 출제 범위에서 예상 문장 골라내기

정답 및 해설 p. 91

아래 두 구문이 가장 중요하므로 아래 사항을 알아두자.

1. <the 비교급 ~, the 비교급 ...>: ~할수록 더 ...하다

특히 중요하므로 **의미, 어순, 비교급 형태**를 모두 알아두어야 한다.

어법도 중요하지만, 독해 지문에서 주제문 등 주요 문장에 많이 쓰인다.

어법과 문장의 중요도가 모두 높은 것이므로 아주 좋은 서술형 출제 대상이다.

이 구문의 개념을 이미지화하면 오른쪽과 같다. 문장이나 지문에서 나타내고자 하는 내용이 이와 같은
이미지라면 이 구문을 적용해 보자.

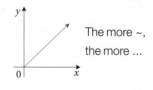

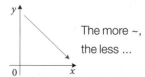

2. A+배수/분수+as 원급 as B: A는 B의 ...배만큼 ~한 (= A+배수/분수+비교급 than B)

A와 B의 차이가 '어느' 정도인지를 수치로 언급한다. larger than, much smaller than 등에 비해 차이를 좀 더 명확히 알 수 있다.

배수가 딱 떨어지지 않을 때는 아래처럼 표현하기도 한다.

e.g. over[more than] twice as many as(두 배 넘게), about three time higher than(약 세 배 정도 더 높게) 등

☞ Try by Yourself!

01 **다음 네모 안에서 문맥상 적절한 단어를 골라 쓰시오.**

> In today's team dynamics, hiring people similar to ourselves is no longer effective. We seek diverse teams where members complement each other. When assembling a new team or recruiting team members, we must assess how each individual fits into our overall team objective. The smaller / bigger the team, the more possibilities exist for diversity. <기출>

[정답] _____

[02-03] 다음 문장이 도표의 내용과 일치하면 ○, 일치하지 않으면 ✕로 표시하시오.

02 In 2023, the percentage of smartphone users was three times higher than that of tablet users. <기출>

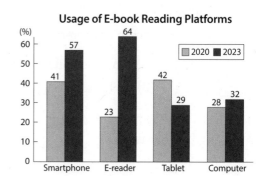

03 Computers were used half as much as e-readers in 2023. <기출>

Point 23 도치구문

의문문, 감탄문, 기원문이 아닌데도 <(조)동사＋주어>의 어순으로 '도치'가 일어나는 구문이 있다.
앞서 Point 16(◀p. 137, p. 140)에서 학습한 if 생략 도치구문 외에 도치가 일어나는 주요 구문을 알아본다.

Zero Stage

정답 및 해설 p. 92

1 **<부정어(구)＋(조)동사＋주어 ~>**

부정어(구)를 강조하기 위해 문장 앞에 둘 때 도치가 일어난다. 도치어순은 정상어순보다 더 주목하게 만드는 효과가 있다.
도치를 통해 부정어(구)를 강조하려는 의도를 더 알기 쉽게 만들어 준다.

¹ **Never** did^V she^S look back on her failures.
² **Little** have^V I^S expected the rain to turn into a beautiful rainbow.
³ **Not only** can^V Amy^S cook, she can also teach cooking to others.

> ・문장 앞에 둘 때 도치가 일어나는 부정어(구)
> no / not / never / not only / not until (~ 후에야 비로소) / nowhere /
> hardly, scarcely (거의 ~않는) / seldom, rarely (좀처럼 ~않는) / little, few / only 등

2 **관용적으로 도치구문을 써야 하는 표현**

・<so/neither[nor] ＋ V ＋ S>: S도 역시 그렇다/그렇지 않다 《V는 대동사의 성격을 가진다.》
・<There/Here ＋ V ＋ S> 《주어가 대명사일 때는 도치되지 않는다. *e.g.* There *he* comes. (O)》

⁴ Claire is allergic to peanuts, and **so** is^V her sister^S. (= Her sister is allergic to peanuts, too.)
⁵ A: I haven't been to Thailand.
　B: **Neither** have^V I^S. (= I haven't been to Thailand, either.)
⁶ **There** goes^V the train^S.

3 **<(방향·장소) 부사(구)＋V＋S ~>**

정상어순도 가능하지만, 도치로 표현하면 움직이는 방향이나 장소가 좀 더 생생하게 표현되는 효과가 있다.
be, stand, exist, lie, appear, come, go 등의 자동사일 때 주로 도치가 일어나며, 동사 형태 그대로 도치가 일어난다.

⁷ **Down** came^V the rain^S.
⁸ **On the horizon** appeared^V a magnificent sunrise^S.

Main Stage 1 문장전환 서술형

Check 1

부정어(구) 강조 도치구문에서 부정어(구) 뒤의 어순은 의문문과 같다.

- 일반동사 → 부정어(구)+조동사 do/does/did+S+V ~
  [1] *Hardly* **does she** show her emotions.

- be동사 → 부정어(구)+be동사+S ~
  [2] *Never* **was I** upset by his different opinions.

- 조동사 → 부정어(구)+조동사+S+V ~
  [3] *Only with hard work and passion* **can we** succeed.
  └ be 《수동》 / have 《완료》 / can, must 등

*부정어구가 정상어순의 부사절을 이끌고, 그 뒤 주절에서 도치가 일어나는 구문에 주의한다.

[4] *Not until she*^S *got*^V *home* **did she** realize she had forgotten her keys.
　　　　부사절　　　　조동사 S　V

❖ 밑줄 친 부분을 강조하는 도치구문으로 바꿔 쓰시오.

❶ She <u>not only</u> can sing very well, but she also can write beautiful lyrics.

→ _____, but she can also write beautiful lyrics.

❷ Cultures have <u>rarely</u> been completely isolated from external influence.

→ _____ completely isolated from external influence. <기출>

❸ The nocturnal animals came out to hunt <u>only after the sun had set</u>.

→ _____ out to hunt.　　*nocturnal: 야행성의

Check 2

방향·장소의 부사(구) 강조 도치구문에서는 동사 형태 그대로 도치된다.

일반동사가 쓰여도 조동사 do/does/did를 사용하지 않고 동사 형태 그대로 주어와 도치한다.

- (방향·장소) 부사(구)+V+S ~

[5] A bus^S **came**^V *around the corner* before I could cross the street.
→ *Around the corner* **came**^V a bus^S before I could cross the street.
　　(Around the corner **did** a bus **come** ~. (✕))

❖ 밑줄 친 부분을 강조하는 도치구문으로 바꿔 쓰시오.

❹ A beautiful beach with gentle waves rolling in to shore lay <u>beyond the rocky cliffs</u>.

→ _____ with gentle waves rolling in to shore.

❺ Faded pictures that captured the smiling face of a girl were <u>inside the old envelope</u>.

→ _____ that captured the smiling face of a girl.

Main Stage 2 어법 서술형

 Check 1 문장 앞에 두는 어구에 따라, 주어 앞의 (조)동사 사용 여부에 주의한다.

조동사 do/does/did를 사용하는지, 동사 형태 그대로 두는지를 구별해야 한다.

[1] Never **realized I(→did I realize)** how much I missed my family until I moved away.

틀린 이유 부정어 never가 문장 앞에 쓰일 때 주어와 동사 realized는 <never + did+주어 + realize ~>의 어순이 되어야 한다.

nor/neither는 앞 절에 not, never가 있을 때 자주 사용된다. 관용적으로 도치구문을 쓰는 형태(◀ p. 191)와 달리, 아래처럼 부정어구와 동일한 방식으로 도치될 수도 있다.

[2] I could n't remember the name of the street, nor did I have a map to guide me.

❖ 다음 밑줄 친 부분이 어법상 옳으면 ○, 틀리면 ✕로 표시하고 바르게 고치시오. (단, 시제는 변경하지 말 것)

❶ After I had followed your exercise plan, my physical strength improved a lot, and so did my emotional state.

❷ These days, scarcely most people read the terms and conditions before clicking "agree."

❸ Into the colorful reef swam the curious scuba diver to observe the dynamic sea life.

❹ Never had she children of her own, yet she loved children and felt comfortable around them.
<기출>

❺ The rubber tree doesn't require much water to survive, nor thrives it in direct sunlight.

 Check 2 도치구문의 (조)동사는 주어에 수일치시켜야 하므로 주어를 잘 판단해야 한다.

[3] On a hill within the park **is(→are)** observation decks where visitors can enjoy great views.

틀린 이유 주어는 복수명사 observation decks이므로 동사를 복수동사 are로 고쳐야 한다.

❖ 다음 밑줄 친 부분이 어법상 옳으면 ○, 틀리면 ✕로 표시하고 바르게 고치시오. (단, 시제는 변경하지 말 것)

❻ Seldom do the clothing industry address overproduction and waste, which harms the environment.

❼ Rarely are customer complaints ignored by companies in the age of social media.

❽ Above the tall trees of the forest soars majestic eagles, scanning for their prey below.
*majestic: 위풍당당한, 장엄한

Exercise

[01-05] 다음 밑줄 친 부분이 어법상 옳으면 ○, 틀리면 ×로 표시하고 바르게 고치시오. (단, 시제는 변경하지 말 것) [각 4점]

01 Behind his success <u>was</u> many challenges that he faced and had to overcome.

02 When people think about the development of cities, rarely <u>consider they</u> the critical role of vertical transportation such as elevators and escalators. <기출>

03 Under no circumstances <u>children should be left</u> unsupervised in order to prevent accidents.

04 Never <u>does</u> the results we want seem to come quickly enough, so we slide back into our previous routines without making any changes. <기출>

05 Fast food doesn't get support from nutritionists, and neither <u>does the consumption of processed foods</u>.

06 **다음 글의 밑줄 친 ①~④ 중 틀린 부분 2개를 찾아 바르게 고친 후, 틀린 이유를 작성하시오.** [각 5점]

> Into the chaos ① <u>rushed</u> the volunteer fire brigades. Never before ② <u>the town had witnessed</u> such a big wildfire, but these brave individuals put themselves in harm's way to protect their community. Only with their dedication to performing auxiliary tasks, such as setting up equipment and managing traffic, ③ <u>could the firefighters respond</u> to emergencies efficiently. Little ④ <u>we knew</u> the dedication of these brave volunteers. However they undoubtedly deserve our gratitude for their selfless service to their communities in times of need.   *volunteer fire brigade: 의용소방대(소방 업무 보조를 위해 지역주민 중 희망자로 구성하는 소방대)

(1) 틀린 부분: _____ → 바르게 고치기: _____ [2점]

　　 틀린 이유: _____ [3점]

(2) 틀린 부분: _____ → 바르게 고치기: _____ [2점]

　　 틀린 이유: _____ [3점]

Main Stage 3 영작 서술형

우리말 해석에서는 도치구문을 써야 하는지가 드러나지 않으므로 조건과 주어진 어구로 확인해야 한다. 다음 문제를 보자.

다음 우리말과 일치하도록 괄호 안의 어구를 모두 한 번씩만 활용하여 영작하시오. (필요하면 단어 변형 가능, 도치구문으로 쓸 것)

언어는 문화의 확산을 촉진할 뿐만 아니라 우리의 사고방식을 형성한다.

(do / facilitate / culture / the spread / language / of)

→ Not only _____, but it shapes the way we think. <기출>

STEP 1 문장 앞의 어구와 조건을 확인한다.

Not only가 문두에 주어졌고 주어진 조건에서 도치구문으로 쓰라고 했으므로, 부정어구 뒤의 도치구문을 영작해야 한다.

STEP 2 주어진 우리말에서 주어와 동사를 찾고 영작한다.

동사가 일반동사라면 강조된 어구가 부정어구인지 부사구인지에 따라 올바른 형태로 영작한다.

언어는 문화의 확산을 촉진할 뿐만 아니라 ~.
  └ 주어: language └ 동사: facilitates
        └ 일반동사의 현재시제이므로 도치구문으로 바꿀 때는 조동사 does를 사용한다.

STEP 3 도치구문 어순에 맞게 배치한다.

→ Not only does language facilitate the spread of culture, but it shapes the way we think.

❖ 다음 우리말과 일치하도록 괄호 안의 어구를 올바른 순서로 배열하시오. (도치구문으로 쓸 것)

❶ 인간은 최근에야 다양한 언어와 알파벳을 만들었다.

   (have / languages / various / humans / and alphabets / created)

   → Only recently _____. <기출>

❷ 군중들 가운데 내가 몇 년 동안 보지 못했던 낯익은 얼굴이 나타났다.

   (hadn't seen / a familiar face / I / appeared / that)

   → Among the crowd of people _____ in years.

❸ 마케팅의 몇몇 원칙을 발견하고 나서야 그는 더 큰 성공을 거둘 수 있었다.

   (he / marketing / find / discovered / of / he / did / the principles)

   → Not until _____ increased success. <기출>

Plus Stage 출제 범위에서 예상 문장 골라내기

정답 및 해설 p. 95

어순과 동사의 수가 올바른지 판단하는 것이 도치구문 문제의 핵심이다.

여러 가지를 복합적으로 물어볼 수 있기 때문에 지문에 여러 포인트가 포함되어도 도치가 1순위로 출제된다.

아래와 같은 순서로 대비하자.

순서 1 도치구문이 쓰인 문장을 파악한다.

1 의문문도 아닌데 의문문 어순인 문장

2 동사의 뒤에 주어가 있는 문장

이 두 가지에 주의하면, 출제 범위 내에서 도치 문장을 그리 어렵지 않게 파악할 수 있다.

순서 2 주어를 찾아 동사와 수일치를 확인한다.

수일치 문제에서 자주 출제되는 문장의 원리가 도치 문장에서도 적용된다.

즉, 동사 뒤에 주어가 바로 나오지 않거나 명사가 여러 개 보이는 경우, 주어를 확인해 두어야 한다.

✎ Try by Yourself!

[01-04] 다음 <보기>와 같이 밑줄 친 부분이 정상어순이면 ○, 도치어순이면 ✕로 표시하고 도치구문이 있는 절의 주어(수식어구 포함)에 네모 표시하시오.

> <보기> Behind the solar panels are batteries that collect and store energy from the sun. ✕

01 Only after the students had submitted their papers did the teacher share her feedback.

02 Science fiction not only helps students see scientific principle in action, but it also builds their critical thinking and creative skills. <기출>

03 To the left of the research facility were very tall and impressive mountains, standing against the horizon.

04 At the extreme end of multitasking, teenagers are messaging constantly while they are talking on their cell phone, listening to music, and doing homework.

196 **UNIT 06** 주요 구문

Point 24　It을 활용한 구문

Zero Stage

정답 및 해설 p. 95

1 **가주어: it ~ to-v / it ~ that[whether, what] ...** (…은 ~이다)

to부정사구, 명사절이 주어일 때, 대부분 it(가주어)을 주어 자리에 두고 진주어는 문장 뒤로 보낸다.

[1] **To produce** products that customers actually want is always a challenge.

→ **It** is always a challenge **to produce** products that customers actually want.

[2] **It** is certain **that** laughter has a positive impact on our well-being.

2 **가목적어: S+V+it+목적격보어+to-v/that ...** (…이 ~임을 알다 등)

SVOC문형 동사 make, find, think, consider, believe 등은 목적어가 to부정사구, 명사절일 때 반드시 it(가목적어)을 목적어 자리에 두고 진목적어는 문장 뒤로 보낸다.

She[S] found[V] **to concentrate** on her studies with all the noise around her[O] difficult[C]. (✕)

→ [3] She[S] found[V] **it**[O] difficult[C] **to concentrate** on her studies with all the noise around her. (〇)

[4] The school made **it** essential **that** students participate in a cultural exchange program.

3 **강조구문: it be ~ that ...** (…한 것은 바로 ~이(었)다) ◀ p. 199

it be와 that 사이에 있는 어구가 강조된다. 강조어구가 사람이면 who, 사물이면 which를 쓰기도 한다.

[5] *My phone* suddenly rang in the quiet library.

→ **It was** *my phone* **that[which]** suddenly rang in the quiet library. 《my phone 강조》

4 **관용구문은 숙어처럼 알아둔다.**

It seems[appears] that S'+V' (= S seems to-v)	~인 것 같다, ~인 듯하다
It takes+사람+시간+to-v	~가 v하는 데 (시간이) 걸리다
It happens that S'+V'	우연히 ~하다

[6] **It seems that** environmental factors and social influences significantly affect our behavior.

[7] **It takes** only a few minutes for a professional dancer **to memorize** new dance steps.

[8] **It happens that** I bumped into an old friend at the supermarket.

Main Stage 1 어법 서술형

정답 및 해설 p. 96

it을 사용한 구문의 형태가 올바른지 확인하는 문제가 출제될 수 있다.

 Check 1 — it 대신 다른 대명사가 쓰였는지 확인한다.

반드시 it을 써야 하는 구문에서 it 대신 this, they, them, that 등을 쓰면 틀린다.

¹ **This(→It)** is good to learn a new language for various reasons. 《가주어 it》

 Check 2 — it이 누락되었는지 확인한다.

주어와 목적어는 문장이나 절을 이루는 필수 요소이므로 빠져서는 안 된다.

² To my surprise, I discovered **that(→that it)** was easy to reorganize my desk with the help of some simple storage solutions. 《가주어 it》

³ They found **sensible(→it sensible)** to save money for financial stability. 《가목적어 it》

 Check 3 — 가목적어 it의 위치가 적절한지 확인한다.

⁴ The local farmers will find **difficult it(→it difficult)** to sell the food they produce.

가목적어 it을 자주 취하는 동사는 make, find, think류로 거의 정해져 있고, 보어도 hard[difficult], easy, possible, impossible 등이 대부분이기 때문에 숙어처럼 알아두면 유용하다.

make it possible ~	~이 가능하도록 하다
find it easy ~	~이 쉽다는 것을 알다
think[consider, believe] it hard ~	~이 어렵다고 생각하다

그 외의 경우, 목적격보어와 진목적어의 의미 관계를 확인하여 가목적어 구문임을 알 수 있다.

⁵ I found **it** impressive that volunteers inspire others to get involved.

❖ 다음 밑줄 친 부분이 어법상 옳으면 ○, 틀리면 ×로 표시하고 바르게 고치시오. (단, 한 단어로 고칠 것)

❶ That is better not to arrive late to meetings because it makes you look unprofessional.

❷ Advancements in navigation expanded horizons. The invention of the sail made them possible for our ancestors to trade with countries that could only be reached by sea. <기출>

❸ More than a hundred years ago, a kind-hearted man lived nearby a dangerous coast. He thought it was tragic that so many sailors had died there. <기출>

Main Stage 2 문장전환 서술형

Check 1 **<it be ~ that> 강조구문에서는 강조할 어구의 위치와 나머지 구조에 주의한다.**

아래 밑줄 친 어구들을 it be와 that 사이에 넣어 강조할 수 있는데, 동사 시제가 현재라면 it is를, 과거라면 it was를 사용한다. (단, 동사는 이 강조구문으로 강조하지 않는다.)

that절에는 강조하고 남은 부분을 빠지는 단어 없이 그대로 써야 한다.

¹ John^S conducted the new research^O on geology^M.

→ ² **It was** *John* **that[who]** conducted the new research on geology. 《주어 강조》

→ ³ **It was** *the new research* **that[which]** John conducted on geology. 《목적어 강조》

→ ⁴ **It was** *on geology* **that** John conducted the new research. 《부사구 강조》

❖ it be ~ that 강조구문을 사용하여 밑줄 친 부분을 강조하는 문장으로 바꿔 쓰시오.

❶ His introverted personality enabled him to excel in independent tasks.

→ It _____ .

❷ Businesses rely on high-quality customer service to maintain client satisfaction.

→ It _____ .

❸ He seemed perfectly natural and relaxed only when he was with his family.

→ It _____ .

Check 2 **<It seems that S′+V′>를 <S+seem to-v>로 전환할 때, to-v 형태에 주의한다.**

1 seem의 시제와 that절의 시제가 같으면 to-v/to be p.p.를 쓴다.

⁵ It seemed that she was very happy. ⇄ She seemed **to be** very happy.

2 seem보다 that절의 시제가 앞서거나 완료형일 때는 to have p.p./to have been p.p.를 쓴다.

⁶ It seems that he has been/was sick. ⇄ He seems **to have been** sick.

❖ 다음 두 문장의 의미가 일치하도록 빈칸을 완성하시오. (단, 빈칸당 한 단어만 쓸 것)

❹ This photo seems to have been designed to give consumers persuasive messages.

→ It seems that _____ _____ _____ _____ to give consumers persuasive messages.

❺ It seemed that the student's study habits had improved since the last exam.

→ _____ _____ _____ _____ seemed _____ _____ _____ since the last exam.

Main Stage 3 영작 서술형

우리말과 주어진 어구를 보고 어떤 구문을 써서 영작할지 판단해야 한다. 이때 다음과 같은 것들이 힌트가 될 수 있다.

- 주어/목적어가 to부정사구, 명사절일 때 **가주어 it/가목적어 it**이 자주 쓰인다.
- **가목적어 it**은 SVOC문형에서 동사 find, make, consider, think, believe 뒤에 자주 온다.
- '바로 A이다'와 같이 우리말에서 강조된 부분이 있다면, **<it be ~ that ...>** 구문을 쓴다.

---

it의 다양한 쓰임에 주의하여 영작해 본다. 다음 문제를 보자.

> **다음 우리말과 일치하도록 괄호 안의 어구를 올바른 순서로 배열하시오.**
>
> 무엇이 직원들을 만족하도록 만드는지를 회사가 아는 것은 중요하다.
>
> (what / companies / their employees / to / important / it / know / for / makes / is / satisfied)
>
> → _____ . <기출>

STEP 1 **우리말과 주어진 어구를 보고 어떤 구문을 써야 할지 파악한다.**

우리말에서 주어에 해당하는 부분(~ 아는 것은)을 to부정사구로 영작할 수 있다.
주어진 어구의 it을 이용하여 <가주어(it)-진주어(to-v)> 구문으로 영작한다.

<u>무엇이 직원들을 만족하도록 만드는지를</u> / <u>회사가 아는 것은</u> / 중요하다.
　　　　　　　　　주어

STEP 2 **문장을 의미 단위로 영작한다.**

무엇이 직원들을 만족하도록 만드는지를 → <u>what makes their employees satisfied</u>

회사가 아는 것은 → (for companies) to know
　　　　　　　└ 진주어: to-v의 의미상의 주어는 to-v 앞에 <for/of + 목적격>으로 나타낸다.

~은 중요하다 → <u>is important</u>

STEP 3 **it을 포함하여 올바른 순서로 영문을 완성한다.**

주어진 어구의 it을 가주어로 쓰고, 진주어는 뒤로 보내 문장을 완성한다.

→ (It) is important (for companies) (to know) what makes their employees satisfied.
　└ 가주어 it　　　　└ to-v의　　└ 진주어 to-v
　　　　　　　　　　　의미상의 주어

Exercise

[01-04] 다음 우리말과 일치하도록 괄호 안의 어구를 올바른 순서로 배열하시오. [각 5점]

01 나는 구조대원들이 압박감 속에서 침착하고 집중하는 것이 놀랍다고 여겼다.

(rescue workers / calm / stay / remarkable / and / it / focused / for / to)

→ I found _____ under pressure.

02 그녀가 항공편을 예약하기 전에 여러 항공사의 가격을 비교한 것은 현명했다.

(compare / her / it / of / was / the prices / wise / of different airlines / to)

→ _____ before booking her flight.

03 인성의 진정한 본질이 드러나는 것은 바로 어려운 때이다.

(the true essence / is / that / difficulty / of one's character / in times of / revealed)

→ It is _____

_____ .

04 젊은 세대는 낭비를 줄이기 위한 방법으로 미니멀리즘을 택하고 있는 것 같다.

(that / is / seems / opting for / the younger generation / minimalism)

→ It _____ as a way to reduce waste.

*opt for: ~을 선택하다

05 다음 글의 내용을 한 문장으로 요약하고자 한다. <조건>에 맞게 요약문을 완성하시오. [10점]

> Although it may seem sensible, having two separate calendars for work and personal life can lead to distractions. To check your schedule, you will find yourself checking different to-do lists multiple times. Instead, organize all of your tasks in one place. This will give you a good idea of how time is divided between work and home. This will allow you to make informed decisions about which tasks are most important. <기출>

<조건>　1. <보기>의 어구를 모두 한 번씩만 사용할 것

　　　　2. 주어진 어구 중 It is로 시작하는 문장으로 작성할 것

　　　　3. 단어 변형 불가

<보기>　all tasks / more effective / better / to keep / in one place / time management / for / It is / and decision-making

[요약문] _____

_____ .

Plus Stage 출제 범위에서 예상 문장 골라내기

정답 및 해설 p. 98

it을 활용한 구문은 특히 요지 등의 대의 파악 영작 문제로 출제될 가능성이 크다.

주의 1 가주어 it: 필자의 주장을 가주어 it 구문으로 표현해 본다.

바로 앞 페이지에서 풀어본 요약문 문제가 대표적인 예이다. 논설문의 요지나 요약문은 보통 '~해야 한다, ~이 중요하다[필요하다]'
등을 의미하기 때문에 가주어 구문이 잘 쓰인다.

지문 속 주제문으로 나오면 진주어인 to-v ~, that ~ 부분이 의미상 핵심이므로 잘 알아두어야 한다.

e.g. It is important[crucial, essential, necessary, better 등] (for ~) to-v ~ / It is a good idea that ~

주의 2 강조구문 <it be ~ that>: A, B를 대조하는 지문에서 A를 강조하여 표현할 수 있다.

이 구문으로 어떤 어구(A)를 강조한다는 것은 다른 것(B)을 부정하는 의미도 같이 담고 있다.

A와 B가 대조되는 맥락의 지문에서 '(B가 아닌) 바로 A'를 뜻하는 것이다. 이때 강조되는 어구 A는 문맥상 매우 중요한 것이고, 이
문장은 주제문일 가능성이 크다.

◆ Try by Yourself!

[01-02] 다음 글을 읽고 빈칸을 완성하시오. (지문 속 단어를 변형 없이 사용하되, 빈칸당 한 단어만 쓸 것)

01

> The market's feedback on a firm's failures is impactful. Complaints from dissatisfied customers can be valuable learning experiences for the seller. A cosmetics company once had people complain about their sticky sunblock lotion, which presented an opportunity to develop a non-sticky alternative that captured 20 percent of the market. Considering the potential advantages for firms, it is important for _____ _____ to _____.

[정답] _____ _____ to _____

02

> Although we consider the way food looks as part of our judgment, it is astonishing how much the way it looks can impact our perception. People find it very difficult to correctly identify fruit-flavored drinks if the color is wrong. In a study involving students who were studying wine, a fascinating observation was made. When presented with white wine colored using a red dye, the students chose tasting notes typically associated with red wines. It is _____ _____ that significantly influences our perception of taste and smell, as even experienced wine tasters can be fooled by it.

[정답] _____ _____

202 UNIT 06 주요 구문

◈ UNIT EXERCISE

[01-10] 다음 밑줄 친 부분이 어법상 옳으면 ○, 틀리면 ✕로 표시하고 바르게 고치시오. (단, 생략하지 말 것) [각 4점]

01　During the experiment, the time individuals spent laughing was nearly twice as <u>frequently</u> in pairs as when alone. <기출>

02　At the heart of individualism <u>lies</u> the belief that each individual person constitutes the center of one's universe.

03　Not only <u>do</u> the widespread adoption of electric vehicles reduce carbon emissions, but it also lowers dependency on fossil fuels.

04　Members of minority groups tend to have <u>poor</u> health outcomes than those of majority groups because of the influences of discrimination on their well-being. <기출>

05　Even though our understanding of the universe remains incomplete, <u>it</u> is from within this same incompleteness that our endless quest for answers begins.

06　In today's world, information can move across the globe as <u>easy</u> as a hockey puck slides across an ice rink's flat surface. <기출>

07　It is essential <u>for</u> parents talk to their children on a regular basis about not only their schoolwork and friends but also their safety. <기출>

08　Only when the economy faces challenges <u>can you see</u> which companies have strong financial foundations and which ones are shaky.

09　Insufficient communication between teachers and students makes it more difficult for learners <u>seek</u> guidance on complex topics.

10　A recent study has found that mental health is <u>more closely</u> linked to involuntary weight loss in seniors than any other factor, such as income, age, and nutrition.

11 기억은 우리의 생각하는 능력의 기초가 될 뿐만 아니라 우리 경험의 내용을 정의하기도 한다.

(memory / our / do / ability / underlie / to think)

→ Not only _____, but it defines the content

of our experiences. <기출>

12 다른 사람들과 연결되고자 하는 욕구보다 인간 정신에 더 근본적인 것은 없다.

(than / the human spirit / fundamental / the need / to / nothing)

→ There is _____ to connect with others.

<기출>

13 치아 사이에서 플라크를 효과적으로 제거하여 충치를 예방해 주는 것은 바로 치실의 정기적인 사용이다.

(of / that / the regular use / plaque / dental floss / effectively removes)

→ It is _____

from between teeth, preventing tooth decay. *plaque: 플라크(치아에 끼는 치태)

14 우리 중 누구든 근무 시간 내내 일관된 수준의 주의력을 유지하는 것은 어렵다.

(is / any of us / for / to / challenging / of attention / a consistent level / maintain / it)

→ _____ throughout our

working hours. <기출>

15 다양한 배경을 가진 사람들을 더 많이 알수록 당신의 인생은 더 다채로워진다.

(the / you / colorful / becomes / know / much / your life / people)

→ _____ of different backgrounds, _____

_____ . <기출>

16 다음 글의 밑줄 친 (A)의 우리말과 일치하도록 괄호 안에 주어진 어구를 모두 활용하여 영작하시오. (필요하면 단어 변형 및 중복 사용 가능) [7점]

> The alternative meat industry is growing fast. This includes foods like plant-based burgers or lab-grown meat. Manufacturers making these foods are putting a lot of money and effort into safety. (A) 그들은 이 새로운 고기 제품들이 전통적인 고기만큼 안전하다는 것을 확실하게 하고 싶어 한다(as / be / safe / traditional meat / these new meat products). If people feel these foods are safe, they'll be more likely to try them. Also, focusing on safety helps them meet the rules set by different countries.

[정답] (A) They want to ensure that _____ .

New research conducted recently found ① them notable that social isolation leads people to make risky financial decisions. When people don't feel connected to their social network, they often try to buy satisfaction. And the more rejected ② feel people, the more likely they are to see money as a way to solve their problems. An experiment in Hong Kong found that people who said they felt more rejected tended to report more gambling on lotteries and ③ much riskier investment strategies than ④ that who reported feeling more socially connected. ⑤ It was clear that social rejection drove people to make riskier decisions in search of satisfaction through money. <기출>

17 틀린 부분: _____ → 바르게 고치기: _____ [2점]

틀린 이유: _____ [4점]

18 틀린 부분: _____ → 바르게 고치기: _____ [2점]

틀린 이유: _____ [4점]

19 틀린 부분: _____ → 바르게 고치기: _____ [2점]

틀린 이유: _____ [4점]

20 다음 글의 내용을 한 문장으로 요약하고자 한다. <조건>에 맞게 요약문을 완성하시오. [10점]

The Renaissance period, spanning the 14th to the 17th century, was an extraordinary and unparalleled flourishing of the spirit of innovation that continues to inspire to this day. The revival of classical learning, coupled with the birth of humanism, fueled a remarkable shift in the way people engaged with the world. Groundbreaking artists and thinkers, such as Leonardo da Vinci, Michelangelo, and Galileo Galilei, transcended boundaries in art, science, and literature. Their revolutionary contributions not only reshaped their fields but also laid the foundations for the modern world.

*unparalleled: 비할 데 없는

<조건> 1. <보기>의 어구를 모두 한 번씩만 사용할 것   2. 필요하면 밑줄 친 단어 변형 가능

3. 도치구문으로 쓸 것

<보기> the spirit / as / did / it / have / as / flourished / innovation / profound / of

[요약문] Never _____

_____ during the Renaissance period.

MEMO

MEMO

쎄듀 고등 영어
서술형 시리즈

서술형, 가볍게 해결해 목표를 향해 도약하자

1 영작 기본서를 찾는다면
올쎔 1권 기본 문장 PATTERN

- 패턴별 빈출 동사 학습 → 동사로 짧은 구 완성
  → 동사로 문장 완성
- 필수 문·어법 학습하여 문장에 응용
- LEVEL ★★ (중3~예비고1)

2 감점은 DOWN! 점수는 UP!
올쎔 2권 그래머 KNOWHOW

- 서술형 감점 막는 5가지 노하우와 빈출 포인트별
  유형 적용 훈련
- 영작 → 개념 설명 역순 학습으로 우리말과 영어의 차이

3 어법=영작, 고등 내신의 핵심
어법끝 서술형

- 어법 포인트별 빈출 유형 단계별 학습
- 출제자의 시각에서 출제/감점 포인트 바라보기 훈련
- LEVEL ★★★ (고1~고2)

4 전략적으로 학습하는 서술형
올쎔 3권 RANK 77 고등 영어 서술형

- 전국 253개 고교 기출을 분석하여 구성된 시험 출제 빈도순 목차
- 모평, 수능, 교과서, EBS 출처의 예문 수록을 통한 실전 감각 향상
- LEVEL ★★★☆ (예비고2~고3)

5 서술형 집중 훈련이 필요하다면
올쎔 3권 RANK 77 고등 영어 서술형 실전문제 700제

① 구문

판매 1위 '천일문' 콘텐츠를 활용하여 정확하고 다양한 구문 학습

끊어읽기　해석하기　문장 구조 분석　해설·해석 제공　단어 스크램블링　영작하기

② 문법·서술형

쎄듀의 모든 문법 문항을 활용하여 내신까지 해결하는 정교한 문법 유형 제공

객관식과 주관식의 결합　문법 포인트별 학습　보기를 활용한 집합 문항　내신대비 서술형　어법+서술형 문제

③ 어휘

초·중·고·공무원까지 방대한 어휘량을 제공하며 오프라인 TEST 인쇄도 가능

영단어 카드 학습　단어 ↔ 뜻 유형　예문 활용 유형　단어 매칭 게임

④ 선생님 보유 문항 이용

Online Test　OMR Test

cafe.naver.com/cedulearnteacher

쎄듀런 학습 정보가 궁금하다면?

쎄듀런 Cafe

· 쎄듀런 사용법 안내 & 학습법 공유
· 공지 및 문의사항 QA
· 할인 쿠폰 증정 등 이벤트 진행

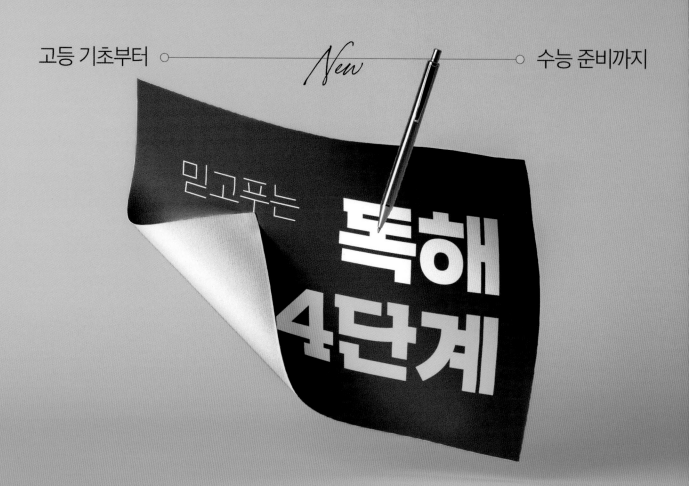

고등 기초부터 ○········ *New* ········○ 수능 준비까지

믿고푸는
독해
4단계

수능 독해의 유형잡고　　　모의고사로 적용하고

기본 다지는
첫단추

유형의 기본을 이해하는
**첫단추
독해유형편**

②

기본실력을 점검하는
**첫단추 독해실전편
모의고사 12회**

실력 올리는
파워업

③

유형별 전략을
탄탄히 하는
파워업 독해유형편

④

독해실력을 끌어올리는
**파워업 독해실전편
모의고사 15회**

* 위 교재들은 최신 개정판으로 21번 함의추론 신유형이 모두 반영되었습니다.

Grammar & Usage + Writing

서술형 영작의 핵심은 바로 어법,
어법과 영작 서술형 동시 대비!

어법 **끝**

어법으로 서술형 영작까지 정복!

어법끝
서술형

친절하고 자세한 **정답 및 해설**

쎄듀

어법끝
서술형

Grammar & Usage + Writing

정답 및 해설

Introduction

Introduction I

본책 p. 11

1 ① ○ / ② enough large → large enough / ③ eating → being eaten / ④ do → are / ⑤ ○ / ⑥ are → is │ 코끼리와 코뿔소와 같이 가장 큰 동물들은 포식자로부터 두려워할 것이 거의 없는데, 왜냐하면 그런 거대한 생물들을 잡아먹을 만큼 큰 동물이 없기 때문이다. 일단 이 동물들은 생후 몇 개월이 지나면, 더 이상 잡아먹힐 위험이 없다. 이는 더 작은 초식 동물들에게는 항상 위험인데, 언제나 그것들보다 더 큰 포식자들이 있기 때문이다. 하지만 그것들의 고밀도 개체 수는 그것들 모두가 잡아먹히지는 않을 것을 의미한다. 작은 초식 동물들의 주된 문제는 그것들이 포식자가 사냥을 나갈 때는 반드시 숨어야 하므로 특정 시간에만 먹이를 찾으러 나갈 수 있다는 것이다.

✦ rhino 코뿔소　predator 포식자　no longer 더 이상 ~ 아닌　density 밀도　population 개체 수; 인구

〔돋보기 🔍〕 ① 주어는 복수인 The biggest animals이므로 복수동사 have는 적절하다.

② enough는 명사를 수식할 때는 명사 앞에, 형용사를 수식할 때는 형용사 뒤에 위치한다. 이때는 형용사 large를 수식하므로 large enough로 고쳐야 한다. 참고로, 'V할 만큼 (충분히) ~한'이라는 의미의 <~ enough to-v> 구문이 쓰였다.

③ 코끼리와 코뿔소와 같이 큰 동물들이 '잡아먹힐' 위험이 없는 것이므로 동명사의 의미상의 주어 they(= these animals)와 eat은 수동관계이다.

④ 문맥상 더 작은 초식 동물에게는 항상 더 큰 크기의 포식자가 존재한다는 의미이다. 비교되는 두 대상은 문법적으로 대등해야 하므로 predators 뒤에 생략된 which are의 be동사를 than 뒤에 써야 한다. 주어가 복수이고 일반적인 사실을 말하고 있으므로 are로 고쳐야 한다.

⑤ 동사 mean의 목적어 역할을 하는 명사절이다. 명사절의 주어인 all of them(= small herbivores)이 모두 '잡아먹히지는' 않는 것이므로 주어와 동사 eat은 수동관계이다.

⑥ 주어는 단수인 The main problem이므로 단수동사 is로 고쳐야 한다.

Introduction II

본책 p. 14

2 (A) used → are used / (C) were happened → happened / (F) leading → (to) lead │ 대부분의 학생들은 그들이 질문하고 선생님이 그들에게 대답하는 교실에 익숙하다. 하지만 만약 수업 시간에 선생님이 모든 질문을 하고 학생들이 대답하길 기대받는다면 어떨 것 같은가? 만약 당신의 수업에서 이런 일이 벌어진다면, 당신의 선생님은 소크라테스식 교수법을 사용하고 있는 것일 것이다. 소크라테스식 교수법은 정의(正義)의 의미와 같은 도덕적 개념을 가르칠 때 가장 자주 사용된다. 소크라테스식 교수법에서는 선생님이 학생에게 한 주제에 대한 일련의 질문에 답하도록 요구한다. 그 질문의 목적은 그들의 사고방식에 있는 약점을 밝혀내고, 더 강력하고 더 나은 생각으로 학생들을 이끄는 것이다.

✦ moral 도덕적인　justice 정의; 공정성　a series of 일련의

〔돋보기 🔍〕 (A) 문맥상 '~에 익숙하다'라는 의미이므로 <be used to 명사/v-ing>가 적절하다. 주어 Most students가 복수이므로 are used로 고쳐야 한다. 참고로 used to는 '예전에는 ~했다'라는 의미의 조동사로 뒤에 동사원형이 와야 하며, 문맥상으로도 적절하지 않다.

(C) 자동사 happen은 수동태로 쓰일 수 없으며, 주절의 동사가 <조동사 과거형+동사원형>이고 문맥상 현재 사실을 반대로 가정하고 있고, if절도 마찬가지로 과거

시제가 적절하다. happened로 고쳐야 한다.

(F) 문맥상 주격보어인 to reveal과 and로 병렬 연결되었다. 등위접속사 and 뒤에 반복되는 to는 생략할 수 있으므로 lead 또는 to lead로 고쳐야 한다.

〔오답풀이 🔍〕 (B) 학생들이 '기대받는' 것이므로 주어 the students와 expect는 수동 관계이다. SVOC문형이 수동태로 바뀌며 expect의 목적격보어 to answer가 그 자리에 그대로 남았다.

(D) 문맥상 '~하는 데 사용되다'라는 의미이므로 <be used to-v>는 적절하다.

(E) a series of(일련의 ~) 뒤에는 복수명사가 온다.

3 **how embarrassed you would be if you were the only one to run screaming for the exit** │ 예를 들어 화재 경보가 울릴 때와 같이, 불확실한 상황에서 사람들은 다른 사람들이 어떻게 대응해야 하는지에 대한 신호를 주리라고 기대한다. 당신은 아마도 겁에 질리겠지만, 아무것도 하려고 하지 않는다. 당신은 만약 비상구를 향해 비명을 지르며 달려가는 사람이 자신뿐이라면 얼마나 당황스러울지를 생각해 본다. 당신이 혼자라면 아마 바로 자리를 뜰 테지만, 사람이 많을 때는 두 가지 자극을 처리해야 하는데, 경보 그 자체와 그것에 대한 사람들의 반응이다. 따라서 당신은 잠시 멈추고 행동에 나서기 위한 신호를 찾아 사람들의 표정을 살피지만, 당신이 그곳에 서 있을 때, 사람들은 당신을 돌아보며 당신의 행동을 (그 상황에) 아무 문제가 없다는 증거로 받아들인다. 그것이 화재 경보가 울리는 방에 세 사람이 앉아 있을 수 있으며 그들 중 아무도 말소리를 내지 않을 이유이다.

✦ uncertainty 불확실성　cue 신호　panic 겁에 질려 어쩔 줄 모르다　embarrassed 당황한　exit 비상구　stimulus 자극(복수형 stimuli)　pause 잠시 멈추다　spring into action 갑자기 행동하기 시작하다　evidence 증거

〔돋보기 🔍〕 consider의 목적어에 해당하는 의문부사절을 영작한다. 의문부사 how는 형용사 embarrassed와 한 덩어리로 쓰여야 하므로 <how+형용사+주어+동사>의 형태로 쓴다. 이때 의문부사절에는 현재 사실과 반대되는 일(비상구를 향해 비명을 지르며 달려가는 일)을 가정하고 있으므로 if절에는 과거시제, 주절에는 <조동사 과거형+동사원형>을 써서 가정법 과거 구문을 완성한다.

You consider // **how** embarrassed^{C′} you^{S′} **would be**^{V′}
　　　S　V　　　　　　　O　　　　　　조동사 과거형+동사원형
/ if you **were** the only one to run screaming for the exit.
　　　과거시제

4 **the "unlucky" were so busy counting images that they could not spot a note reading** │ 2000년대 초, 영국의 심리학자 Richard Wiseman은 자신을 '운이 좋다' 또는 '운이 나쁘다'고 생각하는 사람들을 대상으로 일련의 실험을 수행했다. 한 실험에서 그는 두 그룹에게 신문에 실린 사진의 수를 세라고 말했다. '운이 나쁜' 사람들은 부지런히 과제를 수행했지만, '운이 좋은' 사람들은 대개 두 번째 페이지에 "세는 것을 멈추세요. 이 신문에는 43장의 사진이 있습니다."라고 적힌 안내문이 있는 것을 알아챘다. 그 이후의 페이지에서도 '운이 나쁜' 사람들은 사진을 세느라 너무 바빠서 "세는 것을 멈추고, 실험자에게 이것을 봤다고 말해서 250달러를 받으세요."라고 적힌 메모를 발견하지 못했다. Wiseman의 결론은 '운이 좋은' 사람들은 기회를 발견하는 것에 능숙했던 반면 '운이 나쁜' 사람들은 다른 선택지들이 그들을 스쳐 지나가고 있는 것을 알아채는 것에 실패했다는 것이었다.

✦ psychologist 심리학자　perform (실험 등을) 수행하다　experiment 실험　diligently 부지런히　grind (곡식 등을) 갈다; 힘써 일하다　spot 발견하다　pass by ~을 스쳐 지나가다

〔돋보기 🔍〕 밑줄 친 문장에는 '너무 ~해서 v할 수 없다'라는 의미의 <too ~ to-v> 구문

이 사용되었다. 같은 의미인 <so ~ that+S´+can't+v> 구문으로 전환한다. 이때 can't는 주절의 시제에 맞춰 과거형으로 바꿔 쓴다.

5　effort | 칭찬이 수행에 도움이 되는지 아니면 해가 되는지는 업무에 달려 있다. 높은 수준의 기술이 필요한 업무의 수행은 칭찬에 의해 지장을 받는 것으로 나타났다. 반대로 주로 노력에 의존하는 업무의 수행은 칭찬에 의해 향상된다. 그러므로, 예를 들어 장대높이뛰기 선수에게는 점점 더 높은 높이에서 성공한 것에 대해 칭찬을 보류하는 것이 현명할 수 있다. 칭찬은 선수의 자의식 상태를 고조시킨다. 그 결과 장대높이뛰기 선수는 전에는 자동적으로 이루어지던 자신의 수행 양상들을 의식하기 시작한다. 그 결과는 정교하게 조율되고 조정된 수행에 대한 방해가 될 수 있다. 그 같은 칭찬은 경기에서의 성공이 전적으로 노력에 달려 있는 줄다리기 팀 멤버들에게 더 잘 전달될 것이다.

♦ praise 칭찬　performance 수행 (성과)　withhold 보류하다; 억누르다　heighten 고조시키다; 높이다　state 상태　self-consciousness 자의식　aspect 양상, 측면　automatic 자동적인　outcome 결과　disruption 방해　finely 정교하게　tune 조율하다; 조정하다　coordinate (몸의 움직임을) 조정하다; 조화되다　direct ~로 향하다　entirely 전적으로

🔍돋보기 칭찬의 효과가 수행하는 업무에 따라 다르다는 내용으로, 지문의 예시에서 높은 수준의 기술이 필요한 업무(장대높이뛰기)에서 칭찬이 수행을 저하시킨다는 내용이다. 문맥상 빈칸이 포함된 문장은 같은 칭찬이 수행을 향상시키는 경우에 대한 내용이어야 하므로 높은 수준의 기술과 반대 개념인 effort가 적절하다.

6　(A) hunger (B) availability | 한 연구는 영화 관람객들이 제공되는 크기에 비례하여 팝콘을 먹는다는 것을 보여주었다. 즉 팝콘을 50퍼센트 더 많이 받으면, 그들은 50퍼센트 더 먹을 것이다. 비슷하게, 노동자들이 간식을 먹을 수 있을 때, 그들은 배고픔에 상관없이 일하는 날 내내 (간식을) 먹는 경향이 있다. 한 연구는 사무실에서 노동자들의 손이 닿는 범위 내에 쿠키가 놓였을 때, 그들 각자가 평균 아홉 개 먹은 것을 보여주었다. 쿠키를 손이 닿지 않는 범위에 보관하는 것은 각자 여섯 개로 소비를 줄였고, 반면 그것들을 찬장에 넣어두는 것은 한 사람당 단 한 개로 그 수를 줄였다.

[요약문] 우리의 식습관에 정말로 영향을 미치는 것은 (A) 배고픔이 아니라 음식을 (B) 구할 수 있는지의 여부이다.

♦ moviegoer 영화 관람객　consume 먹다, 소비하다 *cf.* consumption 소비　in proportion to ~에 비례하여　serve 제공하다　regardless of ~에 상관없이　reach (팔이나 다른 물건을 뻗쳐 닿을 수 있는) 거리[범위]　store 보관하다　cupboard 찬장

🔍돋보기 주어진 글에서 소개한 두 연구에서, 사람들이 음식을 더 많이 주면 그만큼 더 먹고, 음식이 손에 닿는 범위 내에 있을 때 더 많이 먹었다고 하였다. 이를 요약하면 배고픔이 아니라 음식을 구할 수 있는지의 여부가 우리의 식습관에 영향을 미친다는 내용이 되어야 적절하다. (B)에는 본문에 쓰인 형용사 available을 명사형인 availability로 바꿔 써야 함에 유의한다.

7　of the weak economy on consumer spending habits and the corporate world[the corporate world and consumer spending habits] | 불안정한 경제가 모든 이들의 걱정거리이다. 기업 세계에서 이것은 정리 해고와 폐쇄의 형태를 취한다. 개인들에게 그것은 소비자 소비 습관의 변화를 의미한다. 경제가 좋았던 때와 달리, 이제 우리는 모두 진정 필요한 것이 무엇인지에 대한 결정을 내려야 한다. 어떤 품목들, 특히 식품이나 의류는 계속해서 구입될 것이다. 반면, 전자기기와 같은 꼭 필요하지는 않은 것들의 매출은 계속해서 줄어들 가능성이 있는데, 이것은 이러한 유형의 품목들을 전문으로 하는 회사들 간의 경쟁을 격렬하게 만든다. 많은 회사가 살아남는 데 실패할 것이지만, 이득도 있을 것이다. 예를 들어, 강한 경쟁은 회사들이 더 많은 고객을 끌어들일 수 있는 더 나은 제품을 만들게 내몬다.

[주제] 소비자 소비 습관 및 기업 세계에 불안정한 경제가 미치는 영향

♦ economy 경기, 경제　corporate 기업의, 회사의; 공동의　lay-off 정리 해고　closure 폐쇄　non-essential 꼭 필요하지는 않은; 꼭 필요하지는 않은 것　electronic 전자의; 전자기기　specialize in ~을 전문으로 하다　fierce 격렬한; 사나운　benefit 이득　attract 끌어들이다

🔍돋보기 주어진 글은 불안정한 경제로 인해 기업 세계와 소비자 소비 습관에 일어날 변화에 대해 이야기하고 있다. 불안정한 경제의 영향을 받는 두 대상(consumer spending habits와 the corporate world)을 본문에서 찾아 글의 주제를 완성한다.

UNIT 01 수일치·태

Point 01 주어와 수일치 I

Zero Stage

본책 p. 19

정답 **2** are **3** is **4** were **5** is **6** were **7** is

1 신체적 건강과 정신적 행복은 삶의 질에 상당한 영향을 미친다.
◆ mental 정신의 well-being 행복, 안녕; 복지 significant 상당한 quality 질; 품질

2 **are** | 방 안의 아이들은 장난감을 가지고 노는 중이다.
돋보기🔍 주어는 복수인 The children이므로 복수동사 are가 적절하다.

3 **is** | 문제를 처리하는 방법은 원인을 찾는 것이다. ◆ deal with ~을 다루다, ~을 처리하다 source 근원, 원인
돋보기🔍 주어는 단수인 The way이므로 단수동사 is가 적절하다.

4 **were** | 그 행사에 참가한 소년들은 자신들의 기술을 보여주게 되어 신이 났다. ◆ participate in ~에 참가하다
돋보기🔍 주어는 복수인 The boys이므로 복수동사 were가 적절하다.

5 **is** | 그 남자들이 공연한 무용은 문화 공연(행사)이다.
돋보기🔍 주어는 단수인 The dance이므로 단수동사 is가 적절하다.

6 **were** | 증거를 찾은 그 수사관들은 능숙했다. ◆ investigator 수사관 experienced 능숙한, 경험이 있는
돋보기🔍 주어는 복수인 The investigators이므로 복수동사 were가 적절하다.

7 **is** | 영양분이 많은 음식은 건강에 좋다. ◆ nutrient 영양소, 영양분
돋보기🔍 주어는 단수인 The food이므로 단수동사 is가 적절하다. 명사를 수식하는 형용사에 전명구가 딸려 있을 때는 <형용사+전명구> 형태로 명사 뒤에 위치한다.
The food full of nutrients / is good for your health.
S(단수)   V(단수)

8 쇼핑몰에 있는 놀이터의 아이들은 기뻐서 웃고 있었다. ◆ playground 놀이터, 운동장

Main Stage 1 어법 서술형

본책 p. 20

정답 ❶ The success, ✕, relies ❷ students, ○ ❸ Employees, ○ ❹ A crucial factor, ✕, is
❺ Many people, ○ ❻ The school, ✕, is ❼ The retail company, ✕, is

[각 4점] **01** seem, ✕, seems **02** observes, ✕, observe **03** were, ✕, was **04** protect, ○
감점 요소 -2점(밑줄은 바르게 그었지만 ○✕를 잘못 표시한 경우) / -2점(틀린 부분을 바르게 고치지 못한 경우)

[각 7점] **05** ① exists → exist, 주어는 복수인 Places이므로 동사를 복수동사 exist로 고쳐야 한다.
/ ④ make → makes, 주어는 셀 수 없는 명사 Similarity이며 단수 취급하므로 동사를 단수동사 makes로 고쳐야 한다.
감점 요소 -3점(틀린 부분을 찾았지만 바르게 고치지 못한 경우) / -4점(틀린 이유를 바르게 쓰지 못한 경우)

❶ **The success, ✕, relies** | 많은 연구실 실험의 성공은 과학자들의 기술적 역량에 많이 의존한다. ◆ rely on ~에 의존하다, ~에 달려 있다
돋보기🔍 주어는 단수인 The success이므로 단수동사 relies로 고쳐야 한다. rely는 <자음글자+-y>로 끝나므로 y를 i로 고치고 -es를 붙여야 한다. 동사 바로 앞 명사 experiments를 주어로 착각하지 말자.
The success (of many laboratory experiments) / relies heavily ~.
S(단수)   복수   V(단수)

❷ **students, ○** | 통계학적 관점에서, 시끄러운 환경에서 공부하는 학생들은 종종 비효율적으로 학습한다. ◆ in terms of ~면에서, ~의 관점에서 statistics 통계학 inefficiently 비효율적으로
돋보기🔍 주어는 복수인 students이므로 복수동사 learn이 알맞다.

❸ **Employees, ○** | 개인적 취향에 맞춘 환경에서 근무하는 직원들은 개인화된 업무 공간이 없는 직원들보다 더 높은 수준의 생산성을 경험한다. ◆ employee 직원 tailor (특정한 목적·사람 등에) 맞추다 taste 취향, 기호 productivity 생산성 personalize 개인화하다 workspace 업무 공간
돋보기🔍 주어는 복수인 Employees이므로 복수동사 experience가 알맞다.
Employees (working in environments (tailored to their personal
S(복수)
taste)) / **experience** higher levels ~.
V(복수)

NOTE 동사로도 쓰이는 명사/형용사
experience, experiment, question, form, handle, function, schedule, implement 등의 단어는 명사로, complete는 형용사로 흔히 쓰이지만 동사로도 자주 쓰인다.

④ **A crucial factor, ✕, is** │ 로드트립(장거리 자동차 여행)을 계획할 때 고려할 중요한 요소는 자동차 수리와 같은 예상치 못한 비용에 대한 예산을 세우는 것이다. ◆ take into account ~을 고려하다　budget 예산을 세우다; 예산　expense 비용

[돋보기 Q] 주어는 단수인 A crucial factor이므로 단수동사 is로 고쳐야 한다.

⑤ **Many people, ○** │ 요즘 많은 사람이 직장에서 (많은 일로) 어쩔 줄 몰라 스트레스와 극도의 피로를 경험한다고 호소한다. ◆ overwhelmed (너무 많은 일 등으로) 어쩔 줄 모르는; 압도된　complain 불평하다; (괴로움을) 호소하다　burnout 극도의 피로

[돋보기 Q] 주어는 복수인 Many people이므로 복수동사 complain이 알맞다.

⑥ **The school, ✕, is** │ 그 학교는 새로운 교수법을 실험하고 있는데, 학생들의 참여와 학업 성취도에서 긍정적인 결과를 보고 있다. ◆ engagement 참여

[돋보기 Q] 주어는 단수인 The school이므로 단수동사 is로 고쳐야 한다.

⑦ **The retail company, ✕, is** │ 낮은 가격으로 매우 인기 있는 슈퍼마켓 체인점들을 운영하는 그 소매 회사는 새로운 장소로 (체인점을) 확장하고 있다. ◆ retail 소매　run 운영[경영]하다　chain 체인(점)　expand 확장하다, 확대하다

[돋보기 Q] 주어는 단수인 The retail company이므로 단수동사 is로 고쳐야 한다.
The retail company (running *supermarket chains*), // which are
<u>S(단수)</u>
very popular for their low prices, // **is** expanding ~.
<u>V(단수)</u>

Exercise

01　seem, ✕, seems │ 모든 대륙에 걸친 공룡의 멸종을 둘러싼 미스터리는 거의 모든 사람의 관심을 끄는 것처럼 보인다. ◆ surround 둘러싸다　extinction 멸종　continent 대륙　attention 주목, 관심

[돋보기 Q] 주어는 단수인 The mystery이므로 단수동사 seems로 고쳐야 한다.
The mystery (surrounding the extinction (of dinosaurs (across all
<u>S(단수)</u>
continents))) / **seems** to catch ~.
<u>V(단수)</u>

02　observes, ✕, observe │ 현대에도 지구의 외딴 지역에 사는 많은 사람은 실용적인 목적으로 밤하늘을 관측한다. ◆ remote 외딴, 외진　observe 관찰하다, 관측하다; 준수하다　practical 실용적인

[돋보기 Q] 주어는 복수인 many people이므로 복수동사 observe로 고쳐야 한다.
~, / many people (in remote areas (of the planet)) / **observe** ~.
<u>S(복수)</u>　　　　　　　　　　　　　　　　　<u>V(복수)</u>

03　were, ✕, was │ 온라인 학습 자료를 이용한 사람들의 비율은 온라인 강의를 수강한 사람들의 비율보다 더 높았다. ◆ material 자료; 재료

[돋보기 Q] 주어는 단수인 The percentage이므로 단수동사 was로 고쳐야 한다.
The percentage (of people [who used ~ materials]) / **was** higher ~.
<u>S(단수)</u>　　　　　　　　　　　　　　　　　　　　　<u>V(단수)</u>

04　protect, ○ │ 특히 혹독한 겨울에, 양들은 서로 가까이 모여 기상 조건으로부터 자신들을 보호한다. ◆ harsh 혹독한; 가혹한　gather 모이다

[돋보기 Q] 주어는 복수인 Sheep이므로 복수동사 protect가 알맞다. sheep은 단수형과 복수형의 형태가 같은 명사이다. 셀 수 있는 명사의 단수형은 관사나 소유격 없이 단독으로 올 수 없지만, 여기서 Sheep은 복수로 사용되었으므로 관사나 소유격 없이 쓰였다. 또한, 목적어 자리에 Sheep을 대신하는 재귀대명사로 themselves가 쓰였으므로, 여기서 Sheep은 복수로 쓰였음을 알 수 있다.

> **NOTE** 단수/복수형에 주의할 명사
> • 단복수 공통: sheep, fish, deer, aircraft, means(방법), series, species((생물) 종), stuff, staff
> • -(e)s지만 단수: news, athletics(운동 경기), economics(경제학), statistics(통계학), woods(숲)
> • -(e)s가 아니지만 복수: people, cattle(소), police, children
> • 불규칙 복수형: analysis/analyses(분석), diagnosis/diagnoses(진단), crisis/crises(위기), medium/media(매체), datum/data(데이터, 자료), phenomenon/phenomena(현상), criterion/criteria(기준), stimulus/stimuli(자극)

05　[정답] 참조 │ 우리는 보통 우리와 같다고 생각하는 사람들과 가장 잘 지낸다. 사실, 우리는 그들을 찾아낸다. 이런 이유로 리틀 이탈리아, 차이나타운, 코리아타운과 같은 장소들이 존재한다. 속담에 있듯이, 같은 깃털을 가진 새들은 함께 무리 짓는다(같은 성향의 사람들은 함께 모인다). 이런 경향은 우리 내부 깊숙이 있으며, 우리 종이 발전한 방식에 필수적이었다. 여러분이 숲에 나가 걷고 있다고 상상해 보라. 친숙하지 않거나 낯선 것들은 여러분을 해칠 가능성이 있으므로 여러분이 피해야 하는 것들이다. 사람들 사이의 유사점으로 인해 우리는 다른 사람들과 더 잘 어울리게 되는데, 그들이 우리를 더 깊이 있는 수준으로 이해할 것으로 생각하기 때문이다.

◆ get along (with) (~와) 잘 지내다　seek out ~을 찾아내다　exist 존재[실재]하다　as the saying goes 속담에 있듯이　birds of a feather 같은 깃털을 가진 새들, 같은 흥미를 가진 사람들　flock 무리 짓다; 무리, 떼　tendency 경향　essential 필수적인　likelihood 가능성　similarity 유사점, 닮은 점　relate to ~와 관련되다; ~와 잘 어울리다

[돋보기 Q] ① like Little Italy, Chinatown, and Koreatown은 주어 Places를 수식하는 전명구이다.
④ among people은 주어 Similarity를 수식하는 전명구이다.
[오답풀이] ② 주어는 복수인 birds이므로 복수동사 flock이 알맞다.
③ 주어는 단수인 This tendency이므로 단수동사 was가 알맞다.

Main Stage 2 영작 서술형

정답 [각 5점] **01 The number of people watching TV on mobile phones is**

02 The museum full of model ships in glass cases is

03 A leader who displays negative emotional states has limited support

04 The dangers posed by the electric scooter craze are an issue

감점 요소 -2점 (어순은 올바르나 어형 변형이 틀린 경우)

[3점] **05 ✕, are, 주어는 복수인 the facial muscular patterns이므로 동사를 복수동사 are로 고쳐야 한다.**

감점 요소 -1점 (틀린 부분을 찾았지만 바르게 고치지 못한 경우) / -2점 (틀린 이유를 바르게 쓰지 못한 경우)

[7점] **06 reduces the intensity of the stress response in the body**

감점 요소 -3점 (어순은 올바르나 어형 변형이 틀린 경우)

Exercise

01 정답 참조 | ◆rapidly 빠르게

돋보기 주어진 우리말에서 주어는 단수인 '~의 수(The number)'는'이고, 현재 사실을 말하므로 be를 is로 바꿔 써야 한다.

The number (of people (watching TV on mobile phones)) /
S(단수)
is expected / to grow very rapidly.
V(단수)

> **NOTE** a number of 복수명사: 여러 ~
> 주어는 복수명사이므로 복수동사로 받아야 한다.
> 즉, 이때의 A number of는 뒤의 복수명사를 수식하는 것이다.
> A number of people / are watching ~ .
> S(복수) V(복수)

02 정답 참조 | ◆be located 위치하다 downtown 시내; 시내에[로]

돋보기 주어진 우리말에서 주어는 단수인 '그 박물관(The museum)은'이고, 현재 사실을 말하므로 be를 is로 바꿔 써야 한다.

The museum (full of model ships (in glass cases)) / **is** located / far
S(단수)   V(단수)
from downtown.

03 정답 참조 | ◆display 드러내다; 전시하다 state 상태 limited 제한된

돋보기 주어진 우리말에서 주어는 단수인 '리더(A leader)는'이고, 현재의 일반적인 사실을 말하므로 have를 has로 바꿔 써야 한다.

A leader [who displays negative emotional states] / **has**
S(단수)   V(단수)
limited support / from others.

04 정답 참조 | ◆pose (위험, 문제 등을) 제기하다 issue 쟁점; 문제

돋보기 주어진 우리말에서 주어는 복수인 '위험(The dangers)'이고, 현재 사실을 말하므로 be를 are로 바꿔 써야 한다.

The dangers (posed by the electric scooter craze) / **are** an issue /
S(복수)   V(복수)
across the country.

[05-06] 미소 짓게 만드는 모든 사건은 행복감을 느끼게 하고 뇌 속에 기분을 좋게 하는 화학 물질을 만들어내게 한다. 스트레스를 받거나 행복하지 않을 때도 억지로 얼굴이 미소 짓게 해라. 미소가 만드는 얼굴의 근육 패턴은 뇌 속의 '행복 연결망'에 연결되어 있기 때문에, 거짓 미소는 행복하게 만들어서 자연스럽게 진정시키는 똑같은 화학 물질을 방출하여 뇌의 화학적 성질을 변화시킬 것이다.

◆chemical 화학 물질 cf. chemistry 화학; 화학적 성질[작용] force 억지로 ~하게 하다 muscular 근육의 link 연결하다, 관련짓다 fake 거짓의, 가짜의 release 방출하다 calm down ~을 진정시키다

05 정답 참조

돋보기 produced by a smile은 주어를 수식하는 과거분사구이다.

06 정답 참조 | [요약문] 스트레스 상황에서 미소는, 억지든 진짜든, 신체의 스트레스 반응의 강도를 감소시킨다. ◆genuine 진짜의 reduce 줄이다, 감소시키다 intensity 강도; 강렬함

돋보기 거짓으로 미소를 지어도 진짜 미소를 지을 때 만들어지는 화학 물질이 만들어져서 진정 효과를 준다는 내용이다. 주어는 단수인 A smile이고, 현재의 일반적인 사실을 말하므로 reduce를 reduces로 바꿔 써야 한다.

A smile, / whether forced or genuine, / (during stressful events), /
S(단수)
reduces the intensity (of the stress response (in the body)).
V(단수)

Plus Stage

정답 ②, the demand, has led / ④, Use, has allowed / ⑥, Tristram Stuart, argues

1 산비탈 농장의 오래된 건물들은 오늘날 없어졌다.

2 산비탈 농장의 오래된 건물은 100년이 넘었다.

Try by Yourself!

신선함에 대한 수요는 숨겨진 환경적 대가가 있을 수 있다. 신선함(이란 단어)은 현재 자연으로의 복귀의 일환으로 식품 마케팅 용어로 사용되고 있지만, 외국산 과일이나 채소와 같은 신선한 농산물을 일 년 내내 공급받는 것에 대한 수요는 추운 기후에서 온실을 광범위하게 사용하는 것과 종합적 품질 관리(소비자가 요구하는 품질의 제품을 생산·판매하기 위해 노력하는 것)에 대한 의존성을 높이는 결과를 가져왔다. 신선함에 대한 수요는 또한 음식 낭비 우려의 원인이 되어왔다. '품질 유지 기한', '유통 기한', '소비 기한'이라는 라벨을 사용하여 제도적 낭비를 허용해 왔다. (환경) 운동가들은 과잉 생산이나 (음식) 낭비를 하는 부정 사건을 폭로해 왔다. Tristram Stuart는 세계 반(反) 폐기물 운동가 중 한 명인데, 갓 만들어진 샌드위치의 경우, 판매대가 비어 보이는 것을 막기 위해 초과 주문을 하는 것이 그 소매 분야 전반의 일반적 관행이라고 주장한다. 공급이 정기적으로 수요를 초과하면 이는 엄청난 양의 쓰레기를 야기한다.

◆ **demand** 요구, 수요　**freshness** 신선함　**term** 용어　**year-round** 일 년 내내, 연중 계속되는　**supply** 공급　**produce** 농산물, 생산품　**exotic** 외국의; (동식물이) 외국산의　**widespread** 광범위한　**reliance** 의존　**contribute to** ~의 원인이 되다; ~에 기여하다　**label** 라벨, 꼬리표　**institutional** 제도상의; 기관의　**campaigner**

운동가, 활동가　**expose** 폭로하다; 드러내다　**over-production** 과잉 생산　**over-ordering** 초과 주문　**practice** 관행, 관례　**exceed** 초과하다, 넘어서다

돋보기Q ② 주어는 단수인 the demand이고 <주어+수식어구+동사 ~>의 구조이다. 동사 앞에 주어와 수가 다른 명사 vegetables(복수)가 함정으로 작용할 수 있고, has는 수의 구분에 따라 형태가 달라질 수 있으므로 수일치 문제로 출제될 확률이 높다.

~, the demand (for year-round supplies (of fresh produce, such
　　　　S(단수)
as exotic fruit and vegetables)), / **has** led to ~.
　　　　　　　　복수　　　　　　　　V(단수)

④ 주어는 셀 수 없는 명사인 Use이므로 단수 취급하고, <주어+수식어구+동사 ~>의 구조이다. 동사 앞에 주어와 수가 다른 명사 labels(복수)가 함정으로 작용할 수 있고, has는 수의 구분에 따라 형태가 달라질 수 있으므로 수일치 문제로 출제될 확률이 높다.

Use (of "best before," ~ labels) / **has** allowed ~.
S(단수(셀 수 없는 명사))　　　복수　　　V(단수)

⑥ 주어는 고유명사(셀 수 없는 명사)인 Tristram Stuart이므로 단수 취급하고, <주어, 삽입어구, 동사 ~>의 구조이다. 동사 앞에 주어와 수가 다른 명사 campaigners(복수)가 함정으로 작용할 수 있고, argues는 수의 구분에 따라 형태가 달라질 수 있으므로 수일치 문제로 출제될 확률이 높다.

Tristram Stuart, / one of ~ anti-waste campaigners, / **argues** ~.
　S(단수)└─────── = ────────┘　　복수　　　V(단수)

Point 02　주어와 수일치 Ⅱ

Zero Stage

정답　**1** is　**2** is　**3** is　**4** are　**5** are　**6** is　**7** are, are

1　**is** │ 비판적으로 생각하는 것은 배워야 할 기술이다.　◆ **critically** 비판적으로

돋보기Q 주어는 명사구 Thinking[To think] ~이므로 단수동사 is가 적절하다.

2　**is** │ 각각의[모든] 거주자는 그들의 공동체를 더 나은 곳으로 만드는 데 전념한다.　◆ **resident** 거주자　**be dedicated to** v-ing v하는 데 전념하다[헌신하다]　**community** 공동체

돋보기Q <each[every]+단수명사>는 단수 취급하므로 단수동사 is가 적절하다.

3　**is** │ 우리가 해야 할 오직 한 가지는 우리 자신을 믿고 절대로 포기하지 않는 것이다.

돋보기Q 여기서 All은 The only thing을 의미하므로 단수동사 is가 적절하다.
All [(that) we have to do] / **is** / believe ~.
S└──────┘　　　　　V(단수)　　C

4　**are** │ 환경과 인간의 건강 둘 다는 서로 밀접하게 관련되어 있다.

돋보기Q <both A and B>는 복수 취급하므로 복수동사 are가 적절하다.

5　**are** │ 젊은 사람들은 환경에 대해 갈수록 더 걱정하고 있다.　◆ **concerned** 걱정하는

돋보기Q The young은 '젊은 사람들'을 뜻하며 복수 취급하므로 복수동사 are가 적절하다.

> **NOTE** the+형용사(~한 사람들)
> the French(프랑스인들), the wounded(부상자들), the famous(유명인들)
> *the beautiful(= beauty) / the unknown(미지의 것) / the unexpected(예상치 못한 것) 등은 단수 취급한다.

6　**is** │ 지구상의 물 대부분은 바다와 대양에 있지만, 일부는 지하에 있다.

돋보기Q 부분 표현 Most of 다음에 나오는 명사 the water가 단수(셀 수 없는 명사)이므로 단수동사 is가 적절하다.

7　**are, are** │ 그것들 중 4분의 1은 파란색이고 나머지는 분홍색이다.

돋보기Q 부분 표현 A fourth of와 the rest of 다음에 나오는 대명사 them이 복수이므로 둘 다 복수동사 are가 적절하다.

8　모든 노력은 결실을 볼 것이다.　◆ **pay off** 결실을 보다

Main Stage 1 어법 서술형

정답 ❶ ○ ❷ ○ ❸ ✕, contributes ❹ ○ ❺ ○ ❻ ✕, include ❼ ○

[각 4점] 01 are, ✕, is 02 lack, ○ 03 works, ✕, work 04 are, ○

감점 요소 -2점 (밑줄은 바르게 그었지만 ○✕를 잘못 표시한 경우) / -2점 (틀린 부분을 바르게 고치지 못한 경우)

[각 7점] 05 ① is → are, 부분 표현 most of 뒤의 명사가 복수인 the nutrients이므로 동사를 복수동사 are로 고쳐야 한다.
/ ③ has → have, 부분 표현 40 percent of 뒤의 명사가 복수인 protein powders이므로 동사를 복수동사 have로 고쳐야 한다.

감점 요소 -3점 (틀린 부분을 찾았지만 바르게 고치지 못한 경우) / -4점 (틀린 이유를 바르게 쓰지 못한 경우)

---

1 일부 사람들에게만 주의를 기울이는 것이 당신이 무례하다는 것을 의미하지는 않는다. ◆rude 무례한

❶ ○ | 안구 건조증은 다른 눈 관련 문제들을 일으킬 수 있는 흔한 질환이다. ◆dry eyes 안구 건조증 condition 질환; 상태

돋보기🔍 주어 Having dry eyes는 문맥상 '건조한 눈을 갖는 것(= 안구 건조증)은'으로 해석되는 동명사구이므로 단수동사 is가 알맞다. 동사 앞 명사 eyes를 주어로 착각하지 말자.
Having dry eyes / **is** a common condition ~.
　　S(단수)　복수　V(단수)

❷ ○ | 그 극장은 자체 스낵 판매대가 있으므로 외부 음식과 음료를 반입하는 것이 허용되지 않는다.

돋보기🔍 주어 To bring ~ drinks는 문맥상 '외부 음식과 음료를 반입하는 것이'로 해석되는 to부정사구이므로 단수동사 is가 알맞다.

❸ ✕, contributes | 열대우림 벌목의 약 70~80퍼센트가 삼림 파괴의 원인이 되는 것으로 생각된다. ◆logging 벌목 rainforest 열대우림

돋보기🔍 that절 안에서 부분 표현 percent of 다음에 나오는 명사 the logging이 단수(셀 수 없는 명사)이므로 단수동사 contributes로 고쳐야 한다.
It is thought // that some 70 to 80 percent of the logging (in the
　　　　　　　　　　　　　　　　　　　　　단수(셀 수 없는 명사)
rainforests) / **contributes** to deforestation.
　　　　　　　　　V'(단수)

❹ ○ | 그는 "맛있는 것들에 관한 이런 이야기가 나를 배고프게 만들고 있어. 너는 뭘 먹고 싶니?"라고 했다.

돋보기🔍 부분 표현 All (of) 다음에 나오는 명사 this talk가 단수이므로 단수동사 is가 알맞다.

2 신체적 한계를 갖고 혼자 사는 것은 누구에게나 전혀 쉽지 않다. ◆physical 신체적인 limitation 한계 far from 전혀 ~이 아닌

3 생태계의 생물체들은 생존하기 위해 서로에게 의존한다. ◆ecosystem 생태계 depend on ~에 의존하다 survive 생존하다

❺ ○ | 옷을 겹겹이 입는 것은 추운 날씨에 체온을 조절하고 따뜻하게 유지할 수 있도록 도와준다. ◆layer 겹, 층 regulate 조절하다

돋보기🔍 주어 Putting on layers of clothes는 문맥상 '옷을 겹겹이 입는 것은'으로 해석되는 동명사구이므로 단수동사 helps가 알맞다.

❻ ✕, include | 기후 변화 이론에 반대하는 견해들은 인간이 초래한 기후 변화 학문에 대한 이의를 포함한다. ◆opposing 반대의 view 견해, 관점 climate change 기후 변화 science 과학; 학문

돋보기🔍 주어는 복수인 Opposing views이므로 복수동사 include로 고쳐야 한다. Opposing(반대의)은 views를 꾸미는 분사형 형용사이다.
Opposing views (of climate change theory) / **include** challenges ~.
　　　└──────S(복수)　　　　　　　　　　　V(복수)

❼ ○ | 탄소 배출량을 효과적으로 줄이는 것은 기후 변화의 장기적 영향을 줄이는 데 필수적이다. ◆cut down 줄이다(= lessen) carbon 탄소 emission 배출; 배출물, 배기가스

돋보기🔍 주어 Effectively cutting down ~ emissions는 문맥상 '탄소 배출량을 효과적으로 줄이는 것은'으로 해석되는 동명사구이므로 단수동사 is가 알맞다.

Exercise

01 are, ✕, is | 일상 업무를 수행하는 보통 사람들의 행동을 지켜보는 것은 더욱 만족스러운 삶을 위해 노력하려는 동기 부여의 원천이다. ◆carry out 수행하다 motivation 동기 (부여) strive 노력하다, 분투하다 fulfilling 만족스러운, 성취감을 주는

돋보기🔍 주어 Watching ~ routines는 문맥상 '보통 사람들의 행동을 지켜보는 것은'으로 해석되는 동명사구이므로 단수동사 is로 고쳐야 한다.

02 lack, ○ | 조사에 따르면, 55세가 넘는 실업자 대부분이 디지털 기술과 활용 능력 같은 현재 노동 시장과 관련된 기술이 부족하다. ◆unemployed 실업자인, 실직한 lack 부족하다 relevant to ~에 관련된 labor market 노동 시장 digital literacy 디지털 기술을 이해하고 활용하는 능력

돋보기🔍 부분 표현 most of 다음에 나오는 명사 the unemployed는 '실업자들'을 뜻하며 복수 취급하므로 복수동사 lack이 알맞다.

03 works, ✕, work | 동네의 모든 학부모와 교육자는 아이들이 놀고 배울 수 있는 안전한 공간을 만들기 위해 노력한다.

돋보기🔍 부분 표현 All (of) 다음에 나오는 명사 parents and educators가 복수이므로 복수동사 work로 고쳐야 한다.

04 are, ○ | 개인의 플레이와 전략적인 계획 둘 다는 축구팀이 경기에서 이기고 목표를 달성하는 데 중요하다. ◆individual 개인의 strategic 전략적인

돋보기🔍 <both A and B>는 복수 취급하므로 복수동사 are가 알맞다.

05 정답 참조 | 최고의 영양 전문가들에 따르면, 우리 몸에 필요한 영양소 대부분은 자연 식품에서 섭취했을 때 더 잘 흡수되고 사용된다. 하지만 많은 사람은 더 많은 영양분을 얻고 일상 식사에서 부족한 부분을 채우기 위해 알약, 분말, 그리고 보충제를 먹을 필요를 느낀다. 하지만 실제로 오늘날 우리가 상점에서 구매하는 보충제 대다수는 인공적이고 심지어 몸에 완벽히 흡수되지 않을 수도 있다. 어떤 것들은 심지어 다른 물질들로 오염되어 있고 라벨에 기재되지 않은 성분을 포함하고 있을 수도 있다. 예를 들어, 최근의 조사 보고서에 따르면 시중에 판매되고 있는 단백질 분말 중 40퍼센트가 중금속을 함유하고 있다. 통제와 절제 없이 보충제를 먹는 것은 도박이고 대가가 크다.

◆nutrition 영양 *cf.* nutrient 영양분 absorb 흡수하다 whole food 자연 식품, 무첨가 식품 in an attempt to-v v하기 위하여, v하려는 시도로 obtain 얻다 fill the gap 공백을 채우다 diet (일상적인) 식사; 다이어트 artificial 인공적인 substance 물질 list 기재하다, 목록에 올리다 investigative 조사의 protein 단백질 heavy metal 중금속 moderation 절제 gamble 도박 costly 대가가 큰

돋보기🔍 ① for our body는 the nutrients를 수식하는 전명구이다.
③ on the market은 protein powders를 수식하는 전명구이다.
오답풀이 ② 부분 표현 majority of 다음에 오는 명사 supplements가 복수이므로 복수동사 are가 알맞다.
④ 주어 Taking ~ moderation은 문맥상 '통제와 절제 없이 보충제를 먹는 것은'으로 해석되는 동명사구이므로 단수동사 is가 알맞다.

Main Stage 2 영작 서술형

본책 p. 28

정답 [각 5점] **01** All we can do is to wait and hope for the best outcome
02 Finding different ways to produce sounds is
03 about half of the carbon emitted from human activities remains temporarily stored
04 The rest of the participants in the competition are training their skills to prepare
감점 요소 -2점 (어순은 올바르나 어형 변형이 틀린 경우)

[10점] **05** overcoming your instinct to avoid uncomfortable things is essential
감점 요소 -5점 (어순은 올바르나 어형 변형이 틀린 경우)

Exercise

01 정답 참조 | ◆outcome 결과

돋보기🔍 주어진 우리말에서 주어는 '우리가 할 수 있는 전부(All ~ do)는'이고, 이때 All은 The only thing을 의미하므로 단수 취급한다. 현재 사실을 말하므로 be를 단수동사 is로 바꿔 써야 한다.
All [(that) we can do] / **is** / to wait and hope / for the best outcome.
　　S　　　　　　　 V(단수)

02 정답 참조 | ◆produce 만들어내다, 생산하다 exploration 탐구

돋보기🔍 주어진 우리말에서 주어는 '소리를 내는 다른 방법들을 찾는 것(Finding ~)은'으로 해석되는 동명사구이고, 현재의 일반적인 사실을 말하므로 be를 단수동사 is로 바꿔 써야 한다.
Finding different ways (to produce sounds) / **is** an important
　　　　　　　S(단수)　　　　　　　　 V(단수)
stage (of musical exploration).

03 정답 참조 | ◆emit 방출하다, 내뿜다 temporarily 일시적으로 store 저장하다

돋보기🔍 주어진 우리말의 주어 '탄소 중 약 절반 정도(about half of ~)는'에서 부분 표현 half of 다음에 나오는 단수(셀 수 없는 명사)인 the carbon에 수일치한다. 현재의 일반적인 사실을 말하므로 remain을 단수동사 remains로 바꿔 써야 한다.
Every year, / about half of the carbon (emitted from human
　　　　　　　　　　　　　　　　 단수(셀 수 없는 명사)
activities) / **remains** temporarily stored / in the oceans and plants.
　　　　　 V(단수)

04 정답 참조

돋보기🔍 주어진 우리말의 주어 '참가자 중 나머지(The rest of the participants)는'에서 부분 표현 rest of 다음에 나오는 복수인 the participants에 수일치한다. 현재 진행 중인 일을 말하므로 be를 복수동사 are로 바꿔 써야 한다.
The rest of the participants (in the competition) / **are** training
　　　　　　　 복수　　　　　　　　　　　　　 V(복수)
their skills / to prepare for the final round.

05 정답 참조 | 때때로, 여러분은 불편함 때문에 성공으로 이끌 무언가를 피할 필요를 느낀다. 아마도 여러분은 지쳐서 추가적인 일을 피하고 있을 것이다. 여러분은 불편해지는 것을 피하고 싶어서 성공을 적극적으로 차단하고 있다. 따라서 불편한 것들을 피하려는 본능을 극복하는 것이 필수적이다. 여러분이 안주할 수 있는 영역 밖에서 새로운 것들을 시도하라.

◆discomfort 불편함 actively 적극적으로 shut out ~을 차단하다 overcome 극복하다 instinct 본능 comfort zone 안락한 곳, 익숙한 곳

돋보기🔍 성공하기 위해서는 추가적인 일이 생기는 불편함을 극복해야 한다는 내용이다. 주어는 '불편한 것들을 피하려는 본능을 극복하는 것(overcoming ~)'이라는 의미의 동명사구로 쓰고, 현재의 일반적인 사실을 말하므로 be를 단수동사 is로 바꿔 쓴다.
Therefore, / **overcoming** your instinct (to avoid uncomfortable
　　　　　　　　　　 S(단수)
things) / **is** essential.
　　　 V(단수)

Plus Stage

정답 01 ○   02 ○   03 ✕

04 ①, The fast-paced evolution, has transformed
/ ③, Providing unique experiences, leads
/ ⑤, empowering tourists with, generates

Try by Yourself!

01 ○ | 스포츠에서 극적인 변화를 만들 수 있는 한 가지 변수는 본거지 이점(팀의 본거지에 있는 경기장에서 경기를 하는 경우의 이점)이라는 개념이다. ◆ variable 변수; 변하기 쉬운

돋보기🔍 주어는 단수인 One variable이고 주어 뒤에 수식어구가 있어 주어와 동사 사이의 거리가 멀다. 그리고 동사 앞 복수명사 sports와 주어의 수가 일치하지 않는 것처럼 보이므로 수일치 문제로 출제될 확률이 높다.

One variable [that can make ~ in sports] / **is** the concept ~.
     S(단수)   복수   V(단수)

02 ○ | 우리가 구매하고 그 후에 그저 가만히 방치되어 먼지만 쌓이는 모든 것들은 낭비, 즉 돈 낭비, 시간 낭비, 그리고 (말 그대로) 완전한 쓰레기라는 의미에서의 낭비이다. ◆ gather dust 먼지가 쌓이다   in the sense of ~라는 의미에서   pure 순수한; 완전한   rubbish 쓰레기

돋보기🔍 부분 표현 All (of) 다음에 나오는 명사 the things는 복수이고, 동사 앞 명사 dust는 단수(셀 수 없는 명사)이므로 동사의 수를 혼동하기 쉽다. 또한 the things와 we buy 사이에 관계대명사 that이 생략되어 that절의 동사 buy를 문장의 본동사로 잘못 생각하기 쉽다. 따라서 수일치 문제로 출제될 확률이 높다.

All the things [(that) we buy] [that then ~ dust] / **are** ~.
     복수   단수(셀 수 없는 명사) V(복수)

03 ✕ | 시에 직접 참여하는 것(시를 쓰거나 읽거나 해석하는 것 등)은 한 개인으로서의 당신에게 개인적인 능력과 전문적인 능력 모두에서 여러 이점을 가져다준다. ◆ personal 직접 한; 개인적인   benefit 이점   professional 전문적인   capacity 능력; 용량

돋보기🔍 주어는 단수 취급하는 동명사구 Developing ~ poetry이고, 동사 앞 명사 poetry(단수)와 주어의 수가 일치하므로 수일치 문제로 출제될 확률이 낮다.

Developing a personal engagement (with poetry) / **brings** ~.
     S(단수)   단수(셀 수 없는 명사) V(단수)

04 정답 참조 | 정보 통신 기술(ICTs)의 빠른 속도의 발전은 관광 및 서비스 산업의 역학과 사업 모델을 변화시켰다. 이것은 서비스 공급업체 간에 새로운 수준의 경쟁력으로 이어지고 새로운 서비스를 통해 고객 경험을 변화시킨다. 고객에게 독특한 경험을 제공하는 것은 만족으로 이어지고, 결국 서비스 제공업체 또는 브랜드에 대한 고객 충성도로 이어진다. 특히, 관광 분야가 받아들인 가장 최근의 '기술적인' 상승은 휴대전화 앱으로 대표된다. 실제로 관광객들에게 호텔 예약, 항공권 예약, 지역 명소 추천과 같은 서비스들을 휴대전화로 접근 가능하도록 하면 강력한 관심과 상당한 이익이 발생한다.

◆ fast-paced 빠른 속도의   evolution 진화; 발전   transform 변화시키다   dynamics 역학 (관계); 원동력   competitiveness 경쟁력   satisfaction 만족   loyalty 충성   boost 밀어 올림; 격려; 상승   sector 분야, 부문   represent 대표하다   empower ~할 수 있도록 하다; 힘[권한]을 부여하다   access 접근, 접속   local attraction 지역 명소   generate 발생시키다   considerable 상당한

돋보기🔍 ① 주어는 단수인 The fast-paced evolution인데, 동사 has transformed 바로 앞 명사 Technologies (ICTs)는 복수이므로 수일치 문제로 출제될 확률이 높다.

The fast-paced evolution (of Information and Communication
     S(단수)
Technologies (ICTs)) / **has transformed** ~.
         복수   V(단수)

③ 주어는 단수 취급하는 동명사구 Providing ~ customers인데, 동사 leads 바로 앞 명사 customers는 복수이므로 수일치 문제로 출제될 확률이 높다.

Providing unique experience to customers / **leads** to ~.
         S(단수)   복수   V(단수)

⑤ 주어는 단수 취급하는 동명사구 empowering ~ attractions인데, 동사 generates 바로 앞 명사 attractions는 복수이므로 수일치 문제로 출제될 확률이 높다.

~, empowering tourists (with ~ local attractions) / **generates** ~.
         S(단수)   복수   V(단수)

오답풀이 ② 주어 This 뒤에 바로 동사 leads가 나와서 수일치 문제로 출제될 확률이 낮다. This는 문맥상 앞 문장을 가리킨다.

④ 주어 the most recent *technological* boost는 단수인데, 동사 is 바로 앞 명사 sector도 단수이므로 수일치 문제로 출제될 확률이 낮다.

10 정답 및 해설

Point 03 동사의 태 I

Zero Stage

본책 p. 31

정답 **1** were delivered   **2** delivered   **6** occurred

---

1 **were delivered** | 도시락이 아이들과 노인들에게 배달되었다.
◆ lunch box 도시락   deliver 배달하다
돋보기 도시락이 '배달된' 것이므로 주어 Lunch boxes와 동사 deliver는 수동 관계이다. the elderly는 elder people을 뜻하는 복수명사이다.

2 **delivered** | 몇몇 사람들이 아이들과 노인들에게 도시락을 배달했다.
돋보기 사람들이 '배달한' 것이므로 주어 Some people과 동사 deliver는 능동 관계이다.

3 사용하지 않는 인공위성은 5년 이내에 제거되어야 한다.
◆ out-of-service 사용하지 않는   satellite (인공)위성   remove 제거하다

4 이 회의를 위해 다섯 군데의 장소가 고려되고 있다.   ◆ location 장소
consider 고려하다; (~을 …로) 여기다

5 1550년대부터 그곳에서 와인이 제조되어왔다.

6 **occurred** | 어제 예기치 않은 정전 사건이 발생했다.   ◆ incident 사건
unexpected 예기치 않은   power outage 정전
돋보기 자동사 occur는 수동태로 쓰일 수 없다.

7 나는 그에게 또 다른 기회를 주었다. → 그는 또 다른 기회가 주어졌다.
돋보기 4문형(SVOO)이 수동태로 바뀌면서 간접목적어 him이 주어로 나가고, 직접목적어 another chance가 그 자리에 그대로 남는다.
I / gave / him / **another chance.**
     IO   DO
→ He / was given / **another chance.**
   (IO→)S

8 그들은 Jane을 선생님으로 여긴다. → Jane은 선생님으로 여겨진다.
돋보기 5문형(SVOC)이 수동태로 바뀌면 목적어 Jane이 주어로 나가고, 명사 보어 a teacher가 그 자리에 그대로 남는다.
They / consider / Jane / **a teacher.**
                    O   C
→ Jane / is considered / **a teacher.**
   (O→)S

9 나는 돈을 안전하게 보관했다. → 돈은 안전하게 보관되었다.
돋보기 5문형(SVOC)이 수동태로 바뀌면 목적어 the money가 주어로 나가고, 형용사 보어 safe가 그 자리에 그대로 남는다.
I / kept / the money / **safe.**
            O   C
→ The money / was kept / **safe.**
   (O→)S

10 Jimmy는 머그잔이 깨진 것을 발견했다. → 머그잔이 깨진 채로 발견되었다.
돋보기 5문형(SVOC)이 수동태로 바뀌면 목적어 the mug가 주어로 나가고, p.p. 보어 broken이 그 자리에 그대로 남는다.
Jimmy / found / the mug / **broken.**
                   O   C
→ The mug / was found / **broken.**
   (O→)S

11 그녀는 그에게 문을 열어 달라고 요청했다. → 그는 문을 열어 달라고 요청받았다.
돋보기 5문형(SVOC)이 수동태로 바뀌면 목적어 him이 주어로 나가고, to-v 보어 to open ~이 그 자리에 그대로 남는다.
She / asked / him / **to open** the door.
               O   C
→ He / was asked / **to open** the door.
   (O→)S

12 그의 엄마는 그에게 그의 책상을 청소하게 시켰다. → 그는 자신의 책상을 청소하게 되었다.
돋보기 5문형(SVOC)이 수동태로 바뀌면 목적어 him이 주어로 나가고, 원형부정사 보어 clean은 to-v 형태로 바뀌어 그 자리에 남는다.
His mom / made / him / **clean** his desk.
                  O   C
→ He / was made / **to clean** his desk.
   (O→)S   to-v 형태로 변경

정답 ❶ ○   ❷ ○   ❸ ✕, was invented   ❹ search   ❺ been served

[각 5점] **01** ✕, were threatened   **02** ✕, was founded   **03** ○   **04** ○   **05** ✕, been encouraged
감점 요소 -3점 (✕는 올바르게 표시했지만 틀린 부분을 바르게 고치지 못한 경우)

[각 5점] **06** (A) choose (B) convince (C) be required
감점 요소 -3점 (빈칸에 적절한 어휘를 골랐지만 어형 변형이 틀린 경우)

---

1   새로운 고층 건물들이 도심에 건설되었다[건설되고 있었다]. ◆ skyscraper 고층 건물

돋보기🔍 과거의 일을 말하고 있으므로 과거시제(were built) 또는 과거진행형(were being built)이 적절하다.

❶ ○ | 여행하고 새로운 문화들을 경험하면서 우리는 세상에 대해 더 폭넓은 시각과 이해를 얻을 수 있다. ◆ acquire 얻다, 습득하다   perspective 시각, 관점

돋보기🔍 우리가 '얻을 수 있는' 것이므로 주어 we와 동사 acquire는 능동관계이다.

❷ ○ | 보안 시스템을 업그레이드하는 동안 승인되지 않은 접속을 막기 위해 그 컴퓨터는 네트워크로부터 연결이 끊겼다. ◆ disconnect 연결을 끊다   prevent 막다   unauthorized 승인되지 않은   security 보안, 경비

돋보기🔍 컴퓨터가 '연결이 끊긴' 것이므로 주어 The computer와 동사 disconnect는 수동관계이다.

❸ ✕, was invented | 에어컨 시스템은 우리 삶에 혁신을 일으켰는데, 20세기 초에 발명되었다. ◆ revolutionize 혁신을 일으키다   invent 발명하다

돋보기🔍 에어컨 시스템이 '발명된' 것이므로 주어 The air conditioning system과 동사 invent는 수동관계이다. 바로 앞에 있는 복수명사 our lives에 수일치하지 않도록 주의한다.
The air conditioning system, // which ~ our lives, // **was invented** ~.
　　　　　　S(단수)　　　　　　　　수동　　　　　V

2   학생들은 역사적 사실들이 한 이야기에 묶여 있을 때 그것들을 기억한다.
◆ historical 역사적인   tie 묶다, 연결하다

3   물고기는 부레를 산소로 채운다. 그것(= 부레)이 채워지면서, 부레는 팽창한다.
◆ expand 팽창하다

❹ search | 매일의 별자리 운세를 읽는 사람들은 그 정보를 너무도 간절히 믿고 싶어 해서, 그들은 살아가다가 그것(= 정보)을 사실로 만들어주는 의미를 찾을 것이다. ◆ daily 매일의

돋보기🔍 괄호 안 동사 search는 the people이 하는 동작이므로 they는 daily horoscopes가 아닌 the people을 가리킨다. 사람들이 '찾을' 것이므로 주어와 동사 search는 능동관계이다.
Since the people (reading daily horoscopes) / want to believe
　　　　　　　　　　　　=
the information so badly, // they will **search** for meaning ~.

❺ been served | 식사가 이미 제공된 후에, 손님들은 자신들의 식사 경험에 대한 설문 조사를 작성하도록 요청받았다. ◆ serve (음식을) 제공하다   complete (빠짐없이) 작성하다; 완료하다   survey 설문 조사   dining 식사

돋보기🔍 부사절의 대명사 주어인 they는 문맥상 주절 주어인 the guests를 가리킨다. 손님들이 식사를 '제공받은' 것이므로 주어와 동사 serve는 수동관계이다.
After they **had** already **been served**, // the guests were asked ~.
　　　　　　=

Exercise

01 ✕, were threatened | 몇 년 전, 그들의 전통적인 삶의 방식들은 빠른 산업화로 위협을 받았다. ◆ traditional 전통적인   threaten 위협하다   rapid 빠른   industrialization 산업화

돋보기🔍 그들의 전통적인 방식들이 '위협을 받은' 것이므로 주어 their traditional ways와 동사 threaten은 수동관계이다.

02 ✕, was founded | '그린피스'로 알려진 단체는 환경 문제에 대한 의식을 높이려는 목적으로 1971년에 설립되었다. ◆ found 설립하다   aim 목적, 목표   raise 높이다; 기르다   awareness 의식, 인식   environmental 환경의

돋보기🔍 단체가 '설립된' 것이므로 주어 The organization과 동사 found는 수동관계이다. was found가 find의 수동태로 보일 수 있지만, 문맥상 문장의 동사는 '설립하다'라는 의미의 found이므로 found의 과거분사형인 founded로 고쳐야 한다.

> **NOTE** 혼동하기 쉬운 동사의 변화형
> 찾다, 알아내다: find-found-found
> 설립하다, 세우다: found-founded-founded
> (실 등을) 감다: wind-wound-wound
> 상처[부상]를 입히다: wound-wounded-wounded

03 ○ | 피로와 통증은 여러분의 몸이 혹사당하고 있다고 말하는 방식이다.
◆ fatigue 피로   overwork 혹사하다, 과로하다

돋보기🔍 that절의 대명사 주어인 it은 앞에 나온 your body를 가리킨다. 몸이 '혹사당하고 있는' 것이므로 주어와 동사 overwork는 수동관계이다.
~ your body's ways (of saying / that it **is being overworked**).
　　　　　　　　　=

04 ○ | 진화는 여러 세대에 걸쳐 일어나는 (뇌와 같은) 유기체 구조의 변화를 수반한다. ◆ involve 포함[수반]하다   structure 구조   organism 유기체   generation 세대

돋보기🔍 진화가 변화를 '수반하는' 것이므로 주어 Evolution과 동사 involve는 능동관계이다.
Evolution **involves** changes (to ~) [that occur ~].
　　S└능동┘V　　　O↑

05 X, been encouraged | 탄소 중립을 달성하는 데 도움이 되도록 재생 가능한 에너지원의 사용이 점점 더 권장되어왔다. ◆ renewable 재생 가능한 increasingly 점점 더 encourage 권장하다; 격려하다

돋보기🔍 사용이 '권장되어 온' 것이므로 주어 The use와 동사 encourage는 수동관계이다.

06 (A) choose (B) convince (C) be required | 성과는 훈련과 체력 모두와 상관관계가 있다. 만약 사람들이 체력 유지를 고려하지 않은 채 운동성과를 향상시키려고 시도한다면 체력은 약해질 것이다. 예를 들어, 마라톤 경기를 대비하여 훈련하는 선수는 회복 시간을 고려하지 않고 훈련 거리만 늘리는 것을 (A) 선택할지도 모른다. 결과적으로, 선수는 체력이 즉시 향상되는 것을 알아차릴지도 모르며, 이는 그가 신기록으로 마라톤을 완주할 것이라고 그를 (B) 확신시킬 것이다. 그렇기는 하지만, 이런 즉각적인 성공에는 마라톤에서의 성공을 희생하는 대가가 따를 수 있는데, 늘어난 양의 훈련이 계속됨에 따라 더 많은 회복 시간이 (C) 요구될 것이기 때문이

다. 선수는 마라톤 당일에 체력이 떨어진 것을 알게 되고 그 결과 경주 성과가 더 나빠질지도 모른다.

◆ function 기능; 기능을 하다; 상관 (관계) fitness (신체적인) 건강함; 체력 without regard to ~을 고려하지 않고 maintenance 유지 weaken 약화시키다 recovery 회복 immediately 즉시 in record time 신기록으로; 아주 빨리 nevertheless 그렇기는 하지만 at the expense of ~을 희생하여

돋보기🔍 (A) 선수가 '선택할지도 모르는' 것이므로 주어 a runner와 동사 choose는 능동관계이다.
(B) 주어 it은 and 앞의 절에서 말한 his fitness improving immediately, 즉 the immediate improvement in his fitness를 가리킨다. 선수 체력의 즉각적인 향상이 선수를 '확신시킬' 것이므로 주어와 동사 convince는 능동관계이다.
~ his fitness improving immediately, // [and] it **will convince** ~.
                                              └─────────=─────────┘
(C) 더 많은 회복 시간이 '요구될' 것이므로 주어 more recovery time과 동사 require는 수동관계이며, 앞에 will이 있으므로 <조동사+be p.p.>가 되어야 한다.

Main Stage 2 어법 서술형 II

본책 p. 34

정답 ❶ 매우 잘 팔린다 ❷ ~라고 되어 있다[쓰여 있다] ❸ 두 사람으로 구성되었다 ❹ 빨리 확산된다[퍼진다] ❺ 그들의 대화에서 비롯되었다[유래했다] ❻ X, were given ❼ O ❽ grew, was raised ❾ acknowledging, expected

[각 4점] 01 O 02 X, considered 03 X, borrowed 04 X, consisted 05 O
감점 요소 -2점 (X는 올바르게 표시했지만 틀린 부분을 바르게 고치지 못한 경우)

[각 5점] 06 ② refuses → is refused, 주어 the pilot과 동사 refuse는 수동관계이므로 수동태인 is refused로 고쳐야 한다.
/ ⑤ is requested → requests, 주어 a pilot과 동사 request는 능동관계이므로 능동태인 requests로 고쳐야 한다.
감점 요소 -2점 (틀린 부분을 찾았지만 바르게 고치지 못한 경우) / -3점 (틀린 이유를 바르게 쓰지 못한 경우)

❶ **매우 잘 팔린다** | 그 잡지는 매우 잘 팔린다.
돋보기🔍 sell이 부사 well과 함께 쓰여 '잘 팔리다'라는 의미의 자동사로 쓰일 때는 수동의 의미를 갖지만 능동으로 표현한다.

❷ **~라고 되어 있다[쓰여 있다]** | 안내문에 수영장이 보수 때문에 닫혔다고 되어 있다[쓰여 있다]. ◆ notice 안내문
돋보기🔍 say[read]가 '~라고 되어 있다[쓰여 있다]'라고 해석되어 수동태처럼 보이지만, 뒤에 that절을 목적어로 가지는 타동사로 쓰인 능동태 문장이다.

❸ **두 사람으로 구성되었다** | 그 그룹은 두 사람으로 구성되었다.
돋보기🔍 consist는 '구성되다'라는 의미의 자동사이므로 수동태처럼 해석되지만 능동으로 표현한다.

❹ **빨리 확산된다[퍼진다]** | 질병에 대한 두려움과 잘못된 정보는 빨리 확산된다. ◆ misinformation 잘못된 정보
돋보기🔍 spread가 '확산되다[퍼지다]'라는 의미의 자동사로 쓰일 때는 수동의 의미를 갖지만 능동으로 표현한다.

❺ **그들의 대화에서 비롯되었다[유래했다]** | 그 혁신적인 생각은 그들의 대화에서 비롯되었다. ◆ innovative 혁신적인
돋보기🔍 originate가 '비롯되다[유래하다]'라는 의미의 자동사로 쓰일 때는 수동의 의미를 갖지만 능동으로 표현한다.

1 James는 이웃들에게 차를 하루 동안 빌려주었고, 보답으로 50달러를 제공받았다. ◆ in return (~에 대한) 보답으로 offer 제공하다

❻ **X, were given** | 의사들의 성과는 그들이 환자들에 관한 더 많은 정보를 받았을 때 향상되었다.
돋보기🔍 밑줄 친 동사의 주어 they(= The doctors)가 더 많은 정보(more information)를 '받은' 것이므로 주어와 동사 give는 수동관계이다.
~ they **were given** more information (about their patients).
   S'   V'(수동)   4문형 능동태 문장의 직접목적어'

❼ **O** | 내가 나의 강아지를 훈련하기 위해 사용하는 기술은 행동 포착(특정한 행동을 한 것이 포착되면 보상을 주어 행동을 강화하는 훈련법)이라 불리는데, 그것은 보통 훈련 방법들과 다르다. ◆ capture 포착; 포획 method 방법
돋보기🔍 기술이 행동 포착(behavior capture)이라고 '불리는' 것이므로 주어 The technique와 동사 call은 수동관계이다.
The technique [(that) I use ~] / **is called** behavior capture, // ~.
          S ↑_____| V(수동)   5문형 능동태 문장의 보어

NOTE 명사 보어를 자주 취하는 5문형 동사
call[name] A B: A를 B로 부르다[이름 짓다]
appoint[elect, select, choose] A B: A를 B에 임명[선출, 선택]하다
consider[think, believe] A B : A를 B로 여기다
make A B: A를 B가 되게 하다[만들다]

⑧ grew, was raised | 그녀는 1941년에 태어나 빈곤한 가정에서 자랐으며, 그녀의 아버지가 돌아가신 후에는 보육원에서 길러졌다. ◆ orphanage 보육원

돋보기 🔍 그녀가 '자란' 것이므로 주어 She와 동사 grow up은 능동관계이고, 그녀가 '길러진' 것이므로 주어 She와 동사 raise는 수동관계이다. 태가 다른 세 개의 동사가 콤마와 and로 연결되어 병렬구조를 이룬다.

She **was born** in 1941 , / **grew up** in a poor family , / and
 S   V1(수동)   V2(능동)

was raised in an orphanage ~.
  V3(수동)

⑨ acknowledging, expected | 더 많은 나라들이 자연을 지키는 것의 중요성을 인정하고 있으며 에콰도르의 선례를 따를 것으로 예상된다.
◆ acknowledge 인정하다　preserve 지키다, 보호하다　lead 선례, 본보기

돋보기 🔍 더 많은 나라들이 '인정하고 있는' 것이므로 주어 More countries와 동사 acknowledge는 능동관계이고, 더 많은 나라들이 따를 것으로 '예상되는' 것이므로 주어 More countries와 동사 expect는 수동관계이다. 태가 다른 두 개의 동사가 and로 연결되어 병렬구조를 이룬다.

More countries **are acknowledging** the importance ~ /
     S   V1(능동)   O1

and **are expected** to follow Ecuador's lead.
   V2(수동)   5문형 능동태 문장의 보어

Exercise

01 ○ | 그는 그의 강의를 통해 수천 명의 사람에게 영감을 주었고 최고의 연설가 열 명 중 한 명으로 선정되었다. ◆ inspire 영감을 주다　lecture 강의　select 선정하다

돋보기 🔍 그가 수천 명의 사람에게 '영감을 준' 것이므로 주어 He와 동사 inspire는 능동관계이다. and로 연결되어 병렬구조를 이루는 동사 was selected에 맞춰 태를 판단하지 말자.

He **had inspired** thousands of people ~ / and was selected ~.
 S V1(능동)   O1   V2(수동)

02 ✕, considered | 특정 사회나 문화에 속하지 않고 그 특정 마을의 일원이 아니었던 낯선 사람은 이방인으로 여겨졌다. ◆ stranger 낯선 사람　belong to ~에 속하다　foreigner 이방인; 외국인

돋보기 🔍 낯선 사람이 이방인(a foreigner)으로 '여겨진' 것이므로 주어 Any stranger와 동사 consider는 수동관계이다.

Any stranger [who ~ village] / **was considered** a foreigner.
      S   V(수동)   5문형 능동태 문장의 보어

03 ✕, borrowed | 몇 달 전, 그는 직접 카페를 열기 위해 은행에서 많은 돈을 빌렸다.

돋보기 🔍 그가 돈을 '빌린' 것이므로 주어 he와 동사 borrow는 능동관계이다.

04 ✕, consisted | 식사는 다양한 메뉴로 구성되었는데, 푸짐한 수프와 신선한 샐러드를 포함했다. ◆ a variety of 다양한　hearty 푸짐한; (마음이) 따뜻한

돋보기 🔍 consist는 '구성되다'라는 의미의 자동사이므로 수동태처럼 해석되지만 능동태로 표현한다.

05 ○ | 1849년에 그는 아일랜드 코크 주에 있는 퀸스 대학의 첫 번째 수학 교수로 임명되었고, 1864년에 사망할 때까지 그곳에서 가르쳤다. ◆ appoint 임명하다

돋보기 🔍 그가 첫 번째 교수(the first professor)로 '임명된' 것이므로 주어 he와 동사 appoint는 수동관계이다.

~, / he **was appointed** the first professor ~, // and he **taught** ~.
   S1   V1(수동)   5문형 능동태 문장의 보어   S2 V2(능동)
(← In 1849, the college appointed him the first professor ~.)

06 정답 참조 | 'catch-22'라는 표현은 Joseph Heller의 유명한 동명 소설에서 유래된 것이다. 그 소설에서 조종사는 전투에서 벗어나 재배치되기를 간절히 바라지만, 'catch-22' 규칙 때문에 거절당한다. 그 규칙은 조종사가 정신 이상이 있다고 선언되었을 때만 전투에서 재배치될 수 있다고 명시한다. 그것은 또한 정신 이상자만이 전투에서 벗어나 재배치되기를 원치 않을 것이므로, 만약 조종사가 재배치를 요청한다면 그는 명백히 정신 이상이 아니라고 명시한다. 이것이 "catch-22 상황이다."라는 표현의 유래인데, 이는 모순되는 선택지에 갇힌 상황을 나타낸다.
◆ relocate 재배치하다; 이전시키다 *cf.* relocation 재배치; 이전　combat 전투　state 명시하다　declare 선언하다　insane 정신 이상의　origin 유래, 기원　refer to ~을 나타내다　contradictory 모순되는

돋보기 🔍 ② 문맥상 조종사가 '거절당하는' 것이므로 주어 the pilot과 동사 refuse는 수동관계이다. 밑줄 친 동사와 but으로 병렬 연결된 동사 wants에 맞춰 태를 판단하지 말자.

~, the pilot desperately **wants** to be relocated out of combat, /
      S   V1(능동)   O1

but **is refused** / because of the "catch-22" rule.
   V2(수동)

⑤ 문맥상 조종사가 재배치를 '요청하는' 것이므로 주어 a pilot과 동사 request는 능동관계이다.

오답풀이 🔍 ① originate는 '비롯되다[유래하다]'라는 의미의 자동사이므로 능동태로 표현한다.

③ 조종사가 '재배치될 수 있는' 것이므로 주어 a pilot과 동사 relocate는 수동관계이다. 조동사 can을 이용한 수동태 <can be p.p.>가 알맞게 쓰였다.

④ 그가 정신 이상이 있다고(insane) '선언되는' 것이므로 주어 he와 동사 declare는 수동관계이다. insane은 5문형 능동태 문장의 보어이다.

⑥ 당신이 '갇힌' 것이므로 주어 you와 동사 stick은 수동관계이다.

Main Stage 3 영작 서술형

본책 p. 36

정답 [각 5점] **01** was given an olive wreath along with their medal
02 they are offered enough information about the product
03 says that children should be encouraged to take medicine
04 is used to produce electricity and functions as fuel for cars
감점 요소 -2점 (어순은 올바르나 어형 변형이 틀린 경우)

[각5점] 05 (A) punctuality is prioritized (B) schedules are understood
감점 요소 -2점 (어순은 올바르나 어형 변형이 틀린 경우)

Exercise

01 정답 참조

돋보기🔍 주어 Every medalist와 동사 give는 수동관계이며, 과거 사실(the 2004 Olympics)을 말하므로 was given으로 표현해야 한다.

Every medalist (in the 2004 Olympics (in Greece)) / **was given**
　　　　　　S　　　　　　　　　　　　　　　　　　　　V(수동)
an olive wreath / along with their medal.
4문형 능동태 문장의 직접목적어

(← They gave every medalist in the 2004 Olympics in Greece an olive wreath along with their medal.)

02 정답 참조

돋보기🔍 부사절의 주어 they는 문맥상 주절의 주어 Customers를 가리킨다. they와 동사 offer는 수동관계이며, 현재의 일반적인 사실을 말하므로 are offered로 표현해야 한다.

Customers will buy products with confidence // when they
　　S　　　　　　　　　　＝　　　　　　　　　　　　　S′
are offered enough information (about the product).
V′(수동)　　4문형 능동태 문장의 직접목적어

03 정답 참조

돋보기🔍 say는 '~라고 되어 있다'로 해석되어 수동의 의미를 갖지만 that절을 목적어로 갖는 타동사이다. 주어 This handbook과 수일치하여 says로 바꿔 써야 한다. that절의 주어 children과 동사 encourage는 수동관계이므로 should be encouraged로 표현해야 한다.

This handbook **says** // that children **should be encouraged**
　　S　　　　　V(능동)　　　　S′　　　　　V′(수동)
to take medicine / only when necessary.
5문형 능동태 문장의 보어

04 정답 참조 | ◆biofuel 생물연료 electricity 전기

돋보기🔍 주어 biofuel은 단수(셀 수 없는 명사)이고, 주어와 동사 use는 수동관계

이며 현재의 사실을 말하므로 is used로 표현해야 한다. and로 연결된 동사 function은 자동사로 쓰여 '기능을 하다'라는 의미이다. 주어 biofuel과 수일치하여 functions로 바꿔 써야 한다.

Currently, biofuel **is used** to produce electricity / and **functions**
　　　　　　　S　　　V1(수동)　　　　　　　　　　　　V2(능동)
as fuel for cars.

> **NOTE** be used to-v vs. be used to v-ing
> be used to-v: v하는 데 사용되다
> be used to v-ing: v하는 데 익숙하다

05 정답 참조 | 서로 다른 문화들은 서로 다른 시간 개념을 갖는다. 시간에 대한 서구권의 개념에서, 인간의 욕구와 선택은 시간의 굽히지 않는 요구에 맞춰 조정되어야 하며, 일들은 올바른 시간과 올바른 순서에 따라 처리되어야 한다. 반면 비서구권의 개념에서는 시간을 사람들의 욕구에 맞춰 굽혀야 하는 도구이자 종일 뿐이라고 본다. 일정표는 통지 없이 변경될 수 있으며, 일들은 제시간에 또는 올바른 순서에 맞게 완료될 필요가 없다.
[요약문] 서구 문화에서는 (A) 시간 엄수가 우선시되지만, 비서구 문화에서는 (B) 일정이 유연한 것으로 여겨진다.

◆adjust 조정하다; 적응하다 unbending 굽히지 않는, 확고한 attend to ~을 처리하다 servant 종, 하인 bend 굽히다 fit 맞추다 timetable 일정표 prioritize 우선순위를 매기다, 우선시하다 flexible 유연한

돋보기🔍 (A) 서구권 문화에서는 시간을 잘 지키는 것이 중요하다고 하였다. 시간 엄수가 '우선시되는' 것이므로 주어 punctuality와 동사 prioritize는 수동관계이며, 현재의 일반적인 사실을 말하므로 is prioritized로 표현해야 한다.
(B) 비서구권 문화에서는 일정은 상황에 따라 바뀔 수 있는 것으로 본다고 하였다. 일정이 유연하다(to be flexible)고 '여겨지는' 것이므로 주어 schedules와 동사 understand는 수동관계이며, 현재의 일반적인 사실을 말하므로 are understood로 표현해야 한다.

In western cultures, / punctuality **is prioritized**, // whereas in
　　　　　　　　　　　　　　S　　　　　V(수동)
non-western cultures, / schedules **are understood** to be flexible.
　　　　　　　　　　　　　　S′　　　　V′(수동)　5문형 능동태 문장의 보어

Plus Stage

본책 p. 38

1 1981년에 그녀는 종이봉투를 자르고 접고 붙이는 기계를 발명해 그녀의 첫 특허를 받았다. ◆award 수여하다 patent 특허 fold 접다 glue 붙이다

돋보기🔍 4문형(SVOO)이 수동태로 바뀌며 직접목적어 her first patent가 그 자리에 그대로 남았다.

2 역사상 최초의 자동차는 말이 없는 마차라고 불렸는데, 이것은 대중들이 기존의 교통수단에 반대되는 개념을 이해하는 데에 도움이 되었다. ◆automobile 자동차 carriage 마차, 운반차 mode 방식, 방법 transportation 운송, 수송; 교통수단

돋보기🔍 5문형(SVOC)이 수동태로 바뀌며 보어 a horseless carriage가 그 자리에 그대로 남았다.

3 극도로 건조한 봄에 뒤이어, 2017년에 이탈리아의 일부 지역들은 물 부족으로 고통받았다. ◆following ~후에; ~에 따라 extremely 극도로 shortage 부족

4 많은 생물은 죽을 때 완전히 잡아먹히거나 빠르게 분해되어서, 어떤 종에 대한 화석 기록이 전혀 없을 수도 있다. ◆consume 먹다; 소비하다 decompose 분해되다 fossil record 화석 기록

5 노동자 대부분은 종종 이민자들이거나, 십대들이거나, 그 외 직업을 절실히 필요로 하는 사람들이었다. 그들은 다른 어떤 수당도 없이 시간당 임금을 받았다.
◆immigrant 이민자 desperate 절실한; 자포자기의 hourly wage 시간당 임금 benefit 이득; 수당, 보조금

6 실직 상태이면서 일자리를 찾고 있는 사람들은 실업률에 포함되지 않는다.
◆jobless 실직 상태인 unemployment 실업 rate ~율, 비율

Zero Stage

정답 **1 brought about**　　**2 dealt with**

1　brought about | 정부는 세금 제도에 중대한 변화를 불러일으켰다.
→ 중대한 세금 제도 변화가 정부에 의해 일으켜졌다.　◆tax 세금

🔍돋보기 구동사 bring about은 수동태에서도 한 덩어리로 움직이므로 about이 함께 와야 한다.

2　dealt with | 주거 지역 내 불법 주차 문제가 드디어 처리되었다.
◆illegal 불법의　residential 주거의, 주택지의

🔍돋보기 구동사 deal with는 수동태에서도 한 덩어리로 움직이므로 with가 함께 와야 한다.

3　자신의 출판된 책을 손에 쥐자, 그 저자의 가슴은 자부심으로 가득 찼다.
◆be filled with ~로 가득 차다

4　그녀는 정치에 적극적으로 참여했으며 난민 지원 단체에서 일했다.
◆be engaged in ~에 참여하다　refugee 난민　organization 단체, 조직

5　그 버려진 집은 나에게 유령 이야기를 상기시켰다. → 나는 그 버려진 집에 의해 유령 이야기가 상기되었다.　◆abandoned 버려진

6　사람들은 모바일 마케팅이 전자 상거래의 미래라고 말한다. → 모바일 마케팅이 전자 상거래의 미래라고 말해진다.　◆e-commerce 전자 상거래

Main Stage 1　어법 서술형

정답　❶ ○　❷ ✕, increased

[각 4점]　**01 ✕, waited for**　**02 ○**　**03 ✕, taken**　**04 ○**　**05 ○**　**06 ✕, been identified**
07 ✕, was dissatisfied with

감점 요소　-2점 (✕는 올바르게 표시했지만 틀린 부분을 바르게 고치지 못한 경우)

[빈칸당 3점]　**08 (being) paid**　**09 return**　**10 (A) associated　(B) were believed**

감점 요소　-2점 (빈칸에 적절한 어휘를 골랐지만 어형 변형이 틀린 경우)

1　공사하는 동안 작업자들의 안전에 세심한 주의가 기울여졌다. → 공사하는 동안 세심한 주의가 작업자들의 안전에 기울여졌다.　◆construction 공사, 건설

❶ ○ | 당신이 수표로 지불할 때, 기업들은 대금을 받는 것을 보증할 수 있도록 종종 당신에 대해 더 많은 정보를 필요로 한다.　◆be assured of ~을 확신[보증]하다　payment 지불(금), 대금

🔍돋보기 여기서 pay는 '지불하다'라는 의미의 자동사이며 by check는 '수표로'라는 의미로 방법, 수단을 뜻한다.

❷ ✕, increased | 1988년에서 2008년 사이에 미국 가정에서 반려동물의 소유는 6퍼센티지 포인트만큼 증가했다.　◆ownership 소유(권)　household 가정, 가구

🔍돋보기 여기서 increase는 '증가하다'라는 의미의 자동사이며 by 6 percentage points는 '6퍼센티지 포인트만큼'이라는 의미로 양, 정도를 뜻한다.

Exercise

01 ✕, waited for | 대학에 진학한 이래로 연락이 없는 그녀를 부모님이 간절하게 기다렸다.　◆anxiously 간절히　hear from ~에게서 연락을 받다[소식을 듣다]

🔍돋보기 부모님이 She를 기다린 것이므로 주어 She와 구동사 wait for는 수동관

계이다. 구동사 wait for는 수동태에서도 한 덩어리로 움직이므로 waited for로 고쳐야 한다.

02 ○ | 어떤 약초들은 어떤 식으로든 특정 장기들의 활동을 마법처럼 개선하여, 그 결과 특정 질병들을 '치료한다'고 널리 여겨진다.　◆widely 널리, 광범위하게　herb 약초, 허브　somehow 어떤 식으로든　improve 개선하다, 향상시키다　organ (신체) 장기, 기관　cure 치유하다; 고치다

🔍돋보기 <People widely believe+that절>을 <It ~ that> 구문을 활용하여 수동태로 표현한 것이므로 is believed는 알맞다.
(← People widely believe that certain herbs ~.)

03 ✕, taken | 19세기 이래로, 가게 주인들은 상품이 실제보다 더 싸다는 인상을 주기 위해 9로 끝나는 가격을 선택하여 그 속임수를 이용해왔다.
◆shopkeeper 가게 주인　end in ~로 끝나다　impression 인상

🔍돋보기 주어 shopkeepers가 '이용해온' 것이므로 주어와 구동사 take advantage of는 능동관계이다. by choosing은 '선택하여'라는 의미이다.

04 ○ | Richard Feynman은 노벨상을 수상한 물리학자인데, 어린 시절의 집에 자신이 실험으로 학습한 (장소인) 실험실을 세웠다.　◆set up 세우다, 설치하다　laboratory 실험실　childhood 어린 시절　experimentation 실험

🔍돋보기 where가 이끄는 절의 주어 he(= Richard Feynman)가 '학습한' 것이

므로 주어와 동사 learn은 능동관계이다. by experimentation은 '실험으로'라는 의미로 방법, 수단을 뜻한다.

05 ○ | 국민의 14퍼센트만이 수재민들을 새 지역에 정착시키자는 정부 결정에 반대한다. ◆the public 국민; 대중 **disapprove of** ~에 반대하다 **decision** 결정 **flood** 홍수 **victim** 피해자, 희생자 **settle** 정착하다

돋보기 🔍 주어 Only 14 percent of the public이 '반대하는' 것이므로 주어와 구동사 disapprove of는 능동관계이다. by the government는 앞의 명사 the decision을 수식한다.

06 ✗, been identified | 수력 발전 댐은 수생 생태계에 영향을 미치고, 좀 더 최근에는 중요 온실가스 배출원으로 확인되었다. ◆have an impact on ~에 영향을 미치다 **aquatic** 수생의 **ecosystem** 생태계 **greenhouse** 온실

돋보기 🔍 <identify A as B>에서 A자리에 있는 Hydropower dams를 주어로 쓴 수동태 문장이다. 주어 Hydropower dams가 중요한 원인(significant sources)으로 '확인된' 것이므로 주어와 동사 identify는 수동관계이다. <as B>에 해당하는 전명구 as significant sources ~는 동사 바로 뒤에 이어서 왔다.

07 ✗, was dissatisfied with | 고객은 그 상품의 나쁜 품질에 만족하지 못하여 환불을 요구했다. ◆quality (품)질 **demand** 요구하다 **refund** 환불(금)

돋보기 🔍 be dissatisfied with는 '~에 만족하지 않다'라는 의미로 by가 아닌 전치사 with로 능동태 주어를 나타낸다.

08 (being) paid | 스포츠와 영화에서 성공한 유명인들에게 점점 더 많은 미디어의 관심이 쏠린다[쏠리고 있다].

돋보기 🔍 구동사 pay attention to의 attention 앞에 수식어가 있으면 이를 주어로 하는 수동태 문장을 쓸 수 있다. 주어 More and more media attention이 유명인들에게 '쏠리는[쏠리고 있는]' 것이므로 pay를 paid 또는 being paid로 바꿔 쓴다. 주어로 나간 부분을 제외한 구동사의 나머지 부분은 한 덩어리로 움직이므로 is (being) paid 다음에는 to가 바로 이어서 왔다.

09 return | 당신의 발은 낮 동안 더 커지고 다음 날 아침이면 정상으로 돌아오기 때문에 완벽하게 꼭 맞는 신발을 찾는 것은 어려울 수 있다. ◆fit 꼭 맞는 것

돋보기 🔍 여기서 return은 '돌아오다'라는 의미의 자동사이며, by the next morning은 '다음 날 아침까지'라는 의미로 시간을 뜻한다. 또한, 일반적인 사실을 말하고 있으므로 현재시제가 적절하다.

10 (A) associated (B) were believed | 돼지들은 진흙탕에서 구르는 습관 때문에 전통적으로 더러움과 관련된 반면에 고양이들은 깨끗하다고 생각되었다. ◆traditionally 전통적으로 **dirtiness** 더러움 **roll around** 구르다 **mud** 진흙(탕) **while** 반면에

돋보기 🔍 (A) <associate A with B>에서 A자리에 있는 Pigs를 주어로 쓴 수동태 문장이다. 주어 Pigs가 더러움(dirtiness)과 '관련된' 것이므로 주어와 동사 associate는 수동관계이다. 따라서 associate를 associated로 바꿔 수동태를 완성한다. <with B>에 해당하는 전명구 with dirtiness는 동사 바로 뒤에 이어서 왔다.
(B) <People believed+that절>을 <that절 주어+be believed+to-v>로 바꿔 표현할 수 있다. 주어 cats가 복수이고 문맥상 과거의 일이므로 were believed로 바꿔 쓴다.

Main Stage 2 영작 서술형

본책 p. 42

정답 ❶ **(A) was viewed as a game of technique**
　　(B) was not paid attention to
　　❷ **(A) will be surprised at the rapid exhaustion**
　　(B) should be made of them

❶ **정답** 참조 | ◆technique 기술 **weightlifting** 근력 운동

돋보기 🔍 (A) <view A as B>에서 A자리에 있는 baseball을 주어로 쓴 수동태 문장이다. 주어 baseball이 기술의 경기로 '여겨진' 것이므로 주어와 동사 view는 수동관계이며, 과거 사실을 말하므로 was viewed로 표현해야 한다.
(B) 주어 training이 '주목받지' 못한 것이므로 주어와 구동사 pay attention to는 수동관계이며, 과거 사실을 말하므로 was not paid attention to로 표현해야 한다.

Before the 1980s, / baseball **was viewed as** a game of technique,
　　　　　　　　　　S　　　　V　　　　　전명구
// so training (like weightlifting), / which can cause players to lose
　　　S′
speed, / **was not paid attention to.**
　　　　　　　　V′

❷ **정답** 참조 | ◆exhaustion 고갈, 소진 **resource** 자원

돋보기 🔍 (A) 주어 You가 빠른 고갈에 의해 '놀라는' 것이므로 주어와 동사 surprise는 수동관계이다. 따라서 will be surprised로 표현해야 한다. be surprised at은 '~에 놀라다'라는 의미로 by가 아닌 전치사 at으로 능동태 주어를 나타낸다.
(B) 구동사 make use of에서 use에 수식어가 붙어 수동태 문장의 주어로 온 구조이다. 주어로 나간 부분을 제외한 구동사의 나머지 부분은 한 덩어리로 움직이므로, should be made of를 쓰고 of 뒤의 대명사를 이어서 쓴다.
You **will be surprised** / at the rapid exhaustion (of the Earth's
　S　　　V　　　　　　　　　　　전명구
natural resources). **The best use should be made of** them //
　　　　　　　　　　　　　　　　S　　　　　　V
before it's too late.

Main Stage 3 문장전환 서술형

정답 ❶ is often said to be shaped like a pyramid
❷ is thought to have been less than 2,000 individuals
❸ are believed to have been built by an ancient civilization

1 하늘을 가로지르며 지나가는 혜성은 지구 생명체 기원의 비밀을 담고 있다고 말해진다. ◆comet 혜성 origin 유래, 기원

2 사람들은 혜성이 지구에 물과 생명체를 가져왔다고 여긴다. → 혜성이 지구에 물과 생명체를 가져왔다고 여겨진다. ◆planet 행성

3 그들은 혜성이 태양계 밖에서 생겨난다고 여긴다. → 혜성은 태양계 밖에서 생겨난다고 여겨진다. ◆outer 바깥의, 외부의

4 그들은 몇몇 혜성이 태양계에서 방출되었다고 여긴다. → 몇몇 혜성은 태양계에서 방출되었다고 여겨진다. ◆eject 방출하다

❶ 정답 참조 | 스포츠 분야에서 승진 과정은 보통 피라미드 모양이라고 말해진다. ◆job advancement 승진 field 분야 shape 모양을 이루다

돋보기 주어진 문장에서 that절의 주어 the process를 문장의 주어로 하는 문장을 영작한다. The process ~ sports 다음에 기존 문장의 동사를 수일치에 주의하여 쓴다. 그 뒤에는 that절의 동사를 to-v의 형태로 바꿔야 하는데, 주어진 문장에서 주절의 시제(현재)와 that절의 시제(현재)가 같으므로 to be shaped로 바꿔 쓴다.
The process (of job advancement in the field of sports) /
S(that절의 주어)
is often said / to be shaped like a pyramid.
└── V ──┘ to-v(that절의 동사)

❷ 정답 참조 | 사람들은 인류를 시작한 인구가 2,000명을 넘지 않았을 것이라고 여긴다. → 인류를 시작한 인구는 2,000명을 넘지 않았을 것이라고 여겨진다.
◆population 인구 humanity 인류 individual 개인

돋보기 주어진 문장에서 that절의 주어 the population을 문장의 주어로 하는 문장을 영작한다. The population ~ humanity 다음에 동사 think를 수동태로 바꾸고 주어와 수일치하여 is thought로 쓴다. 그 뒤에는 that절의 동사를 to-v의 형태로 바꿔야 하는데, 주어진 문장에서 주절의 시제(현재)보다 that절의 시제(과거)가 앞서므로 to have been으로 바꿔 쓴다.
The population [that started humanity] / is thought /
S(that절의 주어) V
to have been less than 2,000 individuals.
to-v(that절의 동사)

❸ 정답 참조 | 그들은 그 정글에 있는 사원 유적이 수천 년 전 한 고대 문명에 의해 건설되었다고 여긴다. → 그 정글에 있는 사원 유적은 수천 년 전 한 고대 문명에 의해 건설된 것이라고 여겨진다. ◆temple 사원 ruins 유적, 폐허 ancient 고대의 civilization 문명

돋보기 주어진 문장에서 that절의 주어 the temple ruins를 문장의 주어로 하는 문장을 영작한다. The temple ruins ~ jungle 다음에 동사 believe를 수동태로 바꾸고 주어와 수일치하여 are believed로 쓴다. 그 뒤에는 that절의 동사를 to-v 형태로 바꿔야 하는데, 주어진 문장에서 주절의 시제(현재)보다 that절의 시제(과거)가 앞서므로 to have been built로 바꿔 쓴다.
The temple ruins (in the jungle) / are believed / to have been
S(that절의 주어) V to-v(that절의 동사)
built by an ancient civilization / thousands of years ago.

Plus Stage

1 한밤중에 이상한 소리가 들렸다.

2 그들에게 이상한 소리가 들렸다.

3 Sarah는 부모님이 돌아가신 후 조부모님에게 길러졌다. ◆pass away 돌아가시다, 사망하다; 사라지다

4 그 용기는 신선한 물로 가득 차 있었다. ◆container 용기

5 그 영화는 한 무리의 산악인들에 관한 실화에 근거한다. ◆mountaineer 등산가, 산악인

6 새로운 소프트웨어 업데이트가 그 오류들을 수정할 것으로 예상된다. (← 사람들은 새로운 소프트웨어 업데이트가 그 오류들을 수정할 것으로 예상한다.)
◆bug (컴퓨터 시스템이나 프로그램의) 오류

정답 [각 4점] **01** ✕, is　　**02** ✕, acts　　**03** ✕, have been taken　　**04** ○　　**05** ○
06 ✕, are taken　　**07** ✕, warn　　**08** ○　　**09** ○　　**10** ✕, is believed

감점 요소 −2점 (✕는 올바르게 표시했지만 틀린 부분을 바르게 고치지 못한 경우)

[각 3점] **11** (A) is covered　(B) rely

[빈칸당 5점] **12** that comes from these new speakers is heard
13 One of the physical changes caused by domestication is
14 The biggest complaint of kids who don't read is
15 (A) are seen as a way of learning and growing　(B) be said to be bad
16 animal species plays an important role to maintain

감점 요소 −2점 (어순은 올바르나 어형 변형이 틀린 경우)

[각 5점] **17-18** ③ attracts → attract, 주어는 복수인 Events이므로 동사를 복수동사 attract로 고쳐야 한다.
／④ uses → are used, 주어는 복수인 benches이고, 주어와 동사 use는 수동관계이므로 수동태인 are used로 고쳐야 한다.

감점 요소 −2점 (틀린 부분을 찾았지만 바르게 고치지 못한 경우) / −3점 (틀린 이유를 바르게 쓰지 못한 경우)

[각 3점] **19** (A) was introduced　(B) appear　(D) been inherited

[5점] **20** can be taken at

▶ 수일치 (v-ing 주어 + 단수동사)

01 ✕, is ┃ 좋은 생각들을 실현하지 않고 그저 머릿속에 떠올리게 두는 것은 그것들이 일어나지 않도록 보장하는 훌륭한 방법이다(생각만 하고 행동에 옮기지 않으면, 그 생각들이 현실이 되지 않는다). ◆ float 떠돌다; (물에) 뜨다　actualize 현실화하다, 실현하다　ensure 보장하다

돋보기🔍 주어 Simply keeping ~ them은 문맥상 '~ 두는 것'으로 해석되는 동명사구이므로 단수동사 is로 고쳐야 한다.

▶ 수일치 (S + 전명구 + V)

02 ✕, acts ┃ 당신이 걸을 때, 바닥과 신발 바닥 사이의 마찰은 땅을 꽉 잡아 미끄러지는 것을 방지하는 역할을 한다. ◆ grip 꽉 잡다, 움켜잡다

돋보기🔍 주어는 셀 수 없는 명사인 friction이므로 단수 취급한다.

▶ 태 (to have p.p. vs. to have been p.p.)

03 ✕, have been taken ┃ 최초의 수중 사진은 1856년에 William Thompson이라는 이름의 남자에 의해 찍혔다고 한다. ◆ underwater 수중의

돋보기🔍 <People say + that절>을 <that절 주어 + be said + to-v>로 바꿔 표현한 문장이다. 주절의 시제(현재)보다 더 과거에 사진이 '찍힌' 것이고, that절의 주어와 동사가 수동관계이므로 <to have been p.p.>의 형태로 고쳐야 한다.
The first underwater photographs are said / to have been taken
　　　　　S(that절의 주어)　　　　　　　V　　　to-v(that절의 동사)
in 1856 by a man ~.
(← People **say** that the ~ photographs **were taken** ~.)

▶ 수일치 (S + 관계사절 + V)

04 ○ ┃ 훌륭한 작가들은 실생활에 적용될 수 있는 생각들이 기록될 가치가 있다는 것을 안다. ◆ apply 적용하다　be worth v-ing v할 가치가 있다

돋보기🔍 밑줄 친 동사의 주어는 복수인 ideas이므로 복수동사 are가 알맞다.

▶ 수일치 (S, 삽입어구, 동사) / 태 (5문형 수동태)

05 ○ ┃ 그 도시의 새로운 교통 체계는 전기 버스와 자전거 공유 프로그램을 포함하는데, 현대적이고 친환경적이라고 여겨졌다. ◆ eco-friendly 친환경적인

돋보기🔍 새로운 교통 체계가 현대적이고 친환경적(modern and eco-friendly)이라고 '여겨진' 것이므로 주어와 동사 consider는 수동관계이고, 주어는 단수 The city's new transportation system이므로 was considered는 적절하다.
The city's new transportation system, // which included ~
　　　　　　S(단수)
programs, // **was considered** modern and eco-friendly.
　복수　　　V(단수. 수동)　　5문형 능동태 문장의 보어

▶ 태 (대명사 주어) / 태 (A + be p.p. + 전명구)

06 ✕, are taken ┃ 아이들이 일 년 내내 갖고 싶어 했던 장난감들이 크리스마스 트리 아래의 선물 상자들에서 꺼내진 후 며칠 뒤에 버려진다. ◆ all year long 일 년 내내　throw away 버리다

돋보기🔍 after절에는 <take A from B>에서 A자리에 있는 they(= Toys)가 주어로 쓰였다. 장난감들이 '꺼내지는' 것이므로 주어와 동사 take는 수동관계이다.

▶ 수일치 (S + 전명구 + V)

07 ✕, warn ┃ 사이버 보안 및 데이터 보호 분야의 선도적인 전문가들은 인터넷 연결 장치의 광범위한 사용이 우리를 사이버 공격에 더 취약하게 만든다고 경고한다. ◆ leading 선도적인, 이끄는　cybersecurity 사이버 보안　widespread 광범위한, 널리 퍼진　device 장치　vulnerable 취약한

돋보기🔍 주어는 복수인 Leading experts이고, Leading(선도적인)은 experts를 꾸미는 분사형 형용사이다. 따라서 복수동사 warn으로 고쳐야 한다.
Leading experts (in the field ~ data protection) / **warn** that ~.
└──┘S(복수)　　　　　　　　　　　　　　V(복수)

▶ 수일치 (S + 관계사절 + V) / 태 (have been p.p.)

08 ○ ┃ 염토에서 자랄 수 있는 해변 식물들이 일부 길가에서 발견되었다.
◆ seaside 해변의　roadside 길가, 대로변

돋보기🔍 주어는 복수인 Seaside plants이고, 식물들이 '발견된' 것이므로 주어와 동사 find는 수동관계이다. 참고로 여기서 that절의 동사 grow는 '자라다'라는 의미의 자동사이다.

09 ○ | 발병 소식이 퍼졌을 때, 전 세계 연구자들은 이미 새로운 바이러스에 대한 효과적인 치료법을 개발하는 데 협력하기 시작하고 있었다. ◆spread 퍼지다 collaborate 협력하다 treatment 치료(법)

(돋보기🔍) 연구자들이 '시작하고 있었던' 것이므로 주어 researchers와 동사 start는 능동관계이다.

▶ 수일치 (S+전명구+V) / 태 (that절이 목적어인 문장의 수동태)

10 ✕, is believed | 언어학자들에 따르면, 이것을 정확하게 밝힐 수 있는 과학적인 방법은 없지만 언어의 수는 약 7,000개에 가까운 것으로 생각된다. ◆linguist 언어학자 determine 밝히다; 결정하다

(돋보기🔍) <People believe+that절>을 <that절 주어+be believed+to-v>로 바꿔 표현한 문장이다. 문장의 주어는 단수인 the number이고 현재 사실을 말하므로 is believed로 고쳐야 한다.

~, / the number (of languages) / **is believed** / to be close ~.
　　　　S(that절의 주어)　　　　　V(단수, 수동)　to-v(that절의 동사)

(← ~, people believe that the number of languages is close ~.)

▶ 수일치 (부분 표현+명사+V) / 태

11 (A) is covered (B) rely | 지구 표면의 3분의 2보다 많은 부분이 물로 (A) 덮여 있다. 하지만 그 모든 물이 인간의 필요를 충족시킬 만큼 그들이 충분한 물을 공급받는다는 것을 반드시 의미하는 것은 아니다. 거주자들의 대부분은 지하수에 (B) 의존하는데, 그것이 세계에서 이용 가능한 신선한 물의 95퍼센트이다. ◆surface 표면　adequate 충분한　supply 공급　rely on ~에 의존하다 inhabitant 주민, 거주자　groundwater 지하수

(돋보기🔍) (A) 부분 표현 More than two-thirds of 다음에 나오는 명사 the Earth's surface는 단수이므로 동사는 단수동사를 써야 하고, 지구의 표면이 '덮여 있는' 것이므로 주어와 동사 cover는 수동관계이다.

(B) 부분 표현 Most of 다음에 나오는 명사 the inhabitants는 복수이다. 거주자들이 '의존하는' 것이므로 주어와 구동사 rely on은 능동관계이다.

▶ 수일치 (S+관계사절+V) / 태

12 정답참조 | ◆strength 힘, 강도　clarity 선명도; 명료성

(돋보기🔍) 주어인 단수 The sound가 '들리는' 것이므로 주어와 동사 hear는 수동관계이다. 따라서 is heard로 표현해야 한다. 바로 앞 명사에 수일치하지 않도록 주의한다.

The sound [that comes from these new speakers] / **is heard** /
　S(단수)　　　　　　　　　　　　　　　　　복수　　　V(단수, 수동)
with greater strength and clarity.

▶ 수일치 (one of+복수명사+단수동사)

13 정답참조 | ◆domestication 가축화　reduction 감소

(돋보기🔍) '~ 중 하나'라는 의미의 <one of the+복수명사>가 주어 자리에 왔을 때는 one에 수일치하여 단수동사를 써야 하고, 현재의 일반적인 사실을 말하므로 be를 is로 바꿔 써야 한다.

One (of the physical changes (caused by domestication)) / **is**
　S　　　　　　　　　　　　　　　　　　　　　　　　　V(단수)
a reduction (in the size of the brain).

▶ 수일치 (S+전명구+관계사절+V)

14 정답참조 | ◆complaint 불만　interest 흥미를 끌다

(돋보기🔍) 주어는 단수인 The biggest complaint이고, 현재의 일반적인 사실을 말하므로 be를 is로 바꿔 써야 한다.

The biggest complaint (of kids [who don't read]) / **is** / that they
　　S(단수)　　　　　　　　　　　　　　　　　　　V(단수)
can't find anything (to read) [that interests them].
　　　　　　　　↑↑

▶ 태 (A+be p.p.+전명구) / 태 (that절이 목적어인 문장의 수동태)

15 정답참조 | ◆as a way of ~의 한 방법으로

(돋보기🔍) (A) If절에는 <see A as B>에서 A자리에 있는 all our experiences가 주어로 쓰였다. 우리의 모든 경험이 '여겨지는' 것이므로 주어와 동사 see는 수동관계이다. 따라서 are seen으로 표현해야 한다.

(B) <We could say+that절>을 <that절 주어+could be said+to-v>로 바꿔 표현한다.

If all our experiences **are seen** / **as** a way of learning and growing,
　　　복수　　　　　　V′(복수, 수동)　　　　　　　전명구
// no experience **could be said** / **to be** bad.
　S(that절의 주어)　　　　V　　　　　　to-v(that절의 동사)

(← ~, we could say that no experience is bad.)

▶ 수일치 (every+단수명사+단수동사)

16 정답참조 | ◆species 《생물》 종(種)　play a role 역할을 하다　maintain 유지하다　balanced 균형 잡힌

(돋보기🔍) <each[every]+단수명사>는 항상 단수 취급하고, 현재의 일반적인 사실을 말하므로 play를 plays로 바꿔 써야 한다. 참고로 species는 단복수형이 동일한 명사로, 여기서는 단수로 쓰였다.

Every animal species **plays** an important role (to maintain a
　　S(단수)　　　　　　V(단수)　　　　　　　O
balanced and healthy ecosystem).

▶ 수일치 (S+관계사절+V) / 수일치 (S+전명구+V) / 태

17-18 정답참조 | 전 세계 도시의 연구들은 도시의 매력으로서 생활과 활동의 중요성을 보여준다. 사람들은 일들이 일어나고 있는 곳에 모이며 다른 사람들의 존재를 찾는다. 텅 빈 거리를 걸을 것이냐 활기찬 거리를 걸을 것이냐의 선택에 직면하면, 대부분의 사람들은 생기와 활기가 있는 거리를 고를 것이다. (활기찬 거리에서) 걷는 것은 더 흥미로울 것이고 더 안전하게 느껴질 것이다. 사람들이 공연하거나 음악을 연주하는 것을 볼 수 있는 행사들은 많은 사람을 끌어당긴다. 실험은 도시 생활이 가장 잘 보이는 벤치가 다른 사람들을 잘 볼 수 없는 곳보다 훨씬 더 자주 이용되는 것을 보여준다. ◆urban 도시의　attraction 끌림; 매력 cf. attract 끌어당기다　gather 모이다; 모으다　seek 찾다　presence 존재　face 직면하다　lively 활기찬　frequently 자주

(돋보기🔍) ③ where ~ music은 주어 Events를 수식하는 관계사절이다.
④ with ~ life는 that절의 주어 benches를 수식하는 전명구이다.

(오답풀이) ① 주어는 복수인 Studies이므로 복수동사 show가 알맞다.
② 사람들이 '모이는' 것이므로 주어 People과 동사 gather는 능동관계이다. 여기서 gather는 자동사로 쓰였다.

[19-20] 'false friends'라는 용어는 1928년에 (A) 도입되었는데, 발음과 철자는 매우 비슷하지만 의미가 매우 다른 서로 다른 언어의 단어들을 말한다. 두 개 언어의 동음이의어라고도 알려진 false friends는 다양한 방식으로 만들어질 수 있다. 예를 들어 그것들은 공유된 어원의 결과로 (B) 나타날 수 있다. (C) 이를 설명하기 위해, friend라는 단어 자체를 더 면밀히 들여다볼 수 있다. 우리는 영어에서 그것이 무슨 의미인지 알고 있고, 독일어에서의 상당 어구인 'freund'는 그와 같은 의미이다. 하지만 덴마크어(frænde)와 스웨덴어(frände) 단어들은 '친척'을 의미한다. 이 모든 단어들은 당신이 아끼는 사람이라는 의미에 가까운 원시 게르만어 조상으로부터 (D) 물려받은 것이다. 하지만 영어와 독일어 버전은 그 과정에서 의미 중 '친척' 부분이 빠진 것이다. 《배경 설명: 원시 게르만어, 또는 게르만 조어(Proto-Germanic)는 영어, 독일어, 네덜란드어 등의 공통 조상이 되는 언어이다. 이 언어들을 게르만어파 언어라고 한다.》

◦ term 용어 introduce 도입하다 bilingual 두 개 언어의 illustrate (실례를 통해) 보여주다 equivalent 동등[상당]한 것; 동등한 relative 친척 inherit 물려받다 roughly 대략; 거칠게 care for ~을 아끼다 along the way 그 과정에서

▶ 수일치 / 태

19 정답 참조

돋보기🔍 (A) 주어는 단수인 The term이고, 용어가 '도입된' 것이므로 주어와 동사 introduce는 수동관계이다. 과거 시점(in 1928)이므로 was introduced로 바꿔 쓴다.
(B) 자동사 appear는 수동태로 쓸 수 없으므로 appear로 쓴다.
(D) <inherit A from B>에서 A자리에 있는 All these words를 주어로 쓴 수동태 문장이다. 주어 All these words가 '물려받은' 것이므로 주어와 동사 inherit는 수동관계이다. 앞에 have가 있으므로 <have been p.p.>가 되어야 한다. 따라서 been inherited로 바꿔 쓴다.

▶ 태 (구동사의 수동태)

20 정답 참조

돋보기🔍 구동사 take a look at에서 look에 수식어가 붙어 수동태 문장의 주어로 온 구조이다. 주어로 나간 부분을 제외한 구동사의 나머지 부분은 한 덩어리로 움직이므로, can be taken을 쓰고 at을 이어서 쓴다.
To illustrate this, / a closer look **can be taken at** the word *friend*
                                    S   V
itself.
(← ~, we can take a closer look at the word *friend* itself.)

UNIT 02 시제·조동사·문형

Point 05 시제

Zero Stage

본책 p. 49

1 지금까지도 그 탑은 그 도시의 문화유산의 상징으로 서 있다. ◆symbol 상징
cultural heritage 문화유산

2 날씨가 개면, 우리는 밖에 나갈 수 있을 것이다. ◆clear up (날씨가) 개다

3 그는 작년에 유럽의 몇몇 다른 나라들을 여행했다.

4 그는 주말까지 프로젝트를 마칠 수 있을 것이라고 말했다.

> **NOTE** 주절과 종속절(명사절)의 시제 일치 예외
> 종속절(명사절)의 내용이 진리, 격언, 현재 습관 등이면 주절의 시제와 무관하게
> 현재시제로 쓸 수 있다.
> We **learned** that the earth **goes** around the sun.
> 우리는 지구가 태양 주위를 돈다는 것(= 일반적 사실, 진리)을 배웠다.

5 그 도시의 스카이라인은 (현재까지) 여러 해에 걸쳐 상당한 변화를 겪어왔다.
◆skyline 스카이라인《건물 등이 하늘과 맞닿은 윤곽선》 undergo (변화를) 겪다

6 그들은 이곳으로 이사 오기 전에 수원에서 여러 해 동안 살았다.

7 침입당한 후에, 그 회사는 그들이 구식 보안 시스템을 설치했었다는 것을 깨달았다. ◆break-in (불법) 침입 install 설치하다 outdated 구식인

Main Stage 1 어법 서술형

본책 p. 50

정답 ❶ ✕, has ❷ ○ ❸ ✕, take ❹ ○ ❺ ○ ❻ ✕, had ❼ ○ ❽ ○

[각 4점] 01 ○ 02 ✕, stands 03 ✕, had 04 ○
감점 요소 -2점 (✕는 올바르게 표시했지만 틀린 부분을 바르게 고치지 못한 경우)

[각 7점] 05 ③ was → is, 현재를 나타내는 now가 쓰였으므로 현재시제로 고쳐야 한다.
/ ⑤ have → had, 문제들이 풀리지 않은 것은 대과거부터 문제들을 지정한 과거의 때까지 계속된 일이므로 과거완료로 고쳐야 한다.
감점 요소 -3점 (틀린 부분을 찾았지만 바르게 고치지 못한 경우) / -4점 (틀린 이유를 바르게 쓰지 못한 경우)

1 10년 전에 나는 기차로 여기에 왔다. 그 때, 나는 이틀간 먹지 않았었다.

2 그는 작년에 그 도시로 이사했으며 그 이후로 새 지역들을 탐방해왔다.

❶ ✕, has | 1900년 이래로 세계 평균 기대 수명은 크게 증가해왔고 현재는 70세가 넘는다. ◆average 평균의 life expectancy 기대 수명

[돋보기] 부사구 <since+과거시점>이 과거부터 현재까지 계속되었음을 나타내므로 현재완료형이 적절하다. and 이하의 절의 시제(현재)와 부사(now)로 판단하지 말자.
Since 1900, / the global average life expectancy
                                                          S
has increased significantly / and is now above 70 years.
 V1(현재완료)   V2(현재)

❷ ○ | 작년에 그들은 10년 동안 비영리 단체와 일하고 있었던 한 지원자를 고용했다. ◆hire 고용하다 candidate 지원자; 후보자 non-profit 비영리적인

[돋보기] 지원자가 비영리 단체와 일하고(work) 있었던 것은 그들이 지원자를 고용하기(hire) 이전부터 그때까지 계속된 일이므로 과거완료형이 알맞다. <had been

v-ing(과거완료진행형)>는 과거를 기준으로 그 이전에 시작한 동작이 그때까지 계속되었음을 강조한다.

❸ ✕, take | 일단 당신이 이 온라인 강좌를 일주일간 하루에 30분 동안 들으면, (신문의) 금융 면을 읽는 게 훨씬 더 쉬워질 것입니다. ◆course 강좌 financial 금융의; 재정상의

[돋보기] 시간을 나타내는 접속사 Once가 이끄는 부사절에서는 현재시제가 미래를 나타내므로 현재시제가 적절하다.

❹ ○ | 근대 이전에 인권은 널리 인식되지 않았고, 사회는 최근에야 그것들에 받아야 마땅한 존중과 관심을 주기 시작했다. ◆prior to ~ 이전의 era 시대 human right 인권 recognize 인식하다, 인정하다 deserve ~해야 마땅하다, ~을 받을 만하다

[돋보기] 부사구 Prior to the modern era가 과거를 나타내므로 과거시제가 알맞다. and 이하의 절의 시제(현재완료)나 부사구(in recent times)로 판단하지 말자.
Prior to the modern era, / human rights **were** not ~ **recognized**,
                                                                    V1(과거)
// and society **has** only **begun** ~ / in recent times.
                    V2(현재완료)

⑤ 〇 | 계속해서 완공을 늦추는 많은 차질과 지연으로 그 교회는 지금까지 여러 해 동안 건설 중이다. ◆ numerous 많은 delay 지연 constantly 계속해서 postpone 연기하다; 늦추다 completion 완공; 완료

돋보기 부사구 for many years now가 과거부터 현재까지 계속되었음을 나타내므로 현재완료형이 알맞다.

> **NOTE** <for+기간(~ 동안)>
> 부사구 <for+기간>은 현재완료형과 과거시제 둘 다에서 쓰일 수 있다.
> He **has lived** in Rome for 20 years.
> 그는 지금까지 로마에서 20년 동안 머물렀다. (현재도 로마에 살고 있음을 의미)
> He **lived** in Rome for 20 years.
> 그는 로마에서 20년 동안 머물렀다. (현재는 로마에 살고 있는지 알 수 없음)

⑥ ✕, had | 내가 받은 제품은 사용되었던 것처럼 보였다. 나는 환불을 요청하기 위해 즉시 판매자에게 연락했다. ◆ contact 연락하다 seller 판매자

돋보기 제품이 사용된(use) 것은 제품이 보이기(look) 전의 일이므로 과거완료형이 적절하다.

⑦ 〇 | 프랑스 국민은 미국에 자유의 여신상을 선물했고, 이것은 자유와 민주주의의 보편적인 상징이 되어왔다. ◆ liberty 자유 universal 보편적인 democracy 민주주의

돋보기 프랑스 국민이 자유의 여신상을 선물한 것은 과거의 일이므로 과거시제가 알맞다. 뒤에 나온 동사의 시제(현재완료)로 판단하지 말자.
The people of France **gifted** the U.S. *the Statue of Liberty*, //
　　　　　　　　　 V(과거)
which **has become** a universal symbol of ~.
　　　 V'(현재완료)

⑧ 〇 | 제2차 세계대전은 세계 역사에 큰 영향을 미쳐, 전 세계의 정치 경계선, 경제 체제, 그리고 문화 규범을 변화시켰다. ◆ have an impact on ~에 영향을 미치다 boundary 경계(선) norm 표준; 《복수형》 규범

돋보기 제2차 세계대전이 세계 역사에 영향을 미친 것은 과거의 일이므로 과거시제가 알맞다.

Exercise

01 〇 | 지난 몇십 년간의 세계 무역의 발전이 신흥 국가와 선진국 모두의 엄청난 경제 성장으로 이어졌다는 사실에 반박할 수 있는 사람은 거의 없다. ◆ trade 무역 lead to ~로 이어지다 tremendous 엄청난 emerging country 신흥 국가 developed country 선진국 alike 둘 다; 똑같이

돋보기 부사구 <for the past+기간>이 과거부터 현재까지 계속되었음을 나타내므로 현재완료형이 알맞다.

02 ✕, stands | 그 돌다리는 현재의 다리가 있는 곳에 있었지만, 안타깝게도 2010년에 극심한 홍수로 파괴되었다. ◆ be located 위치해 있다 destroy 파괴하다 extreme 극심한 flooding 홍수

돋보기 현재의(present) 다리에 대해 설명하고 있으므로 현재시제가 적절하다. 다른 절의 시제(과거)로 판단하지 말자.
The stone bridge **was located** //
　　　　　　　　　 V1(과거)
where the present bridge **stands**, / but ~ it **was destroyed** ~.
　　　　　　　　 V'(현재)　　　　　　　　　 V2(과거)

03 ✕, had | 그녀가 문에 다다랐을 때 그날 일찍 집을 떠나기 전에 열쇠를 스탠드 위에 두고 왔다는 것을 알았다.

돋보기 열쇠를 두고(leave) 온 것은 그녀가 그 사실을 알기(find) 전의 일이므로 과거완료형이 적절하다.

04 〇 | 몇몇 전문가들은 많은 십 대들이 어릴 적부터 '배경 소음'에 반복해서 노출되어왔기 때문에 실제로 이상적이지 않은 조건에서 생산적으로 공부할 수 있다고 주장한다. ◆ argue 주장하다 productively 생산적으로 expose 노출시키다 repeatedly 반복해서

돋보기 부사구 <since+과거시점>이 과거부터 현재까지 계속되었음을 나타내므로 현재완료형이 알맞다. 주절의 시제(현재)로 판단하지 말자.
Some professionals **argue** // that many ~ / because they
　　　　　　　　 V(현재)
have been exposed repeatedly ~ / since early childhood.
　　 V''(현재완료)

05 정답 참조 | 중요한 수학 문제를 풀기 위한 가장 초기의 도전과 경쟁은 16세기와 17세기로 거슬러 올라간다. 이것들 중 몇 개는 현대까지도 수학자들을 계속해서 시험하고 있다. 예를 들어, Pierre de Fermat은 1657년에 일련의 수학적 과제들을 발표했는데, 대부분은 소수와 가분성에 대한 것이었다. 지금은 Fermat's Last Theorem(페르마의 마지막 정리)이라고 알려진 것의 해답은 1990년대 후반에야 Andrew Wiles에 의해 밝혀졌다. 독일 수학자인 David Hilbert는 1900년에 23개의 풀리지 않은 문제들을 확인했다. 그 문제들 중 일부는 풀렸으나, 다른 것들은 오늘날까지 풀리지 않은 채로 남아 있다. 더 최근인 2000년에 Clay Mathematics Institute에서는 21세기에는 풀릴 것이라는 희망을 품고 풀리지 않고 있었던 7개의 문제를 지정했다.

◆ challenge 도전 (과제); 시험하다 contest 경쟁; 대회 date back to ~까지 거슬러 올라가다 issue 발표하다 solution 해답 establish 밝히다, 규명하다 identify 확인[인정]하다 unsolved 풀리지 않은 institute 기관 name 지정하다

돋보기 ③ 현재를 나타내는 부사 now가 있으므로 현재시제가 적절하다. 뒤에 나온 동사의 시제(과거)나 부사구(until the late 1990s)로 판단하지 말자.

The solution (to what **is** now **known** as ~) / **was not established**
　　　　　　　 V'(현재)　　　　　　　 V(과거)
/ until the late 1990s / by Andrew Wiles.

⑤ 문제들이 풀리지(solve) 않은 것은 the Clay Mathematics Institute에서 2000년에 그것들을 지정하기(name) 이전부터 그때까지 계속된 일이므로 과거완료형이 적절하다.

오답풀이 ① 문맥과 부사구 until modern times로 보아 과거부터 현재까지 계속되고 있다는 것을 알 수 있으므로 현재완료형이 알맞다.
② 과거를 나타내는 부사 <in+과거의 때>가 쓰였으므로 과거시제가 알맞다.
④ 부사구 to this day(오늘날까지)가 쓰였으므로 현재시제가 알맞다. 이때 현재완료형 have remained를 써서 오늘날까지 계속되는 일임을 나타낼 수도 있다.

Main Stage 2 영작 서술형

정답 [각 5점] **01 has been 10 years since we started opening our shop on Sundays**

02 more than two weeks, residents in the city have been warned to boil any drinking water

03 asked how she had succeeded in solving the problems without help from others

04 had been searching for him for 3 months was able to find him

감점 요소 -2점 (어순은 올바르나 어형 변형이 틀린 경우)

[10점] **05 has been limited to desserts ever since**

감점 요소 -5점 (어순은 올바르나 어형 변형이 틀린 경우)

Exercise

01 정답 참조

돋보기 일요일마다 상점을 열기 시작한 것은 10년 전 과거의 사실이므로 since절에는 started, 그것이 지금까지 계속된 것이므로 주절에는 현재완료형 has been을 써야 한다. 이때 start는 목적어로 to-v와 v-ing 둘 다 취할 수 있지만 주어진 어구의 형태에 따라 opening으로 쓴다.

It **has been** 10 years // since we **started** opening our shop
　　 V(현재완료)　　　　　　　V′(과거)
on Sundays.

02 정답 참조 | ◆ resident 거주자 warn 주의를 주다, 경고하다 boil 끓이다

돋보기 주어 residents와 동사 warn은 수동관계이며 지금까지 2주 넘게 계속해서 주의를 받아온 것이므로 현재완료 수동태를 써야 한다. 주어가 복수이므로 have been warned를 쓴다.

For more than two weeks, / residents (in the city) /
　　　　　　　　　　　　　 수동 　　　 S(복수)
have been warned to boil any drinking water.
　　 V(복수, 현재완료)

03 정답 참조 | ◆ succeed 성공하다

돋보기 선생님이 질문한 것은 과거의 사실이므로 주절에는 asked, 그녀가 성공한 것은 그 이전의 일이므로 how절에는 과거완료형 had succeeded를 써야 한다.

The teacher **asked** // how she **had succeeded** in solving the
　　　　　　V(과거)　　　　　　　　V′(과거완료)
problems / without help (from others).

04 정답 참조 | ◆ detective 형사; 탐정

돋보기 소년이 TV에 나온 것은 과거의 사실이며, 그때까지 3개월간 찾아왔던 것이므로 관계대명사 who가 이끄는 절에는 주어진 어구 have, be, search를 사용하여 과거완료진행형 had been searching을 써야 한다. <had been v-ing>는 과거를 기준으로 그 이전에 시작한 동작이 그때까지 계속되었음을 강조한다. 형사가 소년을 발견할 수 있었던 시점은 3개월간 찾아온 시점보다 늦은 과거의 일이고 주어가 단수이므로 주절에는 과거시제 was를 써야 한다.

After the boy **appeared** on TV, // the detective [who **had been**
　　　　　　 V′(과거)　　　　　 S(단수)　　　　 V′(과거완료진행)
searching for him for 3 months] / **was** able to find him.
　　　　　　　　　　　　　　　　　　 V(단수, 과거)

05 정답 참조 | 중세 시대에는 설탕이 건강에 좋은 것으로 널리 여겨졌고 거의 모든 식사에 첨가되었다. 하지만 17세기에 의사들은 설탕을 건강에 나쁜 것으로 여기기 시작했다. 설탕은 충치 그리고 훗날 당뇨병이라고 불린 질병과 연관되었다. 결과적으로, 그것은 디저트 외에 모든 조리법에서 없어지기 시작했다. 그것(= 설탕)은 그 이후로 줄곧 디저트로 제한되어 왔다.

◆ medieval 중세의 physician (내과) 의사 tooth decay 충치

돋보기 설탕이 디저트를 제외한 모든 요리에서 없어지기 시작했다고 하는 바로 앞의 내용으로 보아, 설탕은 그 이후로는 디저트에만 제한되어 사용되고 있다는 내용이 뒤이어 나오는 것이 자연스럽다. 주어 It(= Sugar)과 동사 limit는 수동관계이며 17세기 이후로 지금까지 계속해서 제한되어 온 것이므로, 현재완료 수동태를 써야 한다. 주어가 단수이므로 has been limited를 쓴다.

It(= Sugar) **has been limited** / to desserts / ever since.
　　　　　　 수동 　　 V(현재완료)

Plus Stage

1　수학의 전체 역사는 그 순간의 가장 좋은 생각들을 취하고 새로운 확장, 변형, 그리고 적용을 찾는 하나의 긴 연속이다. 주로 미적분학의 통찰을 요구하는 과학 및 기술적 혁신 때문에, 오늘날 우리의 삶은 300년 전 사람들의 삶과 완전히 다르다. Isaac Newton과 Gottfried von Leibniz는 17세기 후반에 독립적으로 미적분학을 발견했다. 하지만 역사 연구는 Newton이나 Leibniz가 그것들을 제시하기 전에 수학자들이 미적분학의 모든 필수적인 요소들에 대해 생각했었다는 것을 보여준다.

◆ sequence 연속 extension 확장 variation 변형 application 적용, 응용 owing to ~ 때문에 independently 독립적으로

Point 06 조동사

Zero Stage

본책 p. 55

1 매출이 다시 올라갈 것이다. ◆ sale 《복수형》 매출(량)

2 매출이 다시 올라갈지도 모른다.

3 그 뉴스는 사실일 리가 없다.

4 여기에 주차해서는 안 돼. 여긴 소방차선이야. ◆ fire lane 소방차선

5 어쩌면 매출이 다시 올라갈지도 모른다.

6 매출이 다시 올라갈 것이다.

7 기온이 올라가면 얼음이 녹기 마련이다. ◆ melt 녹다

8 그는 항상 나에게 자신의 젊은 시절 이야기를 들려주곤 했다.

9 모든 승객은 반드시 안전벨트를 착용해야 한다.

10 그 뉴스는 거짓임에 틀림없다. 그것이 사실일 리가 없다.

11 여기서 담배를 피우면 안 됩니다.

12 우리는 그 일을 지금 당장 할 필요가 없어. 시간은 충분해.

13 우리는 사회에 의해 정해진 규칙을 따라야 한다.

14 너는 손을 씻는 것이 좋겠다.

15 거의 7시네. 그가 곧 여기로 올 거야.

16 의심스러운 링크는 클릭해서는 안 된다. ◆ suspicious 의심스러운

> **NOTE** '가능성·추측'의 의미를 나타내는 조동사
> 대략적인 확신의 정도에 따라 다음 순서대로 나열할 수 있다.
> might < may < could < can < should/ought to < would < will < must
> (갈수록 강한 확신을 나타낸다.)

17 그녀는 런던으로 이사하기 전에 파리에서 살았었다.

18 그 기차를 타려면 넌 지금 떠나는 것이 좋을 것이다.

19 넌 그 회의에 늦어서는 안 된다.

Main Stage 1 어법 서술형

본책 p. 56

정답 ❶ ✕, have worked ❷ ○ ❸ ○ ❹ ✕, buy ❺ ○

[각 5점] 01 ○ 02 ✕, translate 03 ○ 04 ○ 05 ✕, have double-checked

감점 요소 -3점 (✕는 올바르게 표시했지만 틀린 부분을 바르게 고치지 못한 경우)

[각 5점] 06 (A) would (B) can (C) should

1 그는 (어쩌면) 그것을 샀을지도 모른다.

2 그는 그것을 샀을 수도 있다.

3 그는 그것을 샀음에 틀림없다.

4 그는 그것을 샀을 리가 없다.

5 그는 그것을 샀어야 했는데 (사지 않았다).

6 그는 그것을 사지 말았어야 했는데 (샀다).

❶ ✕, have worked | 대부분의 사람들은 자신과 비슷한 사람들을 고용하기를 원한다. 과거에는 이것이 효과가 있었을지도 모르지만, 오늘날 우리는 모두 똑같은 사람들을 고용하기를 원하지 않는다. ◆ work 효과가 있다

돋보기🔍 문맥상 과거에 대한 약한 추측을 나타내는 <may have p.p.((어쩌면) ~했을지도 모른다)>가 적절하다.

❷ ○ | 학생들은 가능한 한 열심히 생각해도 숨은 의미를 알아챌 수 없었으니, 자신들이 그것(= 숨은 의미)을 놓쳤음이 틀림없다는 결론을 내렸다. ◆ hidden 숨은

돋보기🔍 문맥상 과거에 대한 강한 추측을 나타내므로, <must have p.p.(~했음이 틀림없다)>가 알맞다.

❸ ○ | 택배사로부터 알림을 받지 못했고 (배송) 추적 사이트에는 수송 중이라고 표시되어 있으므로 아직 택배가 배송됐을 리가 없다. ◆ package 택배, 소포 notification 알림 track 추적하다

돋보기🔍 문맥상 과거에 대한 강한 부정적 추측을 나타내므로, <can't have p.p.(~했을 리가 없다)>가 알맞다.

❹ ✕, buy | 경제 이론인 Say의 법칙은 생산되는 모든 물품은 팔리기 마련이라고 주장한다. 생산된 어떤 것이라도 그것에서 나온(그것을 팔아서 나온) 돈은 다른 물품을 사는 데 사용된다. ◆ theory 이론 hold 주장하다; 잡다

돋보기🔍 문맥상 '~하는 데 사용되다'라는 의미이므로 <be used to-v>가 적절하다.

❺ ○ | 그녀는 (자신이) 완벽해지고 모든 이를 기쁘게 해주려고 애쓰는 데 매우 많은 시간을 보내곤 했지만, 지금은 그녀 자신의 욕구와 행복을 우선시하는 것을 배웠다. ◆ please 기쁘게 하다 prioritize 우선시키다 need 욕구; 필요

돋보기Q 문맥상 '(지금은 아니지만) 예전에는 ~했다'라는 의미이므로 <used to-v>는 알맞다.

Exercise

01 ○ | 우리가 이 프로젝트를 마감 기한 전에 마치기를 원한다면 지금 그 일을 시작해야 한다. ◆ deadline 마감 기한

돋보기Q 문맥상 강한 권고를 나타내는 <had better + 동사원형(~해야 한다)>이 알맞다.

02 ✕, translate | 영화에서 외국어가 사용될 때 관람객을 위해 대화를 통역하는 데 자막이 사용된다. ◆ subtitle 자막   translate 통역하다, 번역하다   dialogue (책이나 영화 등에 나오는) 대화

돋보기Q 문맥상 '~하는 데 사용되다'라는 의미이므로 <be used to-v>가 적절하다.

03 ○ | 어젯밤에 너무 늦게까지 깨어 있지 말았어야 했는데, 지금 나는 피곤해서 업무에 집중할 수가 없다. ◆ stay up 깨어 있다   concentrate on ~에 집중하다

돋보기Q 문맥상 과거에 한 일에 대한 후회를 나타내는 <shouldn't have p.p.(~하지 말았어야 했는데 (했다))>가 알맞다.

04 ○ | 우리는 뇌가 절대 변하지 않는다고 생각했지만, 신경과학자 Richard Davidson에 따르면 우리는 이제 이것이 사실이 아니라는 것을 알고 있다. ◆ according to ~에 따르면

돋보기Q 문맥상 '(예전에는) ~했다'라는 의미이므로 <used to-v>가 알맞다.

05 ✕, have double-checked | 우리는 시간을 잘못 알아서 비행기를 놓쳤다는 그의 전화를 받았다. 그는 어제 비행시간을 다시 확인했어야 했다. ◆ double-check 다시 확인하다

돋보기Q 문맥상 과거에 하지 않은 일에 대한 유감을 나타내는 <should have p.p.(~했어야 했는데 (하지 않았다))>가 적절하다.

06 (A) would (B) can (C) should | <요약문> 사업 성공을 보상하는 것은 물질적인 장려책 없이도 이루어질 수 있다.

내가 예전에 근무했던 한 소프트웨어 회사에는 영업 성과를 인정하는 좋은 방법이 있었다. 영업 이사는 사무실 밖에 경적을 두고 영업 사원이 사업상 합의를 볼 때마다 (거래를 성사시킬 때마다) 나와서 경적을 (A) 울리곤 했다. 그 소음은 모두에게 굉장히 긍정적인 영향을 미쳤다. 특히 동료의 인정이 중요한 경우, 종종 성공에 대한 보상은 그렇게 쉬울 (B) 수도 있다. 당신은 나머지 영업 팀원들이 자신을 위한 경적이 울리기를 원했던 모습을 (C) 봤어야 했다. ◆ reward 보상하다   material 물질적인   incentive 장려(책); 성과급   salesperson 영업 사원   settle 합의를 보다, 해결하다   deal (사업상) 합의, 거래   peer 동료

돋보기Q (A) 문맥상 '~하곤 했다'의 의미로 과거의 습관을 나타내는 would가 적절하다. 이때 would 대신 used to를 쓸 수 있다.

(B) 문맥상 '~할 수도 있다'의 의미로 추측을 나타내는 can이 적절하다.

(C) 문맥상 과거에 하지 않은 일에 대한 유감을 나타내는 <should have p.p.(~했어야 했는데 (하지 않았다))>가 적절하다.

> **NOTE** 과거의 습관이나 상태를 나타내는 조동사
> - would: 과거에 규칙적으로 되풀이된 동작을 나타낸다.
> - used to: 과거의 습관 또는 과거의 상태를 나타낸다. 상태를 나타낼 때는 would를 쓸 수 없다.

Main Stage 2 영작 서술형

본책 p. 58

> **정답** [각 5점] **01 must have built shelters against the cold climate**
>
> **02 may have lost some of our ancient ancestors' survival skills**
>
> 감점 요소 -2점 (어순은 올바르나 어형 변형이 틀린 경우)
>
> [10점] **03 must have persuaded the scholarship committee to take a chance on me**
>
> 감점 요소 -5점 (어순은 올바르나 어형 변형이 틀린 경우)
>
> [10점] **04 seem unnecessary but used to have certain purposes**

Exercise

01 정답 참조 | ◆ shelter 피난처

돋보기Q 과거에 대한 강한 추측을 나타내는 <must have p.p.(~했음이 틀림없다)>를 사용하여 must have built로 써야 한다.

Neanderthals **must have built** shelters / against the cold climate.
<u>　　　　　　</u>　<u>　　　　　　</u>　<u>　　　</u>　
　　S　　　　　　　　V　　　　　　　O

02 정답 참조 | ◆ ancient 고대의   ancestor 조상, 선조   necessary 필요한

돋보기Q 과거에 대한 약한 추측을 나타내는 <may have p.p.((어쩌면) ~했을지도 모른다)>를 사용하여 may have lost로 써야 한다.

While we **may have lost** some of our ancient ancestors' survival
　　　S'　　V'　　　　　　　　　　　O'
skills, // we have learned new skills / as they have become
necessary.

03 정답 참조 | 저는 어제 전화를 받았을 때 믿을 수가 없었습니다. 제가 Redwood 대학교의 Big Dream 장학금을 받게 되었습니다! 귀하께서 추천서를 써주셨기에 가능한 일이었습니다. 귀하의 추천서가 장학금 위원회가 저에게 모험을 걸어보도록(기회를 주도록) 설득했음이 틀림없습니다. 귀하의 도움에 정말 감사드립니다. ◆ scholarship 장학금   persuade 설득하다   committee 위원회   take a chance on ~에 모험을 걸다

돋보기Q 문맥상 추천서가 장학금 위원회를 설득했을 것으로 추측하는 것이므로, 과거에 대한 강한 추측을 나타내는 <must have p.p.(~했음이 틀림없다)>를 사용하여 must have persuaded로 써야 한다.

Your recommendation **must have persuaded** the scholarship
　　　　S　　　　　　　　　　V　　　　　　　　　O
committee / to take a chance on me.
　　　　　　　　　　C

04 　정답　참조 ┃ 역사적으로 과학자들은 쓸모없어 보이는 인간 장기(신체 기관)에 대해 궁금해했다. 사랑니는 숨겨진 힘을 가진 신체 부분의 한 예이다. 오늘날, 대부분의 사람들은 사랑니가 다른 치아를 제자리에서 밀어내거나 감염되기 전에 사랑니를 뽑는다. 하지만 수백만 년 전에는 인간의 얼굴이 지금만큼 평평하지 않았고 입안에 사랑니를 위한 공간이 더 많았다. 우리의 조상들은 날음식을 씹고 갈 때 사랑니의 도움을 받았을지도 모른다.

[요약문] 몇몇 신체 기관은 필요 없어 보이지만 (예전에는) 특정 용도가 있었다.

◆ wonder 궁금해하다 　organ 기관, 장기 　squeeze (좁은 곳에) 밀어 넣다; 짜내다 infect 감염시키다 　room 공간 　benefit 도움을 받다, 득을 보다 　chew 씹다 grind 갈다, 빻다 　raw 날것의 　purpose 용도; 목적

　돋보기　 사랑니를 예로, 현재는 쓸모없어 보이는 신체 기관이 과거에는 어떤 역할이 있었을지도 모른다고 과학자들이 추측해 왔다는 내용이다. 문맥상 but 이하는 Some body parts의 과거 상태를 설명하는 것이므로, '(지금은 아니지만) 예전에는 ~했다'라는 의미의 <used to-v>를 사용하여 used to have로 써야 한다.

Some body parts seem unnecessary / but used to have certain
　　　S1　　　　　V1　　　　　C1　　　　　　　　V2　　　O2
purposes.

Plus Stage

본책 p. 60

　정답　 **01** ~할지도 모른다 　**02** ~할 것이다

Try by Yourself!

01 　**~할지도 모른다** ┃ 당신이 그것에 대해 지속적으로 상기할 수 있도록 당신의 할 일을 눈에 띄는 장소에 전시해라. 예를 들어, 당신은 중요한 자료들을 정리할 수 있는 게시판을 방에 둘지도 모른다. 당신은 또한 그 게시판을 당신이 수업을 위해 해야 하는 것들을 상기시키는 모든 접착식 메모들을 게시하는 곳으로 사용할 수 있다. 이런 방식으로 당신의 할 일을 전시하여, 당신은 끊임없이 시각적으로 그것에 대해 상기할 수 있다.

◆ display 전시하다, 진열하다 　noticeable 눈에 띄는 　constantly 지속적으로, 끊임없이 *cf.* constant 지속적인, 끊임없는 　remind 상기시키다 *cf.* reminder 상기시키는 것 　organize 정리하다 　post 게시하다 　sticky note 접착식 메모지

02 　**~할 것이다** ┃ 음악이 감정을 표현할 수 있는 한 방법은 단순히 학습된 연관을 통해서이다. 아마도 단조로 된, 또는 낮은음으로 느리게 연주된 악곡에 본질적으로 슬픈 무언가가 있는 것은 아닐 것이다. 우리는 아마도 우리 문화 속에서 그것들을 장례식 같은 슬픈 일들과 연관시키도록 학습해 왔기 때문에 특정 종류의 음악을 슬프게 듣게 되었을 것이다. 만약 이 관점이 옳다면, 우리는 문화적으로 익숙지 않은 음악에 표현된 감정을 이해하는 데 어려움을 겪을 것이다.

◆ association 연관, 연상 *cf.* associate A with B A와 B를 연상시키다 　funeral 장례식 　have difficulty (in) v-ing v하는 데 어려움을 겪다 　interpret 이해하다; 해석하다

Point 07 　SVO문형

Zero Stage

본책 p. 61

　정답　 **1** to connect 　**2** celebrating, to go 　**3** to drive 　**4** making

1 　**to connect** ┃ 그들은 정보를 공유하기 위해 컴퓨터들을 연결하기를 원했다.

　돋보기　 want는 목적어로 to부정사를 취한다.

2 　**celebrating, to go** ┃ 그 사고에 대해 듣자마자, 나는 내 생일을 축하하는 것을 미루고 즉시 그를 도우러 가기로 결정했다. 　◆ as soon as ~하자마자 　put off 미루다 　celebrate 축하하다

　돋보기　 put off는 목적어로 동명사를 취하고, decide는 목적어로 to부정사를 취한다.

3 　**to drive** ┃ 만약 당신이 차를 운전하는 위험을 감수하지 않는다면, 당신은 운전하는 것을 결코 배울 수 없다.

　돋보기　 learn은 목적어로 to부정사를 취한다.

4 　**making** ┃ 그 직원들은 자신들의 상사를 지원하기 위해 추가적인 노력을 하는 것을 싫어하지 않는다. 　◆ additional 추가적인; 추가의

　돋보기　 mind(~에 신경 쓰다; ~을 싫어하다)는 목적어로 동명사를 취한다.

정답 **① X, to take**   **② ○**   **③ ○**   **④ X, from**

[각 4점] **01 X, accepting   02 ○   03 X, shaping**

감점 요소 -2점 (X는 올바르게 표시했지만 틀린 부분을 바르게 고치지 못한 경우)

[각 4점] **04 (A) to think (B) thinking (C) from accomplishing**

[6점] **05 ② to cry → crying, 'v했던 것을 기억하다'라는 의미이므로 remember의 목적어로 crying을 써야 한다.**

감점 요소 -2점 (틀린 부분을 찾았지만 바르게 고치지 못한 경우) / -4점 (틀린 이유를 바르게 쓰지 못한 경우)

---

1   우리는 광고의 주장을 너무 진지하게 받아들이는 것을 피해야 한다.
◆ claim 주장

2   내 노트북이 이틀 전 갑자기 작동을 멈춰서 그것을 켤 수 없다.

① X, to take | 당신이 태어났을 때 당신의 부모님은 아마도 많은 사진을 찍었겠지만, 몇 년이 지나면서 부모님은 그것(사진)을 덜 자주 찍었고, 가끔은 사진 찍는 것을 아예 잊었다.

돋보기🔍 문맥상 사진 찍는 횟수가 줄어들다가 가끔은 '(미래에) ~할 것을' 완전히 잊었다는 의미이므로 to부정사인 to take로 고쳐야 한다.

② ○ | 20세가 되면 발은 길이의 성장을 멈추지만, 대부분의 발은 나이가 들면서 점점 넓어진다.   ◆ gradually 점점   widen 넓어지다

돋보기🔍 문맥상 '~하는 것을' 멈춘다는 의미이므로 동명사 growing이 알맞다.

- - - - - - - - - - - - - - - - - - - -

③ ○ | 그들은 경마 우승자에게 은 트로피를 주기로 합의했다.

돋보기🔍 문맥상 'A에게 B를 주다'라는 의미의 <provide B for A>가 알맞게 쓰였다. 같은 의미의 표현으로 <provide A with B>가 있다. A와 B의 위치를 혼동하지 말자.

They agreed / to **provide**$^{V'}$ a silver trophy$^{B(목적어')}$

S   V   O

for the winner ~$^{for A(전명구')}$.

④ X, from | 개구리는 (몸이) 건조해지지 않도록 가끔 살짝 (몸을) 담글 수 있는 물 가까이에 계속 있어야 한다.   ◆ take a dip 잠깐 수영을 하다, 살짝 담그다   every now and then 가끔   dry out 건조해지다

돋보기🔍 문맥상 'B를 하지 않다'라는 의미의 <keep from B>가 적절하므로 from으로 고쳐야 한다.

Exercise

01 X, accepting | 저는 이 기회에 매우 감사드리며 그것을 받아들이는 것을 적극 고려하고 있습니다.   ◆ grateful 감사하는

돋보기🔍 consider는 목적어로 동명사를 취하므로 accepting으로 고쳐야 한다.

02 ○ | 그 화가는 사진을 '영감의 원천'이라고 불렀다.   ◆ inspiration (예술적 창조를 가능하게 하는) 영감

돋보기🔍 'A를 B라고 부르다'라는 의미의 <refer to A as B>가 알맞게 쓰였다.

03 X, shaping | 사실을 확인하는 간단한 행동은 잘못된 정보가 우리의 생각을 형성하는 것을 막는다.   ◆ shape 형성하다

돋보기🔍 'A가 B하는 것을 막다'라는 의미의 <prevent A from B>가 쓰였다. 전치사 from의 목적어 자리이므로 동명사 shaping으로 고쳐야 한다. shape는 '모양, 형태'라는 의미의 명사로도 쓰이지만 뒤에 나오는 our thoughts를 목적어로 취해야 하므로 동명사를 써야 한다.

04 (A) to think (B) thinking (C) from accomplishing | 가: 지난해 Robert Vinci는 전미 오픈 테니스 선수권 대회에서 랭킹 1위인 Alice Eve와 테니스 경기를 했다. 아무도 Vinci가 이길 것으로 생각하지 않았지만, 그녀는 이겼다. 경기 후 인터뷰에서 Vinci는 자신은 승리가 가능할 것이라고 생각하지 않았기 때문에 그것에 대해 (A) 생각하지 않으려고 노력했다고 말했다. "마음속으로 저는 '공을 치고 달려. 생각하지 마, 그냥 달려.'라고 말했습니다. 그러고는 승리했죠."
나: 때때로 어려운 목표를 이루기 위한 최선의 방법은 그것이 가능하다고 (B) 생각하는 것을 멈추고, 그저 한 번에 한 단계씩 해나가는 것이다. 목표에 너무 집중하는 것은 당신이 원하는 것을 (C) 이루는 것을 막을 수 있다.
◆ match 경기, 시합   accomplish 이루다, 성취하다

돋보기🔍 (A) 문맥상 '~하지 않으려고' 노력했다는 의미이므로 to부정사 to think로 바꿔 쓴다.
(B) 문맥상 '~하는 것을' 멈춘다는 의미이므로 동명사 thinking으로 바꿔 쓴다.
(C) 문맥상 'A가 B하는 것을 막다'라는 의미의 <prevent A from B>가 적절하다. 따라서 전치사 from을 추가하고, 전치사의 목적어 자리에 동명사 accomplishing을 쓴다.

05 정답 참조 | 내가 일곱 살이었을 때, 나는 천식으로 병원에 입원했다. 치료에는 많은 알약을 삼키는 것이 수반되었다. 부모님이 모두 일을 하셔서 나는 밤에 혼자였고 무서웠으며, 울다가 잠들었던 것을 기억한다. 두 번째 날, 내가 먹을 알약이 오자, 나는 흐느끼기 시작했다. 나는 계속해서 약 복용을 거부했다. 그때 지나가던 한 낯선 사람이 어떻게 알약을 삼키기 시작해야 하는지 설명해 줬다. 나는 용기를 모으고 그 알약을 삼켰다. 그녀는 곧 떠났고 나는 그녀를 다시 보지 못했다. 그녀의 친절함이 아직 마음에 남아 있어서, 그녀의 이름을 묻지 않은 것을 깊이 후회한다.
◆ admit 《보통 수동태》 (병원에) 입원시키다   asthma 천식   treatment 치료(법)   involve 포함하다; 수반하다   swallow 삼키다   pill 알약   terrified 무서워하는   cry oneself to sleep 울다 잠들다   sob 흐느끼다   go about v-ing v하는 것을 시작하다   gather up ~을 (주워) 모으다   courage 용기

돋보기🔍 ② 문맥상 '(과거에) ~했던 것을' 기억한다는 의미이므로 동명사 crying으로 고쳐야 한다.

오답풀이 ① involve는 목적어로 동명사를 취한다.
③ start는 의미 차이 없이 to부정사와 동명사를 모두 목적어로 취할 수 있다.
④ 문맥상 'v하는 것을 계속하다'라는 의미의 <keep (on) v-ing>가 적절하다. 이때, on을 빼고 refusing만 써도 된다.
⑤ 문맥상 '(과거에) ~하지 않은 것을' 후회한다는 의미이므로 동명사의 부정형인 not asking이 알맞다.

Main Stage 2 영작 서술형 I

정답 ❶ to include the key word, and remember not to change the form of the word
❷ regretted making mistakes because it is a normal part of the learning process
❸ to be consistent and will continue saying[to say] yes

❶ 정답 참조

돋보기🔍 '(미래에) ~할 것을' 잊지 말라는 의미이므로 forget의 목적어는 to부정사 to include를 쓰고, '(미래에) ~하지 않을 것을' 기억하라는 의미이므로 remember의 목적어는 to부정사의 부정형인 not to change를 써야 한다.

Don't **forget to include** the key word, / and **remember**
　　　　　V1　　　　　　　　O1　　　　　　　　V2
not to change the form (of the word).
　　　　　　　　　O2

❷ 정답 참조

돋보기🔍 '(과거에) ~했던 것을' 후회해 본 적이 없다는 의미이므로 regret의 목적어로 동명사 making을 써야 한다.

I **have** never **regretted making** mistakes // because it is a normal
S　└─┘V　　　　　　　　　　　　　O
part (of the learning process).

❸ 정답 참조 | ◆ consistent 일관된

돋보기🔍 want는 목적어로 to부정사를 취하므로 목적어로 to be를 쓰고, continue는 의미 차이 없이 동명사와 to부정사를 모두 목적어로 취할 수 있으므로 목적어로 saying 또는 to say를 써야 한다.

People **want to be** consistent / and **will continue**
S　　V1　　　O1　　　　　　　　　　V2
saying[to say] yes // if they have already said it once.
　　　O2

Main Stage 3 영작 서술형 II

본책 p. 65

정답 ❶ a country cannot entirely fill its jobs with its own citizens
❷ will give you more energy and keep you from feeling depressed

[각 5점] **01** attribute my team's victories to the hard work and dedication of the players
02 tried to create dynamic effects on her canvas
03 tend to see their tattoos as a reflection of their identity and heritage
04 Many people enjoy hunting wild mushrooms in the spring season
05 treated criticism as constructive feedback and avoided taking

감점 요소 -2점 (어순과 추가한 단어가 올바르나 어형 변형이 틀린 경우)

[5점] **06** provide students with an opportunity

[10점] **07** distinguish an object from the many others around it

❶ 정답 참조 | ◆ competition 경쟁　entirely 완전히　citizen 시민; 국민

돋보기🔍 <fill A with B(A를 B로 채우다)>가 쓰였으므로 전치사 with를 추가해서 써야 한다.

In the age of global competition, / a country
　　　　　　　　　　　　　　　　　　　　S
cannot entirely **fill** its jobs / **with** its own citizens.
└──V──┘　A(목적어)　　with B(전명구)

❷ 정답 참조 | ◆ depressed 우울한

돋보기🔍 <keep A from B(A가 B하지 못하게[않게] 하다)>가 쓰였으므로 전치사 from을 추가하고, 전치사의 목적어 자리에는 feel을 동명사 feeling으로 바꿔 써야 한다.

Exercising will give you more energy /
S　　　V1　IO1　　DO1
and **keep** you / **from** feeling depressed.
V2 A(목적어2)　　from B(전명구2)

Exercise

01 정답 참조 | ◆ dedication 헌신

돋보기🔍 <attribute A to B(A를 B의 덕분[탓]으로 보다)>가 쓰였으므로 전치사 to를 추가해서 써야 한다.

As a coach, / I **attribute** my team's victories / **to** the hard work
　　　　　　　V　　A(목적어)　　　　　to B(전명구)
and dedication (of the players).

02 정답 참조 | ◆ stroke (글씨나 그림의) 획　dynamic 역동적인

돋보기🔍 '~하려고 노력하다[애쓰다]'의 의미이므로 try의 목적어로 to부정사 to create를 써야 한다. 참고로 try의 목적어로 to부정사를 쓰면 '노력했지만 결국엔 실패했다'는 의미를 내포한다.

Using many different brush strokes, // she **tried to create** dynamic
　　　　　　　　　　　　　　　　　　　　　S1　V1　　　C1
effects on her canvas, // but she didn't succeed.

UNIT 02 시제·조동사·문형　**29**

03 정답 **참조**

tend는 뒤에 to부정사가 오는 동사이므로 to see를 써야 한다. see는 <see A as B(A를 B로 생각하다)>로 쓰였으므로 전치사 as를 추가해서 써야 한다.

Maori People **tend / to see** their tattoos / **as** a reflection (of their
　　　　　　　　V′　　A(목적어′)　　　　　　as B(전명구′)
identity and heritage).

04 정답 **참조** | ◆ hunt 사냥하다; (찾기 힘든 것을) 찾다

enjoy는 목적어로 동명사를 취하므로 목적어로 hunting을 써야 한다.

Many people **enjoy hunting** wild mushrooms / in the spring
　　　S　　　　V　　　　　O
season // because they are delicious.

05 정답 **참조** | ◆ criticism 비판 constructive 건설적인

<treat A as B(A를 B로 다루다)>가 쓰였으므로 전치사 as를 추가하여 쓰고, avoid는 목적어로 동명사를 취하므로 목적어로 taking을 써야 한다.

I **treated** criticism / **as** constructive feedback / and **avoided**
S　V1　　A(목적어1)　　　　as B(전명구1)　　　　　　　　V2
taking it personally.
　　　　O2

06 정답 **참조** | 양질의 질문은 교사가 학생이 글을 이해했는지를 확인할 수 있는 한 가지 방법이다. 또한 질문은 학생이 (답의) 증거를 찾고 이해를 심화하기 위해 글로 되돌아가야 할 필요를 촉진할 수 있다. 교사는 학생이 글을 다시 찾아보게 하는 질문을 던지고 같은 글을 여러 번 읽도록 이끌어, 학생들의 이해를 발전시키고 심화하는 데 적극적인 역할을 한다. 다시 말해, 이러한 글에 기반을 둔 질문은 학생들에게 복잡한 글을 다시 읽고 더 잘 이해할 수 있는 기회를 제공한다.

◆ quality 양질의　facilitate 촉진하다; 용이하게 하다　deepen 심화시키다; 깊게 하다　comprehension 이해력　consult 찾아보다; 상담하다

글과 관련된 질문을 던져 학생들에게 글을 다시 읽을 기회를 제공하자는 내용이다. 주어진 어구에 with가 있으므로 <provide A with B(A에게 B를 주다)>를 사용하여 표현하면 A에 students, B에 an opportunity를 써야 한다. 같은 의미의 표현으로는 <provide B for A>가 있다. A와 B의 위치를 혼동하지 말자.

In other words, / these text-based questions **provide** students /
　　　　　　　　　　　　　　　S　　　　　　　　V　　A(목적어)
with an opportunity (to reread the complex texts [and] develop
　　　　　　　　　　　　　　　　　　　　with B(전명구)
a better understanding of them).

07 정답 **참조** | 다음번에 당신이 맑은 밤하늘 아래에 있을 때, 고개를 들어 (하늘을) 보라. 별을 관측하기에 좋은 장소를 골랐다면, 수천 개의 눈부신 보석처럼 빛나고 반짝이는 별들로 가득한 하늘을 볼 것이다. 하지만 이 놀라운 별들의 광경은 혼란스러울 수도 있다. 누군가에게 별 하나를 가리켜 보라. 아마 상대방은 당신이 어떤 별을 보고 있는지 정확히 알기 어려울 것이다. 별의 패턴을 설명하면 더 쉬워질지도 모른다. "저기 밝은 별들로 이루어진 큰 삼각형이 보이나요?"와 같이 말할 수 있다. 또는 "큰 'W'처럼 보이는 저 별 다섯 개가 보이나요?"라고 말할 수 있다. 당신이 이렇게 할 때, 당신은 정확히 우리가 모두 별을 볼 때 하는 것과 똑같이 하는 것이다. 우리는 패턴을 찾는데, 단지 다른 사람에게 무언가를 가리키기 위해서만이 아니라, 그것이 우리 인간이 항상 해왔던 것이기 때문이기도 하다.

[요약문] 패턴을 사용하면 물체를 주변의 다른 많은 것들과 더 쉽게 구별할 수 있다.

◆ spot 장소　twinkle 반짝거리다　brilliant 빛나는; 훌륭한　jewel 보석　sight 광경　confusing 혼란시키는　point out 가리키다　chances are (that) 아마 ~일 것이다

패턴을 사용하는 것이 한 사물을 다른 사물들과 구별하는 데 도움이 된다는 내용이다. 주어진 어구로 보아 <distinguish A from B(A를 B와 구별하다)>를 이용하여 써야 한다. 전치사 from을 추가하여 A에 an object, B에 the many others around it을 써야 한다.

If you use a pattern, // you **can** more easily **distinguish** an object
　　　　　　　　　　　　　　└─────── V ───────┘　　　A(목적어)
/ **from** the many others (around it).
　　　　from B(전명구)

Plus Stage

본책 p. 68

1 우리는 간신히 제시간에 공항에 도착했다.

2 다른 사람을 찾을 수 없다면, 내가 도와줄게.

3 그는 병원에 가는 것을 계속 미루고 있다.

4 그녀는 새 자전거를 구입할 것을 고려하는 중이다.

5 너는 그의 문제를 언급하는 것을 피해야 한다.

6 나는 영화를 보기 전에 책을 읽을 것을 추천했다.

7 그녀가 농담을 하자마자 그는 웃기 시작했다.

8 한 현장 연구에서 한 그룹의 친구들이 집에서 TV를 시청하면서 어떻게 의사소통하는지 조사했다. 연구는 친구들이 문자 채팅이 음성 채팅보다 노력과 주의가 덜 필요하고 더 즐겁다고 느꼈기 때문에 음성 채팅보다 문자 채팅을 강력하게 선호한다는 것을 알아냈다.

◆ field study 현장 연구　investigate 조사하다　attention 주의

문맥상 문자 채팅(A)이 음성 채팅(B)보다 선호된다는 내용이므로 <prefer A to B>에서 A 자리에는 text chat, B 자리에는 voice chat이 왔다.

9 학생들이 미래에 더 큰 노력을 하도록 격려할 것이라는 희망을 품고 성적이 낮은 학생들을 처벌하려고 시도하는 것보다, 교사들은 그들의 결과물을 불완전한 과제로 간주하고 추가적인 노력을 요구하여 학생들에게 동기를 더 잘 부여할 수 있다. 교사들이 미흡한 과제를 더 이상 받아들이지 않는다면 학생들은 미흡한 과제를 제출하지 않고 그들의 성과가 만족스러울 때까지 계속해서 과제를 수행할 것이다.

◆ rather than ~보다는　attempt 시도하다　punish 처벌하다　motivate 동기를 부여하다　submit 제출하다　satisfactory 만족스러운

문맥상 그들의 결과물(A)을 불완전한 과제(B)로 간주한다는 내용이므로 <consider A as B>에서 A 자리에는 their work, B 자리에는 an incomplete task가 왔다.

Point 08 SVOC문형

Zero Stage

본책 p. 69

1 아이들이 스스로 결정을 내리게 두어라.

2 아이들이 새로운 기술을 연마할 시간을 주어라.

3 어떤 것도 내가 마음을 바꾸게 만들지는 못할 것이다.

4 이제 나는 이 습관을 바로잡기 위해 노력하고 있다. ◆correct 바로잡다

5 뱀은 많은 사람들이 도망가도록 하기에 충분할지도 모른다.

6 너 자신이 생각을 적어보도록 해서 감정을 표현해라. ◆express 표현하다

Main Stage 1 어법 서술형

본책 p. 70

정답 [각4점] **01**○ **02**○ **03**✕, having[to have] **04**○ **05**✕, carried **06**○ **07**✕, organized **08**✕, to make **09**✕, to work **10**○

감점 요소 -2점 (✕는 올바르게 표시했지만 틀린 부분을 바르게 고치지 못한 경우)

1 커피나 차와 같은 음료에 들어 있는 카페인은 여러분이 불안감을 느끼게 만들 수 있다. ◆anxious 불안한

2 학생들이 시험을 보기 전에 10분 동안 명상하도록 했다. ◆meditate 명상하다

3 사람들은 컴퓨터 속도를 높이기 위해 오래된 소프트웨어가 제거되도록 한다.

Exercise

01 ○ | 집에 오는 길에, Lucas는 길 건너편의 집 앞에 트럭이 주차된 것을 알아챘다.

돋보기🔍 목적어 a truck이 누군가에 의해 '주차된' 것이므로 목적어와 목적격보어는 수동관계이다. 지각동사 notice는 목적어와 목적격보어가 수동관계일 때 목적격보어로 p.p.를 취한다.

02 ○ | 한 실험에서, 피실험자들은 한 사람이 30개의 객관식 문제를 푸는 것을 관찰했다. ◆subject 피실험자; 주제 multiple-choice 객관식의, 선다형의

돋보기🔍 지각동사 observe는 목적어와 목적격보어가 능동관계일 때 목적격보어로 v 또는 v-ing가 모두 가능하다.

03 ✕, having[to have] | 효과적인 마케팅과 홍보의 부족으로 인해, 소비자들은 일반적으로 그들이 이용할 수 있는 서비스에 대해 제한적인 인식을 가지고 있는 것으로 보였다. ◆promotion 홍보 awareness 인식 available 이용할 수 있는

돋보기🔍 지각동사 see는 목적어와 목적격보어가 능동관계일 때 목적격보어로 v 또는 v-ing가 모두 가능하다. 목적어를 주어로 하여 수동태로 쓰면, 목적격보어 v-ing는 그대로 남지만 v는 to-v로 바뀐다.

04 ○ | 아이들이 태블릿과 스마트폰과 같은 화면을 과도하게 보지 못하게 하고, 그들(아이들)이 읽게 해라. ◆keep A away from A가 ~에 가까이 가지 않게 하다 excessive 과도한 screen (전자기기의) 화면

돋보기🔍 get은 '~가 v하게 하다'의 의미일 때 목적격보어로 to-v를 취한다. 이때 them은 앞에 나온 명사인 your kids이다.

05 ✕, carried | 나는 그 사고를 목격하자마자 그 운전자가 구급차에 실려 가는 것을 보았고 그가 괜찮기를 바랐다. ◆upon[on] v-ing v하자마자 witness 목격하다 ambulance 구급차

돋보기🔍 목적어 the driver가 구급차로 '실려 가는' 것이므로 목적어와 목적격보어는 수동관계이다. 지각동사 see는 목적어와 목적격보어가 수동관계일 때 목적격보어로 p.p.를 취하므로 carried로 고쳐야 한다.

06 ○ | 당신이 누군가가 아주 중요한 사람이라는 느낌이 들게 할 때, 그 사람은 천하를 얻은 기분일 것이고, 그들의 에너지 수준은 빠르게 증가할 것이다. ◆rapidly 빠르게

돋보기🔍 사역동사 make는 목적어와 목적격보어가 능동관계일 때 목적격보어로 v를 취한다.

07 ✕, organized | 운동으로부터 습득된 절제력은 숙제와 다른 학교 프로젝트를 제시간에 하고 자료를 정리된 상태로 계속 있게 하는 것과 같은 다른 영역으로 이어진다. ◆discipline 절제력; 훈련 acquire 습득하다, 획득하다 carry over (다른 상황에서 계속) 이어지다

돋보기🔍 목적어 materials가 누군가에 의해 '정리된' 것이므로 목적어와 목적격보어는 수동관계이다. keep은 목적어와 목적격보어가 수동관계일 때 '~가 v된 상태로 계속 있게 하다'의 의미이며 목적격보어로 p.p.를 취하므로 organized로 고쳐야 한다.

08 ✕, to make | 나는 자율성을 존중하기 위해 나의 친구들과 가족 구성원이 스스로 선택하도록 격려한다.

돋보기🔍 encourage는 목적어와 목적격보어가 능동관계일 때 목적격보어로 to-v를 취한다.

09 ✕, to work | 인상파 그림들은 아마도 가장 인기 있을 것이다. 그것들은 보는 사람에게 그 이미지를 이해하기 위해 열심히 노력해달라고 하지 않는 예술 작품들이다. ◆impressionist 인상파 (화가) imagery (예술 작품에서의) 이미지

돋보기🔍 ask는 목적어와 목적격보어가 능동관계일 때 목적격보어로 to-v를 취한다.

10 ○ | 콘서트 중에 관객들이 전력을 생산할 수 있는 가능성이 고려되고 있다. 관객의 구성원이 전기를 생산하는 자전거를 교대로 타도록 하는 것이다.

◆ **possibility** 가능성　**electric power** 전력　**take turns v-ing** 교대로 v하다　**pedal** (자전거를) 타다　**electricity** 전기　**generate** 발생시키다; 일으키다

돋보기 🔍 사역동사 make는 목적어와 목적격보어가 능동관계일 때 목적격보어로 v를 취한다. 목적어를 주어로 하여 수동태로 쓰면, 목적격보어 v는 to-v로 바뀐다.
~; the members (of an audience) **would be made to take** turns ~.
　　　　　S　　　　　　　　　　　　V(수동)　　　　　　SVOC문형
　　　　　　　　　　　　　　　　　　　　　　　　　　　능동태 문장의 보어

Main Stage 2 영작 서술형

정답 [각 4점] **01** causes students to have a difficult time learning the material
02 expect the leaders to establish clear goals and (to) provide immediate feedback
03 noticed the walls covered with beautiful drawings of all kinds of animals
04 the rest of the party watching the kids enjoy[enjoying] their gifts
05 asked people not to use their electronic devices during takeoff and landing

감점 요소 -2점 (어순은 올바르나 어형 변형이 틀린 경우)

[10점] **06** listen to two people talk[talking] at the same time

감점 요소 -5점 (어순은 올바르나 어형 변형이 틀린 경우)

[10점] **07** Let Natural Consequences Teach Kids

Exercise

01 정답 참조 | ◆ **material** 자료

돋보기 🔍 우리말과 주어진 어구로 보아, 동사는 cause, 목적어는 students, 목적격보어는 have ~이다. 동명사구 주어는 단수 취급하므로 causes가 되어야 하고, cause는 목적어와 목적격보어가 능동관계일 때 목적격보어로 to-v를 취하므로 to have로 변형하여 써야 한다. have a difficult[hard] time v-ing는 'v하는 데 어려움을 겪다'를 의미한다.
Studying while listening to music **causes** students
　　　　　　　　　　　　　　S　　　　　　　　V　　　O
to have a difficult time learning the material.
　　C

02 정답 참조 | ◆ **establish** 세우다　**immediate** 즉각적인

돋보기 🔍 우리말과 주어진 어구로 보아, 동사는 expect, 목적어는 the leaders, 목적격보어는 establish ~와 provide ~이다. expect는 목적어와 목적격보어가 능동관계일 때 목적격보어로 to-v를 취하므로 to establish와 (to) provide로 변형하여 and로 연결한다. to-v가 and로 연결될 때 뒤의 to는 생략 가능하다.
The followers **expect** the leaders **to establish** clear goals /
　　S　　　　　　V　　　O　　　　C1
and **(to) provide** immediate feedback.
　　　C2

03 정답 참조

돋보기 🔍 우리말과 주어진 어구로 보아, and 이하의 동사는 notice, 목적어는 the walls, 목적격보어는 cover ~이다. 목적어와 목적격보어가 수동관계이므로 목적격보어는 p.p. 형태인 covered로 변형한다.
I went in the room / and **noticed** the walls **covered** with
S　V1　　　　　　　　　　　　V2　　　　　O2 └수동┘ C2
beautiful drawings (of all kinds of animals).

04 정답 참조

돋보기 🔍 <spend+시간+v-ing>는 'v하면서 시간을 보내다'를 의미한다. 우리말과 주어진 어구로 보아, '파티의 남은 시간'은 the rest of the party, v-ing는 watching ~이다. watching은 지각동사 watch에서 나왔으며 5문형으로 쓰여 목적어와 목적격보어를 가진다. 목적어는 the kids, 목적격보어는 enjoy ~인데, 지각동사 watch는 목적어와 목적격보어가 능동관계일 때 목적격보어로 v 또는 v-ing를 취한다. 이때 문맥상 enjoy라는 동작을 일부만 본 것인지 전체를 다 본 것인지 확실하지 않으므로 enjoy와 enjoying 모두 쓸 수 있다.
I spent / the rest of the party / **watching** the kids **enjoy[enjoying]**
　　　　　　　　　　　　　　　　　　　　V′　　　O′　　　C′
their gifts.

05 정답 참조 | ◆ **flight attendant** 승무원　**takeoff** 이륙　**landing** 착륙

돋보기 🔍 우리말과 주어진 어구로 보아, 동사는 ask, 목적어는 people, 목적격보어는 use ~이다. ask는 목적어와 목적격보어가 능동일 때 목적격보어로 to-v를 취하므로 to use로 변형해야 하는데, '사용하지 말 것'이라는 우리말에 따라 not to use의 어순으로 표현하면 된다. not, never 등의 부정어구는 to-v 앞에 둔다.
The flight attendant **asked** people not **to use** their electronic
　　　　S　　　　　　　　V　　　O　　　　　　C
devices / during takeoff and landing.

06 정답 참조 | Colin Cherry의 연구에서, 그의 실험 참가자들은 두 사람이 동시에 말하는 것을 들을 수 있는지 알아보기 위한 노력으로 한 번에 한 귀로 음성을 들은 다음 양쪽 귀를 통해 음성을 들었다. 한쪽 귀에는 항상 듣는 사람이 따라 말해야 하는 메시지('섀도잉'이라고 불리는)가 들리는 한편, 다른 쪽 귀에는 사람들이 말하는 소리가 들렸다. 그 수법은 주요 메시지에 완전히 집중하면서 다른 쪽 귀로 다른 사람이 말하는 것 또한 들을 수 있는지 확인하려는 것이었다. Cherry는 참가자들이 동시에 두 가지 정보를 처리하는 것이 불가능하다는 사실을 알아냈다.

◆ **participant** (실험) 참가자　**in an effort to-v** v해보려는 노력으로　**determine** 알아내다, 밝히다　**trick** 교묘한 방법; 요령; 속임수　**process** 처리하다

32　정답 및 해설

돋보기 (A) 뒤 이어지는 내용을 통해 실험의 주제가 한 사람이 양쪽 귀에서 들리는 서로 다른 이야기 모두를 들을 수 있는지에 대한 것임을 알 수 있다. 지각동사 listen to는 목적어와 목적격보어가 능동관계일 때 목적격보어로 v 또는 v-ing를 취하므로 talk 또는 talking으로 써야 한다.

~ we can **listen to** two people **talk[talking]** at the same time.
　　　　　S′　　　 V′　　　　 O′　　　　　　 C′

07 [정답] **참조** | 과보호하는 부모는 아이들이 자연스러운 결과를 피하게 한다. 부모가 그들이 잘못된 선택을 하지 못하도록 막았기 때문에, 그들은 실패에서 다시 일어서는 방법이나 실수로부터 회복하는 방법을 절대 배우지 못한다. 실제 세상의 결과를 경험할 기회가 없으면, 아이들은 왜 특정 규칙이 존재하는지를 언제나 이해하지는 못한다. 자연스러운 결과는 아이들이 자신의 행동이 가져올 수 있는 잠재적 결과에 대해 생각하도록 도와주어 성인이 될 준비를 시킨다.

[제목] 자연스러운 결과가 아이들을 가르치도록 하라
* overprotective 과보호하는　bounce back 다시 회복하다　recover 회복하다
opportunity 기회　adulthood 성인　potential 잠재적인

돋보기 이 글의 요지는 부모가 아이들을 과보호하지 말고 실패나 실수로 인한 자연스러운 결과를 겪어야 배움을 얻고 성인이 될 준비를 시킬 수 있다는 것이다. 주어진 어구를 참고하여 이를 제목으로 요약하면 '자연스러운 결과가 아이들을 가르치도록 하라'가 된다. 동사는 Let, 목적어는 Natural Consequences, 목적격보어는 Teach ~이다. let은 목적어와 목적격보어가 능동관계일 때 목적격보어로 v를 취하므로 Teach를 그대로 쓰면 된다.
Let Natural Consequences **Teach** Kids
　V　　　　　O　　　　　　　　C

Plus Stage

본책 p. 74

[정답] **01 ✕**　**02 ○, to interact with other viewers**　**03 ✕**　**04 ○, chained**　**05 ✕**

1 우리는 아이들과의 관계를 개선하기 위해 아이들의 말에 귀를 기울여야 한다.

Try by Yourself!

01 ✕ | 회의는 창의적인 사고를 북돋우고 혼자서는 생각해본 적 없을지도 모르는 아이디어를 줄 수 있다.　* thinking 생각, 사고　on your own 혼자

돋보기 이 문장에서 encourage는 뒤에 목적어 creative thinking을 가지는 SVO문형의 동사로 쓰였다. thinking은 목적격보어가 아니라 목적어이다.

02 ○, to interact with other viewers | 소셜 텔레비전 시스템은 이제 서로 다른 곳에 사는 TV 시청자들이 다른 시청자들과 상호작용하는 것을 가능하게 한다.　* interact with ~와 상호작용하다

돋보기 이 문장에서 enable은 뒤에 목적어 TV ~ locations와 목적격보어 to interact ~를 가지는 SVOC문형의 동사로 쓰였다. 목적어 뒤에 수식어구가 길게 오면 목적격보어와 멀리 떨어지기도 하므로 문장을 끝까지 잘 보아야 한다.

03 ✕ | 소셜 미디어에 너무 많은 시간을 보내는 것은 정신 건강에 부정적인 영향을 미칠 수 있다.

돋보기 이 문장에서 cause는 뒤에 목적어 some negative effects를 가지는 SVO문형의 동사로 쓰였다. effect는 동사((어떤 결과를) 가져오다)로도 쓰일 수 있으므로 목적격보어가 될 수 있지만 여기서는 목적어인 명사어구를 만드는 명사이다.

04 ○, chained | 판사는 그의 이야기를 주의 깊게 들은 후 "사냥꾼을 처벌하고 그의 개들을 묶여 있게 하도록, 즉 가둬 두도록 지시할 수도 있습니다."라고 말했다.
* judge 판사　instruct 지시하다　chain (사슬로) 묶다

돋보기 이 문장에서 keep은 뒤에 목적어 his dogs와 목적격보어 chained를 가지는 SVOC문형의 동사로 쓰였다. 목적어인 his dogs가 누군가에 의해 사슬로 묶이는 것이므로 목적격보어는 p.p.로 표현되었다.

05 ✕ | 2주 전에, 주민들은 또 다른 자원봉사자로부터 '안전운전 하세요.'라고 쓰인 작은 표지판을 창문에 전시하겠다는 작은 약속을 하도록 요청받았다.　* resident 주민　commitment 약속; 헌신

돋보기 이 문장에서 make는 뒤에 목적어 a small commitment를 가지는 SVO문형의 동사로 쓰였다. 목적어 뒤의 to display는 목적격보어가 아니라 바로 앞의 명사 a small commitment를 설명하는 동격 표현이다.

UNIT EXERCISE
본책 p. 75

[정답] [각4점] **01 ○**　**02 ✕, asking**　**03 ○**　**04 ✕, had**　**05 ○**　**06 ○**　**07 ✕, feel**　**08 ✕, have captured**
09 ○　**10 ○**

[감점 요소] -2점 (✕는 올바르게 표시했지만 틀린 부분을 바르게 고치지 못한 경우)

[5점]　**11 see → have seen**

[빈칸당4점] **12 have been caught in Florida since 2000**
13 obesity has become widespread among the members of the tribe
14 (A) him from attending　(B) shouldn't have missed her performance

15 (A) to remain calm and avoid involving yourself (B) when you hear someone argue[arguing]
16 (A) could have left home (B) decided to stay and (to) pursue

감점 요소 -2점 (어순과 추가한 단어가 올바르나 어형 변형이 틀린 경우)

[각 5점] **17-19** ④ assume → to assume, lead는 목적격보어로 to-v를 취하므로 to assume으로 고쳐야 한다.
/ ⑤ to engage → engaging, 문맥상 '관여하는 것을 멈추는 것'이므로 동명사인 engaging으로 고쳐야 한다.
/ ⑥ to pop → pop[popping], notice는 목적격보어로 원형부정사 또는 v-ing를 취하므로 pop 또는 popping으로 고쳐야 한다.

감점 요소 -2점 (틀린 부분을 찾았지만 바르게 고치지 못한 경우) / -3점 (틀린 이유를 바르게 쓰지 못한 경우)

[8점] **20** mistake familarity for understanding

감점 요소 -3점 (어순과 추가한 단어가 올바르나 어형 변형이 틀린 경우)

▶ 시제 (현재)

01 ○ | 지금까지도 1900년 Galveston 허리케인은 미국 역사상 가장 치명적인 자연재해로 남아 있다. ◆deadly 치명적인 natural disaster 자연재해

돋보기 🔍 부사구 To this day(지금까지도)로 보아 현재 상태를 말하는 것이므로 현재시제가 알맞다. 현재완료형 has remained도 가능한데, 허리케인의 영향이 지금까지 지속되고 있음을 좀 더 강조하는 뉘앙스를 준다. 1900년은 허리케인이 발생한 과거의 때이며 동사 remain의 시제와는 관련이 없다.

▶ 동사의 목적어 v-ing vs. to-v

02 ✕, asking | 사람들은 (기존에 가지고 있던 아이디어에) 도전적인 아이디어를 생각하는 것에서 나올지도 모르는 불편함을 두려워해서 스스로 어려운 질문을 하는 것을 종종 피한다. ◆discomfort 불편함 challenging 도전적인

돋보기 🔍 avoid는 목적어로 동명사를 취하므로 asking으로 고쳐야 한다.

▶ 과거에 대한 가능성, 추측을 나타내는 조동사 (must have p.p.)

03 ○ | Jake의 팀이 아무도 나타나지 않았으니 축구 연습이 취소되었음이 틀림없다. 아마도 혼란을 초래한 잘못된 의사소통이 있었을 것이다. ◆cancel 취소하다 show up 나타나다 confusion 혼란

돋보기 🔍 문맥상(아무도 축구 연습을 하러 나타나지 않았던) 과거 사실에 대한 강한 추측을 나타내는 <must have p.p.(~했음이 틀림없다)>가 쓰여야 하고, 주어 Soccer practice와 동사 cancel은 수동관계이므로 have been called는 알맞다.

▶ 시제 (had been v-ing)

04 ✕, had | 1928년에 그는 Otis Barton이라는 미국 심해 잠수부를 만났는데, 그는 심해 잠수용 구체를 설계하고 있었다. ◆sphere 구; 구체

돋보기 🔍 그가 심해 잠수부를 만난(meet) 시점에 잠수부는 그 이전부터 설계하고 (work) 있었던 것이므로 과거완료형 또는 과거완료진행형이 적절하다. 과거완료진행형은 과거를 기준으로 그 이전에 시작한 동작이 그때까지 계속되었음을 강조한다.

▶ 목적격보어 (원형부정사)

05 ○ | 그녀는 잔디밭에 등을 대고 누워 햇살 조각들이 그녀 위에 있는 나뭇잎들의 모자이크 사이로 미끄러져 들어오는 것을 보았다. ◆slide 미끄러지다; 미끄러짐

돋보기 🔍 지각동사 watch는 목적어와 목적격보어가 능동관계일 때 목적격보어로 v 또는 v-ing를 취한다.

▶ 시제 (과거완료)

06 ○ | 가족과 함께 저녁을 먹고 있을 때, 나는 내 휴대전화가 울리는 소리를 들었다. 나는 그것이 내가 설치했던 앱이라는 것을 깨달았다. ◆beep 삐 소리를 내다

앱을 설치한(install) 것은 내가 깨닫기(realize) 이전의 일이므로 과거완료형이 알맞다.

▶ 목적격보어 (원형부정사)

07 ✕, feel | 당신을 미소 짓게 하는 모든 일은 당신을 행복하게 만들고 기분을 좋게 하는 화학물질을 뇌에서 만들어내게 한다. ◆chemical 화학물질

돋보기 🔍 사역동사 make는 목적어와 목적격보어가 능동관계일 때 목적격보어로 v를 취하므로 feel로 고쳐야 한다.

▶ 과거에 대한 가능성, 추측을 나타내는 조동사 (might have p.p.)

08 ✕, have captured | 1960년대에는 우주 탐사가 새롭고 흥미로운 개념이었으며, 많은 사람들에게 달을 탐사한다는 생각은 이 시기에 그들의 상상력을 사로잡았을지도 모른다. ◆exploration 탐사, 탐험 cf. explore 탐사하다 capture 사로잡다

돋보기 🔍 과거를 나타내는 부사구 <in + 과거의 때>로 보아 과거의 일을 말하고 있음을 알 수 있다. 문맥상 과거 사실에 대한 약한 추측을 나타내는 <might have p.p. ((어쩌면) ~했을지도 모른다)>가 쓰여야 한다.

▶ 동사의 목적어 v-ing vs. to-v

09 ○ | 어떤 디자이너들은 백지상태와 그들이 원하는 것은 무엇이든 할 수 있는 자유를 좋아하지만, 나는 견해와 이야기를 가진 고객들과 일하는 것을 선호한다.

돋보기 🔍 prefer는 의미 차이 없이 to부정사와 동명사를 모두 목적어로 취할 수 있다.

▶ be used to-v vs. used to-v

10 ○ | '클라우드'라는 말은 데이터를 저장, 관리하고 처리하는 원격 서버들의 네트워크를 나타내는 데 사용되는데, 그것은(= 네트워크) 사용자가 어느 곳에서든 인터넷 연결로 그것에 접속하게 해 준다. ◆phrase 말, 어구 refer to ~을 나타내다 remote 원격의; 외딴 store 저장하다

돋보기 🔍 문맥상 '~하는 데 사용되다'라는 의미이므로 <be used to-v>가 알맞다.

▶ 과거에 대한 가능성, 추측을 나타내는 조동사 (must have p.p.)

11 see → have seen | 일란성 쌍둥이 형제는 작은 기념품 가게를 함께 운영하고 있었다. 어느 날, 형제 중 한 명이 카운터에 지폐 한 장을 놓고 밖으로 나갔다. 그가 돌아왔을 때 돈은 사라져있었다. 그는 형에게 "카운터에 있던 20달러 지폐를 봤어?"라고 물었다. 형은 못 봤다고 대답했다. 하지만 청년은 계속 물었다. "20달러 지폐가 그냥 일어나서 사라지지는 않잖아! 분명히 형이 봤을 거야!" 그의 목소리에는 분명한 비난이 섞여 있었다. ◆identical 동일한, 똑같은 bill 지폐 reply 대답하다 definite 확실한; 분명한

돋보기 🔍 지폐가 사라진 상태에서, 그것이 사라지기 전에 봤을 것이라는 과거에 대한

강한 추측이므로 <must have p.p.(~했음이 틀림없다)>를 사용하여 must have seen이 되어야 한다.

▶ 시제 (현재완료)

12 정답 참조 | • python 비단뱀

돋보기🔍 that절의 주어 1,825 Burmese pythons와 동사 catch는 수동관계이며, 주어진 우리말과 부사구 <since+과거시점>으로 보아 과거부터 현재까지 계속해서 잡혀 온 것이므로 현재완료형을 쓴다. 주절 동사 says의 시제로 판단하여 현재시제로 쓰지 않도록 한다.

The National Park Service **says** // (that) 1,825 Burmese pythons
　　　　　　　　　　　　　V(현재)　　　　　　　　　　　　　　S′
have been caught / in Florida / since 2000.
　V′(현재완료, 수동)

▶ 시제 (현재완료)

13 정답 참조 | • obesity 비만　widespread 널리 퍼진　tribe 부족

돋보기🔍 주어진 우리말과 부사구 <since+과거시점>으로 보아 과거부터 현재까지 계속해서 퍼져온 것이므로 현재완료형을 쓴다.

Since the 1960s, / obesity **has become** widespread / among the
　　　　　　　　　　　S　　　　V(현재완료)
members of the tribe.

▶ <동사+목적어+전명구> / 과거에 대한 후회, 유감을 나타내는 조동사 (should have p.p.)

14 정답 참조 | • emergency 긴급한 일, 비상사태　attend 참석하다

돋보기🔍 (A) <prevent A from B(A가 B하는 것을 막다)>가 쓰였으므로 전치사 from을 추가하고, 전치사 from의 목적어 자리에는 attend를 동명사 attending으로 바꿔 써야 한다.
(B) 과거에 대한 후회를 나타내는 <shouldn't have p.p.(~하지 말았어야 했는데 (했다))>를 사용하여 shouldn't have missed로 표현해야 한다.

James had an emergency [that **prevented** him **from** attending].
　　　　　　　　　　　↑　　　　　　V′　A(목적어′) from B(전명구′)
He **shouldn't have missed** her performance.
　S　　　　　V

▶ 동사의 목적어 v-ing vs. to-v / 목적격보어(원형부정사/v-ing)

15 정답 참조 | • involve 휘말리게 하다, 연루시키다　argument 언쟁; 주장　*cf.* argue 언쟁을 하다　raised 높은

돋보기🔍 주어진 우리말은 크게 <누군가가 목소리를 높여 언쟁하는 것을 들으면 // 침착하게 있도록 노력하고 / 그 언쟁에 휘말리는 것을 피해라.>로 나눌 수 있다.
(A) '~하려고 노력하다'의 의미이므로 try의 목적어로는 to부정사 to remain을 써야 한다. and로 연결된 동사 avoid는 목적어로 동명사를 취하므로 목적어로 involving을 쓴다.
(B) when절의 동사 hear는 목적어와 목적격보어가 능동관계일 때 목적격보어로 v 또는 v-ing를 취하므로 목적격보어는 argue 또는 arguing으로 쓴다.

Try to remain calm / and **avoid involving** yourself in the
V1　　　O1　　　　　　　　　V2　　　　O2
argument // when you **hear** someone **argue[arguing]** in a raised
　　　　　　　　　S′　V′　O′　　　　C′
voice.

▶ 과거에 대한 가능성, 추측을 나타내는 조동사 (could have p.p.) / 동사의 목적어 v-ing vs. to-v

16 정답 참조 | • pursue 해나가다, 추구하다

돋보기🔍 (A) 과거에 대한 추측을 나타내는 <could have p.p.(~했을 수도 있다)>를 사용하여 could have left로 표현해야 한다.

(B) 과거의 사실을 말하므로 decide를 decided로 바꿔 써야 하고, decide는 목적어로 to부정사를 취하므로 목적어는 to stay와 (to) pursue로 변형하여 and로 연결한다. to부정사가 and로 연결될 때 뒤의 to는 생략 가능하다.

He **could have left** home / due to the job opportunity in a
S　　　V
different city. Instead, / he **decided** / **to stay** and (to) pursue
　　　　　　　　　　　S　　V　　　O1　　　　　O2
his career / in his hometown.

▶ 목적격보어 / 동사의 목적어 v-ing vs. to-v

17-19 정답 참조 | 누구도 자신이 평균이라고 생각하고 싶어 하지 않고, 특히 평균 이하라고 생각하기를 원하지 않는다. 자신을 평가하라는 요청을 받으면, 대다수의 사람들은 지능, 외모, 건강 등 다양한 척도에서 자신을 평균 이상이라고 평가하는 경향이 있다. 자기 통제도 다르지 않다. 사람들은 자신을 통제할 수 있는 능력을 지속적으로 과대평가한다. 이러한 지나친 자신감은 사람들이 자신을 통제할 수 없다고 (결국) 드러나게 될 상황에서도 자신을 통제할 수 있을 것이라고 생각하게 할 수 있다. 이것이 원치 않는 습관에 관여하는 것을 멈추려고 노력하는 것이 좌절감을 주는 일이 될 수 있는 이유이다. 변화를 결심한 후 며칠, 몇 주가 지나면 그것(= 원치 않는 습관)이 계속해서 불쑥 나타나는 것을 알아차리기 시작한다.

• average 평균　least of all 특히 ~하지 않다　majority of 대다수의　measure 척도, 기준　intelligence 지능　appearance 외모　self-control 자기 통제, 자제력　consistently 지속적으로　overestimate 과대평가하다　over-confidence 지나친 자신감; 과신　assume 추정하다, 상정하다　engage in ~에 관여하다　frustrating 좌절감을 주는　resolution 결심　pop up 불쑥 나타나다

돋보기🔍 ④lead는 목적어와 목적격보어가 능동관계일 때 목적격보어로 to-v를 취한다.
⑤'~하는 것을 멈추다'라는 의미이므로 stop의 목적어로 동명사를 써야 한다.
⑥notice는 목적어와 목적격보어가 능동관계일 때 목적격보어로 v또는 v-ing를 취한다.

오답풀이 ①want는 목적어로 to부정사를 취하므로 to think는 적절하다.
②ask가 사용된 SVOC문형의 수동태이다. ask는 목적어와 목적격보어가 능동관계일 때 목적격보어로 to-v를 취한다. 수동태가 되면 목적어가 문장의 주어로 이동하고 목적격보어인 to-v가 그 자리에 그대로 남으므로, to evaluate가 알맞다.
③tend는 뒤에 to부정사가 오는 동사이므로 to rate는 적절하다.

▶ <동사+목적어+전명구>

20 정답 참조 | 학생들이 자료의 내용을 알지 못할 때조차 알고 있다고 생각하는 주된 이유 중 하나는 그들이 친숙함을 이해로 오인하기 때문이다. 그것이 작동하는 방식은 이렇다. 당신은 아마도 강조 표시를 하며 그 장을 한 번 읽는다. 그리고 나중에, 당신은 강조 표시가 된 자료에 집중하며 그 장을 다시 읽는다. 그것을 거듭 읽어서, 이전에 읽은 것으로부터 그것을 기억하기 때문에 그 자료가 친숙하고, 이 친숙함은 당신이 "좋아, 나는 그걸 알고 있어."라고 생각하게 만들지도 모른다. 문제는 이런 친숙한 느낌이 반드시 그 자료를 아는 것과 같지 않으며 당신이 시험에서 답을 생각해 내야 할 때 아무런 도움도 되지 않을 수 있다는 것이다.

• familiarity 친숙함　highlight 강조 표시를 하다　equivalent 같은　be of help 도움이 되다　come up with ~을 생각해내다

돋보기🔍 이 글의 사례에서 설명하고 있는 것은 자료를 거듭 읽어 친숙해지면 알고 있다는 느낌이 들게 된다는 것, 즉 친숙함을 이해로 오인하게 된다는 것이다. <보기>의 mistake를 활용해서 <mistake A for B(A를 B로 오인[혼동]하다)>로 표현하면 된다. 이때 A와 B는 명사 형태가 들어가야 하므로 A는 familiarity로 변형하고, B는 understanding을 쓴다.

~, / is that they **mistake** familiarity **for** understanding.
　　　　　　　S′　　　V′　　　A(목적어′)　　for B(전명구′)

Point 09 to부정사

Zero Stage

본책 p. 79

1 어느 실험에서든 가장 중요한 부분은 그것을 안전하게 수행하는 것이다.
◆experiment 실험 conduct 수행하다

2 선생님은 소녀에게 그 이야기에 대한 질문에 대답해 달라고 요청했다.

3 나는 어떻게 운전하는지 / 언제[어디로] 갈지 / 무엇을 할지 / 어느 지역을 방문할지 모르겠다.

4 그녀는 비행기에서 읽을 것이 필요해서 잡지를 샀다.

5 원치 않는 사고를 예방하기 위해 우리는 규칙을 따라야 한다. ◆prevent 예방하다 unwanted 원치 않는 accident 사고

6 당신의 메시지를 보게 되어서 기쁩니다.

7 그렇게 비싼 선물을 사다니 그는 어리석었다.

8 이 선율은 한 번 들으면 잊기 힘들다.

9 나는 답을 찾았지만, 결국 답이 없다는 걸 알게 되었을 뿐이었다.

10 그 영화는 너무 무서워서 혼자 볼 수 없었다[혼자 보기에 너무 무서웠다].

11 그 장소들은 충분히 안전해서 해가 진 뒤에 돌아다닐 수 있다. ◆after dark 해가 진 뒤에

Main Stage 1 어법 서술형

본책 p. 80

정답	❶ with	❷ to[with]	❸ on	❹ to	❺ on	❻ with	❼ of

[각 4점] **01** ✕, listen to **02** ◯ **03** ✕, eating **04** ✕, adhere to **05** ✕, to be submitted **06** ◯
감점 요소 -2점 (✕는 올바르게 표시했지만 틀린 부분을 바르게 고치지 못한 경우)

[각 4점] **07** (A) preserving (B) to be delayed (C) to pull (D) to suffer

1 나는 가게를 떠나서 차로 돌아왔지만 내가 차 열쇠와 휴대전화를 차 안에 넣고 잠가 둔 것을 알게 되었을 뿐이었다. ◆lock (~에 넣어) 잠가 두다 vehicle 차, 탈것

2 나는 가족을 수용할 수 있는 새로운 살 집을 찾고 있다. ◆accommodate 수용하다. (살거나 지낼) 공간을 제공하다

❶ with
돋보기🔍 to write의 수식을 받는 something은 write에 이어지는 전치사 with의 목적어이다. (→ to write with something)

❷ to[with]
돋보기🔍 to talk의 수식을 받는 a friend는 talk에 이어지는 전치사 to 또는 with의 목적어이다. (→ to talk to[with] a friend)

❸ on
돋보기🔍 to write의 수식을 받는 some paper는 write에 이어지는 전치사 on의 목적어이다. (→ to write on some paper)

❹ to
돋보기🔍 to-v의 수식을 받는 a song은 구동사 listen to의 목적어이다. (→ to listen to a song)

❺ on
돋보기🔍 to sit의 수식을 받는 a chair는 sit에 이어지는 전치사 on의 목적어이다. (→ to sit on a chair)

❻ with
돋보기🔍 to play의 수식을 받는 a new toy는 play에 이어지는 전치사 with의 목적어이다. (→ to play with a new toy)

❼ of | ◆take care of ~을 돌보다
돋보기🔍 to-v의 수식을 받는 kids는 구동사 take care of의 목적어이다. (→ to take care of kids)

3 문맥이 없는 문장은 오해받을 가능성이 있다. ◆sentence 문장 context 문맥 misunderstand 오해하다

4 품질이 보장되기 위해서는 철저한 검사가 필요하다. ◆thorough 철저한 inspection 검사 ensure 보장하다

Exercise

01 ✕, listen to | 내 경험상, 이것은 만약 당신이 (사람들과의) 관계를 개선하고 더 나은 의사 전달자가 되고 싶다면 귀 기울여야 할 조언이다. ◆improve 개선

하다　communicator (의사) 전달자

돋보기🔍 to-v의 수식을 받는 the advice는 구동사 listen to의 목적어이다(→ to listen to the advice). for you는 to부정사의 의미상의 주어를 나타낸다.

02 ○ | 삽으로 눈을 퍼내는 데 몇 시간을 보낸 후, 안으로 들어와 뜨거운 코코아나 차 같은 따뜻한 마실 것을 즐기는 것보다 더 좋은 것은 없다. ◆shovel 삽으로 퍼내다

돋보기🔍 to drink는 대명사 something을 수식하는 형용사적 역할로 알맞게 쓰였다. 앞의 warm은 마찬가지로 something을 수식하는 형용사이다. 형용사와 to 부정사가 something과 같은 대명사를 동시에 수식할 때는 <명사+형용사+to-v>의 어순으로 쓴다.

~ coming inside |and| enjoying something warm to drink, / ~.

> **NOTE** 수식하는 대명사 뒤에 오는 형용사(구)
>
> something, nobody, anyone, everyone 등, -thing, -body, -one으로 끝나는 대명사를 수식하는 형용사(구)는 항상 대명사 뒤에 온다.

03 ✕, eating | 그는 가공식품을 먹는 것에 반대하고 가능할 때는 언제나 자연 식품을 고수하려고 노력한다. ◆processed food 가공식품　stick to ~을 고수하다

돋보기🔍 <be opposed to(~에 반대하다)>에서 to는 전치사이므로, 전치사의 목적어 역할을 할 수 있는 동명사 eating으로 고쳐야 한다.

He's opposed to **eating** processed foods / |and| ~.
　　　　　　　전치사　　　전치사의 O

04 ✕, adhere to | 그 회사는 근무 시간 중 소셜 미디어 사용에 관하여 직원들이 지켜야 할 방침을 가지고 있다. ◆policy 방침, 정책　adhere to ~을 지키다, ~을 준수하다; ~을 고수하다　regarding ~에 관하여

돋보기🔍 to-v의 수식을 받는 a policy는 구동사 adhere to의 목적어이다(→ to adhere to a policy). for employees는 to부정사의 의미상의 주어를 나타낸다.

05 ✕, to be submitted | 보고서가 제출되어야 하는 마감일이 다가오고 있으니, 반드시 기한 내에 그것을 완성하여 제출해주시기 바랍니다. ◆deadline 마감일　submit 제출하다　approach 다가오다　make sure 반드시 (~하도록) 하다　complete 완성하다　turn in ~을 제출하다　on time 기한 내에, 제때

돋보기🔍 to부정사의 의미상의 주어인 the report가 '제출되는' 것이므로 수동관계를 표현하는 to be submitted로 고쳐야 한다.

06 ○ | 마라톤에 대비한 나의 훈련 계획은 일주일에 세 번 달리고, 점차 주행 거리를 늘리고, 부상을 방지하기 위해 정기적으로 스트레칭을 하는 것을 포함한다. ◆include 포함하다　gradually 점차　regularly 정기적으로　injury 부상

돋보기🔍 문맥상 to prevent는 '~하기 위해'라는 의미의 목적을 나타내는 부사적 역할로 알맞게 쓰였다.

07 정답 참조 | FOBO, 즉 '더 나은 선택에 대한 두려움'은 더 나은 것이 나타날 것이라는 불안감인데, 그것은 결정을 내릴 때 기존 선택을 지키는 데 충실한 것이 달갑지 않게 만든다. 그것은 모든 선택지를 열린 상태로 두어 당신을 겁먹게 하는 위험을 피하고자 하는 경향이다. 선택지들을 평가해서 하나를 선택하고, 하루를 계속 진행하는 대신, 결과가 지연되도록 하는 것이다. 그것은 알람 시계의 스누즈 버튼을 누르고는 결국 이불을 머리 위로 끌어당겨 다시 잠드는 것과 다르지 않다. 아마 당신이 고생을 하면서 알아냈듯이, 스누즈를 너무 많이 누르면, 결국 지각해서 사무실로 급히 달려가게 될 것이다. 그리고 당신의 하루와 기분이 망쳐질 것이다. 스누즈를 누르는 것은 그 순간엔 정말 기분 좋게 느껴지지만, 그것은 결국 당신에게 부정적인 결과를 겪을 것을 요구한다. ◆come along 나타나다, 생기다　undesirable 바람직하지 않은; 달갑지 않은　preserve 지키다　tendency 경향　scare 겁먹게 하다　rather than ~ 대신, ~보다　assess 평가하다　delay 지연시키다　snooze button 스누즈 버튼《알람 시계가 일정 시간 후에 다시 울리게 하는 버튼》　the hard way 고생을 하면서, 실수를 통해　race (급히) 가다　ruin 망치다　ultimately 결국, 궁극적으로　suffer (불쾌한 일을) 겪다, 당하다　consequence 결과

돋보기🔍 (A) <commit to v-ing(v하는 데 전념[충실]하다)>에서 to는 전치사이므로 전치사의 목적어 역할을 할 수 있는 동명사 preserving을 쓴다.
(B) allow는 목적격보어로 to부정사를 취하며, 여기서 목적어 the outcome이 to 부정사의 의미상의 주어이다. the outcome이 무언가를 지연시키는 것이 아니라 '지연되는' 것이므로 수동관계를 표현하는 to be delayed를 쓴다.
Rather than ~, / you allow the outcome **to be delayed**.
　　　　　　　　　　　　V　　　O└─수동─┘C
(C) only와 함께 쓰여 '(결국) v할 뿐인'의 의미로 결과를 나타내는 부사적 역할의 to 부정사인 to pull을 쓴다.
(D) require는 목적격보어로 to부정사를 취하며, 목적어 you가 부정적인 결과를 '겪는' 것이므로 능동관계를 표현하는 to suffer를 쓴다.

Main Stage 2 영작 서술형 Ⅰ

본책 p. 82

정답 [각 5점] **01 to spread positive learning values to children and parents**
02 only to discover that the last few pages were missing
03 had to have many gears for them to be considered high-end
04 was happy to send each of them a check for a hundred dollars
감점 요소 -2점 (어순은 올바르나 어형 변형이 틀린 경우)

[10점] **05 but something to be discovered**
감점 요소 -5점 (어순은 올바르나 어형 변형이 틀린 경우)

Exercise

01 정답 참조 | ◆aim 목표 spread 퍼뜨리다

돋보기🔍 주어진 우리말이 '~의 목표는 ~ 퍼뜨리는 것이다'이므로 spread를 주격보어 역할을 하는 준동사인 to부정사나 동명사로 바꿔 써야 한다. 동명사로 변형하지 말라는 조건에 따라 to부정사인 to spread를 이용하여 영작한다.

The aim (of our TV show) / is **to spread** positive learning values /
<u>S</u>   <u>V</u>   <u>C</u>
to children and parents.

02 정답 참조

돋보기🔍 '(결국) V할 뿐인'의 의미로 결과를 나타내는 부사적 역할의 to부정사 <only to-v>를 이용하여 영작한다.

She spent hours reading the novel, / **only to discover**$^{V'}$ that the
<_____결과_____>
last few pages were missing$^{O'}$.

03 정답 참조 | ◆gear 기어; 장치 high-end 고급의

돋보기🔍 'V하기 위해, v하도록'이라는 의미의 목적을 나타내는 부사적 역할의 to부정사로 영작한다. 의미상의 주어 them(= bicycles)이 사람들에 의해 '여겨지는' 것이므로 수동관계이다. for them to be considered로 써야 한다.

Until recently, / bicycles had to have many gears /
<u>S</u>   <u>V</u>   <u>O</u>
for them **to be considered**$^{V'}$ high-end$^{C'}$.
의미상의└─ 수동 <목적>
주어

04 정답 참조 | ◆check 수표

돋보기🔍 'V해서 (~한)'의 의미로 감정의 원인을 나타내는 부사적 역할의 to부정사를 이용하여 <감정형용사+to-v> 구문을 영작한다. 여기서 to send ~는 간접목적어와 직접목적어가 있는 SVOO문형 구조이다.

He told them // that he was happy / **to send**$^{V''}$ each of them$^{IO''}$
S' V' C'<감정>   <원인>
a check for a hundred dollars$^{DO''}$.

05 정답 참조 | 현대에는 사회가 더 역동적으로 변했다. 사회적 이동성이 증가했고, 사람들은 예를 들면 직업, 결혼 또는 종교에 대해 더 높은 수준의 선택권을 행사하기 시작했다. 이것은 사회에서의 전통적 역할에 대한 도전을 제기했다. 대안(= 전통적 역할이 아닌 것)이 실현될 수 있는데도 자신이 타고난 역할에 충실해야 한다는 것은 덜 명백했다. 그 후 정체성이 문제가 되었다. 그것(= 정체성)은 더 이상 태어날 때 이미 거의 만들어진 것이 아니라 발견되어야 하는 것이었다.

◆dynamic 역동적인 social mobility 사회적 이동성 exercise 행사하다 degree 수준; 정도 profession 직업 religion 종교 pose 제기하다 traditional 전통적인 evident 분명한, 명백한 alternative 대안(책) realize 실현하다; 깨닫다 identity 정체성 ready-made 이미 만들어진

돋보기🔍 빈칸 문장의 주어인 It은 문맥상 앞 문장의 Identity를 가리킨다. 사람들이 타고난 역할(전통적 역할)이 아닌 다른 역할을 선택할 수 있게 됨에 따라 정체성이 문제가 되었다는 앞의 내용으로 보아, 정체성이 이미 만들어진 것이 아니라 '발견되어야 하는' 것이라는 의미가 되어야 한다. 수식받는 명사 something과 to부정사가 수동관계이므로 to be discovered로 써야 한다.

It was no longer almost ready-made at birth /
<u>S</u> <u>V</u>   <u>C1</u>
but something (**to be discovered**).
<u>C2</u>└─ 수동 ─┘

Main Stage 3 영작 서술형 Ⅱ
본책 p. 84

정답 [각6점] **01** so reckless as to climb the tall building without any safety gear
02 had been selected for a promotion, I was too surprised to speak
03 not so mature as to handle the responsibility of managing the entire project
04 are very difficult to be eliminated, are tiny enough to pass through the nets
감점 요소 -3점 (어순은 올바르나 어형 변형이 틀린 경우)

[6점] **05** for most common people to obtain
감점 요소 -3점 (어순은 올바르나 어형 변형이 틀린 경우)

Exercise

01 정답 참조 | ◆reckless 무모한, 무분별한

돋보기🔍 'V할 만큼 (매우) ~한'이라는 의미의 <so ~ as to-v> 구문을 활용하여 so reckless as to climb으로 영작한다.

She was so reckless / as to climb the tall building / without
<u>S</u> <u>V</u>   <u>C</u>
any safety gear.

02 정답 참조 | ◆announce 발표하다 promotion 승진

돋보기🔍 '너무 ~해서 V할 수 없다'라는 의미의 <too ~ to-v> 구문을 활용하여 too surprised to speak로 영작한다.

When the company announced / that I had been selected for a
S'   V'   O'
promotion, // I was too surprised / to speak.
S V   C

03 정답 참조 | ◆mature 성숙한 handle 처리하다 responsibility 책임

돋보기🔍 'V할 만큼 (매우) ~한'이라는 의미의 <so ~ as to-v> 구문을 활용하여 so mature as to handle로 영작한다.

He was not so mature / as to handle the responsibility (of
<u>S</u> <u>V</u>   <u>C</u>
managing the entire project / on his own).

04 정답 참조 | ◆ microplastic 미세 플라스틱   eliminate 제거하다   net 그물망

돋보기 🔍 문장의 보어인 형용사 difficult를 수식하는 to부정사 to be eliminated를 difficult 바로 뒤에 쓴다. 의미상의 주어인 The microplastics가 '제거되는' 것이므로 <to be p.p.> 형태로 쓰였다. 우리말에서 '통과할 정도로 충분히 작다'는 'V할 만큼 (충분히) ~한'이라는 의미의 <~ enough to-v> 구문을 활용하여, tiny enough to pass로 영작한다.

The microplastics are very difficult **to be eliminated** entirely //
  S   V   C ↑─── 수동 ───
because they are **tiny** enough / to **pass** through the nets.
       S'   V'   C'

05 정답 참조 | 후추는 다른 향신료들과 함께, 고대와 중세 시대에 그 향미, 약효, 그리고 방부 효과로 높은 가치를 인정받았다. 그것은 길고 위험한 무역로를 통해 인도

와 아시아의 다른 지역에서 유럽으로 수입되었다. 중세 시대에 후추는 무게 단위로 금보다 훨씬 더 비쌌다. 그것은 너무 비싸서 대부분의 일반인들은 그것을 구할 수 없었다. 후추의 희귀성과 가격은 그것을 지위의 상징이자 사치품으로 만들었고, 그것은 종종 부와 권력을 보여주는 데 사용되었다.
[요지] 중세 시대에 후추는 너무 비싸서 대부분의 일반인들이 구할 수 없었다.

◆ pepper 후추   spice 향신료   value 가치 있게 여기다   medicinal 치유력이 있는   property 재산, 부동산; 특성   preservative 보존력이 있는, 방부의; 방부제   import 수입하다   obtain 구하다, 얻다   rarity 희귀성   status 지위   symbol 상징   luxury 사치(품)의

돋보기 🔍 글의 내용상 중세 시대에 후추가 너무 비싸서 일반인들이 구할 수 없었다는 내용이 되어야 적절하다. <too ~+for 의미상의 주어+to-v> 구문을 활용하여 for most common people to obtain으로 영작한다.
In the Middle Ages, / pepper was **too** expensive /
                      S   V   C
for most common people **to** obtain.
      └─ 의미상의 주어 ─┘

Plus Stage

본책 p. 86

1 사람들은 시차증을 극복하기 위해 생체 시계를 다시 맞출 수 있다.
◆ reset 다시 맞추다   biological 생물체의; 생물학의   overcome 극복하다   jet lag 시차증(비행기 여행의 시차로 인한 피로)

2 이모티콘은 인터넷 사용자들이 온라인 의사소통에서 감정을 이해하는 것을 돕는다.

3 나는 목록에 있는 모든 책을 읽을 충분한 시간이 없었다.

4 그녀는 결코 다시 비행하지 않았지만 그럼에도 불구하고 오랫동안 신나는 삶을 살았다.   ◆ go back to ~을 다시 시작하다; ~로 돌아가다   nonetheless 그럼에도 불구하고

Point 10   분사

Zero Stage

본책 p. 87

1 날고 있는 연

2 부서진 의자

3 진열된 장난감들   ◆ display 진열하다, 전시하다

4 가게 진열장에 진열된 장난감들   ◆ shop window 가게 진열장

5 그 도서관에는 입구 근처에 진열된 어린이용 책들이 많이 있다.

6 몇몇 사람들이 정전으로 엘리베이터 안에 갇힌 채로 있었다.   ◆ remain 계속 ~이다; 남다   trap 가두다   power outage 정전

7 그는 농부들이 논에서 일하고 있는 것을 알아챘다.   ◆ rice field 논

8 비용이 예상했던 것보다 높다는 점을 고려하여 우리는 예산을 조정할 필요가 있다.   ◆ adjust 조정하다   budget 예산   expect 예상하다

9 고속도로의 교통량을 고려하여, 우리는 확실히 제시간에 도착하기 위해 더 일찍 떠나야 한다.   ◆ traffic 교통(량)

> **NOTE** v-ing, p.p.형 접속사와 전치사
> 다음과 같은 것도 접속사 또는 전치사로 자주 쓰인다.
> • seeing (that): ~이므로, ~인 것으로 보아
> • supposing (that), providing (that), provided (that): ~라면(= if)
> • excluding: ~을 제외하고(= excepting)

정답 **❶ criticizing** **❷ accepted** **❸ estimated** **❹ ○** **❺ ✕, amazing** **❻ ✕, embarrassed**

[각4점] **01 ○** **02 ✕, crossing** **03 ✕, boring** **04 ✕, planned** **05 ○** **06 ✕, supporting**
감점 요소 -2점 (✕는 올바르게 표시했지만 틀린 부분을 바르게 고치지 못한 경우)

[각8점] **07 ③ contained → containing**, 수식받는 명사 simple pits와 contain은 능동관계이므로 현재분사 containing으로 고쳐야 한다.
/ **④ dividing → divided**, 수식받는 명사 societies와 divide는 수동관계이므로 과거분사 divided로 고쳐야 한다.
감점 요소 -3점 (틀린 부분을 찾았지만 바르게 고치지 못한 경우) / -5점 (틀린 이유를 바르게 쓰지 못한 경우)

---

1 실험하는 동안 긍정적인 분위기에 놓인 피실험자들은 더 솔직했다.
◆ subject 피실험자 mood 분위기

❶ criticizing │ 그 기후 운동가는 환경 보호에 대한 태만에 대하여 세계 지도자들을 비판하는 연설을 했다. ◆ deliver (연설, 강연 등을) 하다 criticize 비판하다 inaction 태만, 무대책

돋보기🔍 연설(의 내용)이 지도자들을 '비판하는' 것이므로 수식받는 명사 a speech와 criticize는 능동관계이다.
The climate activist delivered a speech (**criticizing** world ~).
　　　　　　　S　　　　　V　　　　　O⤴

❷ accepted │ 많은 토론과 분석 끝에, 새로운 프로젝트에 대해 수락된 제안이 이사회에서 승인되었다. ◆ debate 토론 analysis 분석 proposal 제안 approve 승인하다 the board of directors 이사회

돋보기🔍 제안이 '수락된' 것이므로 수식받는 명사 proposal과 accept는 수동관계이다.
~, / the **accepted** proposal (for ~ project) / was approved ~.
　　　　　　　　　　　　S⤴　　　　　　　　　　　V

❸ estimated │ 새로운 판매 전략으로부터 추정되는 이익은 회사의 수입을 상당히 증가시킬 것으로 예상된다. ◆ profit 이익 estimate 추정하다 strategy 전략 significantly 상당히 increase 증가시키다 revenue 수입

돋보기🔍 이익이 '추정되는' 것이므로 수식받는 명사 Profits와 estimate는 수동관계이다.

---

2 Henry는 여행을 하는 동안 매력적인 사람들을 만났는데, 그들은 경탄할 만한 각자의 경험을 가지고 있었다. ◆ fascinating 매력적인 admire 경탄하다

❹ ○ │ 그녀는 항상 들려줄 흥미로운 이야기가 있고 새로운 것을 기꺼이 시도하려고 하기 때문에 곁에 있기에 신나는 친구이다. ◆ up for ~을 기꺼이 하려고 하는

돋보기🔍 수식받는 명사 friend가 신나는 감정을 다른 누군가가 느끼게 하는 것이다.
She is an **exciting** friend (to be around) // because she ~.
 S　V　　　　　　　C⤴

❺ ✕, amazing │ 지난 10년간 우리는 컴퓨터로 놀라운 것들을 할 수 있는 능력을 습득했다. ◆ decade 10년간 acquire 습득하다, 얻다 ability 능력

돋보기🔍 수식받는 명사 things가 놀라운 감정을 다른 누군가가 느끼게 하는 것이다.
~ / we acquired the ability (to do **amazing** things ~).
　　　S　　　V　　　　　O⤴

---

❻ ✕, embarrassed │ 그녀는 많은 청중 앞에서 연설하는 중에 잘못 말한 뒤 당황스러워했다. ◆ embarrassed 당황스러운 misspeak 잘못 말하다 audience 청중

돋보기🔍 주어 She를 설명하는 보어 자리에 쓰인 분사이다. She가 당황스러운 감정을 다른 누군가가 느끼게 하는 것이 아니라 직접 느낀 것이다.
She felt **embarrassed** / after misspeaking ~.
 S　　　　C

Exercise

01 ○ │ 늘어나고 있는 증거가 지속적인 수면 부족이 심각한 질병이 생길 위험을 증가시킨다는 것을 보여준다. ◆ continuous 지속적인 develop (병·문제가) 생기다; 발달하다

돋보기🔍 현재분사 growing이 쓰여 진행(늘어나고 있는)을 의미한다.
Growing evidence shows / that a continuous lack of sleep ~.
　　　　　S　　　　V　　　　　　　O

02 ✕, crossing │ 무거운 소금을 잔뜩 싣고 강을 건너던 당나귀가 물에 빠졌다. ◆ donkey 당나귀 load 짐; 무게

돋보기🔍 당나귀가 강을 '건너는' 것이므로 수식받는 명사 A donkey와 cross는 능동관계이다.

03 ✕, boring │ 수업 시간에 작품을 읽거나 번역하는 것은 많은 학생들이 다시는 외국어 책을 펴고 싶지 않을 정도로 지루한 경험이 될 수 있다. ◆ translate 번역하다

돋보기🔍 수식받는 명사 experience가 지루한 감정을 학생들이 느끼게 하는 것이다.
Reading ~ class / can be such a **boring** experience // that ~.
　　S　　　　V　　　　　　C⤴

04 ✕, planned │ 채식주의에 대한 일부 회의론에도 불구하고, 적절하게 계획된 채식 식단은 건강에 좋고 영양상 적절하다. ◆ skepticism 회의론, 회의적인 태도 vegetarianism 채식주의 cf. vegetarian 채식의 properly 적절히, 알맞게 healthful 건강에 좋은 nutritionally 영양적으로 adequate 적절한; 충분한

돋보기🔍 채식 식단이 '계획된' 것이므로 수식받는 명사 vegetarian diets와 plan은 수동관계이다.
~, / properly **planned** vegetarian diets are ~.
　　　　　　　　　　S⤴　　　　　V

05 ◯ | Lucy는 화장실 중 하나에 휴지는 공용 물품이니 가져가지 말아달라고 요청하는 메모를 붙였다. ◆shared 공유의

〔돋보기🔍〕 메모(의 내용)가 '요청하는' 것이므로 수식받는 명사 a note와 ask는 능동관계이다. a note 뒤의 전명구 in ~ bathrooms는 SVOA 문형의 장소를 나타내는 부사구(A)이다.

Lucy put a note / in ~ bathrooms / (**asking** people ~ paper) // as ~.
— S — — V — —————— O ——————

06 ✕, supporting | 에세이에서 당신의 입장을 뒷받침하는 주제의 논거들을 제시하는 것이 중요하다. ◆present 제시하다; 주다 argument 논거, 주장 support (사실임을) 뒷받침하다 position 입장

〔돋보기🔍〕 논거가 입장을 '뒷받침하는' 것이므로 수식받는 명사 the arguments와 support는 능동관계이다. 수식받는 명사 뒤에 또 다른 수식어구인 전명구 of the topic이 있다.

~ the arguments (of the topic) (**supporting** your position).
        ↑——————————————————————————|

07 〔정답〕참조 | 고고학자들은 고대 문명에 다양한 사회 계급이 존재했다는 것을 어떻게 알고 있을까? 거주지의 크기와 위치를 포함한 고고학적 특징들뿐 아니라 법률과 기타 작성된 문서들은 사회적 계층화를 암시할 수 있다. 원시 시대의 사회적 계층에 대한 또 다른 분명한 증거는 매장 관습에서 나타난다. 초기 신석기 시대 유적지에서 발굴된 무덤들은 대부분 몇 안 되는 개인 물품들을 담고 있는 단순한 구덩이로 구성되어 있다. 이러한 매장지들의 획일성은 계급이 없는 사회를 나타낸다. 반면에, 더 발전된 문명의 무덤은 크기, 매장 방식 그리고 부장품의 범위 면에서 각기 다르며, 이는 사회 계급으로 나누어진 사회를 반영한다.

◆archaeologist 고고학자 cf. archaeological 고고학의 ancient 고대의 civilization 문명 habitation 거주지 hierarchy 계급, 계층 primitive 원시의 burial 매장(지) practice 관습 excavate 발굴하다 consist of ~로 구성되다 pit 구덩이 contain ~을 담고 있다 uniformity 획일성 indicate 나타내다 classless 계층[계급]이 없는 advanced 발전된; 선진의 vary 서로[각기] 다르다; 바꾸다 mode 방식 grave goods 부장품(죽은 사람을 매장할 때 함께 묻는 물품) reflect 반영하다

〔돋보기🔍〕 ③ 단순한 구덩이가 '담고 있는' 것이므로 수식받는 명사 simple pits와 contain은 능동관계이다.

Graves (**excavated** at early Neolithic sites) / consist mostly of
— S — ——————————————————————————————— ——— V ———
simple pits (**containing** few personal goods).
—— O —— ↑————————————————————————|

④ 사회가 '나누어진' 것이므로 수식받는 명사 societies와 divide는 수동관계이다.

~, // which^S' reflects^V' societies (**divided** into social classes)^O'.
                                  ↑——————————————————|

〔오답풀이〕 ① 문서들이 '작성된' 것이므로 수식받는 명사 documents와 write는 수동관계이다.
② 무덤들이 '발굴된' 것이므로 수식받는 명사 Graves와 excavate는 수동관계이다.

Main Stage 2 영작 서술형

〔정답〕[각 5점] **01** was disrupted by a group of inconsiderate people talking loudly
02 utilizes robots equipped with advanced tools to assemble the products
03 launched news website provides comprehensive coverage of events taking place around the world
04 result in the side effects associated with their prolonged consumption
〔감점 요소〕 −2점 (어순은 올바르나 어형 변형이 틀린 경우)

[10점] **05** induced by a good meal enhances our receptiveness to be persuaded
〔감점 요소〕 −5점 (어순은 올바르나 어형 변형이 틀린 경우)

Exercise

01 〔정답〕참조 | ◆peaceful 평화로운 atmosphere 분위기; 대기 disrupt 방해하다 inconsiderate 배려하지 않는; 경솔한

〔돋보기🔍〕 수식받는 명사구 inconsiderate people과 talk는 능동관계이고 talk 뒤에 딸린 어구 loudly가 있으므로, 현재분사 talking으로 바꿔 <명사+분사>의 순서로 쓴다.

The peaceful atmosphere (in the library) / was disrupted / by a
——————————— S ——————————— ——— V ———
group of inconsiderate people (**talking** loudly).
                              ↑——————————|

02 〔정답〕참조 | ◆manufacturing 제조(업) facility 시설 utilize 이용하다 equip (장비를) 갖추다 assemble 조립하다 efficiently 효율적으로

〔돋보기🔍〕 수식받는 명사 robots와 equip은 수동관계이고 equip 뒤에 딸린 어구가 있으므로, 과거분사 equipped로 바꿔 <명사+분사구>의 순서로 쓴다. advanced는 '선진의, 진보한'을 의미하는 분사형 형용사이다. advanced tools 뒤에 이를 수식하는 to부정사구(to assemble ~)를 이어 쓴다.

The manufacturing facility utilizes robots (**equipped** with
——————————— S ——————————— — V — — O — ↑———————
advanced tools (to assemble the products efficiently)).
          ↑———————|

03 〔정답〕참조 | ◆launch 출시하다; 시작하다 comprehensive 종합적인 coverage 보도; 방송 take place 일어나다

〔돋보기🔍〕 수식받는 명사 news website와 launch는 수동관계이고 launch 뒤에 딸린 어구가 없으므로, 과거분사 launched로 바꿔 <분사+명사>의 순서로 쓴다. 수식받는 명사 events와 take place는 능동관계이고 take place 뒤에 딸린 어구가 있으므로, 현재분사 taking place로 바꿔 <명사+분사구>의 순서로 쓴다.

The newly **launched** news website provides comprehensive
——————————————— S ——————————— — V — ——— O ———
coverage (of events (**taking place** around the world)).
                    ↑——————————————————|

UNIT 03 동사·준동사 **41**

04 정답 참조 | ◆overuse 남용; 오용 medication 약물; 약물 치료 result in (결과를) 낳다, 초래하다 side effect 부작용 associate 연관 짓다 prolonged 장기의 consumption (식품, 물질의) 소비(량)

돋보기🔍 수식받는 명사 the side effects와 associate는 수동관계이고 associate 뒤에 딸린 어구가 있으므로, 과거분사 associated로 바꿔 <명사+분사구>의 순서로 쓴다.

The overuse (of certain medications) / can sometimes result in
　　　S　　　　　　　　　　　　　　　　　　　　└──V──┘
the side effects (**associated** with their prolonged consumption).
　　　O　↑

05 정답 참조 | 음식은 원래 마음을 조절하는 약이다. 수많은 연구는 좋은 식사로 유발된 긍정적인 감정 상태가 우리의 설득되는 수용성을 높인다는 것을 보여준다. 그것은 (식사의) 제공자에게 보답하고 싶은 본능적인 욕구를 촉발시킨다. 이것이 경영진이 자주 업무 회의와 식사를 결합하는 이유이자 주요 국가 행사가 보통 인상적인 연회를 포함하는 이유이다.

◆state 상태; 국가 induce 유발하다, 유도하다 enhance 높이다 receptiveness 수용성《다른 대상이 가진 어떤 측면을 받아들이는 능력》 persuade 설득하다 trigger 촉발시키다, 유발하다 instinctive 본능적인 repay 보답하다 provider 제공자 executive 경영진, 임원 combine 결합하다 major 주요한 occasion 행사 involve 포함하다 impressive 인상적인 banquet 연회

돋보기🔍 빈칸 문장 뒤에 나오는 내용의 핵심은 식사를 제공받으면 보답하고 싶은 욕구가 생긴다는 것이다. 이러한 상태를 빈칸 문장에서 the positive emotional state로 표현하는데, 이는 좋은 식사(a good meal)로 인해 '유발된' 것이므로 the positive emotional state와 induce는 수동관계이다. 과거분사 induced로 바꿔 쓰고, 뒤에 딸린 어구가 있으므로 <명사+분사구>의 순서로 쓴다. to be persuaded는 명사 receptiveness를 구체적으로 설명하는 동격어구인데, 수용성이란 '설득되는(상대의 말을 받아들이는)' 성질을 말하므로 수동관계를 표현하는 <to be p.p.> 형태로 쓰였다.

Countless studies show // that the positive emotional state (**induced**
　　　　　　　　　　　　　　　　　　　　S'　↑
by a good meal) / enhances our receptiveness (to be persuaded).
　　　　　　　　　V'　　　　　　　O'　└───=───┘

Plus Stage

본책 p. 92

1 나무에서 땅으로 조용히 떨어지고 있는 나뭇잎들의 모습은 어떤 사람들에게 슬픈 느낌을 준다. ◆gently 부드럽게; 조용히

2 공원의 땅바닥에 떨어진 나뭇잎이 많이 있었는데, 노랑, 주황, 그리고 빨간색이었다.

Point 11 분사구문

Zero Stage

본책 p. 93

정답 **5 Finishing the dishes**　**6 Not worrying about consequences**

1 그녀는 식탁에 앉아서 시리얼을 먹었다.

2 그는 창밖을 보았을 때 그녀가 잔디를 깎는 것을 봤다. ◆mow (잔디를) 깎다 lawn 잔디(밭)

3 그 신기술은 그들의 작업 흐름을 간소화했고, 그리하여 작업을 완료하는 시간을 줄였다. ◆simplify 간소화하다 workflow 작업 흐름

4 그녀는 다른 사람의 조언을 전혀 듣지 않아서, 종종 나쁜 결정을 내렸다.

5 **Finishing the dishes** | 그는 설거지를 마친 후, TV를 보기 시작했다.

돋보기🔍 접속사 After와 주어 he를 생략하고, 동사 finished를 분사 Finishing으로 바꿔 쓴다.

6 **Not worrying about consequences** | 그는 결과에 대해 걱정하지 않아서, 자주 어려움에 직면했다. ◆face 직면하다 frequently 자주

돋보기🔍 접속사 Since와 주어 he를 생략하고, 동사 didn't worry를 분사로 바꿔 쓴다. 동사가 부정형이므로 Not을 앞에 붙여 Not worrying으로 쓴다.

Main Stage 1 어법 서술형

본책 p. 94

정답 ❶ ✕, (Being) Assigned　❷ ○　❸ ✕, been caught　❹ ○　❺ ✕, following　❻ ○

[각 4점] 01 ✕, Asked　02 ○　03 ✕, prepared　04 ✕, giving　05 ○　06 ✕, raised
07 ✕, joining　08 ○

감점 요소 -2점 (✕는 올바르게 표시했지만 틀린 부분을 바르게 고치지 못한 경우)

[각 4점] 09 ② earned → earning, 의미상의 주어인 she와 earn은 능동관계이므로 earning으로 고쳐야 한다.
/ ④ given → giving, 의미상의 주어인 she와 give는 능동관계이므로 giving으로 고쳐야 한다.

감점 요소 -2점 (틀린 부분을 찾았지만 바르게 고치지 못한 경우) / -2점 (틀린 이유를 바르게 쓰지 못한 경우)

1 그는 다리에 부상을 입어서 절뚝거리며 가장 가까운 의료 텐트로 갔다.
◆ wound 상처[부상]를 입히다   medical 의료의

2 그녀는 새로운 도전을 간절히 바랐기 때문에 팀의 리더 역할을 맡기로 결정했다.
◆ eager 간절히 바라는   take on the role 역할을 맡다

3 그 이메일은 급하게 작성되어서 몇 가지 오류가 있었다.   ◆ in haste 급하게

❶ ✕, (Being) Assigned | 새로운 프로젝트에 배정된 후, 그는 그것의 성공을 보장하기 위해 수많은 시간을 연구하는 데 보냈다.   ◆ assign 배정하다

(돋보기🔍) 의미상의 주어 he가 '배정된' 것이므로 assign과 수동관계이다.

❷ ○ | 이러한 장치들은 건강 추적기라고 불리는데, 사람들이 자신의 건강을 추적 관찰하기 위해 노력함에 따라 점점 더 인기를 얻고 있다.   ◆ device 장치   tracker 추적하는 사람[것]   strive 노력하다; 분투하다   monitor 추적 관찰하다

(돋보기🔍) 의미상의 주어 These devices가 건강 추적기라고 '불리는' 것이므로 call과 수동관계이다.

4 그들은 병원에서 여섯 시간을 보낸 후 마침내 집에 왔다.

5 그 건물은 유명한 건축가에 의해 설계되었기 때문에 구경할 만한 모습이다.
◆ design 설계하다   architect 건축가   sight 모습, 광경

❸ ✕, been caught | 몇 시간 동안 교통 체증에 갇혀 있었기 때문에, 나는 콘서트의 시작 부분을 놓쳤다.

(돋보기🔍) 문맥과 밑줄 없는 Having으로 보아 분사구문이 주절의 시제보다 앞선 일이고, 의미상의 주어 I가 교통 체증에 의해 '갇힌' 것(be caught in traffic)이므로 catch와 수동관계이다. 이때 Having been 전체를 생략해도 올바른 표현이다.
(= Because[As, Since] I **had been caught** in ~ = (Having been) **Caught** in ~)

❹ ○ | 그래픽 디자이너는 회사의 새 로고 디자인을 마친 후, 승인받기 위해 CEO에게 그것을 제출했다.   ◆ approval 승인

(돋보기🔍) 문맥과 밑줄 없는 Having으로 보아 분사구문이 주절의 시제보다 앞선 일이고, 의미상의 주어 the graphic designer가 '마친' 것이므로 finish와 능동관계이다. (= After he[she] **had finished** ~)

6 소년이 샌드위치를 만들고 있었다. 그의 어머니가 그를 지켜보고 있었다.
→ 소년은 어머니가 지켜보는 가운데 샌드위치를 만들고 있었다.

7 다리가 파괴됨에 따라, 그들은 강을 건널 또 다른 방법을 찾아야 했다.
◆ destroy 파괴하다

8 그는 손을 주머니에 넣은 채로 길을 걸었다.

9 신호가 주어졌을 때, 우리는 출발했다.   ◆ signal 신호   set off 출발하다

10 일반 감기에는 치료법이 없기 때문에 우리는 증상 관리에 집중해야 한다.
◆ symptom 증상   management 관리

❺ ✕, following | 암사자는 새끼 사자들이 그 뒤를 바싹 따른 채로 대초원을 거닐었다.   ◆ lioness 암사자   stroll 거닐다   savannah 대초원, 사바나   cub 새끼

(돋보기🔍) 의미상의 주어 her cubs가 '따르는' 것이므로 follow와 능동관계이다.

❻ ○ | 나는 라디오가 켜진 채로 고속도로를 달리며, 내가 좋아하는 노래들을 따라 불렀다.   ◆ sing along 노래를 따라 부르다

(돋보기🔍) 의미상의 주어 the radio가 나에 의해 '켜진' 것이므로 turn on과 수동관계이다.

Exercise

01 ✕, Asked | 일자리 면접에서 취미를 질문받자, 그녀는 그림 그리기와 사진 찍기를 아주 좋아한다고 말했다.   ◆ mention 말하다, 언급하다   photography 사진 찍기

(돋보기🔍) 의미상의 주어 she가 면접자에 의해 '질문받은' 것이므로 ask와 수동관계이다. 한 단어로 고쳐야 하는 것이 아니라면 Being asked로 고쳐도 맞다.
(= When she **was asked** ~)

02 ○ | 눈의 동공은 어두울 때 확장되어 더 많은 빛이 눈 안으로 들어오도록 한다.

(돋보기🔍) 의미상의 주어 The pupils가 빛이 눈에 들어올 수 있도록 '하는' 것이므로 allow와 능동관계이다. (= ~ and they **allow** more light ~)

03 ✕, prepared | 자신감 있고 창의적으로 준비되면, 발표는 생각을 전달하기 위한 효과적인 방법이 될 수 있다.

(돋보기🔍) 의미상의 주어 a presentation이 발표자에 의해 '준비되는' 것이므로 prepare와 수동관계이다. 한 단어로 고쳐야 하는 것이 아니라면 being prepared로 고쳐도 맞다. 접속사 When은 생략되지 않고 분사 앞에 남아 분사구문의 의미를 확실히 해주고 있다. (= When it **is prepared** ~)

04 ✕, giving | 그들은 우리가 다른 관점에서 사물을 바라볼 수 있도록 도와주었고, 그리하여 문제에 대한 통찰력을 주었다.   ◆ perspective 관점, 시각   insight 통찰력

(돋보기🔍) thus는 부사이므로 두 절을 연결할 수 없다. 접속사와 함께 쓰거나 분사구문 앞에 와야 한다. 콤마(,) 뒤에 접속사가 없으므로 gave를 분사로 바꿔야 한다. 의미상의 주어 They가 통찰력을 '준' 것이므로 give와 능동관계이다. (= ~ and thus they **gave** ~)

> **NOTE** 접속부사 vs. 접속사
> 접속부사(thus, thereby, therefore 등)는 '따라서, 그러므로' 등의 의미를 갖는 부사이다. 문장과 문장 사이에서 의미를 더하거나 접속사와 함께 쓰여 절을 연결할 수 있지만, 접속사 없이 절과 절을 연결하지는 못한다.
> They have helped us ~. **Thus**, they gave insight ~. (O)
> They have helped us ~, **and thus (they) gave** insight ~. (O)
>   <접속사+접속부사+주어+동사>
> They have helped us ~, **thus giving** insight ~. (O)
>   <접속부사+분사>
> They have helped us ~, **thus gave** insight ~. (✕)
>   접속부사만으로 두 절을 연결할 수 없다.

05 ○ | 그 문제에 대한 명확한 합의가 없기 때문에 우리는 더 나은 이해를 얻기 위해 연구를 계속해야 한다.

(돋보기🔍) <there is[are] ~> 구문을 분사구문으로 바꿀 때는 there를 being 앞에 그대로 둔다.

06 ✕, raised | 그들은 즐거운 소리를 내고 팔을 머리 위로 들어 올린 채 손을 흔들면서 원을 그리며 춤을 췄다. ◆joyful 즐거운

[돋보기🔍] 의미상의 주어 arms가 그들에 의해 '들어 올려진' 것이므로 raise와 수동관계이다.

07 ✕, joining | 그 자원봉사 그룹은 단지 소수의 구성원만으로 시작했고, 그들의 대의를 지지하기 위해 추가 인원이 합류했다. ◆a handful of 소수의 join 합류하다 support 지지하다 cause 원인; 대의, 이상

[돋보기🔍] 의미상의 주어 additional people이 '합류한' 것이므로 join과 능동관계이다.

08 ○ | 그 보고서는 그 분야의 명성 있는 학자에 의해 작성되었기 때문에, 전문가들과 정책 입안자들 양쪽 모두에게 높이 평가되었다. ◆renowned 명성 있는 scholar 학자 field 분야 policymaker 정책 입안자 alike 양쪽 모두, 똑같이

[돋보기🔍] 문맥과 밑줄 없는 Having으로 보아 분사구문이 주절의 시제보다 앞선 일이고, 의미상의 주어 the report는 학자에 의해 '작성된' 것이므로 write와 수동관계이다. 이때 Having been 전체를 생략해도 올바른 표현이다. (= Because[As, Since] it **had been written** ~)

09 [정답] 참조 | Sarah Breedlove는 1867년에 태어났으며 미국의 사업가이자 사회 운동가였다. 일곱 살에 고아로 남겨져, 그녀의 어린 시절은 고난으로 얼룩졌다[특징지어졌다]. 1888년에 그녀는 세인트루이스시로 이주했고, 그곳에서 그녀는 10년 넘게 세탁부로 일하면서 하루에 1달러를 겨우 넘게 벌었다. 이 기간에, 장시간의 몹시 고된 노동과 열악한 식단은 그녀의 머리카락이 빠지게 했다. 그녀는 이용할 수 있는 모든 치료법을 시도했지만 성공하지 못했다. 그러다, 화학자의 하녀로 일한 뒤 성공적인 모발 관리 제품을 발명했고 그것을 전국에 판매했다. 그녀는 성공했을 뿐만 아니라 많은 여성을 수익금의 일부를 분배받을 수 있는 판매원으로 모집하고 교육했다. 그 과정에서 그녀는 미국 최초의 자수성가한 여성 백만장자가 되었고, 곳곳의 흑인 여성들에게 재정적으로 자립할 수 있는 기회를 제공했다.

◆activist (정치·사회 운동의) 운동가 orphan 고아로 만들다; 고아 mark 특징짓다 hardship 고난 barely 겨우; 거의 ~않는 backbreaking 몹시 고된, 허리를 휘게 하는 fall out 떨어져 나가다 treatment 치료(법) available 이용 가능한 maid 하녀 chemist 화학자 recruit 모집하다 share 몫; 일부분 self-made 자수성가한 millionaire 백만장자 financial 재정의 independence 자립; 독립

[돋보기🔍] ② 의미상의 주어 she가 돈을 '번' 것이므로 earn과 능동관계이다.
④ 의미상의 주어 she가 기회를 '제공한' 것이므로 give와 능동관계이다.

[오답풀이] ① She was born in 1867을 (Being) Born in 1867로 표현한 것이다.
③ 의미상의 주어 she와 work는 능동관계이다. 접속사 after가 생략되지 않고 분사 앞에 남아 분사구문의 의미를 확실히 해주고 있다.

Main Stage 2　문장전환 서술형

본책 p. 97

정답 [각 5점] **01** Starting a new project　**02** Not having heard the news
03 (Being) Frustrated　**04** (Having been) Painted by a modernist

[각 5점] **05** her smartphone (being) turned on　**06** sheep and cows feeding in the mountain pastures

Exercise

01 [정답] 참조 | 새로운 프로젝트를 시작할 때, 디자이너들은 그것에 어떻게 접근해야 할지를 그들이 알아내도록 도와주는 자신들의 과거 경험을 이용한다. ◆figure out 알아내다 approach (문제 등에) 접근하다; (일에) 착수하다

[돋보기🔍] 접속사 When과 주어 they(= designers)를 생략하고, start는 분사 Starting으로 바꿔 쓴다.

02 [정답] 참조 | 그녀는 소식을 듣지 못했기 때문에 일정 변경을 몰라서 회의를 놓쳤다. ◆be unaware of ~을 모르다

[돋보기🔍] 접속사 Since와 주어 she를 생략하고, hadn't heard는 Not을 앞에 붙여 Not having heard로 바꿔 쓴다.

03 [정답] 참조 | 그는 좌절하여서 머리를 비우기 위해 잠시 휴식을 취하고 산책하기로 결정했다. ◆frustrate 좌절시키다 take a break 휴식을 취하다

[돋보기🔍] 접속사 As와 주어 he를 생략하고, was frustrated는 분사 Frustrated 또는 Being frustrated로 바꿔 쓴다.

04 [정답] 참조 | 그 작품은 모더니스트에 의해 그려진 것이기 때문에, 미와 사실주의에 대한 전통적인 관습에 도전한다. ◆modernist 모더니스트 《예술 사조인 모더니즘을 주장하거나 따르는 사람》 artwork 예술품 convention 관습 realism 《예술》 사실주의; 현실주의

[돋보기🔍] 접속사 Because와 주어 it(= the artwork)을 생략하고, was painted의 시제는 주절의 동사 challenges보다 앞서므로 분사 Painted 또는 Having been painted로 바꿔 쓴다.

05 [정답] 참조 | (A) 그녀의 스마트폰이 켜져 있다. (B) 그녀는 임박한 과제에 집중하는 데 어려움을 겪는다. → 그녀는 그녀의 스마트폰이 켜진 채로는 임박한 과제에 집중하는 데 어려움을 겪는다. ◆concentrate 집중하다 at hand (시간·거리상으로) 가까이에 (있는)

[돋보기🔍] (A) 문장을 <with + 명사 + 분사> 구문을 활용하여 (B) 문장과 연결한다. 주어 her smartphone을 With 뒤에 쓰고, 동사 is turned on을 분사 turned on 또는 being turned on으로 바꿔 쓴다.

06 [정답] 참조 | (A) 산비탈 농장의 낡은 건물들이 우리를 둘러싸고 있었다. (B) 양과 소들이 산의 목초지에서 먹이를 먹고 있었다. → 산비탈 농장의 낡은 건물들이 우리를 둘러싸고 있었고, 양과 소들은 산의 목초지에서 먹이를 먹고 있었다.

◆mountainside 산비탈 surround 둘러싸다 feed (동물이) 먹이를 먹다 pasture 목초지, 초원

[돋보기🔍] (B) 문장을 <with + 명사 + 분사> 구문을 활용하여 (A) 문장과 연결한다. 주어 sheep and cows를 with 뒤에 쓰고, 동사 were feeding을 분사 feeding으로 바꿔 쓴다.

Main Stage 3 영작 서술형

정답 [각 4.5점] **01 fascinated by its unique design**
03 getting ready for the last quarter of the game
02 charged fully, the battery offers 6 hours
04 If pressed to answer too many questions

감점 요소 -2.5점 (어순은 올바르나 어형 변형이 틀린 경우)

[각 4점] **05 (A) Being in an elevator full of strangers**
(B) With your physical space (being) violated
(C) focusing on the elevator buttons

감점 요소 -2점 (어순은 올바르나 어형 변형이 틀린 경우)

Exercise

01 정답 참조 | ◆fascinate 매료하다 unique 독특한 stare at ~을 바라보다 sculpture 조각품

돋보기🔍 주절 앞의 분사구문을 영작한다. 의미상의 주어 she가 감정을 느낀 상태, 즉 매료된 상태이므로 fascinated로 바꿔 쓴다. being을 생략하라는 조건이 없다면 being fascinated로 쓸 수도 있다.

Completely **fascinated**ⱽ by its unique design, // she stared at
（수동） S V
the sculpture (in the museum) / for several minutes.
O

02 정답 참조 | ◆charge 충전하다 offer 제공하다

돋보기🔍 When이 이미 문장 앞에 주어졌으므로 접속사를 생략하지 않은 분사구문으로 영작한다. 의미상의 주어 the battery가 누군가에 의해 '충전되는' 것으로, charge와 수동관계이므로 charged로 바꿔 쓴다. being을 생략하라는 조건이 없다면 being charged로 쓸 수도 있다.

When **charged**ⱽ fully, // the battery offers 6 hours of play time.
（수동） S V O

03 정답 참조 | ◆instruction 지시 get ready 준비하다 quarter 쿼터
《미식축구에서 한 경기를 네 등분한 것의 한 부분》; 4분의 1

돋보기🔍 주절 뒤의 분사구문을 영작한다. 의미상의 주어 The players가 '준비하는' 것으로, get과 능동관계이므로 getting으로 바꿔 쓴다.

The players listened to their coach's instructions, // **getting**ⱽ
S V O （능동）
readyꟲ / for the last quarter (of the game).

04 정답 참조 | ◆press 압박하다 passion 열정

돋보기🔍 주어진 어구에 if가 있으므로 접속사를 생략하지 않은 분사구문으로 영작한다. 의미상의 주어 we가 '압박당하는' 것으로, press와 수동관계이므로 pressed로

바꿔 쓴다. being을 생략하라는 조건이 없다면 being pressed로 쓸 수도 있다. 참고로, 이때 to answer ~ questions는 SVOC문형의 목적격보어가 수동태에서 그대로 남은 것이다. (press us to answer → we are pressed to answer)

If **pressed**ⱽ to answer too many questions, // we may respond /
（수동） S V
without passion.

05 정답 참조 | 낯선 사람들로 가득한 엘리베이터에 타고 있으면, 당신은 아마 매우 불편한 기분이 들 것이다. 물리적 공간이 침해된 채로, 엘리베이터 버튼에 집중해서 눈을 마주치기를 피하여 '심리적' 공간을 만들려고 노력했을지도 모른다.
◆physical 물리적인 violate 침해하다 psychological 심리적인

돋보기🔍 (A) 주어진 어구에 접속사와 주어가 없으므로 접속사와 주어를 생략한 분사구문으로 영작한다. 의미상의 주어 you와 be가 능동관계이므로 분사 Being으로 바꿔 쓴다. 참고로, Being을 생략해도 맞는 문장이다.

Beingⱽ in an elevator (full of strangers), // you probably feel
（능동） S V
very uncomfortable.
C

(B) 주어진 어구에 with가 있으므로 <with+명사+분사> 구문으로 영작한다. With 뒤에는 분사의 의미상의 주어 your physical space를 쓰고, 의미상의 주어가 '침해된' 것으로, violate와 수동관계이므로 분사 violated 또는 being violated로 바꿔 쓴다.

(C) 주어진 어구에 접속사와 주어가 없으므로 접속사와 주어를 생략한 분사구문으로 영작한다. 의미상의 주어 you가 '집중하는' 것으로, focus와 능동관계이므로 분사 focusing으로 바꿔 쓴다.

With your physical space (**being**) **violated**, //
（수동）
you may have tried to create "psychological" space /
S V （능동） O
by avoiding eye contact, // **focusing on**ⱽ the elevator buttonsᴼ.

Plus Stage

1 빠듯한 기한이라는 도전에 직면했기 때문에, 우리는 제시간에 과제를 완료하기 위해 지칠 줄 모르고 일했다. ◆tight (여유가 없어) 빠듯한; 단단히 맨 tirelessly 지칠 줄 모르고

2 금융업에서 일하면서 몇 년의 시간을 보낸 후, 그는 예술에 대한 그의 열정을 추구하기로 결정했다. ◆pursue 추구하다

3 친구가 아무런 표정도 보이지 않고, 시선을 피하고, 단단히 팔짱을 낀 채 당신을 살짝 외면하고 앉아 있으면서 화난 어조로 "좋아해"라고 하는 것을 듣는다면, 당신은 친구의 진실성을 의심할 것이다. ◆exhibit 보이다, 드러내다 expression 표정; 표현 turn away from ~을 외면하다 fold (팔, 다리를) 포개다; 접다

4 거울을 볼 기회를 잡아서 당신의 얼굴 아래쪽 절반만을 사용하여 미소를 지어봐라. ◆lower 아래쪽의

UNIT 03 동사·준동사 **45**

Zero Stage

본책 p. 101

> 정답   7 is   8 Remember, before , starts   9 walked, but , is   10 realized, that , was
> 11 which , completed, received   12 Although , worked on, failed

1 그 프로젝트의 마감 일자가 내일입니다. 작업물을 반드시 제시간에 제출하도록 하세요.

2 그는 해변에 가기로 결정했지만, 그녀는 집에 있기를 원했다.

3 그는 성공에 노고와 헌신이 필요하다는 것을 진정으로 이해한다.   ◆truly 진정으로   hard work 노고   dedication 헌신

4 그녀는 어제 잃어버린 가방을 찾았다.

5 그가 자신의 실수를 깨달았을 때, 그는 즉시 그것을 바로잡았다. ◆immediately 즉시   correct 바로잡다

6 나는 일어나서, 샤워를 하고, 출근을 위해 옷을 입었다.   ◆get dressed 옷을 입다

7 **is** ｜지중해에 위치한 한 섬은 고대 건축 양식으로 유명하다.   ◆located in ~에 위치한   Mediterranean Sea 지중해   architecture 건축 양식; 건축학

> 돋보기 located ~는 An island를 수식하는 과거분사구이며 동사는 is이다.

8 **Remember, before , starts** ｜영화가 시작하기 전에 휴대전화를 끄는 것을 기억해라.   ◆turn off 끄다

> 돋보기 Remember는 명령문의 동사이고, starts는 접속사 before가 이끄는 부사절의 동사이다.

9 **walked, but , is** ｜우리는 시장까지 걸어갔지만, 그곳은 차나 버스로 가기에 쉽다.   ◆reach ~에 도달하다

> 돋보기 walked와 is는 등위접속사 but으로 병렬 연결된 두 절 각각의 동사이다.

10 **realized, that , was** ｜그는 해결책이 내내 그의 바로 앞에 있었다는 것을 갑자기 깨달았다.   ◆suddenly 갑자기   solution 해결책   all along 내내

> 돋보기 realized는 주절의 동사이고, was는 접속사 that이 이끄는 명사절의 동사이다.

11 **which , completed, received** ｜그 프로젝트는 우리가 지난주에 완료했는데, 의뢰인에게 큰 찬사를 받았다.   ◆receive 받다   praise 칭찬, 찬사

> 돋보기 completed는 관계사 which가 이끄는 관계사절의 동사이고, received는 주절의 동사이다.

12 **Although , worked on, failed** ｜그녀는 몇 시간 동안 그 수학 문제에 노력을 들였지만 그것을 푸는 데 실패했다.   ◆work on ~에 노력을 들이다 solve (문제를) 풀다

> 돋보기 worked on은 접속사 Although가 이끄는 부사절의 동사이고, failed는 주절의 동사이다.

Main Stage 1   어법 서술형

본책 p. 102

> 정답   ❶ X, cut   ❷ X, cherished   ❸ O   ❹ X, continues   ❺ O   ❻ X, required   ❼ X, was
> ❽ X, doesn't   ❾ O
>
> [각4점] 01 X, decreased   02 X, thought   03 O   04 O   05 O   06 X, occur   07 X, realized
>   08 O   09 X, didn't   10 O
> 감점 요소 -2점 (X는 올바르게 표시했지만 틀린 부분을 바르게 고치지 못한 경우)
>
> [각5점] 11 ① indicating → indicates, 주어 A recent study의 동사 자리이다. 현재 사실을 말하는 것이고 주어와 능동관계이므로
>   indicates로 고쳐야 한다.
>   / ④ spending → spend, 주어 the children의 동사인 are, learn과 병렬 연결된 것이므로 spend로 고쳐야 한다.
> 감점 요소 -2점 (틀린 부분을 찾았지만 바르게 고치지 못한 경우) / -3점 (틀린 이유를 바르게 쓰지 못한 경우)

1 오늘날 빠르게 흘러가는 사회의 사람들은 필요나 오락을 위해 식량을 찾아다니는 것에 참여한다(오늘날 사람들은 필요해서 음식을 찾기도 하지만, 즐거움을 위해 음식을 찾기도 한다).   ◆engage in ~에 참여하다 necessity 필요 entertainment 오락, 기분 전환

2 집안일을 하는 데 사용되는 세탁기와 다른 기기들은 여성들이 20세기 중반 노동시장에 진입하도록 했다.   ◆appliance 기기, 기구   household 가정의; 가정 chore 허드렛일   enter (활동, 상황 등에) 진입하다

3 조립 라인의 잦고 예기치 않은 중단은 생산에 상당한 지연을 가져왔고 제조 공정의 효율성에 영향을 미쳤다.   ◆frequent 잦은   unexpected 예기치 않은 assembly 조립   efficiency 효율성   manufacture 제조하다

NOTE 명사와 동사로 모두 다 쓰이는 단어

plan 몡 계획 통 계획하다	**implement** 몡 도구 통 시행하다
estimate 몡 견적서 통 추산하다	**finance** 몡 자금 통 자금을 대다
attempt 몡 시도 통 시도하다	**fuel** 몡 연료 통 연료를 공급하다
farm 몡 농장 통 농사를 짓다	**name** 몡 이름 통 이름을 짓다
document 몡 문서 통 기록하다	**age** 몡 나이 통 나이가 들다
schedule 몡 일정 통 일정을 잡다	**waste** 몡 쓰레기 통 낭비하다
water 몡 물 통 물을 주다	**feature** 몡 특징 통 특징으로 삼다

4 그녀는 회의가 연기되었다고 말했다. ◆postpone 연기하다

5 나는 내가 미술 박람회에서 산 그림이 자랑스럽다. ◆fair 박람회

❶ ✕, cut │ 당신이 신문의 만화란을 읽을 때, 당신을 웃게 만드는 만화를 오려 내라. ◆section 구획, 부분; (신문의) 난(欄) cut out ~을 오려내다

돋보기🔍 접속사 When이 이끄는 시간 부사절 뒤의 주절에 동사가 없으므로 동사 자리이다. 주절에는 주어 you가 생략된 명령문이 왔으므로 cut으로 고쳐야 한다.
When you read ~, // **cut out** a cartoon [that makes$^{V'}$ you laugh].
　　　S'　V'　　　　V　　　　O'↑

❷ ✕, cherished │ 우리 할아버지가 살아계실 적에 소중히 여기셨던 그 오래 되고 녹슨 자전거는 내가 물려받았다. ◆rusty 녹슨 cherish 소중히 여기다 pass down ~을 물려주다

돋보기🔍 that이 이끄는 관계사절의 동사가 없다. 문맥상 과거 사실이고, 주어인 my grandfather와 능동관계이므로 cherished로 고쳐야 한다.
The old, rusty bicycle [that my grandfather^S **cherished**$^{V'}$ // when
　　　　S↑
he$^{S'}$ was$^{V'}$ alive] / has been passed down to me.
　　　　　　　　　　　　　　　V

❸ ○ │ 몇몇 나라에서는 신문사, 텔레비전 방송국, 그리고 라디오 방송국의 운영 비를 충당할 재원이 공공의 세금을 통해 만들어진다. ◆revenue 재원, 수입 cover (비용을) 감당하다, 부담하다 operate 운영하다 generate 만들어내다 tax 세금

돋보기🔍 주어 revenue의 동사 자리이다. 주어가 단수이며 현재 사실을 말하고 있고 동사와 수동관계이다. 여기서 costs는 동사가 아니라 명사로 쓰인 것에 주의한다.
~, / revenue (covering the operating costs of ~) / **is generated** ~.
　　　　S↑　　　　　　　　　　　　　　　　　　　V

❹ ✕, continues │ 아이들이 자라면서, 음악 훈련은 그들이 학교에서 성취하 는 데 필요한 훈련과 자신감 개발을 계속 돕는다. ◆develop 개발하다 discipline 훈련 achieve 성취하다

돋보기🔍 주어 musical training의 동사 자리이다. 문맥상 부사절의 grow와 같이 현재 사실을 말하는 것이며, 주어와 능동관계이므로 continues로 고쳐야 한다.
As children grow, // musical training **continues** to help them
　S'　　V'　　　　S　　　　　　V　　　　　　　O
develop the discipline and self-confidence (needed ~ school).
　　　　　　　　　　　　　　　↑

❺ ○ │ 악기를 다루고 연주하는 법을 보여주기 전에 아이들에게 스스로 탐구할 시간을 줘라. ◆explore 탐구하다 instrument 악기; 기구

돋보기🔍 주어 You가 생략된 명령문의 동사 자리이다.
Allow children time (to explore ~ themselves) / before showing ~.
　V　　　IO　　DO↑

❻ ✕, required │ 과거에 신문 기사, 텔레비전 보도, 그리고 심지어 (태블릿이 나 스마트폰 같은 통신 기술 이전의) 초기 온라인 보도는 기자가 인쇄, 방송, 또는 게시 를 위해 자신의 뉴스 기사를 제출할 하나의 중심이 되는 장소가 필요했다.
◆report 보도; 보도하다 prior to ~이전의 communication 통신 require 필 요로 하다 central 중심의, 중심이 되는 broadcast 방송; 방송하다 post 게시하다

돋보기🔍 나열된 주어 newspaper stories, ~ online reporting의 동사 자리이 다. 과거 사실을 말하고 있으며 주어와 능동관계이므로 required로 고쳐야 한다.
~, / newspaper ~ reporting (prior ~ smartphones) / **required**
　　　　　　S　　　　　　　　　　　　　　　　　　V
one central place [to which a reporter$^{S'}$ would submit$^{V'}$ ~].
　　　　O　　　　　　　　　　　　↑

6 우리의 삶은 기술로 인해 한 세기 전에 그랬던 것보다 더 빠른 속도로 향상되 었다. ◆enhance 향상시키다

7 무분별한 개발로 초식동물들은 식량원을 잃고 멸종되며, 그들을 잡아먹는 동물 들도 그렇다. ◆die out 멸종되다 prey upon ~을 잡아먹다

❼ ✕, was │ 현대의 학교 도서관은 더 이상 한때 그랬던 것처럼 조용한 구역이 아니다. ◆no longer 더 이상 ~이 아닌

돋보기🔍 문맥상 앞에 나온 be동사구 is the quiet zone을 대신하는 대동사인 be 동사를 써야 한다. '(과거) 한때'의 의미로 사용된 once가 있으므로 과거시제 was로 고쳐야 한다.
The modern school library is no longer the quiet zone [(that) it^S
　　　　S　　　　　　　　　V　　　　　　　C　↑
once **was**$^{V'}$].

❽ ✕, doesn't │ 글쓰기 전문가들은 "가능한 한 많은 단어를 없애라."라고 말 한다. 각 단어는 무언가 중요한 것을 해야 한다. 만약 그렇지 않다면, 그것을 없애라.

돋보기🔍 문맥상 앞에 나온 일반동사구 do something important를 대신하는 대동사 do를 써야 한다. 앞과 반대되는 상황을 나타내므로 not을 붙이고, 주어가 단 수인 it이며 현재 사실을 나타내므로 doesn't로 고쳐야 한다.

❾ ○ │ 대부분의 사전은 유명한 사람의 이름을 기재하고 있고, 그것들은 사용 빈 도 및 사용자들에게 얼마나 유용한지에 근거하여 선정된다. 바로 그 이유로, 엘튼 존과 폴 매카트니는 사전에 없지만, 마릴린 먼로나 엘비스 프레슬리 둘 다는 수십 년 전에 사망했으나, (사전에) 있다. ◆list (목록에) 기입[기재]하다 frequency 빈도 very 바로 그

돋보기🔍 문맥상 앞에 나온 be동사구 aren't in the dictionary를 대신하는 대동 사인 be동사를 써야 한다. 앞과 반대되는 현재 상황을 나타내므로 not을 뺀 긍정형 이어야 하고, 주어가 복수인 both Marilyn ~ Presley이므로 are는 알맞게 쓰였다.

Exercise

01 ✕, decreased │ 잃어버린 시계를 찾는 아이들의 수는 천천히 줄었고 오 직 몇 명의 지친 아이들만이 남았다. ◆look for ~을 찾다 decrease 줄다

돋보기🔍 주어 The number의 동사 자리이며 과거 사실을 말하고 있으므로 decreased로 고쳐야 한다.
The number (of children (looking for the lost watch)) / slowly
　　S1　　　　　　　　　↑
decreased, // and only a few tired children were left.
　V1　　　　　　　　S2　　　　　　　V2

02 ✕, thought | Joni의 누나들은 큰 말을 타면서, 강의 가장 깊은 곳을 건너는 것이 흥미진진하다고 생각했다. 그들은 Joni의 작은 조랑말이 약간 더 깊게 가라앉은 것을 전혀 알아챈 것 같지 않았다. ◆notice 알아채다 pony 조랑말 sink 가라앉다

🔍돋보기 주어 Joni's sisters의 동사 자리이다. 누나들이 과거 시점에 it was ~라고 생각한 것이므로 thought로 고쳐야 한다.
<u>Joni's sisters</u>, ~, <u>**thought**</u> / (that) it was exciting to cross ~ <u>part</u>.
　S　　　　　　　　　V　　　　　　　　　　　O

03 ○ | 고객들에게 독특한 경험과 편리한 서비스를 제공하는 것은 만족으로, 이어지고 그리고 결국에는 서비스 제공자나 브랜드에 대한 고객 충성으로 이어진다. ◆provide 제공하다 satisfaction 만족 loyalty 충성

🔍돋보기 주어인 동명사구 Providing ~ customers의 동사 자리이다. 동명사구는 단수 취급하며 일반적인 현재 사실을 말하고 있다.
<u>Providing unique ~ customers</u> / <u>**leads**</u> to satisfaction ~.
　　　　　　S　　　　　　　　　　　V

04 ○ | 수행에 대한 피드백은 이기지 못하거나 입상하지 못한 참가자뿐만 아니라 이기거나 입상하는 참가자들에게도 매우 도움이 될 수 있다. ◆performance 수행 participant 참가자 place 놓다; 입상하다

🔍돋보기 문맥상 앞에 나온 일반동사구 does not win or place를 대신하는 대동사를 써야 한다. 앞과 반대되는 상황을 나타내므로 not을 빼고, 관계사절의 선행사가 those이므로 복수동사 do는 적절하게 쓰였다. 여기서 those는 문맥상 the participants를 의미한다.
~, / <u>not only</u> to the participant [who does not win or <u>place</u>^V],
<u>but also</u> to those [who <u>**do**</u>^V].

05 ○ | 제품이 더 인기 있게 되면, 더 많은 경쟁자들이 시장에 진입하고 기업들은 보통 경쟁력 있는 상태로 남기 위해 마케팅 비용을 낮춘다. ◆competitor 경쟁자 cf. competitive 경쟁력 있는

🔍돋보기 등위접속사 and로 두 절이 병렬 연결되어 있다. 두 번째 절의 주어 businesses의 동사 자리이며 현재 사실을 말하고 있다. 참고로 lower는 형용사 low의 비교급과 동사로 모두 쓰이는데, 여기에서는 동사로 쓰였다.
When <u>a product</u> <u>becomes</u> popular, // <u>more competitors</u> <u>enter</u> ~, //
　　　　　S′　　　　V′　　　　　　　　　　　S1　　　　　　V1
<u>and</u> <u>businesses</u> usually <u>**lower**</u> ~.
　　　　S2　　　　　　　　V2

06 ✕, occur | 토양의 더 낮은 마그네슘 수치는 산성 토양에서 발생하며 지구상 농지의 약 70%는 현재 산성이다. ◆soil 토양 occur 발생하다 farmland 농지

🔍돋보기 등위접속사 and로 두 절이 병렬 연결되어 있다. 첫 번째 절의 복수 주어 Lower magnesium levels의 동사 자리이며 현재 사실을 말하고 있으므로 occur로 고쳐야 한다. 이때, Lower는 형용사 low의 비교급이다.
<u>Lower magnesium levels</u> (in soil) / <u>**occur**</u> ~ soils, // <u>and</u>
　　　　　　S1　　　　　　　　　　　　　　V1
<u>around 70% of the farmland</u> (on earth) / <u>is</u> now acidic.
　　　　　　　S2　　　　　　　　　　　　　　V2

07 ✕, realized | 갈릴레오는 네덜란드식 망원경에 대해 듣고 직접 만들기 시작했고, 그 기구가 군대와 선원들에게 얼마나 유용할 수 있는지 곧바로 깨달았다. ◆spyglass 작은 망원경 right away 곧바로 army 군대 sailor 선원

🔍돋보기 주어 Galileo의 동사 자리이며 과거 사실을 말하고 있으므로 realized로 고쳐야 한다.
<u>Galileo</u>, // who <u>heard</u>^{V'1} ~ <u>and</u> <u>began</u>^{V'2} ~, // <u>**realized**</u> right away
　S
/ <u>how useful the device</u>^{S'} could be^{V'} to armies and sailors.
　　　　　　　　　O

08 ○ | 그 연구는 어려움에 직면하면 권위적인 양육 방식에 노출된 청소년들은 수동적이고, 무력하고, 실패를 두려워할 가능성이 더 높다는 것을 보고한다. ◆expose 노출시키다 parenting 양육 passive 수동적인 helpless 무력한

🔍돋보기 주절의 동사 reports와 that이 이끄는 명사절의 동사 are가 있으므로 준동사 자리이다. exposed는 adolescents를 뒤에서 수식하는 과거분사이다.
<u>The study</u> <u>reports</u> // that / when facing difficulties, /
　　S　　　　　　V
<u>adolescents</u> (**exposed** to ~ style)^{S'} / <u>are</u>^{V'} more likely ~.

09 ✕, didn't | 나는 동물 학대를 방지하기 위한 청원서에 기꺼이 서명했지만, 길거리의 많은 다른 사람들은 그러지 않았고 그냥 지나갔다. ◆willingly 기꺼이 petition 청원(서) cruelty 학대 pass by 지나가다

🔍돋보기 문맥상 앞에 나온 일반동사구 signed a petition ~ animals를 대신하는 대동사 do를 써야 한다. 앞과 반대되는 상황의 과거 사실을 나타내므로 didn't로 고쳐야 한다.
<u>I</u> willingly <u>signed</u> <u>a petition</u> (to prevent ~ animals), // <u>but</u>
S1　　　　　　V1　　　　O1
<u>many other people</u> (on ~) / <u>**didn't**</u> <u>and</u> just passed by.
　　　　S2　　　　　　　　　　　　　V2

10 ○ | 오늘날의 디지털 시대에, 문자 메시지를 보내는 것은 의사소통의 아주 흔한 한 형태가 되었고, 새로운 대화를 시작하기 위해 한 사람 또는 그 이상의 사람들에게 문자를 보내는 것을 가능하게 한다.

🔍돋보기 주어 text messaging의 동사 자리이며, 현재 사실을 말하고 있다.
~, / <u>text messaging</u> <u>is</u> a ubiquitous <u>form</u> (of communication), //
　　　　　S　　　　　　V　　　　　　　　　　C
<u>allowing</u>^V you to send ~ conversation.

11 정답 참조 | 피츠버그시에 있는 카네기 멜론 대학의 최근 한 연구는 '좋은 것이 너무 많으면 나쁠 수 있다'라고 불리는데, 너무 많은 장식이 있는 교실이 어린아이들에게 집중을 방해하는 원천이 되고 그들의 인지 수행에 직접적으로 영향을 미친다는 것을 보여준다. 시각적으로 과도하게 자극되면, 아이들은 집중하는 데 큰 어려움을 겪으며 결국 더 나쁜 학업 결과를 얻게 된다. 반면에, 만약 교실 벽에 많은 장식이 없으면 아이들은 덜 산만해지고, 그들의 활동에 더 많은 시간을 쓰며, 더 많이 배운다. 그러므로 그들의 주의집중을 돕기 위해 과도한 장식과 그것의 완전한 부재 사이에서 올바른 균형을 찾는 것이 우리의 일이다.
◆distraction 집중을 방해하는 것 cf. distracted 산만해진 cognitive 인지의 visually 시각적으로 overstimulate 과도하게 자극하다 have a difficulty (in) v-ing v하는 데 어려움을 겪다 academic 학업의 excessive 과도한 absence 부재

🔍돋보기 ① called ~는 주어 뒤에 삽입된 분사구문이다.
<u>A recent study</u> (from ~ Pittsburgh), // <u>called</u>^{V'} "When Too Much
　　　S　　　　　　　　　　　　　　　　　　　<분사구문>
of a Good Thing May Be Bad,"^{C'} / <u>indicates</u> / that ~ performance.
　　　　　　　　　　　　　　　　　　　　　　V　　　　　　O

④ 동사 are, spend, learn이 콤마와 등위접속사 and로 병렬 연결된 구조이다.

~, the children are less distracted, / **spend** more time on their
      S   V1   V2

activities, / and learn more.
                  V3

오답풀이 ② Being ~ overstimulated는 분사구문으로, 의미상의 주어는 the children이다.

③ 주어 the children의 동사인 have와 end up이 등위접속사 and로 병렬 연결된 구조이다.

⑤ <가주어(it)-진주어(to-v)> 구문이 사용된 문장으로, to find ~는 진주어이다.

Main Stage 2 영작 서술형

본책 p. 106

정답 [각 5점] **01** thrown away and conserve natural resources by recycling
02 feel the need to take supplements, to obtain nutrients and fill the gaps
03 providing good care for animals is ensuring that their needs are being met
04 Writing about your daily emotions can help increase self-awareness

감점 요소 -2점 (어순은 올바르나 어형 변형이 틀린 경우)

Exercise

01 **정답 참조** ◆ reduce 줄이다 throw away 버리다 conserve 보존하다 natural resource 천연자원 recycle 재활용하다

돋보기 🔍 '버려지는' 쓰레기이므로 과거분사 thrown away로 변형하여 trash 뒤에 쓴다. 문장의 동사 conserve는 can reduce와 and로 병렬 연결된 것이다. 동사 recycle은 전치사 by의 목적어이므로 동명사로 변형한다.

We can reduce the amount (of trash (**thrown** away)) / and
  S   V1   O1

conserve natural resources / by **recycling**.
  V2   O2   전치사 전치사의 O

02 **정답 참조** ◆ supplement 보충(물) in an attempt to-v v하려는 시도로 obtain 얻다 nutrient 영양분 fill 채우다

돋보기 🔍 주어 Many people이 복수명사이고 현재 사실이므로 동사 feel은 그대로 써야 한다. 이어서 목적어 the need와 그것을 수식하는 to take supplements를 쓴다. 그 뒤에 전명구 in an attempt에서 명사 an attempt를 수식하는 두 개의 to부정사구를 and로 연결하여 쓰는데, and 뒤에 반복되는 to는 생략 가능하므로 to를 생략하고 fill만 쓴다.

Many people **feel** the need (to take supplements) /
    S   V   O

in an attempt (to obtain nutrients and (to) **fill** the gaps in their

diets).

03 **정답 참조** ◆ aspect 측면 meet 충족시키다 consistently 일관되게 predictably 예측하던 대로

돋보기 🔍 주어진 우리말이 'S(주어)는 ~이다'이므로, <주어+be동사+보어>의 구조임을 알 수 있다. 주어 One ~ aspects of 뒤의 provide ~는 전치사 of의 목적어이므로 동명사구 providing ~이 되어야 한다. 그 뒤에 문장의 동사인 be동사가 와야 하는데, 현재 사실에 대해 말하고 있고 주어가 단수인 One이므로 is로 바꿔 쓴다. '~을 보장하는 것'에 해당하는 동명사 ensuring을 이어 쓴다. ensuring의 목적어인 that절의 주어 their needs는 meet과 수동관계이고 현재진행을 뜻하므로 are being met으로 표현한다.

One (of the most important aspects (of **providing** good care
  S   전치사   전치사의 O

for animals)) / **is** / ensuring$^{V'}$ that their needs **are being met**
                V   C

consistently and predictably$^{O'}$.

04 **정답 참조** ◆ self-awareness 자기 인식 understanding 이해; 이해심

돋보기 🔍 주어가 '~ 쓰는 것'이고 조건상 to부정사로 변형이 불가하므로 동명사구 주어 Writing ~으로 쓰고, 동사로는 can help를 쓴다. help는 원형부정사와 to부정사를 모두 목적어로 취할 수 있는데, 조건상 원형부정사 increase로 쓴다.

Writing about your daily emotions can help increase$^{V'}$ self-
                S   V   O

awareness$^{O'1}$ and understanding (of personal patterns)$^{O'2}$.

Plus Stage

본책 p. 108

1 (아직 플레이하고 있는 20~30개의 말들이 있는 게임 중인 체스판을 5초 동안 보여 주면) 체스의 달인들은 / 그 말들의 위치를 기억에서 즉시 재현할 수 있다.
◆ present 보여 주다; 제시하다 reproduce 재현하다; 복제하다

2 사람들의 행동을 수정하는 방법은 / 그들의 인식에 달려 있다. // 만약 새로운 행동이 안전하다고 여겨진다면 / 보상을 강조하는 것이 효과가 있지만, // 그것이 위험하다고 여겨진다면 / 변하지 않고 머무르는 것의 손실을 강조하는 것이 효과가 있다.
◆ modify 수정하다 perception 인식 regard ~을 …로 여기다 emphasize 강조하다 reward 보상; 보상하다 risky 위험한 highlight 강조하다

3 실수를 하면 그것으로부터 배우고 그것을 성장의 기회로 이용할 것을 기억하라.

4 사업 성공을 보상하는 것은 항상 물질적인 방식으로 되어야 하는 것은 아니다.
◆ material 물질적인

5 늘어나는 인구는 대중교통이나 의료 시스템과 같은 공공 기반 시설에 압박을 가할 수 있다. ◆ pressure 압박; 압력 infrastructure 사회[공공] 기반 시설

6 설명서를 읽은 후, 학생들은 더 나은 결과를 얻을 수 있는지 알아보기 위해 장비의 설정을 실험했다. ◆ equipment 장비

7 학습자들은 복잡한 인지, 신체 및 사회 시스템 내에서 기능을 수행한다.

정답 [각4점] 01 ✕, boring   02 ✕, (to) reflect   03 ○   04 ✕, imposed   05 ✕, to react   06 ○   07 ✕, do
08 ○   09 ✕, believing   10 ○

감점 요소 -2점 (✕는 올바르게 표시했지만 틀린 부분을 바르게 고치지 못한 경우)

[각6점] 11 not big[large] enough to fit all of my belongings
12 so busy preparing for the upcoming exam that he couldn't attend the dinner
13 With his hands (being) wrapped tightly in a soft cloth
14 (Being) Delighted with their new home

[각6점] 15 Most of the people in the community waste electricity generated by burning
16 Manufacturing advances have transformed economies while producing significant impacts
17 estimating the amount of time needed for each task to be accomplished

감점 요소 -3점 (어순은 올바르나 어형 변형이 틀린 경우)

[각2점] 18 ② trying → tries / ⑤ respond → responding

[각2점] 19 (A) complicated (B) using (C) to gain (D) sprinting

[6점] 20 underestimating that situations can change very rapidly

감점 요소 -3점 (어순은 올바르나 어형 변형이 틀린 경우)

▶ 감정을 나타내는 분사 (능동 vs. 수동)

01 ✕, boring | 글을 인정미 있게 하는 구체적인 사례가 없는 일반화는 청자와 독자에게 지루하다. ◆generalization 일반화 specific 구체적인 humanize 인정미 있게 하다, 인간답게 만들다

돋보기Q 주어 Generalizations가 the listener와 the reader에게 지루한 감정을 유발하는 것이다.

▶ 동사 자리 vs. 준동사 자리 / to부정사 (명사 수식)

02 ✕, (to) reflect | 멈춰서 생각할 시간을 가질 것이 권해지는데, 그 시간이 당신에게 당신의 인생을 바꿀 잠재력을 줄 것이기 때문이다. ◆recommend 권하다 pause 잠시 멈추다 reflect 깊이 생각하다 potential 잠재력

돋보기Q 주절에 동사 is recommended가 있고, 문맥상 '생각할' 시간을 가지라는 것이므로 등위접속사 and로 to pause와 병렬 연결된 준동사 자리이다. to reflect 또는 반복되는 to를 생략한 reflect로 고쳐야 한다.

▶ 분사구문 (능동 vs. 수동)

03 ○ | 1863년 12월에 딸에게서 선물로 카메라를 받은 후, 그녀는 빠르게 그리고 활동적으로 사진 촬영에 몰두했다. ◆energetically 활동적으로 devote oneself to ~에 몰두하다

돋보기Q 의미상의 주어 she가 '받은' 것이므로 give와 수동관계이다. 과거분사 Given 다음에는 능동태 SVOO문형의 직접목적어 a camera가 남아 있다.

▶ 분사 (v-ing vs. p.p.)

04 ✕, imposed | 사회에 의해 규정된 전통적인 역할 정체성은 자신의 실제 자아가 (가면) 안 어딘가에서 발견되어야 하는 사람들에게 부과된 가면처럼 보이기 시작했다. ◆identity 정체성 prescribe 규정하다 appear ~처럼 보이다. ~인 것 같다 impose (힘들거나 불쾌한 것을) 부과하다, 지우다 self 자아 underneath ~의 안에, ~의 밑에

돋보기Q 가면이 '부과된' 것이므로 수식받는 명사 masks와 impose는 수동관계이다.

Traditional role identities (prescribed by society) / began

to appear / as masks (**imposed** on people [whose ~]).

▶ 동사 자리 vs. 준동사 자리 / to부정사 (목적)

05 ✕, to react | 변화하는 상황에 반응하기 위해 얼마나 빨리 결정을 내릴 수 있는지는 사람마다 다르다. ◆differ in ~에 대해 다르다 react 반응하다 circumstance 상황, 환경

돋보기Q 문장의 동사(differ)가 있고 how quickly가 이끄는 절에도 동사(can make)가 있으므로 준동사 자리이다. 문맥상 'V하기 위해'라는 '목적'을 나타내는 부사적 용법의 to react로 고쳐야 한다.

▶ 감정을 나타내는 분사 (능동 vs. 수동)

06 ○ | 극도로 겁먹을 때, 몸은 아드레날린의 방출을 촉발시키는데, 이는 심장 박동 수를 증가시키고 근육이 전투나 도피에 대비하여 긴장하게 한다. ◆absolutely 극도로 terrified 겁먹은 release 방출 heart rate 심장 박동 수 tense up 긴장하다 in preparation for ~에 대비하여 flight 도피; 비행

돋보기Q 주어 you를 설명하는 보어 자리에 쓰인 분사이다. you가 겁을 먹는 감정을 다른 누구에게 느끼게 한 것이 아니라 직접 느낀 것이다.

▶ 대동사 (do vs. be)

07 ✕, do | 우리는 다른 모두가 정확히 우리가 그러는 것과 같이 사고하고 느낀다고 추정하고는, 흔히 다른 사람들과의 합의를 과대평가한다. ◆overestimate 과대평가하다 agreement 합의

돋보기Q 문맥상 앞에 나온 일반동사구 thinks and feels를 대신하는 대동사를 써야 한다. 주어가 we이므로 복수동사 do로 고쳐야 한다.

▶ 분사 (v-ing vs. p.p.)

08 ○ | 교통 체증과 주차장 부족으로 고심하는 시 정부들은 카 셰어링의 인기가 늘어나도록 추진하고 있다. 《배경설명: 카 셰어링이란 차를 다른 사람과 공유하여, 원하는 시간에 원하는 장소에서 차를 빌려 쓴 후 반납하는 시스템을 뜻한다.》

◆ struggle with ~로 고심하다, ~로 분투하다 lack 부족 drive 추진시키다; 몰아가다 popularity 인기

돋보기 🔍 | 시 정부들이 '고심하는' 것이므로 수식받는 명사 City governments와 struggle은 능동관계이다.

City governments (**struggling** with traffic jams and a lack of
⎣S⎤↑_____

parking lots) / are driving ~.
_____ ⎣V⎦

▶ 분사구문 (능동 vs. 수동) / 동사 자리 vs. 준동사 자리

09 ✕, believing | 소비자들은 제품이 적어도 지난번 구매만큼 만족스러울 것이라 생각하면서, 지난번에 구매한 같은 브랜드를 구매하여 불확실성을 줄인다.

◆ uncertainty 불확실성 satisfactory 만족스러운 purchase 구매; 구매하다

돋보기 🔍 | 의미상의 주어 Consumers가 '생각하는' 것이므로 believe와 능동관계이다. believing으로 고쳐야 한다. 문장의 동사(reduce)와 that이 이끄는 절의 동사(did)가 있지만, 앞뒤를 연결하는 접속사가 없으므로 분사구문 자리이다.

▶ 동사 자리 vs. 준동사 자리

10 ○ | 미국의 학술지 'Psychosomatic Medicine'에 실린 2006년 연구는 더 낮은 사회 경제적 지위가 체내 스트레스 호르몬의 더 높은 수치와 관련이 있다고 언급했다. 《배경설명: psychosomatic medicine(정신신체의학)은 신체의 질환을 정신적 원인과 관련지어 연구하는 의학 분야이다.》 ◆ publish 싣다; 출판하다 journal 저널, 학술지 note 언급하다 socioeconomic 사회 경제적인 be associated with ~와 관련되다

돋보기 🔍 | 주어 A 2006 study의 동사가 보이지 않으므로 동사 자리이다. 과거 사실을 말하고 있으므로 noted는 알맞게 쓰였다.

A 2006 study (published in ~ *Medicine*) / **noted** // that ~ body.
⎣S⎦↑_____ ⎣V⎦ ⎣O⎦

▶ to부정사를 포함하는 구문 (too ~ to / enough to)

11 정답 참조 | (A) 그 상자가 내 소지품 모두에 맞기에 너무 작다는 것이 꽤 확실했다. (B) 그 상자가 내 소지품 모두에 맞을 만큼 충분히 크지 않다는 것이 꽤 확실했다. ◆ fit (모양, 크기가 어떤 것에) 맞다 belongings 소지품; 재산

돋보기 🔍 | (A)에는 '너무 ~해서 v할 수 없다'라는 의미의 <too ~ to-v> 구문이 사용되었다. (B)에는 'v할 만큼 (충분히) ~한'이라는 의미의 <~ enough to-v> 구문을 활용한 부정문을 영작한다.

It was quite clear // that the box was not big[large] **enough** /
가주어   진주어

to **fit** all of my belongings.

▶ to부정사를 포함하는 구문 (too ~ to / so ~ that)

12 정답 참조 | 그는 다가오는 시험을 준비하느라 너무 바빠서 저녁식사에 참석하지 못했다. ◆ upcoming 다가오는 attend 참석하다

돋보기 🔍 | (A)에는 '너무 ~해서 v할 수 없다'라는 의미의 <too ~ to-v> 구문이 사용되었다. (B)에는 <too ~ to-v> 구문과 같은 의미인 <so ~ that+S+can't+v> 구문을 활용하여 영작한다. 이때 can't는 주절의 시제에 맞춰 과거형으로 쓴다.

He was **so** **busy** preparing for the upcoming exam // **that** he
⎣S'⎦

couldn't attend the dinner.
can't의 과거형+V

▶ 분사구문 (with+(대)명사+분사)

13 정답 참조 | (A) 그의 손을 점토에서 보호하기 위해 그의 손은 부드러운 천으로 단단히 감싸여 있었다. 그는 도자기 물레에서 열심히 일했다. (B) 그의 손을 점토에서 보호하기 위해 그의 손이 부드러운 천으로 단단히 감싸인 채로, 그는 도자기 물레에서 열심히 일했다. ◆ wrap 감싸다 tightly 단단히 clay 점토, 찰흙 diligently 열심히, 근면하게 pottery wheel (도자기) 물레

돋보기 🔍 | <with+명사+분사> 구문을 활용한다. With 뒤에 의미상의 주어 his hands를 쓰고, 동사 were wrapped를 분사 wrapped 또는 being wrapped로 바꿔 쓴다.

▶ 분사구문 (능동 vs. 수동)

14 정답 참조 | 새집에 기뻐하면서 그 부부는 주말 내내 각각의 방을 꾸미고 정리하며 보냈다. ◆ delighted 기뻐하는 entire 온, 전체의 decorate 꾸미다 organize 정리하다

돋보기 🔍 | 접속사 As와 주어 they(= the couple)를 생략하고, 동사 were는 Being으로 바꿔 쓴다. 이때 Being은 생략 가능하다.

▶ 분사 (v-ing vs. p.p.)

15 정답 참조 | burn 태우다 power plant 발전소

돋보기 🔍 | 전기가 '발생되는' 것이므로 수식받는 명사 electricity와 generate는 수동관계이고 generate 뒤에 딸린 어구가 있으므로, 과거분사 generated로 바꿔 <명사+분사구>의 순서로 쓴다.

Most of the people (in the community) / waste
⎣S⎦   ⎣V⎦

electricity (**generated** / by **burning** fuel in power plants).
⎣O⎦↑_____   전   전치사의 O

▶ 분사구문 (능동 vs. 수동)

16 정답 참조 | manufacturing 제조업 advance 발전 transform 변화시키다 significant 상당한 impact 영향

돋보기 🔍 | 주어진 어구에 접속사 while이 있지만 while이 이끄는 절에 필요한 주어가 없으므로, 접속사를 생략하지 않은 분사구문으로 영작한다. 의미상의 주어 Manufacturing advances와 produce는 능동관계이므로 현재분사 producing으로 바꿔 쓴다.

Manufacturing advances have transformed economies //
⎣능동⎦S   V   O

while **producing**^V' significant impacts^O' / on the environment.

▶ 분사 (v-ing vs. p.p.) / to부정사 (목적)

17 정답 참조 | make a habit of ~하는 습관을 들이다 accomplish 달성하다

돋보기 🔍 | estimate는 전치사 of의 목적어이므로 동명사로 바꿔 쓴다. 시간이 '필요한' 것이므로 수식받는 명사 time과 need는 수동관계이고 need 뒤에 딸린 어구가 있으므로, 과거분사 needed로 바꿔 <명사+분사구>의 순서로 쓴다. 의미상의 주어 each task와 accomplish는 수동관계이므로 to be accomplished로 쓴다.

Make a habit (**of estimating** the amount of time (**needed**
⎣V⎦   전치사   전치사의 O   ↑_____

for each task **to be accomplished**)).
의미상의 주어 └── 수동 ──┘

18 ② trying → tries / ⑤ respond → responding | 우리는 모두 많은 논쟁에서 평정심이 첫 번째로 잃는 것 중 하나라는 것을 알고 있다(우리는 논쟁 중에 화를 쉽게 낸다). 침착함을 유지해야 한다고 말하기는 쉽지만, 그것을 어떻게 하는가? 기억해야 할 점은 논쟁에서 때때로 상대방이 당신을 화나게 하려고 애쓴다는 것이다. 그들은 당신을 화나게 하려고 의도적으로 고안된 것들을 말하고 있을지도 모른다. 그들은 만약 당신이 침착함을 잃게 만들면 당신이 어리석게 들리는 말을 할 것이며, 당신은 그저 화를 내고, 그러면 당신이 논쟁에서 이기는 것이 불가능할 것임을 안다. 그러니 그것에 속아 넘어가지 마라. 당신의 분노를 유발하기 위해 어떤 발언이 나올 수 있지만, 제기된 문제에 초점을 둔 침착한 답변으로 대응하는 것이 가장 효과적인 것 같다.

◆ temper 평정, 침착 *cf.* lose one's temper 화를 내다　argument 논쟁　intentionally 의도적으로　annoy 화나게 하다　fall for ~에 속아 넘어가다　remark 발언, 말　respond 대응하다, 반응하다　focus on ~에 초점을 두다　raise (문제 등을) 제기하다　be likely to ~할 것 같다　effective 효과적인

돋보기🔍 ② that절의 주어 the other person의 동사 자리이다. 문맥상 현재 사실을 말하고 있으므로 tries로 고친다. 한 단어로 고쳐야 하는 조건이 없으면 is trying도 가능하다.

⑤ 접속사 but 이하의 동사 is의 주어가 없으므로, 주어가 될 수 있도록 동명사 responding으로 고친다. 한 단어로 고쳐야 하는 조건이 없으면 to respond도 가능하다.

오답풀이 ① 수식받는 명사 the first things와 lose는 수동관계이다.
③ 수식받는 명사 things와 design은 수동관계이다.
④ 수식받는 명사 something과 sound는 능동관계이다.

[19-20] 당신은 점점 더 상호의존적으로 되어가는 우리의 세상, 즉 매일 점점 더 복잡해지는 세상을 관찰하고 해석하는 렌즈를 바꿀 필요가 있다. 만약 당신이 고정된 2D 렌즈가 있는 스틸 카메라를 사용해 스냅 사진만을 찍는다면 당신은 물리적 세계의 모든 풍성함과 복잡함을 포착할 수도 없고 인식할 수도 없다. 차라리, 당신은 빠르게 변하는 세상의 역동적인 광경을 얻기 위해 당신의 두뇌가 정교한 '정신적 카메라'의 역할을 하도록 단련시킬 필요가 있다. 예를 들어, 100미터 경주에서 전력 질주하는 운동선수의 정지한 사진은 그 선수의 순전한 속도를 드러내지 않을 것이지만, 10초짜리 영상은 드러낼 것이다. 불행히도, 많은 사람이 문제에 대한 고정된 관점을 기반으로 의견을 형성하고 결정을 내리며, 그리하여 상황이 매우 빠르게 변할 수 있다는 것을 과소평가한다.

◆ observe 관찰하다　interpret 해석하다; 통역[번역]하다　increasingly 점점 더　interdependent 상호의존적인　complicated 복잡한　appreciate (제대로) 인식하다; 높이 평가하다　richness 풍부함　complexity 복잡함　still 정지한　fixed 고정된　sophisticated 정교한　dynamic 역동적인　rapidly 빠르게　unveil 드러내다　sheer 순전한　static 고정된　underestimate 과소평가하다

19 (A) complicated (B) using (C) to gain (D) sprinting

돋보기🔍 (A) '복잡한'이라는 의미의 분사형 형용사 complicated로 바꿔 쓴다.
(B) 의미상의 주어 you가 '사용하는' 것이므로 use와 능동관계이다. using으로 바꿔 분사구문을 완성한다.
(C) '~하기 위해'라는 의미의 목적을 나타내는 부사적 용법의 to gain으로 바꿔 쓴다.
(D) 운동선수가 '전력 질주하는' 것이므로 수식받는 명사 an athlete와 sprint는 능동관계이다. 현재분사 sprinting으로 바꿔 쓴다.

20 정답 참조

돋보기🔍 빈칸이 thus 이하에 있으므로, 고정된 관점을 기반으로 의견을 형성하고 결정을 내리면 어떤 결과를 낳는지를 추론해야 한다. 운동선수 사진의 예에서, 정지한 사진은 운동선수의 전력 질주 속도를 드러내지 않는다고 하였다. 고정된 관점으로 의견을 내고 결정하는 것은 위와 유사한 결과를 가져올 것으로 추론할 수 있다. 이는 빠른 속도를 알지 못한다는 것이므로, 주어진 어구로 표현하면, '상황이 매우 빠르게 변할 수 있다는 것을 과소평가한다'를 영작해야 한다. 앞뒤를 연결하는 접속사가 없으므로 분사구문을 활용하여 문장을 영작한다. 의미상의 주어 many people이 '과소평가하는' 것이므로 underestimate와 능동관계이다. 이때, thus는 접속부사이다.

Unfortunately, many people form opinions and make decisions /
　　　　　　　　　S　　　　V1　　O1　　　　　V2　　　O2
　　　　　　　　　　　　　　└─능동─┘
based on a static view of an issue, // thus **underestimating**ᵛ' /
that situations can change very rapidlyᴼ'.

UNIT 04 접속사·가정법

Point 13 등위접속사와 병렬관계

Zero Stage

본책 p. 113

1 그녀는 자연의 아름다움의 진가를 알고 야외에서 시간을 보내는 것을 즐긴다.
◆ appreciate 진가를 알아보다, 감상하다; 감사하다 outdoors 야외에서

2 그 이야기는 지루하고 불완전합니다. 흥미로운 인물들을 추가해 주세요.
◆ incomplete 불완전한

3 자기 회의는 당신이 목표에 도달하고 이루는 것을 저지할 수 있다.
◆ hold back ~을 저지하다 achieve 이루다, 해내다; 성취하다

4 고대 이집트에서, 나일강은 매년 범람하여 사람들은 풍부한 수확물을 거뒀다.
《배경설명: 나일강의 범람은 기름진 흙이 강 유역에 쌓이게 하여 농부들에게 풍작을 안겨 주었다.》 ◆ flood 범람하다 abundant 풍부한 harvest 수확(물)

5 자기 동기 부여, 자신감, 그리고 자기 학습이 당신의 경력을 형성할 핵심 요인들이다. ◆ motivation 동기 (부여) confidence 자신감 shape 형성하다

6 자동화는 일부 직업들을 없앴지만 새로운 직업들을 만들어냈다.
◆ automation 자동화(사람이 해오던 작업을 기계가 대신하는 것) eliminate 없애다

7 우리 가족은 작은 마을로 이사하여 그곳에서 영원히 살기로 했다.
◆ permanently 영원히, 영구적으로

8 외국에 혼자 있으면서, 그는 불안감뿐만 아니라 고립감도 느꼈다.
◆ isolated 고립된

9 관심을 가져야 할 것은 일어난 일이 아니라 당신이 무엇을 할 것인가이다.
◆ be concerned with ~에 관심이 있다

Main Stage 1 어법 서술형

본책 p. 114

정답	❶ make	❷ received	❸ circled	❹ ○	❺ ○	❻ ✕, is

[각2점] 01 ○ 02 ✕, offers 03 ○ 04 ✕, bring 05 ✕, forming 06 ○ 07 ○ 08 ✕, tear
09 ○ 10 ✕, confusing

감점 요소 -1점 (✕는 올바르게 표시했지만 틀린 부분을 바르게 고치지 못한 경우)

[각2점] 11 pulls 12 respected 13 reach 14 lead 15 trains 16 known
17 played 18 sorting 19 supplement

[각6점] 20 ③ stolen → steals, 앞의 분사 dissatisfied가 아니라 동사 makes와 병렬 연결되었으므로 steals로 고쳐야 한다.
/ ④ recognizes → recognize, 앞의 동사 requires가 아니라 to maintain과 병렬 연결되었으므로 recognize로 고쳐야 한다.

감점 요소 -2점 (틀린 부분을 찾았지만 바르게 고치지 못한 경우) / -4점 (틀린 이유를 바르게 쓰지 못한 경우)

1 내 시계를 잃어버리고 며칠 뒤, 나는 그것을 찾는다는 모든 희망을 포기했고 그것을 찾기를 멈췄다.

❶ make | 현대 의학에서, 유전자 검사는 의사들이 어떤 사람의 질병에 걸릴 가능성을 평가하여 진단을 내리기 위해 일반적이다. ◆ medicine 의학 genetic 유전자의 assess 평가하다 likelihood 가능성 diagnosis 진단

돋보기🔍 make a diagnosis를 하는 주체인 doctors를 의미상의 주어로 하는 to assess와 병렬 연결된 것이다. 등위접속사 뒤에 반복되는 to는 생략할 수 있으므로 make로 쓴다. 한 단어로 쓰라는 조건이 없다면 to make도 가능하다. 등위접속사 앞의 getting과 병렬 연결된 것으로 착각하지 말자. getting ~은 likelihood와 of로 연결된 동격어구이다.

~, / genetic testing is common / for doctors **to assess** a person's
　　　　S　　　　　V　　　　　의미상의 주어　　M1<목적>
likelihood (of getting a disease) and **(to) make** a diagnosis.
　　　　　　＝　　　　　　　　　　　M2<목적>

❷ received | 그녀의 첫 번째 연극은 많은 관객을 끌어들이는 데 실패했지만, 비평가들에게 긍정적인 반응을 받았다. ◆ critic 비평가

돋보기🔍 문맥상 but 이하는 긍정적인 내용이므로 received는 부정적인 내용을 이끄는 failed와 병렬 연결된 것이라 봐야 한다. to attract ~ audience는 긍정적인 내용이기 때문에 but으로 연결될 수 없다.
Her first play **failed** to attract a large audience / but **received** ~.
　　　　S　　　　V1　　　　　　　　　　　　　　　　　　V2

❸ circled | 제트기는 하늘을 날아 굉장히 멋진 곡예를 해 보이고 계속해서 빙빙 돌았다. ◆ stunning 굉장히 멋진 acrobatics 곡예

돋보기🔍 circle은 '동그라미; 빙빙 돌다'라는 의미로 명사와 동사, 둘 다로 쓰이는 단어이다. 여기서는 주어 The jets의 동사로 쓰였고, 앞의 동사 flew, performed와 콤마(,) 및 and로 병렬 연결되었다. stunning(굉장히 멋진)은 acrobatics를 앞에서 수식하는 현재분사이며, 병렬 연결된 것이 아니다.

The jets **flew** through the sky⌐ / **performed**
　　　 S 　V1　　　　　　　　 V2
stunning acrobatics⌐ / and **circled** around again and again.
　　　　　└─────┘　　　 V3

> **NOTE** 명사로 자주 쓰이지만 동사로도 쓰이는 단어
>
> **cost** 몡 값, 비용 통 (비용이) 들다
>
> **circle** 몡 원형; 원 통 회전하다, 빙빙 돌다
>
> **challenge** 몡 도전 통 도전하다; 이의를 제기하다
>
> **experience** 몡 경험 통 경험하다
>
> **face** 몡 얼굴 통 ~을 마주보다; (상황에) 직면하다
>
> **supplement** 몡 보충(물) 통 보충하다

④ ○ | 그 피아니스트는 프랑스 칸에서 태어났지만, 일생의 대부분을 파리에서 보냈다.

돋보기Q 문맥상 동사 spent의 주어는 The pianist이고, 동사 was born과 병렬 연결되었다. 주어와 능동관계이고, 다른 시제를 나타내는 마땅한 시간 부사구가 없으므로 was born과 시제를 일치시킨 과거형 spent는 적절하다.

The pianist **was born** in Cannes, France, / but **spent** ~.
　　S　　 V1(수동)　　　　　　　　　　　 V2(능동)

⑤ ○ | 그 지역 건축업자가 도서관 건물의 개조를 돕는 데 자원했지만, 현재 추가적인 도움을 절실히 필요로 하고 있습니다. ◆desperately 절실하게

돋보기Q 문맥상 주어인 The local builder가 자원했지만 현재 추가 도움을 필요로 한다는 것이므로 needs는 동사 has volunteered와 병렬 연결된 것이다. 주어가 3인칭 단수이고, 현재를 나타내는 부사 now가 있으므로 needs는 적절하다. now desperately와 같이 등위접속사와 동사 사이에 동사를 수식하는 부사가 올 수 있다는 것도 함께 알아두자.

The local builder **has volunteered** to assist with ~ /
　　 S　　　　 V1(현재완료)
but now desperately **needs** additional help.
　　　　 M'　　└───┘ V2(현재)

⑥ ✕, is | 카 셰어링은 개인이 통근하는 데 써야 하는 돈을 절감해주며 환경을 위한 더 나은 선택이다. ◆commute 통근하다 option 선택(권)

돋보기Q 문맥과 구조상 밑줄 친 부분 뒤의 a better option은 문장의 주어인 Car-sharing을 보충 설명하는 보어이므로, 단수동사 is로 고쳐야 한다. 앞에 있는 복수 individuals에 수일치하지 않도록 주의해야 한다.

Car-sharing **reduces** the money [that individuals have to ~], /
　 S(단수)　 V1(단수)　　 O1└──────┘　 복수
and **is** a better option (for the environment).
　　 V2(단수)　 C2

Exercise

01 ○ | 눈을 깜박이는 이유는 해로운 물질이 눈에 들어가 통증을 일으키는 것을 막기 위함이다. ◆blink 눈을 깜박이다 substance 물질

돋보기Q is 뒤의 to prevent ~는 주어인 The reason을 보충 설명하는 보어이고 <prevent A from v-ing(A가 v하는 것을 막다)>의 구조이다. 문맥상 A인 harmful substances가 getting ~과 causing ~하는 것을 모두 막는 것이므로 from getting과 from causing이 병렬 연결된 것이다. 등위접속사 뒤의 전명구에서 반복되는 전치사는 생략할 수 있다.

The reason [~] / is / **to prevent**ᵛ´ harmful substances°´ / from전´1
　 S　　　　 V　　　　　　　　　　　　　　 C
getting in your eyes°˝1 and (from전´2) **causing** you pain°˝2.

02 ✕, offers | 책을 두 번째로 읽는 것은 그 책으로 인해 발생했던 처음의 감정들을 되살려주고 그것을 다르게 감상할 기회를 제공한다. ◆bring back 기억나게 하다, 되살리다 initial 처음의

돋보기Q 문맥상 offered의 주체는 주어인 Reading ~으로, 동사 brings back과 병렬 연결된 것이므로 offers로 고쳐야 한다. caused와 병렬 연결되었다고 생각하면 둘 다 the initial emotions를 뒤에서 수식하는 과거분사가 되는 것인데, 의미가 매우 어색하므로 그렇게 판단할 수 없다.

Reading ~ time / **brings** back the initial emotions (caused by the
　　　 S　　　　 V1　　　　　　　　　　　　　↑
book) / and **offers** the opportunity ~.
　　　　　 V2

03 ○ | 도시 설계자들은 교통 혼잡을 방지할 해결책을 적극적으로 찾고 있지만, 운전자들, 자전거 타는 사람들, 그리고 보행자들의 요구 사이의 균형을 잡는 도전에 직면하고 있다. ◆urban 도시의 seek 찾다; 추구하다 combat (좋지 않은 일의 발생) 방지하다; 전투 traffic congestion 교통 혼잡 balance 균형을 잡다; 균형 motorist 운전자 cyclist 자전거 타는 사람 pedestrian 보행자

돋보기Q 문맥상 facing의 주체는 주어인 Urban planners로, 동사 are seeking과 병렬 연결된 것이므로 are facing이 적절한데, 반복되는 are는 생략되었다.

Urban planners **are** actively **seeking** ~ / but (are) **facing** ~.
　　 S　　　　　　 V1　　　　　　　　 V2

04 ✕, bring | 언어 재활성화는 한 언어가 쇠퇴하는 것을 막거나 사라진 언어를 되살리려는 시도이다. ◆attempt 시도 decline 쇠퇴하다 extinct 사라진

돋보기Q 문맥상 to stop ~과 밑줄 친 부분 이하가 모두 an attempt와 동격을 이루는 것이므로 to bring으로 고쳐야 하는데, 한 단어로 고쳐야 하므로 반복되는 to를 생략하고 bring으로 고친다. declining과 병렬관계를 이루는 것으로 해석하거나 Language revitalization을 주어로 하는 동사로 해석하면 둘 다 매우 어색하다. 여기서 to stop ~ declining은 <stop A from v-ing(A가 v하는 것을 막다)>의 구조를 이루고 있다.

~ is / an attempt (**to stop**ᵛ´1 ~ or (to) **bring** backᵛ´2 ~).
 V　　　 C　　　　　　　 =

05 ✕, forming | 생존과 번식은 자연 선택을 위한 성공의 기준이고, 다른 사람들과 관계를 형성하는 것은 생존과 번식 양쪽에 필요하다. ((배경설명: natural selection(자연 선택)은 환경에 적응한 개체가 그렇지 않은 개체보다 더 높은 비율로 번식하여 자손을 남긴다는 진화론의 핵심 이론이다.)) ◆reproduction 번식

돋보기Q and 뒤는 동사가 is인 절이고 밑줄 친 부분은 is의 주어 자리이다. 주어로는 to부정사와 동명사가 모두 가능하지만 한 단어로 고쳐야 하므로 forming으로 고친다.

Survival and reproduction **are** the criteria ~, //
　　　 S1　　　　　　　 V1　 C1
and **forming** relationships with other people / is necessary ~.
　　　　 S2　　　　　　　　　　　　　　 V2　 C2

06 ○ | 유럽들소는 한때 유럽 전역에 퍼져있었지만, 지금은 멸종 위기에 처한 것으로 여겨지며, 서식지의 상당 부분에서 사라졌다. ◆spread 퍼뜨리다 be regarded as ~로 여겨지다 endangered 멸종 위기에 처한 habitat 서식지

돋보기🔍 and로 병렬 연결된 is regarded와 has disappeared는 시제는 다르지만 둘 다 it(= The European bison)을 주어로 하는 동사이다. 밑줄 친 부분은 '결과'를 뜻하는 현재완료로, 문맥상 알맞게 쓰였다.

07 ◯ │ 음악은 공통된 관심사를 통해서만이 아니라, 특정 노래들로 형성된 감정적 유대를 통해서도 사람들을 서로 연결한다. ◆ bond 유대 specific 특정

돋보기🔍 <not only A but also B> 구문이다. through emotional bonds ~는 전명구 through a shared interest와 병렬 연결되었으며, 문맥상 같은 전치사 through를 사용하는 것이 적절하다.

~ / not only **through a shared interest**, but also
　　　　　　　　　　　　　　　M1
through emotional bonds (formed with specific songs).
　　　　　　　M2

08 ✕, tear │ 시 의회는 수년간 버려져 있었던 그 낡은 건물들을 보수하지 않고 대신 그것들을 내년에 허물기로 결정했다. ◆ renovate 보수하다; 개조하다 abandon 버리다 tear apart 허물다, 해체하다

돋보기🔍 <not A but B> 구문으로, 문맥상 chose의 목적어인 to renovate ~와 병렬 연결되었으므로 to tear가 적절하다. 한 단어로 고쳐야 하는데, 접속사 뒤에 반복되는 to는 생략할 수 있으므로 tear로 고친다. 문장의 동사인 chose와 병렬 연결된 것으로 착각하지 말자.

The city council chose / not to renovate the old buildings ~ /
　　　　S　　　　　V　　　　 O1
but instead (to) tear them apart next year.
　　　　　　　　　　O2

09 ◯ │ 농업 수확량의 감소는 인간 활동에 의한 오염에 영향을 받고 있고 식량 안보에 위험을 제기한다. ◆ agricultural 농업의 contamination 오염 pose 제기하다 threat 위험; 위협

돋보기🔍 pose 이하의 내용으로 보아 주어는 The decrease of agricultural yields이므로 동사 is being influenced와 병렬 연결된 것이다. 주어가 단수(셀 수 없는 명사)이고 현재의 일반적인 사실을 말하며, 문맥상 주어와 pose가 능동관계이므로 poses는 알맞게 쓰였다.

The decrease (of agricultural yields) / **is being influenced** by
　　　　S　　　　　　　　　　　　　V1(수동, 현재진행)
contamination (caused by ~) / and **poses** a threat ~.
　　　　　　　　　　　　　V2(능동, 현재)

10 ✕, confusing │ 복잡한 법률 문서들은 법률 용어에 익숙하지 않은 사람들이 읽기에 어렵고 혼란스러울 수 있다. ◆ legal 법률과 관련된 term 용어

돋보기🔍 문맥상 밑줄 친 부분은 형용사 difficult와 and로 병렬 연결되었으므로 문법적으로 대등하게 형용사 역할을 할 수 있는 분사 형태가 되어야 알맞다. 복잡한 법률 문서들이 사람들에게 혼란스러운 느낌을 주는 것이므로 현재분사 confusing으로 고쳐야 한다.

Complex legal documents can be **difficult** to read / and
　　　　　　　S　　　　　　　　V　　　C1
confusing for people [who are not familiar with legal terms].
　　C2　　　　　　　↑

11 pulls │ 목성의 중력은 지나가는 소행성들을 붙잡아 그것의 표면으로 끌어당긴다. ◆ grab 붙잡다 asteroid 소행성

돋보기🔍 pull이란 동작은 문장의 주어인 The gravitational force가 하는 것이므로 동사 grabs와 and로 병렬 연결된 동사 자리이다. 주어가 단수(셀 수 없는 명사)이고 현재의 일반적인 사실을 말하며, 문맥상 주어와 pull이 능동관계이므로 pulls로

쓴다. asteroids를 수식하는 현재분사 passing과 병렬 연결된 것으로 착각하지 말자.

The gravitational force (of Jupiter) / **grabs** passing asteroids /
　　　　　S　　　　　　　　　　　V1　　　　　└──────┘
and **pulls** them to its surface.
　　　V2

12 respected │ 과거에 쥐들은 유럽의 많은 지역에서 혐오스럽게 여겨졌지만 인도의 일부 지역에서는 공경받았다. ◆ disgusting 혐오스러운 respect 존경[공경]하다

돋보기🔍 문맥상 문장의 주어인 rats가 공경받았던 것이므로 동사 were considered와 but으로 병렬 연결된 동사 자리이다. 복수주어와 수동관계이므로 were respected인데, 한 단어로 써야 하므로 등위접속사 뒤에 반복되는 were를 생략하고 respected로 쓴다.

13 reach │ 그 신체 단련 앱은 사용자들이 운동 루틴 내에서 진행을 추적하여 신체 단련 목표에 도달하도록 격려한다. ◆ track 추적하다 progress 진행; 진행하다 workout 운동

돋보기🔍 문맥상 신체 단련 목표에 도달하는 주체는 to track의 의미상의 주어인 users이므로, to track과 병렬 연결된 것이다. 접속사 뒤에 반복되는 to는 생략할 수 있으므로 reach 그대로 쓴다.

The fitness app encourages users / to track ~ and (to) reach ~.
　　　S　　　　　V　　　　O　　　C1　　　　　　C2

14 lead │ 역사를 공부하는 것은 당신을 대화하기에 더 흥미롭게 만들거나 훌륭한 탐구와 직업으로 이끌 수 있다. ◆ brilliant 훌륭한 exploration 탐구; 탐험

돋보기🔍 <either A or B> 구문이다. 조동사 can 뒤의 동사원형 make와 병렬 연결되었으므로 lead로 쓴다.

Studying history / can either make you ~ to talk to / or lead ~.
　　　S　　　　　조동사　　　V1　　　　　　　　V2

15 trains │ 국경없는의사회는 1971년에 설립되었는데, 1차 의료를 제공하고, 영양 프로그램을 운영하며, 현지의 의료진을 훈련한다. ◆ primary 제1차의; 최초의 run 운영하다 medical 의료의, 의학의 personnel 인원; 직원

돋보기🔍 문맥상 주어인 Doctors Without Borders가 현지 의료진을 훈련하는 것이므로 동사 provides, runs와 콤마(,) 및 and로 병렬 연결된 동사 자리이다. 고유명사 주어이므로 단수 취급하므로 다른 동사들처럼 단수동사 trains로 쓴다. nutrition programs에 수일치하지 말자.

Doctors Without Borders, / ~, / **provides** primary health care, /
　　　　　S(단수)　　　　　　　　　V1(단수)
runs nutrition programs, / and **trains** local medical personnel.
V2(단수)　　　　복수　　　　　　　V3(단수)

16 known │ 대부분의 민화는 정식 미술 교육을 받지 않았거나 그 시대의 '받아들여지는' 화풍을 알지 못했을지도 모르는 사람들에 의해 창작되었다. ◆ formal 정식의; 격식을 차린 acceptable 받아들여지는, 용인되는

돋보기🔍 문맥상 people을 수식하는 관계대명사절의 동사 자리이고, may not have had와 병렬 연결되었다. may not have known이지만 등위접속사 뒤에 반복되는 may not have는 생략할 수 있으므로 known으로 쓴다.

Most folk paintings were created / by people [who **may not have**
　　　S　　　　　　　V　　　　　　　　　　　　　V'1
had ~ / or **(may not have) known** ~].
　　　　　　　　　V'2

17 played | 전신의 발전은 먼 거리에서 소통하는 것을 더 쉽게 만들었고 사람들이 서로 관계를 형성하는 방식에 혁신을 일으키는 데 중요한 역할을 했다.

◆revolutionize 혁신을 일으키다

돋보기🔍 문맥상 문장의 주어인 The advance가 중요한 역할을 한 것이므로 동사 made와 and로 병렬 연결된 동사 자리이다. 주어와 능동관계이므로 played로 쓴다. 동사 made의 진목적어인 to communicate와 병렬 연결된 것으로 착각하지 말자.

The advance (of the telegraph) / **made** it easier to communicate
　　　　S　　　　　　　　　　V1 가목적어C1　　　진목적어
~ / and **played** an important role / in ~.
　　　　V2

18 sorting | 아이들은, 예를 들어 간식 시간에 크래커를 몇 개나 집을지를 계산해 내거나 조개껍데기를 더미로 분류하는 것과 같은 자신들의 경험으로 수학적 개념을 탐색할 수 있다. ◆investigate 조사하다; 탐색하다 mathematical 수학적인 figure out 알아내다; 계산해 내다 sort 분류하다 pile 더미

돋보기🔍 문맥상 아이들의 경험에 대한 예시에 해당하는데, 첫 번째 예시인 전치사 like의 목적어 역할을 하는 동명사 figuring out과 or로 병렬 연결된 것이므로 sorting으로 쓴다. to take와 병렬 연결된 것으로 착각하지 말자. <how many+명사+to-v>의 to-v로, '얼마나 많이[몇 개나] v할지'의 의미이다.

Children can investigate, ~, / like **figuring out** how many crackers
　　S　　　　V　　　　　　　전치사　　　　전치사의 O1
to take at snack time or **sorting** shells into piles.
　　　　　　　　　　　　전치사의 O2

19 supplement | 연구 논문을 발표할 때, 도표, 그래프, 또는 이미지와 같은 시각 자료로 당신의 논거를 보충할 뿐만 아니라, 당신의 연구 결과를 설명하기 위해 명확한 언어를 사용해라. ◆present 발표하다; 제시하다 finding (연구 등의) 결과 argument 주장, 논거 visual 시각의

돋보기🔍 <B as well as A> 구문이다. 문장의 동사 use와 병렬 연결되었으므로

supplement로 쓴다. 명령문이므로 use와 supplement 앞에는 주어 you가 생략되어 있다. supplement는 흔히 명사(보충물)로 쓰이지만 동사로도 쓰일 수 있다.

When (you are) presenting a research paper, // (you) **use** clear
　　　　　　　　V'　　　　　　　　　　　　　S　　V1
language ~, / as well as **supplement** your argument ~.
　　　　　　　　　　　　　　V2

20 정답 참조 | 사람들은 실제로 축복의 더미에 앉아 있을 때조차 그들이 가진 것이 아니라 그들이 가지고 있지 않은 것에 집중하는 경향이 있다. 우리가 가진 것보다 더 많은 것을 기대하고 자신을 남들과 비교하는 것은 부러움과 질투의 감정으로 이어질 수 있다. 남들이 가진 것을 부러워하는 것은 당신이 현재 상태에 불만족하게 만들 뿐만 아니라 가지고 있는 재능을 소중히 여길 수 있는 능력도 빼앗아 간다. 종종 좌절과 불만은 사실 우리에 대한 비현실적인 기대의 결과이다. 우리는 우리의 상황이 이런 식으로 또는 저런 식으로, 또는 적어도 (지금) 상황과는 달라야 한다고 생각한다. 감사는 삶에 대한 긍정적이고 감사하는 관점을 유지할 것을 요구하고, 언제나 더 많거나 더 좋은 것을 추구하는 것이 아니라 이미 가지고 있는 좋은 것들을 인식할 것을 요구한다.

◆tendency 경향 blessing 축복 expect 기대하다 compare A to B A를 B와 비교하다 envy 부러움 cf. envious 부러워하는 jealousy 질투 dissatisfied 불만스러운 capability 능력 cherish 소중히 여기다 gift 재능 frustration 좌절 unrealistic 비현실적인 gratitude 감사 outlook 관점

돋보기🔍 ③ <not only A but also B> 구문이다. 목적격보어인 dissatisfied와 병렬 연결된 것으로 착각하지 말자.

Being ~ / not only **makes** you dissatisfied ~ / but also **steals** ~.
　　S　　　　　　V1　　O1　　　　C1　　　　　　　　V2

④ 문장의 동사 requires의 목적격보어 역할을 하는 to maintain과 병렬 연결되었다. 접속사 뒤에 반복되는 to는 생략할 수 있다.

오답풀이 ① <not A but B> 구문이다. 전명구 on what they have와 병렬 연결되었으며, 문맥상 같은 전치사 on을 사용하는 것은 적절하다.
② 문맥상 문장의 주어인 동명사구 Expecting ~과 병렬 연결되었다.

Main Stage 2 영작 서술형 I

본책 p. 118

정답 ❶ makes you tired or causes pain in the muscles around your eyes
❷ is used to observe distant galaxies but requires a clear night sky and a dark location

❶ 정답 참조 | ◆poor 부족한, 불충분한

돋보기🔍 주어진 우리말은 크게 <어두운 조명에서 책을 읽는 것은 / 당신을 피곤하게 만들거나(make) / 당신의 눈 주변 근육에 통증을 일으킨다(cause).>로 나눌 수 있다. Reading books ~ light를 주어로 하는 두 동사 make와 cause가 or로 병렬 연결된 문장을 영작한다. 주어가 동명사구이고 현재 사실을 말하는 것이므로 동사는 단수동사인 makes와 causes로 쓴다.

Reading books in poor light / **makes** you tired / or **causes** pain
　　　　　S　　　　　　　　　　V1　　O1　　C1　　　　V2　　　O2
in the muscles (around your eyes).

❷ 정답 참조 | ◆telescope 망원경 observe 관측하다 distant 멀리 떨어진 location 장소, 위치 properly 제대로

돋보기🔍 주어진 우리말은 크게 <망원경은 / 멀리 떨어진 은하를 관측하는 데 사용되지만(be used) / 제대로 작동하려면 맑은 밤하늘과 어두운 장소가 필요하다(require).>로 나눌 수 있다. The telescope를 주어로 하는 두 동사 be used와 require가 but으로 병렬 연결된 문장을 영작한다. 주어 The telescope가 '사용되는' 것이므로 첫 번째 동사인 use와는 수동관계이고, a clear night sky ~를 필요로 하는 것이므로 두 번째 동사 require와는 능동관계이다. 그러므로 is used ~ but requires ~로 표현해야 한다.

The telescope **is used** to observe distant galaxies / **but** **requires**
　　　S　　　　V1(수동)　　　　　　　　　　　　　　　　but　　V2(능동)
a clear night sky and a dark location to work properly.
　　　　　　　　　　　O2

Main Stage 3 영작 서술형 Ⅱ

정답 **❶ both to gain practical work experience and to be mentored**
❷ on achieving individual competence but also on developing the ability to be independent

❶ 정답 참조 | ◆valuable 귀중한　mentor 조언하다; 멘토　experienced 경험이 풍부한　professional 전문가　field 분야

돋보기 주어진 우리말은 크게 <인턴십은 / 실무 경험을 쌓는 것(gain)과 / 그 분야의 경험이 풍부한 전문가들에게 조언을 받는 것(be mentored)을 모두 할 수 있는 / 귀중한 기회이다.>로 나눌 수 있다. <both A and B> 구문을 사용하여 명사 opportunity를 수식하는 to gain과 to be mentored가 병렬 연결된 문장을 영작한다.

An internship is a valuable opportunity (both to gain^{V'1} practical
　　　　　　　　S　　　　　V　　　　　　　　　　C
work experience^{O'1} and to be mentored^{V'2} by experienced
professionals (in the field)).

❷ 정답 참조 | ◆competence 능력　independent 독립된

돋보기 주어진 우리말은 크게 <21세기의 교육은 / 개인의 능력을 성취하는 것(achieve)뿐만 아니라 / 다른 이들로부터 독립할 수 있는 능력을 개발하는 것(develop)에도 / 초점을 맞춰야 한다.>로 나눌 수 있다. 이미 주어진 문장 일부와 어구를 통해, <focus not only on A but also on B> 구문을 사용하여 두 개의 전명구가 병렬 연결된 문장을 영작해야 함을 알 수 있다. 전치사 on의 목적어 역할을 할 수 있도록 동명사 achieving과 developing으로 변형한다.

Education (in the 21st century) / should focus / not only on
　　　　S　　　　　　　　　　　　　　V　　　　　　전치사1
achieving individual competence / but also on developing the
　　전치사의 O1　　　　　　　　　　　전치사2　전치사의 O2
ability (to be independent from others).

Plus Stage

정답 **01** speaking, or , lending　**02** spends, and , rises　**03** are, and , don't feel
04 document, and , remember　**05** are, and , may end up

1　우리는 휴대전화로 세계 누구에게나 전화하거나 문자 메시지를 보낼 수 있다.

2　사업 컨설턴트는 조직들이 자신들의 사업에 위험을 제기할 수 있는 약점들을 찾도록 돕고 그들에게 사업 해결책을 제공한다.　◆identify 찾다; (신원 등을) 확인하다　operation 사업, 영업

Try by Yourself!

<보기> 올바른 호흡은 폐의 가장 깊은 곳으로부터 오며, 당신의 정서적 안녕에 이롭다.　◆lung 폐　benefit ~에게 이롭다; 수당

01　**speaking, or , lending** | 당신은 단순히 사람들이 우울할 때 친절한 말을 하거나 그들이 어려움에 처할 때 그들에게 귀를 기울여서 사람들을 도울 수 있다.　◆in need 어려움에 처한

돋보기 전치사 by의 목적어 역할을 하는 동명사 speaking과 lending이 or로 병렬 연결되었다.

02　**spends, and , rises** | 칸토 대왕자라는 일생의 대부분을 물속 모래 밑에 묻힌 채로 보내며 오직 하루에 두 번 숨을 쉬기 위해 수면으로 올라온다.　◆bury 묻다　surface 수면, 표면

돋보기 문장의 동사인 spends와 rises가 and로 병렬 연결되었다.

03　**are, and , don't feel** | 어떤 것을 모른다고 인정할 수 있는 사람들은 자기가 누구인지에 대해 더 편안함을 느낄 가능성이 있고 자기의 무지를 숨길 필요를 느끼지 않는다.　◆admit 인정하다　cover up 숨기다　ignorance 무지

돋보기 문장의 동사인 are와 don't feel이 and로 병렬 연결되었다.
People [~] / are likely to be ~ / and don't feel the need ~.
　　　　S　　　　V1　　　　　　　　　　　V2

04　**document, and , remember** | 일기는 당신이 일기를 쓰지 않으면 잊어버릴 수 있는 매일의 생각들을 기록하고 당신의 인생의 중요한 사건들을 정확하게 기억하도록 돕는다.　◆document 기록하다　otherwise (만약) 그렇지 않으면　accurately 정확하게

돋보기 동사 helps의 목적격보어인 document와 remember가 and로 병렬 연결되었다. 참고로, help는 목적격보어로 원형부정사와 to부정사 둘 다를 취하는 동사이다.
A diary helps you document daily thoughts ~ / and
　　S　　　V　　O　　　　　　　　　　　C1
accurately remember important events ~.
　　　　　　C2

05　**are, and , may end up** | 이모티콘, 특히 문자에 기반을 둔 이모티콘들은 마주 보면서 보내는 신호들에 비해 훨씬 더 모호하고 결국 다른 사용자들에 의해 매우 다르게 해석될 수 있다.　◆ambiguous 모호한　face-to-face 마주보는, 대면하는　cue 신호　end up v-ing 결국 v하게 되다　interpret 해석하다

돋보기 문장의 동사인 are와 may end up이 and로 병렬 연결되었다.

Zero Stage

본책 p. 121

1 그가 경주에서 우승한 것은 놀라웠다.

2 그 정보가 믿을 만한지는 의심스럽다. ◆data 정보, 자료 reliable 믿을 만한 questionable 의심스러운

3 누가 나에게 편지를 썼는지는 여전히 수수께끼이다.

4 연구자들은 웃는 이모티콘을 너무 많이 사용하는 것이 당신을 무능해 보이게 만든다는 것을 알아냈다. ◆incompetent 무능한

5 식품 라벨은 당신에게 식품 안에 무엇이 있는지 알려준다.

6 색은 당신이 무게를 어떻게 인지하는지에 영향을 줄 수 있다. 《배경설명: 어두운 색의 물건은 밝은색의 물건보다 무겁게 느껴진다.》 ◆influence 영향 perceive 인지하다

7 그 아이는 가장 좋아하는 책을 다 읽기 위해 밤늦게까지 깨어 있어도 되는지를 물었다. ◆stay up 안 자다, 깨어 있다

8 우리가 우리의 감정에 주로 지배받는다는 것은 사실이다. ◆largely 주로, 크게 govern 지배하다

Main Stage 1 어법 서술형

본책 p. 122

> 정답 ❶ ✕, who we are ❷ ✕, Where you end up ❸ ○
>
> [각4점] 01 ○ 02 ○ 03 ✕, What do you think 04 ✕, how we invest 05 ○
> 06 ✕, Why do you believe
>
> 감점 요소 -2점 (✕는 올바르게 표시했지만 틀린 부분을 바르게 고치지 못한 경우)
>
> [각8점] 07 ② whether → that 또는 삭제, 문맥상 '새해라는 것을'이라는 의미이므로 접속사 that으로 고치거나 that이 생략된 형태가 되도록 삭제해야 한다.
> / ④ why does time feel slower → why time feels slower, 의문사 why가 이끄는 명사절이므로 <why +주어+동사>의 어순으로 고쳐야 한다.
>
> 감점 요소 -3점 (틀린 부분을 찾았지만 바르게 고치지 못한 경우) / -5점 (틀린 이유를 바르게 쓰지 못한 경우)

1 일을 맡는다는 것은 당신이 그것에 포함되는 책임을 맡는다는 것을 의미한다. ◆responsibility 책임 go with ~에 포함되다

2 왜 Sophia가 그와 친구인지는 비밀이었다.

3 누가 어려운 시기에 지지해 주었는지 항상 기억해라. ◆supportive 지지하는, 지원하는

4 우리는 사람들이 우리 제품에서 무엇을 필요로 하는지 알고 있다.

5 나는 어떤 게시글에 독자들이 흥미를 느끼는지 보기 위해 내 블로그 분석 정보를 확인했다. ◆analytics 분석 (정보)

❶ ✕, who we are | 우리는 우리 주변에 있는 사람들에 비추어 스스로를 저울질하여 자신이 누구인지에 대한 느낌을 얻는다. ◆acquire 얻다 weigh 저울질하다; 무게가 ~이다

돋보기🔍 전치사 of의 목적어인 명사절에서 의문대명사 who가 보어 역할을 하므로 <의문대명사(C′)+S′+V′>의 어순이 되어야 한다. 의문문 어순으로 착각하여 옳은 것으로 판단하지 않도록 한다.

❷ ✕, Where you end up | 당신이 지금으로부터 10년 후에 어디에 다다를지는 결국 당신에게 달려 있다. ◆ultimately 결국, 궁극적으로 be up to ~에 달려 있다

돋보기🔍 의문부사가 이끄는 명사절은 <의문부사+S′+V′>의 어순이 되어야 한다. 여기서 의문부사절은 문장의 주어로 쓰였다.

❸ ○ | 우리가 어떤 강의를 제공하는지는 학기마다 다를 수 있으므로, 반드시 강의 목록을 미리 보도록 하십시오. ◆course 강의 semester 학기 make sure 반드시 (~하도록) 하다 catalog 목록 in advance 미리

돋보기🔍 밑줄 친 의문사절이 문맥상 '우리가 어떤 강의를 제공하는지는'으로 해석되므로 <의문형용사 which+courses(O′)+S′+V′>의 어순은 적절하다.

6 (나무의) 나이테는 우리에게 그 나무의 나이가 몇 살인지 알려줄 수 있다.

> NOTE how+many[much]+명사
> <how many+셀 수 있는 명사>, <how much+셀 수 없는 명사>의 형태로 문장에서 주어, 목적어, 보어로 쓰일 수 있다.
> I wonder **how many books**$^{O′}$ I$^{S′}$ have read$^{V′}$ in my lifetime.
> S   V   O

7 너는 인공지능(AI)이 미래에 무엇을 해낼 것이라고 생각하니?

Exercise

01 ○ | 잠들기 전에, 하루가 얼마나 나쁘게 흘러갔는지에 상관없이, 성공적인 사람들은 보통 그날의 나쁜 상황들에 대해 생각하는 것을 피한다. ◆ regardless of ~에 상관없이 typically 보통, 일반적으로

[돋보기🔍] 의문부사 how가 부사와 한 덩어리로 쓰일 때는 <how+부사+S′+V′>의 어순이 적절하다.

02 ○ | 각 개인의 음식 선호도, 신진대사, 그리고 특정한 영양상의 필요는 그들의 전반적인 건강에 어떤 음식이 가장 좋은지를 정한다. ◆ dietary 음식의 preference 선호(도) metabolism 신진대사 nutritional 영양(상)의 requirement 필요 define (~의 범위를) 정하다; 정의하다

[돋보기🔍] <의문형용사+명사>가 명사절에서 주어 역할을 하므로, <의문형용사 which+food(S′)+V′>의 어순은 적절하다.

03 ✕, What do you think | 온라인상에서 개인 정보를 안전하게 지키기 위해 무엇을 해야 한다고 생각하십니까? ◆ secure 안전하게 지키다

[돋보기🔍] 의문사가 이끄는 절이 명사절이고, 주절의 동사가 think일 때는 <의문사+do you think+(S′)+V′>의 어순이 되어야 한다.

04 ✕, how we invest | 우리 중 누구라도 내릴 수 있는 가장 중요한 결정 중 하나는 우리가 우리의 시간을 어떻게 투자할 것인가이다. ◆ essential 극히 중요한 invest 투자하다

[돋보기🔍] 의문부사가 이끄는 명사절은 <의문부사+S′+V′>의 어순이다. 의문문이라면 do가 필요하지만 보어 역할을 하는 명사절이므로 do를 삭제해야 한다.

05 ○ | 자동차 보험 전문가는 사고에 대해 누가 법적으로 책임이 있는지 알아내기 위해 경찰에 사고 기록을 요청했다. ◆ insurance 보험

[돋보기🔍] 의문대명사 who가 명사절에서 주어 역할을 하므로 <의문대명사(S′)+V′>의 어순이 적절하다.

06 ✕, Why do you believe | 당신은 왜 일부 사람들이 팀을 이루어 일한다는 생각을 싫어한다고 생각하나요? 그리고 그들을 어떻게 상대할 것입니까? ◆ dislike 싫어하다 deal with ~을 상대하다; ~에 대처하다

[돋보기🔍] 의문사가 이끄는 절이 명사절이고, 주절의 동사가 believe일 때 <의문사+do you believe+(S′)+V′>의 어순이 되어야 한다.

07 [정답] 참조 | 오늘날 살아 있는 모든 사람이 인생의 어느 시점에서 "시간이 다 어디로 갔지?" 또는 "새해라는 게 믿기지 않아. 시간 빨리 간다!" 같이 표현한 적이 있다고 추정하는 것은 타당하다. 이러한 문구들 뒤에 있는 정서는 같다. 그것은 우리가 나이를 먹을수록 시간이 빨리 가는 것처럼 느껴진다는 것이다. 하지만 무엇 때문에 이런 일이 일어나게 되는지를 생각해 본 적이 있는가? 연구에 따르면 우리가 시간을 지각하는 것은 우리 뇌가 받아서 처리하는 새로운 정보의 양에 크게 영향을 받는다. 우리가 더 많은 새로운 정보를 받아들일수록, 시간은 더 느리게 느껴진다. 그것이 왜 아이들에게 시간이 더 느리게 느껴지는지를 설명할지도 모른다. 그들 주변의 모든 것이 낯설기 때문에, 그들의 두뇌는 막대한 일을 가지고 있다.

◆ reasonable 타당한, 합리적인 assume 추정하다 sentiment 정서 phrase 문구, 어구 perception 지각; 인식 novel 새로운; 소설 process 처리하다 enormous 막대한 task 일, 과업

[돋보기🔍] ② 동사 can't believe의 목적어가 필요하고 밑줄 뒤에 완전한 형태의 절이 왔으므로 명사절을 이끄는 접속사가 필요한데, whether는 명사절을 이끄는 접속사일 때 '~인지 (아닌지)'의 의미이므로 문맥상 어색하다. '~라는 것을'이란 의미의 목적어절이 되도록 명사절 접속사 that으로 고치거나 that이 생략된 형태가 되도록 삭제해야 한다.
④ 여기서 의문부사 why가 이끄는 명사절이 목적어 역할을 한다.

[오답풀이] ① '~라는 것'의 의미이고 완전한 형태의 절을 이끄는 명사절 접속사 that이 알맞게 쓰였다.
③ 의문대명사가 명사절에서 주어 역할을 하고 있으므로 <의문대명사(S′)+V′>의 형태는 적절하다.

Main Stage 2 영작 서술형

본책 p. 124

[정답] ❶ get an explanation for why the printer didn't function
❷ The doctor asked the patient whether he had experienced any similar symptoms

[빈칸당 5점] 01 How a person approaches the day impacts everything else
02 reminds viewers that they should follow traffic regulations
03 (A) Where do you think we should go (B) what activities do you think we should do
04 provides clues about how disconnected humans have become
05 to recall whether they have seen a particular face or not[whether or not they have seen a particular face]
06 researched which social media platforms were most popular
07 is that they don't understand that investing in the stock market involves risk

❶ [정답] 참조 | ◆ manual 설명서 function 작동하다
[돋보기🔍] 전치사 for의 목적어 역할을 하며 '왜 ~하는지'로 해석되는 명사절이 필요하다. 의문부사 why가 이끄는 명사절은 <why+S′+V′>의 형태로 영작한다.
He read the manual / to get an explanation (for **why** the printer^S′
전치사   전치사의 O′
didn't function^V′ properly).

❷ [정답] 참조 | ◆ symptom 증상
[돋보기🔍] 동사 asked의 직접목적어 역할을 하며 '~인지 (아닌지)'로 해석되는 명사절이 필요하다. 접속사 whether가 이끄는 명사절은 <whether+S′+V′>의 형태로 영작한다.
The doctor asked the patient / **whether** he^S′ had experienced^V′
S   V   IO   DO
any similar symptoms^O′ in the past.

Exercise

01 정답 참조 | ◆approach 접근하다

돋보기🔍 문장의 주어 역할을 하며 '어떻게 ~하는지는'으로 해석되는 명사절이 필요하다. 의문부사 how가 이끄는 명사절은 <how+S'+V'>의 형태로 영작한다.

How a person$^{S'}$ approaches$^{V'}$ the day$^{O'}$ / impacts everything else
　　　S　　　　　　V　　　　　　O
(in that person's life).

02 정답 참조 | ◆remind 상기시키다　regulation 법규; 규정

돋보기🔍 동사 reminds의 직접목적어 역할을 하며 '~ 것으로' 해석되는 명사절이 필요하다. 접속사 that이 이끄는 명사절은 <that+S'+V'>의 형태로 영작한다.

The public advertisement reminds viewers / **that** they$^{S'}$ should
　　　　　　S　　　　　　　V　　　IO　　　　　　DO
follow$^{V'}$ traffic regulations$^{O'}$ / only by using a simple image.

03 정답 참조

돋보기🔍 (A) 의문부사 where가 이끄는 명사절은 <where+S'+V'>의 형태로 영작해야 하지만, 주절의 동사가 think일 때는 의문사를 문장 앞으로 보내야 하므로 Where를 do you think 앞에 쓴다.
(B) '어떤 활동들'이므로 <의문형용사 what+activities>가 되어야 한다. 주절의 동사가 think일 때는 의문사를 문장 앞으로 보내야 하므로 what activities를 do you think 앞에 쓴다.

Where do you think we$^{S'}$ should go$^{V'}$ on our next trip?
And **what activities**$^{O'}$ do you think we$^{S'}$ should do$^{V'}$ there?

04 정답 참조 | ◆ecosystem 생태계　disconnected 단절된

돋보기🔍 의문부사 how가 형용사 disconnected와 한 덩어리로 쓰여야 하므로 <how+형용사+S'+V'>의 형태로 영작한다.

The study of ecosystems provides clues (about
　　　　　　　　　　　　　　　　　　　　　　전치사
how disconnected$^{C'}$ humans$^{S'}$ have become$^{V'}$ from nature).
　　　　　전치사의 O'

05 정답 참조 | ◆recall 기억해내다　particular 특정한

돋보기🔍 recall의 목적어 역할을 하며 '~인지 (아닌지)'로 해석되는 명사절이 필요하다. 접속사 whether를 사용하여 <whether+S'+V'>의 형태로 영작한다. '아닌지'를 의미하는 or not은 whether 바로 뒤에 쓸 수도 있다.

Humans typically don't need much effort / to recall$^{V'}$
　　S　　　　　　　　　V　　　　　　　O┗━━━━ =
whether they have seen a particular face **or not**$^{O'}$.
(= ~ **whether or not** they have seen a particular face.)

06 정답 참조 | ◆platform 플랫폼《사용 기반이 되는 컴퓨터 시스템이나 소프트웨어》　target 대상, 목표

돋보기🔍 '어떤 소셜 미디어 플랫폼들'이므로 <의문형용사 which+social media platforms>가 되어야 한다. 이 <의문형용사+명사>가 명사절에서 주어 역할을 하므로, <의문형용사+명사(S')+V'>의 형태로 영작한다.

The company's marketing team researched / **which social media**
　　　　　　　　S　　　　　　　　　V
platforms$^{S'}$ were$^{V'}$ most popular$^{C'}$ among the target customers.

07 정답 참조 | ◆investor 투자자　stock market 주식 시장

돋보기🔍 먼저 문장의 보어 역할을 하며 '~ 것'으로 해석되는 명사절을 접속사 that을 사용하여 <that+S'+V'>의 형태로 영작한다. 이어서 that절 안의 동사 don't understand의 목적어 역할을 하며 '~ 것'으로 해석되는 명사절을 접속사 that을 사용하여 <that+S'+V'>의 형태로 영작한다.

The problem (with most new investors) / is / **that** they$^{S'}$ don't
　　　　S　　　　　　　　　　　　　　　V　　C
understand$^{V'}$ **that** investing in the stock market involves risk$^{O'}$.

Plus Stage

본책 p. 126

정답 **01** ✕
　　　02 that regular exercise ~ certain health conditions
　　　03 ✕
　　　04 they had forgotten her birthday, they had been planning ~ all along

1 그는 그녀가 정말 열심히 일했다고 말했다[나에게 말했다].

2 그는 내가 요리를 좋아하는지 물었다[궁금해했다].

3 그는 내가 생계를 위해 무엇을 하는지 물었다.

Try by Yourself!

01 ✕ | 네가 어젯밤에 우리가 함께 본 영화를 즐겼다니 기쁘다.

돋보기🔍 that you enjoyed ~ last night는 목적어 역할을 하는 명사절이 아니라, '~하다니, ~해서'라는 의미로 형용사 glad의 원인을 나타내는 부사절이다. 이때의 that은 because와 비슷한 뜻을 갖는다.

02 정답 참조 | 최근 연구들은 규칙적인 운동이 인지 기능을 향상시키고 특정한 건강상의 문제가 생길 위험을 줄일 수 있다는 것을 발견했다. ◆cognitive 인지의 develop (병이나 문제가) 생기다　condition 질환; 문제

돋보기🔍 동사 found의 목적어로 that이 이끄는 명사절이 왔다.

03 ✕ | 나는 회의 전에 내 일을 끝낼 수 있도록 오늘 아침 일찍 일어났다.

돋보기🔍 so that I could ~ my meeting은 '~하도록, ~하기 위해'라는 의미로 목적을 나타내는 부사절이다.

04 정답 참조 | Mary는 잠시 그들이 자신의 생일을 잊었었다고 생각했지만, 이후 그녀는 깜짝 파티의 장식들을 보았고 그들이 내내 그녀를 위해 무언가 특별한 것을 준비해왔다는 것을 깨달았다. ◆decoration 장식　all along 내내, 죽

돋보기 첫 번째 절에는 동사 thought의 목적어로 접속사 that이 생략된 명사절이 왔다. but 이하의 절의 동사 realized의 목적어 자리에도 접속사 that이 생략된 명사절이 왔다.

Mary thought / for a moment / **(that)** they had forgotten her
S   V   O

birthday, // but then she saw the surprise party decorations /
                              S   V1   O1

and realized **(that)** they had been planning ~ all along.
   V2   O2

Point 15   부사절 접속사

Zero Stage

본책 p. 127

정답   **2 When**   **3 If**

1   해가 비치고 있었지만 별로 따뜻하지는 않았다.

2   **When** | 우리가 어려운 무언가를 성취했을 때, 우리는 그것에 '피, 땀, 눈물'이 들었다고 말한다.   ◆sweat 땀

돋보기 문맥상 '~할 때'라는 의미의 시간을 나타내는 접속사 When이 적절하다.

3   **If** | 만약 당신이 작은 것들을 제대로 하지 못한다면, 당신은 절대 큰 것들을 제대로 할 수 없을 것이다.

돋보기 문맥상 '만약 ~라면'이라는 의미의 조건을 나타내는 접속사 If가 적절하다.

4   언제 비가 그칠지는 확실하지 않다.   ◆certain 확실한

5   비가 그치면 우리는 산책하러 갈 거야.

6   나는 2015년에 그 회사에 입사한 이후로 (계속해서) 성실한 직원이다.
◆loyal 성실한; 충성스러운

Main Stage 1   어법 서술형

본책 p. 128

정답   **❶ whereas**   **❷ so that**   **❸ now that**   **❹ As**   **❺ ○**   **❻ ✕, Although[Though, Even though]**
❼ ✕, because of[due to]

[각 4점]   **01 ✕, unless**   **02 ○**   **03 ✕, until**   **04 ○**   **05 ○**   **06 ✕, Although**
감점 요소   -2점 (✕는 올바르게 표시했지만 틀린 부분을 바르게 고치지 못한 경우)

[각 4점]   **07 ○**   **08 ✕, during**   **09 ✕, despite[in spite of]**   **10 ✕, Because[Since, As]**
감점 요소   -2점 (✕는 올바르게 표시했지만 틀린 부분을 바르게 고치지 못한 경우)

❶ whereas | 어떤 사람들은 고수 맛을 좋아하는 반면에, 다른 사람들은 그것이 비누 같은 맛이 난다고 생각한다.

돋보기 고수를 좋아하는 사람과 비누 맛을 느끼는 사람은 서로 대조되는 것이므로, '~인 반면에'라는 의미의 대조를 나타내는 접속사 whereas가 적절하다.

❷ so that | 그녀는 학생들의 마음을 사로잡기 위해서 재미있는 동영상을 많이 준비했다.   ◆captivate ~의 마음을 사로잡다

돋보기 문맥상 '~하기 위해서'라는 의미의 목적을 나타내는 접속사 so that이 적절하다.

❸ now that | 그는 건강이 회복된 상태이므로 미뤘던 배낭여행을 드디어 떠날 수 있다.   ◆backpacking trip 배낭여행   postpone 미루다

돋보기 건강 회복의 결과, 배낭여행을 떠날 수 있는 것이므로 '(지금) ~이므로'라는 의미의 이유를 나타내는 접속사 now that이 적절하다.

❹ As | 경영 컨설턴트들이 예상한 대로, 비용 절감 조치 시행 후에 그 회사의 수익이 크게 증가했다.   ◆profit 수익   significantly 크게, 상당히

돋보기 문맥상 '~처럼'이라는 의미의 양태를 나타내는 접속사 As가 적절하다.

⑤ **○** | 기장은 승객들이 비행의 마지막 한 시간 동안 반드시 계속 앉아 있어야 한다고 말했다. ◆passenger 승객

돋보기🔍 뒤에 명사구(the final hour of flight)가 이어지므로 전치사 자리이다.

~ must remain seated / **during** the final hour (of flight).
  　　　　　　　　　　전치사　　　　　명사구

⑥ **✕, Although[Though, Even though]** | 비록 개개인의 선호도는 서로 다르지만, 문화 및 사회적 규범은 여전히 옷을 결정하는 데 중요한 역할을 한다. ◆vary 서로 다르다; 바꾸다　societal 사회의　norm 규범　significant 중요한　determine 결정하다

돋보기🔍 뒤에 주어(individual preferences)와 동사(vary)를 갖춘 절이 이어지므로 접속사 자리이다.

Although[Though, Even though] individual preferences vary, // ~.
　　　　　　　　　　　　　　　　　　　 S'　　　　　　 V'

⑦ **✕, because of[due to]** | 표범상어는 표범에게서 발견되는 것과 비슷한 짙은 갈색 무늬 때문에 그 이름을 얻었다. ◆leopard 표범　marking 무늬

돋보기🔍 뒤에 명사구(its dark brown markings ~)가 이어지므로 전치사 자리이다.

~ / **because of[due to]** its dark brown markings (similar to ~).
　　 구전치사　　　　　　　　　　　명사구

> **NOTE** 부사구를 이끄는 구전치사
> 2개 이상의 단어로 이루어진 구전치사 뒤에도 명사(구)가 온다.
> according to(~에 따르면), owing to(~ 때문에), except for(~을 제외하고),
> in addition to(~일 뿐만 아니라, ~ 이외에도), regardless of(~에 상관없이),
> instead of(~ 대신에)

Exercise

01 **✕, unless** | 성인들은 만약 유연성을 유지하려는 의식적인 노력을 하지 않는다면 상당히 빠르게 유연성을 잃을 수 있다. ◆flexibility 유연성　rather 상당히, 꽤　rapidly 빠르게　conscious 의식적인

돋보기🔍 노력을 하지 않으면 유연성을 잃는 결과가 될 것이라는 의미가 되도록, '만약 ~하지 않는다면'이라는 의미의 조건을 나타내는 접속사 unless로 고쳐야 한다.

> **NOTE** if vs. unless
> unless는 '부정'의 의미를 포함하며, if ~ not과 같은 의미이다.
> ~ **unless** they make a conscious effort to maintain it.
> = ~ **if** they **don't** make a conscious effort to maintain it.

02 **○** | 태양이 하늘 높이 떠 있을 때 태양을 쳐다보는 것은 하늘이 맑든 흐리든 눈에 해롭다. ◆stare 빤히 쳐다보다, 응시하다　hazy 흐릿한, 안개가 낀

돋보기🔍 하늘이 맑든 흐리든 상관없이 태양을 쳐다보는 것이 해롭다는 의미이므로, '~이든 (아니든)'이라는 의미의 양보를 나타내는 접속사 whether는 적절하다.

03 **✕, until** | 즉시 시작해서 일이 완료될 때까지 끈질기게 계속하고 나서 다른 것으로 넘어가도록 스스로를 단련하라. ◆discipline 스스로를[심신을] 단련하다; 훈련; 훈육　persist 끈질기게 계속하다

돋보기🔍 일이 완료될 때까지 중단하지 않고 계속하도록 단련하라는 의미가 되도록, '~할 때까지'라는 의미의 시간을 나타내는 접속사 until로 고쳐야 한다.

04 **○** | 인간의 뇌는 15,000년에서 30,000년 전에 크기가 최고조에 달했던 이래로 질량이 약 10퍼센트 줄어들었다. ◆shrink 줄어들다　mass 질량　peak 최고조에 달하다

돋보기🔍 인간의 뇌가 최고조에 달했던 시점 이래로 (현재는) 뇌의 질량이 10퍼센트 줄었다는 의미이므로, '~한 이래로'라는 의미의 시간을 나타내는 접속사 since는 적절하다.

05 **○** | 흡혈귀가 사람을 물자마자 그 사람은 다른 사람의 피를 찾는 흡혈귀로 변한다고 한다. ◆bite 물다　turn into ~로 변하다

돋보기🔍 흡혈귀가 사람을 물면 그 사람은 흡혈귀로 변한다는 의미이므로, '~하자마자, 일단 ~하면'이라는 의미의 시간을 나타내는 접속사 once는 적절하다.

06 **✕, Although** | 비록 패션 산업은 유럽에서 처음 발전했지만, 오늘날 그것은 국제적이고 고도로 세계화된 산업이다. ◆international 국제적인　highly 고도로　globalize 세계화하다

돋보기🔍 처음 유럽에서 발전했던 산업이 지금은 세계화된 산업이라는 의미가 되도록, '비록 ~이지만'이라는 의미의 양보를 나타내는 접속사 Although로 고쳐야 한다.

07 **○** | 그 시집에 실린 시들은 다양한 문화적 배경에서 나오지만, 그것들은 모두 인류 공통의 경험을 이야기한다. ◆poem 시　collection (시 등의) 모음집　come from ~에서 나오다　diverse 다양한　humanity 인류; 인간성

돋보기🔍 뒤에 주어(the poems)와 동사(come)를 갖춘 절이 이어지므로 접속사 자리이다.

Although the poems (in the collection) / come from ~, // ~.
　　　　　　　　　S'　　　　　　　　　　 V'

08 **✕, during** | 폭풍우가 치는 동안에 우리가 보게 되는 번개는 구름과 지면 사이의 전하에 의해 발생된다. ◆electrical 전기의　charge 전하(정전기의 양); 충전하다, 채우다

돋보기🔍 뒤에 명사(a storm)가 이어지므로 전치사 자리이다. is caused는 부사절을 구성하는 동사가 아니라 주절의 동사이다.

The lightning [that we see / **during** a storm] / is caused by ~.
　　S　　　　　　　　　　전치사　명사　　 V

09 **✕, despite[in spite of]** | 자유 시장 체제의 광범위한 수용에도 불구하고, 시장이 완전히 자유로운 상태로 남아 있는 경우는 드물다. ◆rarely 드물게　entirely 완전히　widespread 널리 퍼진　acceptance 수용, 받아들임

돋보기🔍 뒤에 명사구(the widespread acceptance ~)가 이어지므로 전치사 자리이다.

10 **✕, Because[Since, As]** | 바다에 떠 있는 쓰레기의 양이 상상할 수 없는 수준에 도달했기 때문에, 그것을 완전히 정화할 실질적인 방법을 찾기는 어려워 보인다. ◆float 뜨다, 떠다니다　unimaginable 상상할 수 없는　practical 실질적인; 실용적인

돋보기🔍 뒤에 주어(the amount of garbage)와 동사(has reached)를 갖춘 절이 이어지므로 접속사 자리이다.

Because[Since, As] the amount of garbage (floating in the
　　　　　　　　　　　　　　　　　S'
ocean) / has reached unimaginable levels, // it seems ~.
　　　　　　 V'　　　　　　　 O'

Main Stage 2 영작 서술형 I

정답
❶ Since self-reflection promotes growth, we must regularly assess
❷ Our knowledge does not become genuinely useful until we learn
❸ If you book our special package, you will enjoy everything

---

❶ 정답 참조 | ◆self-reflection 자기 성찰 promote 촉진하다 regularly 정기적으로 progress 진행, 진척

돋보기 🔍 우리말의 콤마(,)로 두 개의 절을 쉽게 구분할 수 있다. '~하므로'는 이유/원인을 뜻하므로, since를 써서 부사절을 영작하고 뒤이어 주절을 완성한다.

Since self-reflection promotes growth, //
　　　　S'　　　　　　V'　　　　　　O'
we must regularly assess our goals and progress.
S　　└──── V ────┘　　　　　01　　　　　02

❷ 정답 참조 | ◆genuinely 정말로 apply 적용하다

돋보기 🔍 주어진 우리말은 '우리가 실수와 경험을 통해 ~ 배울 때까지는 / 우리의 지식은 쓸모가 없다'로도 바꿔 쓸 수 있다. 시간을 나타내는 접속사 until을 쓰되, 주절에 not을 포함하여 'B할 때까지 A하지 않다, B하고 나서야 비로소 A하다'라는 의미가 되도록 <not A until B> 구문을 쓴다. 부사절에 포함된 내용이 뒷부분에 주어졌으므로 주절을 먼저 영작하고, 뒤이어 부사절을 완성한다. 우리말에 부정어가 없어도 의미

상 주절에 반드시 부정어가 포함되어야 한다는 점에 주의하자.

Our knowledge does not become genuinely useful // until we
　　S　　　　　　V　　　　　　　　　C　　　　　　　　　S'
learn how to apply it / through our mistakes and experiences.
　V'　　　O'

❸ 정답 참조

돋보기 🔍 우리말에서 '저희의 특별 패키지 상품을 예약하시면'이 부사절에 해당하므로, '만약 ~라면'이라는 의미의 조건을 나타내는 접속사 if를 써서 영작한다. 조건의 접속사가 이끄는 부사절에서는 현재시제가 미래시제를 대신하므로, 동사 book은 현재시제로 쓰였다.

If you book our special package, // you will enjoy everything /
　　S'　 V'　　　O'　　　　　　　　S　　　V　　　　O
at a reasonable price.

Main Stage 3 영작 서술형 II

정답
❶ was so exhausted that he could barely lift his arms
❷ produce oxygen so that we can breathe and live
❸ is so subtle that it can be difficult to interpret objectively

[각 5점]
01 observed and recorded the results while the experiment was being conducted
02 had fallen so severely that she sprained her ankle
03 As soon as the desk you ordered arrives, we will call you and arrange
04 muted my phone so that I could have a peaceful evening

감점 요소 –2점 (어순과 고른 표현이 올바르나 어형 변형이 틀린 경우)

[10점] 05 audience feedback is so important that it cannot be ignored

---

❶ 정답 참조 | ◆intense 격렬한 exhausted 지친 barely 거의 ~않다

돋보기 🔍 우리말에서 영작해야 할 부분은 '이유/원인(Tony는 너무 지쳐서)'와 '결과((그의) 팔을 거의 들 수 없었다)'로 나눌 수 있다. 각각 so와 that을 이용하여 영작한다. 참고로 이 구문에서 that은 생략 가능하므로, 괄호 안의 어구에 that이 없을 경우 곧바로 주어(이 문제에서는 he)로 시작하면 된다. 또한 so와 that 사이의 형용사 자리에는 exhausted와 같이 분사 형태(v-ing, p.p.)의 형용사도 올 수 있다.

Due to the intense training, / Tony was so exhausted // that he
　　　　　　　　　　　　　　　　　S　　V　　so　　C　　　　　that　S'
could barely lift his arms.
　└──── V' ────┘　O'

❷ 정답 참조

돋보기 🔍 우리말에서 '우리가 지구에서 숨 쉬고 살 수 있도록'이 '목적'을 의미하는 so that절에 해당한다. 본문에 주어진 주어가 포함된 주절을 완성하고 뒤이어 so that절을 영작한다. 참고로 이 구문에서 that은 생략 가능하므로, 괄호 안의 어구에 that

이 없을 경우 so 뒤에 바로 주어(이 문제에서는 we)를 쓰면 된다.

Some bacteria (in soil, water, and air) / produce oxygen // so that
　　S　　　　　　　　　　　　　　　　　　　V
we can breathe and live on Earth.
S'　　　　V'

❸ 정답 참조 | ◆subtle 미묘한 objectively 객관적으로

돋보기 🔍 우리말에서 영작해야 할 부분은 '이유/원인(신체 언어는 너무 미묘해서)'와 '결과(객관적으로 해석하기 어려울 수 있다)'로 나눌 수 있다. 각각 so와 that을 이용하여 영작한다. so와 that 사이에 형용사 subtle을 포함하여 주절을 영작하고, 결과를 나타내는 that절을 이어서 쓴다.

Sometimes / body language is so subtle // that it can be
　　　　　　　　　S　　　　　V　so　　C　　　　that　S'(body V'
difficult to interpret objectively.　　　　　　　　　language)
└──── C' ────┘

Exercise

01 정답 참조 | • record 기록하다 conduct (특정한 활동을) 하다

돋보기 🔍 우리말과 주어진 어구로 보아 '실험이 진행되고 있는 동안'이 부사절에 해당하므로, 시간을 나타내는 접속사 while을 써서 영작한다.

The scientists observed and recorded the results // while
　　　 S 　　　 V1 　　 and 　　 V2 　　　　 O
the experiment was being conducted.
　　　 S′ 　　　　　 V′

02 정답 참조 | • severely 심하게 ankle 발목

돋보기 🔍 우리말은 크게 '이유/원인(너무 심하게 넘어져서)'과 '결과(발목을 삐어 ~)'로 나눠지므로 <so+형용사[부사]+that+S′+V′> 구문을 사용한다. severe는 동사 had fallen을 수식해야 하므로 부사 형태인 severely로 바꾼다. 원인을 나타내는 so severely를 포함해 주절을 영작하고, 결과를 나타내는 that절을 이어서 쓴다.

She had fallen so severely // that she sprained her ankle
　S 　　 V 　　　　　　　　　 S′ 　 V′1 　　 O′1
and had to rest.
and 　 V′2

03 정답 참조 | • arrange 정하다 convenient 편리한

돋보기 🔍 우리말의 콤마(,)로 두 개의 절을 쉽게 구분할 수 있다. '~하자마자, ~하는 대로'라는 의미의 시간을 나타내는 접속사 as soon as를 써서 영작한다. 시간의 접속사가 이끄는 부사절에서는 현재시제가 미래시제를 대신하므로, 동사 arrive는 주어 the desk에 수일치하여 현재시제 단수동사로 바꾼다. as long as는 '~하는 한, ~하기만 하면'의 의미이다.

As soon as the desk [you ordered] / arrives, // we will call you
　　　　　　 S′ 　　　　　　　　 V′ 　　 S 　 V1 　 O1
and arrange a convenient delivery time.
and 　 V2 　　　　 O2

04 정답 참조 | • mute 음소거하다 peaceful 평화로운 interruption 방해

돋보기 🔍 우리말에서 '(내가) 어떤 방해도 받지 않고 ~ 보낼 수 있도록'이 '목적'을 의미하므로, '~하기 위해서, ~하도록'이라는 의미의 목적을 나타내는 접속사 so that을 써서 영작한다.

I muted my phone // so that I could have a peaceful evening /
S 　 V 　 O 　　　　　　　 S′ 　 V′ 　　　 O′
without any interruptions.

05 정답 참조 | 연설자들은 연설하는 동안 청중의 말을 '경청'해야 하기 때문에 대중 연설은 청중 중심이다. 그들은 언어적, 비언어적 신호를 포함하여, 청중의 피드백을 관찰해야 한다. 청중의 피드백은 종종 청중이 연설자의 생각을 이해하고, 관심을 갖고, 받아들일 준비가 되어 있는지를 나타낸다. 이 피드백은 연설자들이 언제 속도를 늦추거나 무언가를 더 자세히 설명해야 할지를 알게 도와준다. 그것은 또한 청중과 존중하는 관계를 형성하는 것에서 그들(연설자들)을 돕는다.
[요약문] 대중 연설에서, 청중의 피드백은 아주 중요해서 무시할 수 없다.
• public speaking 대중 연설 monitor 관찰하다; 감시하다 verbal 언어적인 nonverbal 비언어적인 signal 신호 indicate 나타내다 in detail 자세히 aid 돕다 respectful 존중하는, 존경심을 보이는 connection 관계; 연결

돋보기 🔍 청중의 피드백이 연설자가 효과적인 연설을 하도록 도와주므로 연설자는 이를 '경청해야(= 잘 반영해야)' 한다는 내용의 글이다. 주어진 어구로 보아 '이유/원인(청중 피드백은 아주 중요해서)'과 '결과(무시할 수 없다)'로 나눌 수 있다. 각각 so와 that을 이용하여 영작한다. so important를 포함하여 주절을 영작하고, 결과를 나타내는 that절을 이어서 쓴다.

In public speaking, / audience feedback is so important //
　　　　　　　　　 S 　　　　 V 　　　 C
that it cannot be ignored.
　　 S′ 　 V′

Plus Stage

본책 p. 133

정답 **01** so that 　　 **02** ③ 　　 **03** solitary
04 our online communication so that[in order that] we can prevent crimes

1 올해 1분기는 매출이 상당히 증가한 반면에 2분기는 약간 감소했다.
• quarter 분기(《1년의 4분의 1) increase 증가 slight 약간의 decline 감소

Try by Yourself!

01 so that | 그녀는 매일 피아노를 연습해서 연주회에서 어려운 곡을 완벽하게 연주할 수 있었다. • recital 연주회, 발표회

돋보기 🔍 피아노를 열심히 연습한 결과 연주회에서 어려운 곡을 완벽하게 연주할 수 있었던 것이므로, 주어진 접속사 중 논리 관계상 결과를 나타내는 접속사 so that을 써야 한다.

02 ③ | 기술이 집에서 연결된 상태를 유지하고 효율적으로 근무하는 것을 더 쉽게 만들어주었기 때문에, 많은 회사는 직원들에게 ③ 원격 근무에 대한 선택권을 제공하고 있다.
① 다양한 종류의 일을 맡기고 있다 ② 추가 휴가 기간을 제공하고 있다
④ 급여와 수당을 인상하고 있다 ⑤ 더 엄격한 출근 방침을 시행하고 있다

• assign 맡기다, 배정하다 remote work 원격 근무 enforce 시행하다

돋보기 🔍 이유를 나타내는 now that절의 내용으로 보아, 이에 대한 결과로는 많은 회사가 원격 근무에 대한 선택권을 제공하고 있다는 것이 타당하다.

03 solitary | 책을 읽는 것은 혼자 하는 활동이 될 수 있는 반면, 독서 모임에 가입하는 것은 사회적 상호작용의 기회를 제공한다. • solitary 혼자 하는

돋보기 🔍 while 이하가 '시간'을 나타낸다고 보기 어렵다. 앞에 나온 Reading books와 joining a book club의 성격이 대조되고 있으므로 여기서 while은 '~인 반면에'의 의미이다.

04 정답 참조 | 우리는 소셜 미디어에서 범죄를 예방할 수 있도록 온라인 통신을 안전하게 보호해야 한다.

돋보기 🔍 목적을 나타내는 접속사 so that 또는 in order that을 추가하여 영작한다. 소셜 미디어에서 범죄를 예방하는 것이 온라인 통신을 안전하게 보호하는 행위의 '목적'에 해당한다.

Zero Stage

본책 p. 135

1 나는 시간이 없다. 너를 도와줄 수 없다.

2 만약 내가 시간이 있다면, 너를 도와줄 텐데.

3 만약 내가 복권에 당첨된다면, 전 세계를 여행할 텐데. ◆ lottery 복권

4 만약 네가 공부를 더 열심히 했더라면, 시험에서 더 좋은 점수를 받을 수 있었을 텐데.

5 당신이 모르는 것을 마치 알고 있는 것처럼 행동할 때 당신은 어리석어 보일지도 모른다.

6 그녀의 도움이 없었다면, 나는 그 자료를 이해하려고 고군분투했을 텐데.
◆ assistance 도움

Main Stage 1 문장전환 서술형

본책 p. 136

정답 **❶** hadn't read, couldn't have understood
❷ were, would[could, might] be
❸ hadn't missed, could have restored
❹ had not been invented, would[could, might] be
❺ had used sunscreen, wouldn't[couldn't, might not] have
❻ it were not for, Were it not for
❼ it had not been for, Had it not been for

[각 10점] **01** the fire alarm hadn't sounded, the people couldn't have escaped the building
02 If it had not been for[Had it not been for, But for] Columbus' voyage
03 the city had approved the bill, the average commute time wouldn't[couldn't, might not] be over an hour

1 내가 피곤하지 않았기 때문에, 파티에 참가했다. → 만약 내가 피곤했더라면, 파티에 참가하지 않았을 텐데.

❶ 정답 참조 | 그녀가 원작을 읽었기 때문에, 영화를 잘 이해할 수 있었다.
→ 만약 그녀가 원작을 읽지 않았다면, 영화를 잘 이해할 수 없었을 텐데.

돋보기 과거 사실과 반대되는 일을 가정하고 있으므로 if절에는 <had p.p.>, 주절에는 <조동사 과거형＋have p.p.>를 써서 가정법 과거완료 구문을 완성한다.

❷ 정답 참조 | 지구가 평평하지 않기 때문에 우리는 태양 광선에 취약하지 않다.
→ 만약 지구가 평평하다면, 우리는 태양 광선에 취약할 텐데. ◆ flat 평평한
vulnerable 취약한 ray 광선

돋보기 현재 사실과 반대되는 일을 가정하고 있으므로 if절에는 <과거시제 (were)>, 주절에는 <조동사 과거형＋동사원형>을 써서 가정법 과거 구문을 완성한다. if절의 동사가 be동사일 때는 주어의 수나 인칭에 상관없이 were를 쓴다. 단, 구어체에서는 was를 쓰기도 한다.

❸ 정답 참조 | 나는 친구에게 사과할 기회를 놓쳐서, 신뢰를 회복할 수 없었다.
→ 만약 내가 친구에게 사과할 기회를 놓치지 않았다면, 신뢰를 회복할 수 있었을 텐데.
◆ restore 회복하다

돋보기 과거 사실과 반대되는 일을 가정하고 있으므로 if절에는 <had p.p.>, 주절에는 <조동사 과거형＋have p.p.>를 써서 가정법 과거완료 구문을 완성한다.

2 내가 돈을 다 썼기 때문에, 지금 어머니를 위한 더 좋은 선물을 살 수 없다.
→ 만약 내가 돈을 다 쓰지 않았다면, 지금 어머니를 위한 더 좋은 선물을 살 수 있을 텐데.

❹ 정답 참조 | 마이크로칩이 발명되었기 때문에, 오늘날의 컴퓨터는 방 하나만큼 크지 않다. → 만약 마이크로칩이 발명되지 않았다면, 오늘날의 컴퓨터는 방 하나만큼 클 텐데. ◆ microchip 마이크로칩《반도체용 초소형 칩》

돋보기 if절은 과거 사실과 반대되는 일을 가정하므로 <had p.p.>를 쓰고, 주절은 현재 사실과 반대되는 일을 가정하므로 <조동사 과거형＋동사원형>을 써서 혼합가정법 구문을 완성한다.

❺ 정답 참조 | 그는 해변에서 자외선 차단제를 바르지 않았기 때문에, 지금 햇볕에 심하게 타 있다. → 만약 그가 해변에서 자외선 차단제를 발랐다면, 지금 햇볕에 심하게 타 있지 않을 텐데. ◆ sunscreen 자외선 차단제 severe 심각한, 극심한
sunburn 햇볕에 탐, 햇볕으로 입은 화상

돋보기 if절은 과거 사실과 반대되는 일을 가정하므로 <had p.p.>를 쓰고, 주절은 현재 사실과 반대되는 일을 가정하므로 <조동사 과거형＋동사원형>을 써서 혼합가정법 구문을 완성한다.

❻ 정답 참조 | 메신저 앱이 없다면, 우리는 해외 친구들과 연락하고 지내는 데 어려움을 겪을 텐데. ◆ stay in touch with ~와 연락하고 지내다 overseas 해외의; 해외로

돋보기 현재 사실과 반대되는 일을 가정하고 있으므로 가정법 과거가 적절하다. 첫 번째에는 If가 있는 절을, 두 번째에는 If를 생략하고 주어 it과 동사 were를 도치시킨 절을 완성한다.

❼ 정답 참조 | 자세한 설명이 없었다면, 나는 새 책장을 조립할 수 없었을 텐데.
◆detailed 자세한 instruction 설명 assemble 조립하다

돋보기🔍 과거 사실과 반대되는 일을 가정하고 있으므로 가정법 과거완료가 적절하다. 첫 번째에는 If가 있는 절을, 두 번째에는 If를 생략하고 주어 it과 조동사 had를 도치시킨 절을 완성한다.

Exercise

01 정답 참조 | 화재 경보가 울렸기 때문에, 사람들은 건물을 탈출할 수 있었다. → 만약 화재 경보가 울리지 않았다면, 사람들은 건물을 탈출할 수 없었을 것이다.
◆sound 울리다 escape 탈출하다

돋보기🔍 과거 사실과 반대되는 일을 가정하고 있으므로 if절에는 <had p.p.>, 주절에는 <조동사 과거형+have p.p.>를 써서 가정법 과거완료 구문을 완성한다.

02 정답 참조 | 콜럼버스의 항해가 없었다면, 아메리카 대륙의 발견은 상당히 늦어졌을 것이다. ◆voyage 항해 discovery 발견 delay 늦추다, 미루다

돋보기🔍 과거 사실과 반대되는 일을 가정하고 있으므로 가정법 과거완료가 적절하다. 그러므로 Without은 <If it had not been for>, <Had it not been for>, <But for>로 바꿔 쓸 수 있다.

03 정답 참조 | 시에서 5년 전에 버스 노선을 신설하는 법안을 승인하지 않아서, 현재 평균 통근 시간이 한 시간이 넘는다. → 만약 시에서 5년 전에 버스 노선을 신설하는 법안을 승인했다면, 현재 평균 통근 시간이 한 시간이 넘지 않을 텐데.
◆approve 승인하다 bill 법안 average 평균의 commute 통근; 통근하다

돋보기🔍 if절은 과거 사실과 반대되는 일을 가정하므로 <had p.p.>를 쓰고, 주절은 현재 사실과 반대되는 일을 가정하므로 <조동사 과거형+동사원형>을 써서 혼합가정법 구문을 완성한다.

Main Stage 2 어법 서술형

본책 p. 138

정답 **❶** ◯ **❷** ✕, were **❸** ✕, have **❹** had completed **❺** hadn't[had not] taken **❻** weren't[were not] **❼** ◯ **❽** ✕, had happened **❾** ◯

[각 5점] **01** ✕, have suffered **02** ◯ **03** ✕, had **04** ✕, be

감점 요소 -3점 (✕는 올바르게 표시했지만 틀린 부분을 바르게 고치지 못한 경우)

❶ ◯ | 만약 양쪽 엔진이 모두 작동을 멈췄다면, 항공기는 추락했을 것이다.
◆aircraft 항공기 crash (항공기가) 추락하다; (차량 등이) 충돌하다

돋보기🔍 if절에서 <had p.p.>가 쓰여 과거 사실을 반대로 가정하고 있으며, 주절도 문맥상 과거 사실을 반대로 가정하고 있으므로 <조동사 과거형+have p.p.>는 적절하다.

❷ ✕, were | 만약 내가 억만장자라면, 우주행 티켓을 살 수 있을 텐데.
◆billionaire 억만장자

돋보기🔍 주절의 동사가 <조동사 과거형+동사원형>이고 문맥상 현재에 일어날 가능성이 매우 희박하거나 불가능한 일을 가정하고 있다. if절도 마찬가지이므로 if절은 과거시제가 되어야 한다.

❸ ✕, have | 그들이 현명하게 돈을 저축하고 투자했다면, 지금 편안한 은퇴 생활을 하고 있을 텐데. ◆wisely 현명하게 retirement 은퇴 (생활)

돋보기🔍 if절에서 if가 생략되고 주어와 동사가 도치되었다. if절에서 <had p.p.>가 쓰여 과거 사실을 반대로 가정하고 있지만, 주절은 문맥상 현재 사실을 반대로 가정하고 있는 혼합가정법 구문이므로, <조동사 과거형+동사원형>이 되어야 한다.
Had they **saved** and **invested** their money wisely, //
└── had p.p. ──┘ (= If they had saved and invested ~)
they **would have** a comfortable retirement **now**.
조동사 과거형+동사원형

❹ had completed | 베토벤은 10번 교향곡의 일부 스케치와 미완성 부분만 남겼다. 만약 그가 그것을 완성했다면, 그것은 이전 작품들과 같은 수준의 걸작이 될 수 있었을 것이다. ◆fragment 조각; 미완성의 부분 symphony 교향곡 masterpiece 걸작

돋보기🔍 주절의 동사가 <조동사 과거형+have p.p.>이고 문맥상 과거 사실을 반대로 가정하고 있다. if절도 '(과거 사실과 반대되어) ~했다면'이라는 의미이므로 if절에는 <had p.p.>가 적절하다.

❺ hadn't[had not] taken | 내 인생의 전환점은 유럽 여행을 떠나기로 결심했을 때였다. 내가 그 비행기를 타지 않았다면, 지금 내 인생은 완전히 다를 것이다. ◆turning point 전환점

돋보기🔍 주절의 동사가 <조동사 과거형+동사원형>이고 문맥상 현재 사실을 반대로 가정하고 있지만, if절은 과거 사실을 반대로 가정하고 있는 혼합가정법 구문이므로 if절에는 <had p.p.>가 적절하다.

❻ weren't[were not] | 하마는 초식 동물이며 고기는 소고기와 비슷한 맛으로 알려져 있지만, 지구상에서 가장 치명적인 대형 포유류 중 하나로 여겨진다. 만약 그들이 그렇게 공격적이지 않다면, 사람들은 하마를 식량을 위해 사육하려고 할지도 모른다. ◆hippo 하마 deadly 치명적인 mammal 포유류 aggressive 공격적인 domesticate 사육하다, 길들이다

돋보기🔍 주절의 동사가 <조동사 과거형+동사원형>이고 문맥상 현재 사실을 반대로 가정하고 있다. if절도 현재 사실을 반대로 가정하므로 if절에는 과거시제가 적절하다.

❼ ◯ | "올해의 학생 트로피는 Zoe Perry 학생에게 수여됩니다."라고 교장 선생님이 선언했다. Zoe는 마치 천국에 있는 것처럼 느꼈다. ◆award 수여하다 declare 선언하다

돋보기🔍 as if가 이끄는 절이 문맥상 일어날 가능성이 매우 희박하거나 불가능한 일을 가정하고 있다. 주절(과거)과 동일한 때(과거)의 일을 가정하므로 과거시제는 적절하다.

⑧ ✕, had happened | 강력한 허리케인이 지나가고 다섯 달 후, 마을은 마치 아무 일도 없었던 것처럼 정상 속도로(원래 모습으로) 돌아갔다. ◆ pace 속도

돋보기 🔍 as if가 이끄는 절이 주절보다 앞선 때의 사실을 반대로 가정하므로 <had p.p.>가 되어야 한다.

⑨ ○ | 그 개는 마치 전문가에게 훈련받았었던 것처럼 행동했고, 모든 명령을 쉽게 따랐다. ◆ behave 행동하다 command 명령 effortlessly 쉽게

돋보기 🔍 as if가 이끄는 절이 주절보다 앞선 때의 사실을 반대로 가정하므로 <had p.p.>는 적절하다.

Exercise

01 ✕, have suffered | James는 고속 자전거 경주 중 당한 사고에서 현재 완전히 회복된 상태이다. 그의 헬멧이 없었다면 그는 머리에 심각한 부상을 당했을 것이다. ◆ suffer (부상 등을) 당하다 injury 부상

돋보기 🔍 과거의 일을 반대로 가정하는 것이므로 <조동사 과거형+have p.p.>가 되어야 한다. Without ~ 역시 과거의 일(= If it had not been for ~)을 나타낸다.

02 ○ | 예전에는 그녀를 마치 친자매처럼 알고 있다고 느꼈지만, 지금은 우리 사이에 거리감이 커지고 있는 것을 느낀다. ◆ distance 거리(감)

돋보기 🔍 as if가 이끄는 절이 주절과 동일한 때의 사실과 반대되는 일을 가정하므로 과거시제가 적절하다.

03 ✕, had | 그는 스키를 신을 때마다 마치 눈 위를 날 수 있는 날개를 가진 것처럼 느낀다.

돋보기 🔍 as if가 이끄는 절이 문맥상 일어날 가능성이 매우 희박하거나 불가능한 일을 가정하고 있다. 주절(현재)과 동일한 때(현재)의 일을 가정하므로 과거시제가 되어야 한다.

04 ✕, be | 과거에 역사 보존 노력이 더 높은 우선순위였다면, 오늘날의 많은 문화유산 유적지가 훨씬 더 나은 상태일 것이다. ◆ historical 역사적인 preservation 보존 priority 우선순위 cultural heritage 문화유산 condition 상태

돋보기 🔍 if절에서 <had p.p.>가 쓰여 과거 사실을 반대로 가정하고 있지만, 주절은 현재의 사실을 반대로 가정하고 있으므로 혼합가정법 구문이다. 따라서 주절은 <조동사 과거형+동사원형>이 되어야 한다.

Main Stage 3 영작 서술형

정답 [각 5점] **01 Had we known Busan was this beautiful, we would have planned**
02 made everyone feel comfortable as if they were in their hometown
03 would not have worn jeans if you had told me about the dress code of the restaurant
04 had it not been for our passion
감점 요소 -2점 (어순은 올바르나 어형 변형이 틀린 경우)

[10점] **05 stopped working, it would be the end of the world**
감점 요소 -5점 (어순은 올바르나 어형 변형이 틀린 경우)

Exercise

01 **정답** 참조

돋보기 🔍 과거 사실과 반대되는 일을 가정하고 있으므로 if절에는 <had p.p.>, 주절에는 <조동사 과거형+have p.p.>를 써서 가정법 과거완료 구문을 완성한다. 주어진 어구에 if가 없으므로 주어와 동사를 도치시킨다.

Had we known Busan was this beautiful, //
└ had p.p. (= If we had known Busan ~)
we **would have planned** to stay longer.
조동사 과거형+have p.p.

02 **정답** 참조 | ◆ personality 성품, 성격

돋보기 🔍 주절은 과거의 일(편안하게 했다)을 말하고 있고, as if가 이끄는 절이 주절과 동일한 때를 가정하고 있으므로 과거시제로 표현해야 한다.

Her warm personality **made** everyone feel comfortable // **as if**
직설법 과거
they **were** in their hometown.
가정법 과거

03 **정답** 참조

돋보기 🔍 과거 사실과 반대되는 일을 가정하고 있으므로 if절에는 <had p.p.>, 주절에는 <조동사 과거형+have p.p.>를 써서 가정법 과거완료 구문을 완성한다. I로 문장을 시작해야 하므로, 주절을 먼저 쓰고 뒤에 if절을 쓰면 된다. if절도 부사절이므로 문장 뒤에 올 때 콤마(,)는 쓰지 않는 것이 일반적이다.

I **would not have worn** jeans // **if** you **had told** me / about the
조동사 과거형+have p.p.   had p.p.
dress code (of the restaurant).

04 **정답** 참조 | ◆ passion 열정

돋보기 🔍 <had it not been for>는 <If it had not been for>에서 if를 생략하고 주어와 동사가 도치된 형태로, '~가 없었다면'의 의미이다. 주어진 어구에 if가 없으므로 주어와 동사를 도치시킨 <had it not been for> 구문을 이용한다.

Our success **would not have been achieved** // **had it not been**
조동사 과거형+have p.p.   (= if it had not been for,
for our passion.   without, but for)

05 **정답** 참조 | 불과 한두 세대 전만 해도 '알고리즘'이라는 단어를 언급하는 것은 대부분의 사람으로부터 아무 반응을 얻지 못했을 것이다. 오늘날 알고리즘은 우리 삶의 모든 부분에서 등장한다. 그것은 휴대전화나 노트북뿐만 아니라 자동차, 집, 그리고 가정용 기기들에도 있다. 알고리즘은 공장을 운영하고, 상품을 거래하고, 기록하고, 비행 일정을 잡는다. 만약 모든 알고리즘이 갑자기 작동을 멈춘다면, 그것은 우리가 알고 있는 세상의 종말이 될 것이다. 《배경지식: algorithm(알고리즘)이란 어떤 문제를 해결하기 위한 문제 해결 방법 혹은 절차로, 컴퓨터 용어로 사용되면 문제를 풀기

위한 프로그램 명령어들의 집합을 의미한다.)) ◆draw a blank 아무 반응을 얻지 못하다 appliance (가정용) 기기 run 운영하다 schedule 일정을 잡다; 일정

돋보기Q 현재에 일어날 가능성이 매우 희박하거나 불가능한 일(갑자기 모든 알고리즘이 작동을 멈추는 것)을 가정하고 있으므로 if절에는 과거시제, 주절에는 <조동사 과

거형+동사원형>을 써서 가정법 과거 구문을 완성한다.

If every algorithm suddenly **stopped** working, // it **would be** the
　　　　　　　　　　　　　과거시제　　　　　　　　조동사 과거형+동사원형
end of the world // as we know it.

Plus Stage
본책 p. 142

정답 ②, the window was left open all night, I got so many mosquito bites
/ ③, he bought a new car last year, he is in financial trouble now

1 적정 가격의 주택은(적정한 가격으로 주거 문제를 해결할 수 있는지는) 전 세계 많은 지역에서 점점 더 우려되는 사항이다. 많은 사람이 적절하고 가격이 적당한 주택을 확보하기 위해 고군분투하고 있다. 전문가들은 정부가 더욱 진보적인 조치를 더 일찍 취했다면 상황이 이렇게 걱정스러운 수준에 이르는 것을 막을 수 있었을 것이라고 본다. ◆affordability 감당할 수 있는 비용 *cf.* affordable (가격 등이) 적당한, 감당할 수 있는 concern 우려 secure (힘들게) 확보하다 adequate 적절한 alarming 걱정스러운, 두려운 progressive 진보적인 measure 조치

Try by Yourself!

정답 참조 | ① 만약 우리가 대접받고 싶은 만큼 남을 잘 대해준다면, 우리는 답례로 좋은 대접을 받을 것이다. ◆treat 대접하다 in return 답례로
② 만약 밤새 창문을 열어두지 않았다면, 나는 모기에 그렇게 많이 물리지 않았을 텐데. → 밤새 창문을 열어두었기 때문에, 나는 모기에 너무 많이 물렸다. ◆mosquito 모기

③ 만약 그가 작년에 새 차를 사지 않았더라면, 지금과 같은 경제적인 어려움에 처해 있지 않을 텐데. → 그는 작년에 새 차를 샀기 때문에, 지금과 같은 경제적인 어려움에 처해 있다. ◆financial 경제적인

돋보기Q ② if절에는 <had p.p.>, 주절에는 <조동사 과거형+have p.p.>가 쓰여 과거 사실과 반대되는 일을 가정하는 가정법 과거완료 문장이다. 과거의 일을 과거완료로 표현했다.
③ if절에는 <had p.p.>를 써서 과거 사실과 반대되는 일을 가정하고, 주절은 <조동사 과거형+동사원형>을 써서 현재 사실과 반대되는 일을 가정하는 혼합가정법 문장이다. 현재의 일을 과거시제로, 과거의 일을 과거완료로 표현했다.

오답풀이 ① 사실일 가능성이 높은 것을 말하는 직설법 문장이다. if가 이끄는 조건의 부사절에서는 미래시제를 현재시제로 표현한다.

UNIT EXERCISE
본책 p. 143

정답 [각 4점] **01** ○ **02** ✗, being **03** ○ **04** ✗, why reducing greenhouse gas emissions is
05 ○ **06** ✗, because of[due to] **07** ✗, developed

감점 요소 -2점 (✗는 올바르게 표시했지만 틀린 부분을 바르게 고치지 못한 경우)

[각 5점] **08** (A) allows (B) (to) acquire

[각 6점] **09** had not overslept this morning, would be on the subway heading to her work
10 during a conversation, while someone else is speaking
11 teach you where your surname originates and what it means
12 not only improved my physical health but also influenced my mental health

[10점] **13** interesting content so that you can gain readers and promote your product

[빈칸당 6점] **14** (A) Were it not for conflict, would not be compelling
(B) humans' instinct to restore harmony is so strong that

감점 요소 -3점 (어순은 올바르나 어형 변형이 틀린 경우)

[10점] **15** allows you to learn the correct skills

감점 요소 -5점 (어순은 올바르나 어형 변형이 틀린 경우)

▶ 명사절 (의문사)

01 ○ | 프로젝트 시작 전에, 우리는 우리의 목표를 달성하기 위해 최선의 전략이 무엇일지 결정했다. ◆strategy 전략

돋보기Q 의문대명사 what이 명사절에서 보어 역할을 하므로 <의문대명사(C')+S'+V'>의 어순이 적절하다.
~, / we determined **what**^C' the best strategy^S' would be^V' / to ~.
　　　S　　　　V　　　　　　　　　　O

02 X, being | 다른 사람들과 이야기할 때, 나는 불쾌한 이야기를 하거나 특정 주제들에 대해 너무 무신경해지는 것을 피하려고 노력한다. ◆ insensitive 무신경한

돋보기 문맥상 '불쾌한 이야기를 하거나 특정 주제들에 대해 너무 무신경해지는 것'을 피하려고 노력하는 것이다. avoid의 목적어인 telling과 or로 병렬 연결되었으므로 being으로 고쳐야 한다.

~, // I try to avoid^V **telling** ~$^{O'1}$ [or] **being** ~ subjects$^{O'2}$.
　　　　S　V　　　　　　　　　　O

▶ 병렬구조 (and)

03 ○ | 판화술은 오랫동안 상업적 이용 면에서 사진으로 대체되어 왔으며 이제는 인쇄 제작에서도 훨씬 더 보기 드물다. ◆ replace 대체하다 photography 사진(술) commercial 상업적인 application 이용, 적용

돋보기 문맥상 Engraving을 주어로 하여 동사 has been replaced와 and로 병렬 연결된 것이다. 현재를 뜻하는 시간 부사 now가 있고, 주어가 단수이므로 is는 적절하다. 동사는 태와 시제가 달라도 병렬 연결될 수 있다.

Engraving **has** long **been replaced** by ~ / [and] **is** now ~.
　S(단수(셀 수　　└V1(수동, 현재완료)┘　　　　　V2(능동, 현재)
　　없는 명사))

▶ 명사절 (의문사)

04 X, why reducing greenhouse gas emissions is | 기후 변화와 그것이 인류에게 미치는 영향에 관한 이 기사는 왜 온실가스 배출을 줄이는 것이 필요한지를 여러분에게 알려준다. ◆ emission 배출 necessary 필요한

돋보기 의문부사가 이끄는 명사절은 <의문부사+S'+V'~>의 어순이다. reducing ~ emissions는 명사절의 주어 역할을 하는 동명사구이다. 문제의 is reducing을 현재진행형으로 착각하지 말자.

This article (about ~ beings) / **tells** you **why** reducing ~
　　　　S　　　　　　　　　　　　　V　　IO　　DO
emissions$^{S'}$ is$^{V'}$ necessary$^{C'}$.

▶ 가정법 (as if)

05 ○ | 모로코에 있는 페스 메디나의 전통적인 건축물과 좁은 거리는 방문객들이 마치 중세 시대에 있는 것처럼 느끼게 만든다. ◆ medieval era 중세 시대

돋보기 as if가 이끄는 절이 문맥상 일어날 가능성이 매우 희박하거나 불가능한 일을 가정하고 있다. 주절(현재)과 동일한 때(현재)의 일을 가정하므로 과거시제는 적절하다.

▶ 부사절 (전치사 vs. 접속사)

06 X, because of[due to] | 중요한 세부 사항들의 누락을 포함하여, 일어나는 모든 실수 때문에 정보를 구두로 전달하는 것에 의존하는 것은 권장되지 않는다. ◆ recommend 권장하다; 추천하다 rely on ~에 의존하다 orally 구두로, 말로 omission 누락; 생략

돋보기 뒤에 명사구(all the mistakes ~)가 이어지므로 전치사 자리이다.

~ / **because of[due to]** all the mistakes [that occur], / ~.
　　　　구전치사　　　　　　　　　　명사구

▶ 가정법 과거

07 X, developed | 영국의 박물학자 John Ray는 왜 새들이 알을 낳아서 번식하는지 설명했다. 그의 이론에 따르면, 만약 그들의 새끼가 체내의 자궁에서 성장한다면, 임신한 새들은 너무 무거워서 날지 못할 것이다. ◆ naturalist 박물학자 reproduce 번식하다 internal 체내의 womb 자궁 pregnant 임신한

돋보기 주절의 시제가 가정법 과거이고 문맥상 현재에 일어날 가능성이 매우 희박하거나 불가능한 일을 가정하고 있다. if절 또한 마찬가지이므로 과거시제가 되어야 한다.

▶ 병렬구조 (and)

08 (A) allows (B) (to) acquire | 아이들의 놀이는 신체적 능력을 키우는 훈련장 역할을 하며 또한 아이들이 사회적 행동을 배우고 성인기에 중요할 가치들을 습득할 수 있도록 한다. ◆ serve as ~의 역할을 하다 adulthood 성인기, 성년

돋보기 (A) 문장의 동사 serves와 and로 병렬 연결되었으므로 allows로 쓴다. (B) 동사 allows의 목적격보어 to learn과 and로 병렬 연결되었으므로 (to) acquire로 쓴다. 접속사 뒤에 반복되는 to는 생략할 수 있다.

Children's play **serves** as ~ / [and] also **allows** children
　　　S　　　　　V1　　　　　　　　　　　　V2　　　O2
to learn social behaviors [and] **(to) acquire** values ~.
　　　　　　　　　　　　C2

▶ 혼합가정법

09 정답 참조 | ◆ oversleep 늦잠을 자다

돋보기 if절은 과거(오늘 아침) 사실과 반대되는 일을 가정하므로 <had p.p.>를 쓰고, 주절은 현재 사실과 반대되는 일을 가정하므로 <조동사 과거형+동사원형>을 써서 혼합가정법 구문을 완성한다.

If she **had not overslept** this morning, // she **would be** on the
　　　　　had p.p.　　　　　　　　　　　　　　조동사 과거형+동사원형
subway / heading to her work / **now**.

▶ 부사절 (전치사 vs. 접속사)

10 정답 참조 | ◆ consider 여기다, 생각하다 rude 무례한

돋보기 '~ 동안에'라는 의미의 전치사 during과 접속사 while을 써서 영작한다. 전치사 during 다음에는 명사를 쓰고, 접속사 while 다음에는 주어와 동사를 쓴다.

Using smartphones / **during**^{전} a conversation$^명사$, //
　　　　　　　　　　　　　　　　S
especially **while** someone else is speaking, // is considered
　　　　　　　　　　S'　　　　　V'　　　　　　　　V
rude behavior.
　　C

▶ 병렬구조 (and) / 명사절 (의문사)

11 정답 참조 | ◆ originate 유래하다

돋보기 관계사절 안에서 직접목적어 역할을 하는 명사절이 필요하다. 의문부사 where가 이끄는 명사절을 <의문부사+S'+V'>의 형태로 쓰고, 의문대명사 what이 이끄는 명사절을 <의문대명사(O')+S'+V'>의 형태로 영작한다. 이 두 명사절을 and로 병렬 연결하여 문장을 완성한다.

There are many websites [which teach you **where** your surname$^{S'}$
　　　　　　　　　↑_____｜　　　　V'　　IO'　　　　DO'1
originates$^{V'}$ [and] **what**$^{O'}$ it$^{S'}$ means$^{V'}$].
　　　　　　　　　　　　DO'2

▶ 병렬구조 (not only A but also B)

12 정답 참조 | ◆ physical 신체의 mental 정신의

돋보기 주어진 우리말은 크게 <규칙적인 운동은 / 나의 신체 건강을 향상시켜 왔을 (has improved) 뿐만 아니라 / 스트레스를 줄여 나의 정신 건강에도 긍정적으로 영향을 끼쳐 왔다((has) influenced).>로 나눌 수 있다. <not only A but also B> 구문을 사용하여, 두 동사 improve와 influence가 병렬 연결된 문장으로 영작한다. 앞에 주어진 has와 해석에 맞추어 현재완료형이 되도록 p.p. 형태인 improved와 influenced로 쓴다.

Regular exercise has not only improved my physical health /
S · 조동사 has · V1
but also influenced my mental health in a positive way by
V2
reducing stress.

▶ 부사절 (목적을 나타내는 부사절 접속사) / 병렬구조 (and)

13 정답 참조 | 대부분의 사람은 제품을 홍보하는 성공적인 사업 블로그를 갖기 위해, 그들이 절대적으로 '화제(= 제품 홍보)에' 계속 머물러야 한다고 생각한다. 하지만 만약 당신이 하는 것이 당신의 제품을 뻔뻔하게 홍보하는 게 전부라면, 누가 당신이 쓰고 있는 최신 글을 읽고 싶어 하겠는가? 대신, 유용하거나 재미있는 정보를 제공해라. 이렇게 해서 당신은 그 뒤에 당신이 판매할 수 있는 관심 있는 독자를 만들 수 있다.
[요지] 독자들을 얻고 당신의 제품을 성공적으로 홍보할 수 있도록 흥미로운 내용을 써야 한다.

◆ promote 홍보하다   strictly 절대적으로; 엄격히   shamelessly 뻔뻔하게
latest 최신의   entertaining 재미있는   content 내용

[돋보기Q] 글의 내용은 성공적인 사업 블로그를 갖기 위해(목적) 재미있는 정보를 제공하라는 조언이므로, 목적(~하도록, ~하기 위해서)을 나타내는 접속사 so that을 사용하여 영작한다. so that이 이끄는 부사절의 동사 can gain과 (can) promote가 and로 병렬 연결되도록 영작한다. 주어진 어구에 can이 하나만 있으므로 접속사 and 뒤의 can은 생략한다.

You need to write interesting content // so that you can gain
S · V · O · S′ · V′1
readers and promote your product successfully.
O′1 · V′2 · O′2

▶ 가정법 과거 / 부사절 (결과를 나타내는 부사절 접속사)

14 정답 참조 | 크립토나이트가 없는 '슈퍼맨'이나 무서운 늑대가 없는 '빨간모자' 이야기를 상상해 보라. 슈퍼맨은 세상에 걱정 한 점 없었을 것이고, 빨간모자는 할머니 댁에 방문했다가 집에 갔을 것이다. 갈등이 없으면 이야기도 없다. 하지만 왜 그럴까? 답은 인간의 본능에 있다. 인간으로서, 우리는 본능적으로 우리의 삶에서 균형과 조화를 찾는다. 그래서 조화가 방해받자마자, 우리는 그것을 회복시키기 위해 우리가 할 수 있는 무엇이든 한다. 문제를 마주할 때 우리는 본능적으로 해결책을 찾고자 한다. 갈등은 우리를 행동하게 한다. 그러므로 이야기는 이런 조화로움을 방해하는 변화에 의해 움직이기 시작한다.
Q: 이야기에 갈등이 없다면 무슨 일이 일어나고, 그 이유는 무엇인가?
A: 갈등이 없다면, 이야기는 사람들의 관심을 끌 만큼 충분히 흥미를 돋우지 않을 것이다. 그것은 조화를 회복시키려는 인간의 본능이 너무 강해서 우리가 갈등과 해결을 수반하는 이야기들에 사로잡히게 되기 때문이다.

◆ conflict 갈등   case 사실, 실정; 경우   lie in ~에 있다   instinctively 본능적으로
disrupt 방해하다   set in motion 움직이게 하다; 시동을 걸다   disturb 방해하다

compelling 흥미를 돋우는   drive (~하도록) 만들다   engage (주의, 관심을) 사로잡다   resolution 해결

[돋보기Q] (A) 현재 사실과 반대되는 일을 가정하고 있으므로 가정법 과거 구문이다. 주어진 어구에 if가 없으므로 '~가 없다면'을 뜻하는 <If it were not for>는 if를 생략하고 주어와 동사가 도치된 형태인 <Were it not for>로 쓴다. 주절에는 <조동사 과거형+동사원형>을 쓴다.
Were it not for conflict, / stories **would not be** compelling ~.
(= If it were not for, Without, But for)   조동사 과거형+동사원형
(B) '너무 ~해서 …하다'라는 의미의 <so+형용사[부사]+that+S′+V′> 구문을 사용한다. 원인을 나타내는 so strong을 포함해 주절을 영작하고, 결과를 나타내는 that절을 이어 쓴다.
That's // because humans' instinct (to restore harmony) / is
S′ · V′
so strong // that we are driven to engage ~.
C′ · S″ · V″ · C″

▶ 병렬구조 (and)

15 정답 참조 | 인류의 계속된 생존은 환경에 적응하는 우리의 능력으로 설명될 수 있다. 우리는 고대 조상들의 생존 기술 일부를 잃었을지도 모르지만, 새로운 기술들이 필요해지면서 그것들을 익혀 왔다. 오늘날, 우리가 과거에 가졌던 기술들과 우리가 지금 가진 기술들 사이의 격차는 우리가 현대 기술에 더 많이 의존함에 따라 점점 더 커지고 있다. 그러므로 당신이 야생 지역으로 갈 때, 그 환경에 충분히 대비하는 것이 중요하다. 여행 전에, 현지 주민들이 어떻게 입고, 일하고, 먹는지 조사하라. 그들이 어떻게 그들의 삶의 방식에 적응했는지가 당신이 그 환경을 이해하도록 돕고 올바른 기술을 익히도록 해준다. 대부분의 생존 상황은 피할 수 있었던 일련의 사건의 결과로 발생하기 때문에 이것은 매우 중요하다.

◆ race 종; 인종   adapt 적응하다   ancient 고대의   ancestor 조상   head off (다른 지역으로) 가다   prepare 대비하다   local 현지의   inhabitant 주민   crucial 매우 중요한   arise 발생하다

[돋보기Q] 현재 우리는 과거의 생존 기술을 일부 잃었으므로 야생 지역으로 갈 때는 현지 주민들의 생활방식을 조사하라는 것이 앞의 내용이다. 주어진 어구로 보아, 그들의 적응 방식은 우리가 그 환경을 이해하는 것을 돕고 올바른 생존 기술을 습득하게 해준다는 내용이 되어야 적절하다. 문맥상 allow는 how가 이끄는 명사절을 주어로 하여 helps와 and로 병렬 연결되었으므로, allows로 바꿔 쓴다. allow의 목적격보어로는 to-v인 to learn ~을 쓴다.
How they have adapted to their way of life /
S
helps you to understand the environment /
V1 · O1 · C1
and allows you to learn the correct skills.
V2 · O2 · C2

UNIT 05 관계대명사·관계부사

Point 17 관계대명사

Zero Stage

본책 p. 147

1 침묵을 지키는 사람 ◆silent 조용한, 침묵을 지키는

2 그녀는 자신의 성격과 개성을 반영하는 옷을 골랐다. ◆reflect 반영하다 personality 성격

3 그녀는 내가 내 꿈을 추구하도록 영감을 준 사람이었다.

4 내가 어젯밤에 읽은 책은 아주 흥미로웠다.

5 고속도로 위에서 자신의 차가 고장이 난 그 남자는 도움이 필요하다. ◆break down 고장 나다

6 나는 내가 실수로 (그녀의) 커피를 쏟아버린 여자에게 사과했다. ◆accidentally 실수로 spill 쏟다, 엎지르다

Main Stage 1 어법 서술형

본책 p. 148

> **정답** ❶ holding ❷ that ❸ who ❹ who amazed ❺ borrowed ❻ which[that], are
> ❼ who[that], don't study, interests
>
> **[각 4점]** 01 ○ 02 ✕, have 03 ✕, whose 04 ✕, which[that]
> **감점 요소** -2점 (✕는 올바르게 표시했지만 틀린 부분을 바르게 고치지 못한 경우)
>
> **[각 7점]** 05 ① they → which[that], 두 절을 이어주는 접속사가 없고 뒤따른 절에 주어가 없으므로 접속사와 대명사의 역할을 동시에 하는 관계대명사 which 또는 that으로 고쳐야 한다.
> / ② find it → find, 생략된 목적격 관계대명사가 접속사와 대명사의 역할을 동시에 하므로 중복되는 대명사 it은 필요하지 않다.
> **감점 요소** -3점 (틀린 부분을 찾았지만 바르게 고치지 못한 경우) / -4점 (틀린 이유를 바르게 쓰지 못한 경우)

1 우리는 예쁜 뒷마당이 있는 집을 샀다.

2 내가 어젯밤에 본 영화는 별로 좋지 않았다.

❶ holding | 방금 들고 있던 신문을 나에게 넘겨줘.
돋보기🔍 목적격 관계대명사 which[that]가 생략되었다. 관계대명사는 대명사 역할도 하므로, 대명사 it을 중복해서 쓰지 못한다.
~ the newspaper [(**which[that]**)$^{O'}$ you$^{S'}$ were just holding$^{V'}$ ●].

❷ that | 200년 전에 지어진 그 건물은 여전히 멋져 보인다.
돋보기🔍 절을 이끄는 접속사 역할과 동시에, 앞에 나온 명사 The building을 대신하는 대명사 역할을 하는 관계대명사 that이 적절하다.
The building [**that**$^{S'}$ was built$^{V'}$ ~] / still looks fascinating.

❸ who | Brown 씨는 데이터 시각화에 대한 전문 지식을 가진 데이터 과학자이다. ◆expertise 전문 지식 visualization 시각화
돋보기🔍 절을 이끄는 접속사 역할과 뒤따르는 절의 주어 역할을 동시에 하는 관계대명사 who만 필요하다.
Mr. Brown is a data scientist [**who**$^{S'}$ has$^{V'}$ expertise$^{O'}$ ~].

❹ who amazed | Alice는 놀라운 예술적 재능으로 모두를 놀라게 한 사람이었다. ◆incredible 놀라운; 믿어지지 않는 talent 재능

돋보기🔍 선행사 the person을 수식하는 절을 이끌며 뒤따르는 절의 주어 역할을 할 주격 관계대명사 who가 필요하다.

❺ borrowed | 너한테 빌린 귀걸이는 내 드레스와 완벽하게 어울렸어.
◆match 어울리다
돋보기🔍 목적격 관계대명사 which[that]가 생략되어 있다. 관계대명사는 대명사 역할도 하므로, 대명사 them을 중복해서 쓰지 못한다.
The earrings [(**which[that]**)$^{O'}$ I$^{S'}$ borrowed$^{V'}$ ● / ~] / matched ~.

3 도서관에 조용히 공부하고 있는 몇몇 사람들이 있다.

4 시내에 위치한 도서관에 있는 사람들은 독서에 몰두해 있다.
◆be immersed in ~에 몰두하다[깊이 빠지다]

❻ which[that], are | 우주에는 태양보다 수천 배나 더 뜨거운 별들이 많이 있다.
돋보기🔍 두 개의 절을 연결할 접속사 역할과 앞에 나온 명사 many stars를 대신할 대명사 역할을 동시에 할 수 있는 관계대명사 which 또는 that을 쓴다. 선행사의 수에 맞춰 동사는 복수동사 are로 쓴다.
There are many stars / in the universe / [**which[that]**$^{S'}$ are$^{V'}$

thousands of times hotter$^{C'}$ / than the sun].

❼ who[that], don't study, interests | 공부를 하지 않는 학생들의 주된 문제는 그들의 흥미를 끄는 과목을 찾을 수 없다는 것이다. ◆primary 주된, 기본적인; 제1차의

〔돋보기〕 두 개의 절을 연결할 접속사 역할과 앞에 나온 명사 students를 대신할 대명사 역할을 동시에 할 수 있는 주격 관계대명사 who 또는 that을 쓴다. 선행사의 수에 맞춰 동사는 복수동사 don't study로 쓴다. 두 번째 빈칸의 동사는 선행사 a subject의 수에 맞춰 단수동사 interests로 쓴다.

The primary issue (of students [who[that]$^{S'}$ don't study$^{V'}$]) / is //

that they can't find a subject [that$^{S''}$ interests$^{V''}$ them$^{O''}$].

Exercise

01 ○ | 과학자들이 설명할 수 없는 새로운 정보를 발견하면 이전의 생각들은 대체된다. ◆replace 대체하다

〔돋보기〕 목적격 관계대명사는 생략될 수 있으므로 관계대명사절이 주어 they(= scientists)로 시작하는 것은 적절하다.

~ find new information [(which[that])$^{O'}$ they$^{S'}$ cannot explain$^{V'}$ ●].

02 ✕, have | 새로운 문제의 불확실성으로부터의 위험을 피하기 위해, 이전에 그것(= 그 문제)을 다룬 적이 있는 사람들에게 도움을 요청할 수 있다.
◆uncertainty 불확실성

〔돋보기〕 who가 이끄는 주격 관계대명사절의 선행사는 people이므로 복수동사 have로 고쳐야 한다.

03 ✕, whose | 최근의 연구는 부모가 (자녀의) 소셜 미디어 사용에 시간 또는 콘텐츠 제한을 설정한 십대들이 정서적으로 더 안정적이고 학교에서 더 잘한다는 것을 시사한다. ◆stable 안정적인

〔돋보기〕 선행사는 teens이고 '(십대들의) 부모'라는 뜻이므로 소유격 관계대명사 whose로 고쳐야 한다.

~ // that teens [**whose** parents$^{S''}$ set$^{V''}$ time or content limits$^{O''}$ ~]

/ are more emotionally stable and do better in school.
  V'1   V'2

04 ✕, which[that] | 어린이와 성인 모두에게 동물 캐릭터를 정서적으로 더 매력적으로 만들기 위해 사용되는 일반적인 전략은 그것들(= 동물 캐릭터)에게 확대된 아이 같은 특징들을 부여하는 것이다. ◆enlarge 확대하다 childlike 아이 같은

〔돋보기〕 두 개의 절을 연결할 접속사 역할과 앞에 나온 명사 A general strategy를 대신할 대명사 역할을 겸할 수 있는 주격 관계대명사 which 또는 that으로 고쳐야 한다.

05 〔정답〕 참조 | 인간에게 재미있어지는 것은 배울 수 있는 일련의 기술이다. 유난히 재미있는 사람들은 자신이 재미있다고 생각하는 모든 것을 계속 알기 위해 기억력에 의존하지 않는다. 옛날에는 코미디언들이 웃긴 생각이나 관찰 내용을 적기 위해 사용하는 쪽지를 가지고 다녔다. 오늘날에는, 여러분의 스마트폰에 기록하는 것으로 쉽게 그것을 할 수 있다. 그 사실을 받아들이는 것은 일상에서 유머를 찾는 데 필요한 모든 것을 제공하는 축복이다. 여러분이 해야 할 행동은 오로지 그것을 기록하고 누군가에게 말하는 것이다.

◆exceptionally 유난히, 특별히 depend upon ~에 의존하다 keep track of ~의 자국을 뒤밟다; ~에 대해 계속 알고 있다 blessing 축복 on a daily basis 일상에서 document 기록하다, 문서화하다

〔돋보기〕 ① 선행사 a set of skills와 주격 관계대명사절의 동사 learn이 수동관계이다.

~ a set of skills [**which[that]**$^{S'}$ can be learned$^{V'}$].

② 목적격 관계대명사가 생략된 관계대명사절 안은 SVOC문형 구조이다. 선행사가 everything과 같이 -thing으로 끝나는 경우에는 주로 관계대명사 that을 쓴다.

~ everything [**(that)**$^{O'}$ they$^{S'}$ find$^{V'}$ ● funny$^{C'}$].

〔오답풀이〕 ③ which는 동사 used의 목적어 역할을 하는 목적격 관계대명사이며, 선행사는 바로 앞의 notebooks이다.
④ 주격 관계대명사절의 선행사는 단수인 a blessing이므로 단수동사가 적절하다.
⑤ 선행사 The only action을 수식하는 목적격 관계대명사절의 관계대명사 that이 생략되어 있다. you는 관계대명사절의 주어이다. 선행사가 the only의 수식을 받는 경우에는 주로 관계대명사 that을 쓴다.

Main Stage 2 영작 서술형

본책 p. 150

〔정답〕 [각 5점] **01** places that were previously difficult or costly to reach
02 a personalized photobook of someone whom you love
03 waste time with an airline whose schedule contains
04 The assumption people make, affects the impressions they form

〔감점 요소〕 -2점 (어순은 올바르나 어형 변형이 틀린 경우)

[10점] **05** those who can simplify decisions and trust their intuition will survive

1 뛰어난 기술로 유명한 그 남자는 / 그의 분야에서 매우 존경받는다.
◆be known for ~로 유명하다 exceptional 뛰어난, 우수한

2 우리는 / 우리가 정말 좋아하는 집을 / 샀다.

3 이것은 / 이야기가 전 세계 독자들의 마음을 사로잡은 자서전 / 이다.
◆autobiography 자서전 captivate ~을 사로잡다

4 나는 / 최근에 우리 팀에 합류한 우리 부서의 새로운 관리자와 / 일하는 것을 즐긴다.

Exercise

01 정답 참조 | ◆costly 비용이 많이 드는

돋보기🔍 주어진 우리말의 '접근하기에 어렵거나 비용이 많이 들었던 / 장소들'에서 선행사는 places(장소들)이고, 뒤에는 이를 수식하는 주격 관계대명사절이 와야 한다. 선행사가 복수이고, 과거의 일을 말하고 있으므로 복수동사 were로 바꿔 쓴다.

Drones can fly / to places [that$^{S'}$ were$^{V'}$ previously difficult$^{C1'}$ or costly$^{C2'}$ / to reach].

02 정답 참조 | ◆personalized (개인) 맞춤형의 unforgettable 잊지 못할

돋보기🔍 주어진 우리말의 '당신이 사랑하는 / 누군가'에서 선행사는 someone(누군가)이고, 뒤에는 이를 수식하는 목적격 관계대명사절이 와야 한다.

Create a personalized photobook (of someone [whom$^{O'}$ you$^{S'}$ love$^{V'}$ ●]), // and capture their unforgettable moments.

03 정답 참조 | ◆frequent 잦은 delay 지연; 지연시키다

돋보기🔍 주어진 우리말의 '스케줄에 잦은 지연이 포함된 / 항공사'에서 선행사는 an airline(항공사)이고, 뒤에는 이를 수식하는 소유격 관계대명사절이 와야 한다. '(항공사의) 스케줄'이라는 뜻이므로 <소유격 관계대명사+schedule>로 쓴다. 관계대명사절의 주어가 단수이고, 현재의 사실을 말하고 있으므로 단수동사 contains로 바꿔 쓴다.

Most travelers don't want to waste time / with an airline [whose schedule$^{S'}$ contains$^{V'}$ frequent delays$^{O'}$].

04 정답 참조 | ◆assumption 가정 impression 인상 form 형성하다

돋보기🔍 첫 번째 빈칸에서는 선행사 The assumption을 수식하는 목적격 관계대명사절을 영작한다. 두 번째 빈칸에는 문장의 주어가 단수인 The assumption이므로 동사도 단수동사 affects로 쓰고, 이어서 선행사 the impressions를 수식하는 목적격 관계대명사절을 영작해야 한다. 목적격 관계대명사는 생략 가능한데, 주어진 어구에 관계대명사가 없으므로 모두 생략하고 쓴다.

The assumption [(which[that])$^{O'}$ people$^{S'}$ make$^{V'}$ ● / towards someone] / affects the impressions [(which[that])$^{O'}$ they$^{S'}$ form$^{V'}$ ● (about that person)].

05 정답 참조 | 기술은 의심의 여지가 없는 장점들을 가지고 있지만, 인터넷에는 너무 많은 정보가 있다. 우리는 정보의 바다 속에서 길을 잃고 결정을 내리기 전에 인터넷에서 몇 번이고 계속해서 답을 찾는다. 이것은 우리가 개인적, 사업적 또는 기타 의사 결정을 내릴 때 정보에 눈이 멀게 만든다. 오늘날 성공하려면, 우리는 눈먼 사람들의 세계(매우 많은 정보 속)에서는 외눈으로 보는 사람이 불가능해 보이는 일을 해낼 수 있다는 것을 명심해야 한다. 그 사람은 어떤 분석이든 단순하게 유지하는 것의 힘을 이해하고 직관이라는 자신의 외눈을 사용하여 의사 결정자가 될 것이다. [요약문] 정보 과잉의 시대에서, (의사) 결정을 단순화할 수 있고 자신의 직관을 신뢰할 수 있는 사람들만이 살아남을 것이다.

◆doubtless 의심할 여지 없는 advantage 장점, 이점 information-blinded 정보에 눈이 먼 seemingly 겉보기에는 era 시대 abundance 과잉; 풍부

돋보기🔍 눈을 멀게 하는 많은 정보 속에서 오히려 의사 결정 과정을 단순화하고 직관(외눈)을 사용해야 성공적으로 의사 결정을 내릴 수 있다는 것이 글의 핵심이다. 따라서 '의사 결정을 단순화할 수 있고 자신의 직관을 신뢰할 수 있는 사람만이 살아남는다'라는 내용이 되어야 적절하다. 문장의 주어이자 선행사인 those를 수식하는 주격 관계대명사절을 영작하여 요약문을 완성한다.

In an era of information abundance, / only those [who$^{S'}$ can simplify$^{V'1}$ decisions$^{O'1}$ and (can) trust$^{V'2}$ their intuition$^{O'2}$] / will survive.

Plus Stage

본책 p. 152

정답 **01** the actor , that the director wants to be in focus
02 muscles , which enable you to move your face into lots of different positions
03 I met them[the people] through volunteering last year

1 [꼬리를 열렬히 흔드는] 그 개는 모든 방문객을 신나게 맞이했다. ◆eagerly 열렬히 wag (꼬리를) 흔들다

2 우리는 [강에 빠진] 소녀와 그녀의 가방을 구할 수 있었다. ◆rescue 구조하다

3 패션은 [우리를 서로 연결해주는] 관심과 유행의 원천이 될 수 있다.

Try by Yourself!

01 정답 참조 | 영화에서는 감독이 초점을 맞추고자 하는 배우에게 관객의 시선을 끌기 위해 다양한 기법이 사용된다. ◆technique 기법 draw (사람의 마음 등을) 끌다 focus 초점

돋보기🔍 that ~ focus는 선행사 the actor를 수식하는 목적격 관계대명사절이다. 관계대명사절 안은 SVOC문형 구조이다.

~ / to the actor [that$^{O'}$ the director$^{S'}$ wants$^{V'}$ ● to be in focus$^{C'}$].

02 정답 참조 | 얼굴에는 많은 다양한 위치로 얼굴을 움직이는 것을 가능하게 하는 근육들이 있다. ◆enable 가능하게 하다

돋보기🔍 which ~ positions는 선행사 muscles를 수식하는 주격 관계대명사절이다.

~ muscles (in your face) [which$^{S'}$ enable$^{V'}$ you$^{O'}$ to move your ~$^{C'}$].

03 정답 참조 | 작년에 봉사를 통해 만난 사람들이 나의 가장 친한 친구들이 되었다. → 사람들은 나의 가장 친한 친구들이 되었다. + 나는 그들[그 사람들]을 작년에 봉사를 통해 만났다.

돋보기🔍 주어진 문장에서 주절과 who가 이끄는 관계대명사절을 분리한다. 목적격 관계대명사 who가 왔으므로 동사 met 뒤에 목적어 them 또는 the people을 써서 문장을 분리한다.

People [**who** I met ● through ~] / have become my best friends.
　　　　　S　↑＿＿＿＿＿＿　　　　　　　　　　　　　V

Point 18　콤마(,) + 관계대명사

Zero Stage

본책 p. 153

1 나는 기타를 연주하는 놀라운 재능을 가진 한 남자를 보았다.

2 그녀는 언젠가 프로 축구 선수가 되기를 꿈꾸는 아들이 하나 있다. ◆ dream of v-ing v하기를 꿈꾸다　one day 언젠가

3 그녀는 아들이 하나 있는데, 그는 언젠가 프로 축구 선수가 되기를 꿈꾼다.

4 미시시피강은 (미국의) 여러 주를 관통하여 흐르며, 그것은 필수적인 수송로였다. ◆ vital 필수적인　transportation 수송, 운송　route 길, 경로

5 벌은 수분에 중요한 역할을 하며, 그것은 식물의 생식에 필수적이다. ◆ reproduction 《생물》 생식, 번식

6 청중은 그 연주자에 경탄했지만, 그(녀)는 대회에서 우승하지 못했다. ◆ marvel 경이로워하다, 경탄하다　competition (경연) 대회

7 우리는 시골 지역으로 이사하기로 했는데, 그곳이 더 건강한 환경일 것이기 때문이었다. ◆ countryside 시골 지역

Main Stage 1　어법 서술형

본책 p. 154

정답 [각 5점] **01** ✕, which　**02** ○　**03** ✕, who　**04** ○　**05** ✕, which　**06** ✕, whom　**07** ○
08 ✕, whose　**09** ○　**10** ✕, was　**11** ✕, whose　**12** ✕, which

감점 요소 -2점 (✕는 올바르게 표시했지만 틀린 부분을 바르게 고치지 못한 경우)

1 그는 열정적인 아이이고, 그는 자신이 사랑하는 것들에 자신을 던진다. ◆ passionate 열정적인

2 나는 마침내 그 작가를 만났는데, 나는 그를(그 작가를) 오래 존경해왔다. ◆ admire 존경하다; 감탄하다

---

3 유대감을 형성하는 최고의 방법은 이야기를 공유하는 것이며, 그것은 우리의 정서적 연결을 깊어지게 한다. ◆ bond 유대감을 형성하다　deepen 깊게 하다

4 역사가와 같은 직업은 드문 직업이고, 이것이 아마 여러분이 역사가를 만나본 적 없는 이유일 것이다. ◆ historian 역사가　rare 드문, 희귀한

---

5 그 전시회에는 많은 그림이 있었다. (그리고) 그것들 중 일부는 지역 예술가들이 창작했다. → 그 전시회에는 많은 그림이 있었으며, 그것들 중 일부는 지역 예술가들이 창작했다. ◆ exhibit 전시회

Exercise

01 ✕, which | 달리기는 폐활량을 향상시키며, 이것은 결과적으로 여러분의 지구력을 향상시킬 것이다. ◆ capacity 용량, 수용력　in turn 결과적으로　enhance 향상시키다　endurance 지구력; 인내

돋보기🔍 두 절을 이어줄 접속사와 관계대명사절의 동사 will enhance의 주어 역할을 동시에 할 관계대명사만 있으면 되므로 중복되는 대명사 this를 빼야 한다. 선행사가 콤마 앞 절 전체이므로 관계대명사 which가 쓰였다.

Running improves lung capacity, // **which**ˢ´ in turn will enhanceⱽ´
　　S　　　　V　　　　　　O
your enduranceᴼ´.

02 ○ | 11월에 그 의사는 평소보다 더 많은 환자들을 진료했고, 그들 중 대부분은 독감 증상이 있었다. ◆ symptom 증상

돋보기🔍 선행사가 more patients이므로 관계대명사 whom이 적절하다.

03 ✕, who | 베토벤은 56세의 나이에 사망했는데, 서양 음악사에서 가장 놀라운 작곡가들 중 한 사람으로 남아 있다. ◆ composer 작곡가

돋보기🔍 두 절을 이어줄 접속사와 관계대명사절의 동사 died의 주어 역할을 관계대명사 who가 동시에 하는 것이므로 반복되는 접속사 and를 빼야 한다.

Beethoven, // **who**ˢ´ diedⱽ´ at the age of 56, // remains ~.
　S　　　　　　　　　　　　　　　　　　　　　　　　　　　V

04 ○ | 여러분은 고층 건물들에 둘러싸여 있고, 그것들 중 다수가 100미터를 넘는다. ◆ encircle 둘러싸다　skyscraper 고층 건물

돋보기🔍 두 절을 잇는 접속사 and가 있으므로, 접속사의 역할을 포함하는 관계대명사가 아닌 대명사가 적절하다. 문맥상 them은 skyscrapers를 가리킨다.

You are encircled / by skyscrapers, // **and** many of them are ~.
　S1　　V1　　　　　　　　　　　　　　　　　　　S2　　　　V2

05 ✕, **which** | 우리는 절벽 위에 높이 서 있는 오래된 성을 방문했는데, 그것은 우리가 사진에서 보고 역사책에서 읽기만 했던 것이었다.

🔍 관계대명사 자리인데 콤마가 앞에 있으므로 that을 쓰지 못한다. 선행사 the ancient castle을 추가 설명하므로 관계대명사 which로 고쳐야 한다. 관계사절 내에서 had seen과 (had) read가 and로 병렬 연결되어 있는데, 관계대명사 which가 had seen의 목적어이자 (had) read 뒤 전치사 about의 목적어 역할을 한다.

We visited *the ancient castle* (standing tall on the cliffs), //
<u>S</u>　<u>V</u>　　　　<u>O</u>
which$^{O'}$ we$^{S'}$ had only seen$^{V'1}$ ● in pictures / and
(had) read$^{V'2}$ about$^{전'2}$ ● in history books.

06 ✕, **whom** | Tiffany에게는 두 남자 형제가 있는데, 둘 다 같은 회사에서 일하고 있다.

🔍 콤마가 앞에 있으므로 that을 쓰지 못한다. 선행사가 사람인 two brothers이므로 관계대명사 whom으로 고쳐야 한다. 이때 앞에 전치사 of가 있으므로 who는 쓸 수 없다.

Tiffany has *two brothers*, // **both of whom**$^{S'}$ are working$^{V'}$ / at ~.
<u>S</u>　<u>V</u>　　<u>O</u>

07 ◯ | 박쥐는 소리를 이용하여 그들 주변의 환경을 음파로 탐지할 수 있는데, 그것은 그들이 완전한 어둠 속에서 길을 찾을 수 있게 해준다. ◆ surroundings (주변) 환경　navigate 길을 찾다

🔍 문맥상 선행사는 앞의 절 전체(Bats ~ sound)이므로 단수동사는 적절하다.

08 ✕, **whose** | 기사는 그 글에 대한 언급을 포함하는데, 그 글의 원본은 제2차 세계대전 중 훼손되었다. ◆ reference 언급　original 원본; 원래의

🔍 두 절을 잇는 접속사가 없으므로, 접속사와 대명사의 역할을 동시에 하는 관계대명사가 와야 한다. 선행사는 the text이고 '(그 글의) 원본'이라는 뜻이므로 소유격 관계대명사 whose로 고쳐야 한다.

The article includes references (to *the text*), // **whose original**$^{S'}$
<u>S</u>　　<u>V</u>　　　<u>O</u>
was destroyed$^{V'}$ / during ~.

09 ◯ | 우리는 스포츠 경기의 결과를 예측할 수 없는데, 그것이 주마다 달라지기 때문이다. ◆ predict 예측하다　sporting 스포츠의　vary (상황에 따라) 달라지다

🔍 선행사는 단수인 the outcome이므로 단수동사는 적절하다. 선행사의 수식어구에 포함된 명사 contests에 수일치하지 않도록 한다.

We cannot predict *the outcome* (of sporting contests), // **which**$^{S'}$
<u>S</u>　　<u>V</u>　　　<u>O(단수)</u>　　　　　복수
varies$^{V'}$ from week to week.

10 ✕, **was** | 파티 후에, 우리에게는 파스타 요리가 남았고, 그 중 대부분을 남은 음식으로 남겨두었다. ◆ leftover (식사 후에) 남은 음식

🔍 선행사는 단수명사인 a pasta dish이므로 단수동사 was로 고쳐야 한다.

11 ✕, **whose** | 그 늙은 단풍나무는 가을에 나뭇잎이 선명한 붉은색으로 변하는데, 농장 위로 높이 솟아 있다. ◆ vibrant 선명한　tower over ~ 위로 높이 솟아 있다

🔍 두 절을 잇는 접속사가 없으므로, 접속사와 대명사의 역할을 동시에 하는 관계대명사가 와야 한다. 선행사는 The old maple tree이고 '(늙은 단풍나무의) 나뭇잎'이라는 뜻이므로 소유격 관계대명사 whose로 고쳐야 한다.

The old maple tree, // **whose** leaves$^{S'}$ turn$^{V'}$ a vibrant red$^{C'}$ ~, //
　　　　　　　　S
towers over ~.
　V

12 ✕, **which** | 새들은 날 때 에너지를 절약하기 위해 여러 기술을 사용하는데, 그중 일부는 날개를 퍼덕거리지 않고 공중에서 머무르는 요령들이다. ◆ flap (새가 날개를) 퍼덕거리다

🔍 두 절을 잇는 접속사가 없고, 선행사가 many techniques이므로 접속사와 대명사의 역할을 동시에 하는 관계대명사 which로 고쳐야 한다.

Birds use *many techniques* ~, // **some of which**$^{S'}$ are$^{V'}$ tricks$^{C'}$ ~.
<u>S</u>　<u>V</u>　　<u>O</u>

Main Stage 2 영작 서술형

본책 p. 156

정답 [각5점] **01 was held in Qatar, which is located**
02 a story about newborn twins, one of whom was very ill
03 wider ankle coverage, which helps to prevent
04 caused by economic growth, some of which are positive
감점 요소 -2점 (콤마를 포함한 어순이 올바르나 어형 변형이 틀린 경우)

[10점] **05 the amount of manganese in the surrounding soil, which makes the nearby soil deadly**
감점 요소 -5점 (콤마를 포함한 어순이 올바르나 어형 변형이 틀린 경우)

Exercise

01 정답 참조 | ◆ be located in ~에 위치하다

🔍 선행사 Qatar를 추가 설명하는 관계대명사절을 포함하여 영작한다. 앞 절을 먼저 영작하고 콤마 뒤에 관계대명사 which를 쓴다. 앞 절에서 주어 The 2022 FIFA 월드컵이 열린 것은 과거의 일이고 고유명사는 단수 취급하므로 동사는 was held로 쓴다. which가 이끄는 관계대명사절의 동사는 선행사 Qatar(나라명(고유명사))는 단수 취급하며, 현재의 일반적인 사실을 말하고 있으므로 is located로 쓴다.

The 2022 FIFA World Cup was held / in *Qatar*, //
　　　　　S　　　　　　　V
which$^{S'}$ is located$^{V'}$ / in the Middle East.

02 정답 **참조** | ◆priest 신부, 성직자 newborn 갓 태어난 twins 쌍둥이

돋보기 선행사 newborn twins를 추가 설명하는 관계대명사절을 포함하여 영작한다. 앞 절을 먼저 영작하고 콤마를 넣는다. 콤마 뒤 절의 주어는 우리말에서 '그중 한 명은'으로 표현되었으므로 one of whom의 형태로 쓴다. one of whom[which]는 항상 단수동사로 받고, 과거의 일을 말하고 있으므로 관계대명사절의 동사를 was로 쓴다.

A priest was sharing a story (about *newborn twins*), //
　　　　S　　　　　V　　　　　O
one of whom$^{S'}$ was$^{V'}$ very ill$^{C'}$.

03 정답 **참조** | ◆coverage 범위 sprain (특히 팔목, 발목을) 접질림; 접질리다

돋보기 선행사 wider ankle coverage를 추가 설명하는 관계대명사절을 포함하여 영작한다. 앞 절을 먼저 영작하고 콤마를 넣는다. 콤마 뒤에는 관계대명사 which를 쓰고, 절의 나머지 부분을 영작한다. 선행사가 단수(셀 수 없는 명사)이고 현재의 일반적인 사실을 말하고 있으므로 관계대명사절의 동사는 helps로 쓴다.

Hiking boots offer *wider ankle coverage*, // **which**$^{S'}$ helps$^{V'}$
　　S　　　V　　　　　O
to prevent ankle sprains$^{O'}$.

04 정답 **참조**

돋보기 선행사 the social changes를 추가 설명하는 관계대명사절을 포함하여 영작한다. 앞 절을 먼저 영작하고 콤마를 넣는다. 콤마 뒤 절의 주어는 우리말에서 '그중 일부는'으로 표현되었으므로 some of which의 형태로 쓰고, 절의 나머지 부분을 영작한다. 이때 선행사가 복수이고 현재의 사실을 말하고 있으므로 관계대명사절의 동사를 are로 쓴다. caused ~ growth는 선행사를 수식하는 과거분사구이다.

Development includes *the social changes* (caused by economic
　　S　　　　V　　　　　O
growth), // **some of which**$^{S'}$ are$^{V'}$ positive$^{C'}$ / while others are
negative.

05 정답 **참조** | 일반적인 블랙베리(Rubus allegheniensis)는 망가니즈를 토양의 한 층에서 다른 층으로 이동시키는 놀라운 능력을 가지고 있다. 망가니즈는 식물에 매우 해로울 수 있지만, 일반적인 블랙베리는 이 금속에 영향을 받지 않으며 망가니즈를 이롭게 이용할 두 가지 다른 방법들을 발달시켜 왔다. 첫째, 그것은 뿌리를 이용해 망가니즈를 더 깊은 토양층에서 얕은 토양층으로 재분배한다. 둘째, 그것은 자라면서 망가니즈를 흡수하고, 그 금속을 잎에 모은다. 잎이 떨어져 부패하면, 모인 망가니즈 축적물은 그 식물 주변의 토양을 더 오염시킨다. 망가니즈의 유독한 효과에 면역성이 없는 식물들에게 이것은 매우 나쁜 소식이다.

[요약문] 일반적인 블랙베리는 주변 토양의 망가니즈 양을 늘릴 수 있고, 이것은 인근 토양이 다른 식물들에게 치명적이게 만든다.

◆layer 층 unaffected 영향을 받지 않는 evolve 발달시키다; 진화하다 redistribute 재분배하다 shallow 얕은 absorb 흡수하다 concentrate (한 곳에) 모으다, 집중시키다 decay 부패하다 immune 면역성이 있는 toxic 유독한

돋보기 문맥과 주어진 어구로 보아 일반적인 블랙베리가 토양의 망가니즈 양을 늘릴 수 있으며, 그 결과 토양을 오염시켜 다른 식물들에게 치명적이게 만든다는 내용이 되어야 한다. 앞 절을 먼저 영작한 후 콤마를 넣고, 앞 절 전체를 선행사로 하여 추가 설명하는 관계대명사절을 영작한다. 선행사가 앞의 절 전체일 때는 단수동사로 받으므로 관계대명사절의 동사는 makes로 쓴다.

The common blackberry can increase the amount of manganese
　　　　S　　　　　　V　　　　　　O
(in the surrounding soil), // **which**$^{S'}$ makes$^{V'}$ the nearby soil$^{O'}$
deadly (for other plants)$^{C'}$.

Plus Stage

본책 p. 158

정답 **01** Plastic is extremely slow to degrade and tends to float
02 to chew food thoroughly
03 building a pioneering sewer system
04 solar energy from millions of years ago, was
05 a mysterious deep-sea world, been seen

Try by Yourself!

<보기> 과학의 영역에는 종종 많은 불확실성이 있고, 그리고 일반 대중들은 그것이 불편하다고 생각한다. ◆realm 영역

돋보기 문맥상 관계대명사 which의 선행사는 앞의 절 There ~ science이다.

01 정답 **참조** | 플라스틱은 분해가 매우 느리며 떠다니는 경향이 있고, 그래서 이것은 플라스틱이 해류를 타고 수천 마일을 이동할 수 있게 해준다. ◆degrade 분해되다 float (물에) 뜨다 current 해류

돋보기 문맥상 관계대명사 which의 선행사는 앞의 절 Plastic ~ float이다.

02 정답 **참조** | 음식을 먹을 때, 음식물을 꼭꼭 씹는 것이 중요한데, 그것은 음식물을 잘게 분해하여 소화 과정을 돕는다. ◆chew 씹다 thoroughly 철저히, 완전히 digestion 소화 break down (물질을) 분해하다, ~을 부수다

돋보기 문맥상 관계대명사 which의 선행사는 to-v구인 to chew food thoroughly이다.

03 정답 **참조** | 콜레라의 확산을 막기 위해, 런던은 선구적인 하수도 시스템을 건설하기 시작했는데, 이것은 완공까지 약 16년이 걸렸다. ◆halt 멈추다; 중단시키다 spread 확산 pioneering 선구적인 sewer 하수(도)

돋보기 문맥상 관계대명사 which의 선행사는 v-ing구인 building a pioneering sewer system이다.

04 정답 **참조** | 실제로 우리가 오늘날 사용하는 모든 석탄, 천연가스, 그리고 석유는 수백만 년 전에 온 태양에너지인데, 그것의 아주 작은 일부가 깊은 지하에 보존된 것이다. ◆coal 석탄 preserve 보존하다, 보호하다

돋보기 문맥상 관계대명사 which의 선행사는 solar energy from millions of years ago이다. solar energy는 단수(셀 수 없는 명사)이므로 단수동사 was로 수일치해야 한다.

05 [정답] **참조** | 사진은 신비스러운 심해 세계를 탐구하는 주요한 방법인데, 그곳의 95퍼센트는 이전에 한 번도 목격된 적이 없다. ◆principal 주요한

돈보기Q 문맥상 관계대명사 which의 선행사는 a mysterious deep-sea world이다. 그것은 '(사람들에 의해) 목격되는' 것이므로 수동태인 has never been seen이 되어야 한다.

Point 19 <전치사+관계대명사>·관계부사

Zero Stage

본책 p. 159

1 그녀는 그 공원을 정말 좋아했다. 그녀는 그 공원에서 매일 산책했다. → 그녀는 매일 산책하는 그 공원을 정말 좋아했다.

2 그녀는 아주 친한 몇몇 사람만을 신뢰한다.

3 그는 그때 막 떠나려는 참이었는데, 그때 그녀가 도착했다.

4 그들은 런던에 가서, 그곳에서 주요 명소들을 답사했다. ◆explore 답사[탐험, 탐사]하다 attraction (관광) 명소

Main Stage 1 문장전환 서술형

본책 p. 160

정답 ❶ <u>it, which I am currently working</u> ❷ <u>them, whom I am responsible</u>
❸ **in which** ❹ **where** ❺ **where**

1 영어가 제2언어인 몇몇 사람들을 위한 기관들이 있다.

----

2 그 도시는 문화유산으로 유명하다. 나는 그곳으로 이사 갈 것이다. → 내가 이사 갈 도시는 문화유산으로 유명하다. ◆be known for ~로 유명하다[잘 알려져 있다] heritage (문화)유산

3 내가 이사 갈, 역사적 명소들이 있는 그 도시는 문화 유산으로 유명하다.
◆historic 역사적인, 역사적으로 중요한 landmark 명소, 역사적 건물

4 유아원과 초등학교의 성별 분포는 한쪽으로 매우 치우쳐 있었는데, 그곳에서는 90퍼센트가 넘는 직원들이 여성이었다. ◆distribution 분포, 분배 nursery 유아원, 놀이방 one-sided 한쪽으로 치우친; 일방적인 employee 직원

❶ [정답] **참조** | ⓐ 그 노트북은 몇 가지 업데이트가 필요하다. ⓑ 나는 지금 그 노트북으로 일하고 있다. → 내가 지금 일하고 있는 노트북은 몇 가지 업데이트가 필요하다. ◆currently 현재, 지금

돈보기Q 문맥상 ⓑ의 it은 The laptop을 가리킨다. The laptop은 사물 선행사이므로 관계대명사는 which를 사용해야 하고, 전치사 with가 문장에 주어졌으므로 which가 이끄는 관계대명사절로 표현한다.

❷ [정답] **참조** | ⓐ 나는 요양원에 계신 노인 분들을 위해 돌봄 서비스를 제공하고 있다. ⓑ 나는 그분들을 책임지고 있다. → 나는 내가 책임지고 있는 요양원에 계신 노인 분들을 위해 돌봄 서비스를 제공하고 있다. ◆nursing home 요양원, 양로원 be responsible for ~에 책임이 있다

돈보기Q 문맥상 ⓑ의 them이 가리키는 것은 the elderly(노인들)이다. the elderly는 사람 선행사이므로 who와 whom이 모두 가능하나, 전치사 for가 앞에 주어져 있으므로 whom이 이끄는 관계대명사절로 표현한다.

5 이곳은 우리 아이들이 노는 데 아주 많은 시간을 보내는 방이다.

6 나는 그 교통사고가 일어난 때를 모른다.

7 그것은 용의자가 흔적도 없이 사라져버린 이상한 사건이었다. ◆case 사건, 사례 suspect 용의자 trace 흔적, 자취

8 그의 태도는 적극성을 지나치게 강조하는 오늘날의 문화에 반대되는 것이다.
◆against ~에 반대하여 emphasize 강조하다 positivity 적극성; 확실함

9 Jonathan은 다이빙을 했고 결승에 진출할 정도로 잘했는데, 결승에서는 자신이 좋아하는 다이빙을(다이빙 자세를) 선택할 수 있었다. ◆of one's choice 자기가 좋아서, 스스로 선택한

----

10 당신이 항상 정직해야 하는 단 한 사람은 당신 자신이다.

❸ **in which** | 그녀가 유창한 언어는 독일어이다.

돈보기Q The language는 관계부사의 선행사인 시간, 장소, 이유, 방법에 해당하지 않으므로 관계부사로 바꿀 수 없다.

❹ **where** | 그 아늑한 카페는 우리가 예전에 놀곤 했던 공원에서 모퉁이를 돌면 바로 있었다. ◆cozy 아늑한

돈보기Q <the park(장소 선행사)+in which>이므로 관계부사 where로 바꿀 수 있다.

❺ **where** | 예술은 지역사회에 의해 소중하게 여겨지는 상황에서 번성할 수 있다. ◆cherish 소중히 여기다, 아끼다

돈보기Q <a situation(추상적 장소 선행사)+in which>이므로 관계부사 where로 바꿀 수 있다.

Main Stage 2 어법 서술형

정답 ❶ ○   ❷ ✕, which[that]   ❸ ○   ❹ ○   ❺ ○   ❻ ✕, for which   ❼ ○

[각4점] 01 ○   02 ✕, where[in which]   03 ✕, which[that]   04 ○   05 ✕, of whom   06 ✕, which
07 ✕, when[in which]   08 ✕, which[that]   09 ○   10 ○

감점요소 -2점 (✕는 올바르게 표시했지만 틀린 부분을 바르게 고치지 못한 경우)

1 나는 자연의 아름다움을 볼 수 있는 지역에서 하이킹하는 것을 아주 좋아한다.
◆ witness 목격하다, 보다

2 그들은 자정까지 영업하는 식당을 찾았다.

3 우리가 사는 세상은 끊임없이 변화하고 있다.   ◆ constantly 끊임없이

❶ ○ | 새로운 아이디어가 가장 자주 떠오르는 시간에 주목하도록 노력해라.
◆ take note of 주목하다, 기억하다   emerge 떠오르다; 나오다
돋보기🔍 emerge는 SV문형을 만드는 자동사이다. 뒤에 완전한 절이 와서 시간 선행사 the times를 수식하므로 관계부사 when은 적절하다. 목적어가 없다고 해서 무조건 불완전한 절인 것은 아니므로 주의해야 한다.
~ of the times [**when**$^{M'}$ new ideas$^{S'}$ emerge$^{V'}$ most frequently].

❷ ✕, which[that] | 집은 인생의 도전들로부터 위안을 주는 특별한 곳이어야 한다.   ◆ comfort 위안; 안락
돋보기🔍 뒤에 주어가 없는 불완전한 절이 왔으므로 선행사 a special place를 대신하는 주격 관계대명사 which 또는 that으로 고쳐야 한다.

❸ ○ | 먹이사슬은 음식 에너지가 생산자에게서 소비자에게 전달되는 연속적인 일들을 나타낸다.   ◆ indicate 나타내다   sequence (일련의) 연속적인 사건들
돋보기🔍 뒤에 수동태가 쓰인 완전한 절이 와서 추상적 장소 선행사 the sequence를 수식하므로 in which 또는 where가 적절하다. 타동사가 수동태로 쓰인 구조를 불완전하다고 착각할 수 있으므로 주의한다.
~ the sequence [**in which**$^{M'}$ food energy$^{S'}$ is transferred$^{V'}$ ~].

❹ ○ | 우리는 우리 자신의 마음을 자유롭게 말할 수 있는 곳에서만 꿈을 추구할 수 있다.   ◆ pursue 추구하다   be free to-v 자유롭게 v하다
돋보기🔍 전치사 in의 목적어가 없는 불완전한 절이므로 관계대명사가 와야 한다. 선행사 a place를 대신하는 목적격 관계대명사 which는 적절하다.
We can pursue our dreams / only in a place [**which**$^{O'''}$ we$^{S'}$ are$^{V'}$ free$^{C'}$ / to speak$^{V'}$ our own minds$^{O'}$ **in**$^{전''}$].

4 말하는 속도는 의사소통의 효과에 영향을 준다.   ◆ effectiveness 효과적임
돋보기🔍 The speed는 관계부사의 선행사가 될 수 없고, You speak at the speed이므로 at which로 고쳐야 한다.

❺ ○ | 그녀가 사는 나라는 상당히 훌륭한 의료 체계를 가지고 있다.
돋보기🔍 뒤에 SV문형의 완전한 절이 와서 장소 선행사 The country를 수식하므로 관계부사 where는 적절하다.

❻ ✕, for which | 내가 담당했던 보고서는 예정보다 빨리 완료되었다.
돋보기🔍 The report는 관계부사의 선행사가 될 수 없고, I was responsible for the report이므로 for which로 고쳐야 한다.

❼ ○ | 당신의 노력이 결실을 보는 순간은 당신의 노력을 입증하기 때문에 다른 어떤 순간보다 훨씬 더 만족스럽다.   ◆ effort 노력   pay off 결실을 보다, 성공하다
돋보기🔍 pay off는 SV문형을 만드는 자동사이다. 뒤에 완전한 절이 와서 시간 선행사 The moment를 수식하므로 관계부사 when은 적절하다.

Exercise

01 ○ | 나는 그의 신작 영화에 정말 실망했는데, 그것에 더 많은 걸 기대했었다.
돋보기🔍 뒤에 SVO문형의 완전한 절이 왔고 선행사 his newly released movie를 추가 설명하므로 콤마 뒤에 from which는 적절하다.
I was really disappointed with *his newly released movie*, //
from which$^{M'}$ I$^{S'}$ had expected$^{V'}$ more$^{O'}$.

02 ✕, where[in which] | 23살에 Coleman은 시카고로 이주했고, 그곳에서 비행 수업 비용을 모으기 위해 한 레스토랑에서 일했다.
돋보기🔍 뒤에 SV문형의 완전한 절이 와서 장소 선행사인 Chicago를 추가 설명하므로 콤마 뒤를 관계부사 where 또는 in which로 고쳐야 한다.

03 ✕, which[that] | 토론은 사람들이 자신의 발표 불안을 관리할 수 있게 해주는 대처 전략을 개발하기 위한 이상적인 환경이다.   ◆ debate 토론   ideal 이상적인   cope 대처[대응]하다   speech anxiety 《심리학》 발표 불안
돋보기🔍 뒤에 주어가 없는 불완전한 절이 왔으므로 선행사 coping strategies를 대신하는 주격 관계대명사 which 또는 that으로 고쳐야 한다.

04 ○ | 우리는 이제 노동력, 자본, 석유와 같은 원자재의 부족에 대처해야 하는 상황에 처해 있다.   ◆ scarcity 부족, 결핍   labor 노동력   capital 자본   raw material 원자재
돋보기🔍 뒤에 SVO문형의 완전한 절이 와서 추상적 장소 선행사인 a situation을 수식하므로 관계부사 where는 적절하다.

05 ✕, of whom | 매년, 영국인들은 자신들이 매우 자랑스러워하는 작가인 윌리엄 셰익스피어를 기리는 축제를 연다.   ◆ immensely 매우, 대단히
돋보기🔍 they are immensely proud of the writer이므로 of whom으로 고쳐야 한다.

78   정답 및 해설

06 ✕, which | 그 건물은 현재 우리가 '메트로폴리탄 미술관'이라고 부르는데, 그것은 미국 남북 전쟁 동안 한때 무기고였다.

〔돋보기🔍〕 뒤에 목적어가 없는 불완전한 절이 왔으므로 선행사 The building을 대신하는 목적격 관계대명사 which로 고쳐야 한다.

The building, // **which**$^{O'}$ we$^{S'}$ now call$^{V'}$ ●
  S

"The Metropolitan Museum of Art,"$^{C'}$ // was once ~.
                              V

07 ✕, when[in which] | 많은 곤충은 에너지를 절약하기 위해 신체 기능을 늦추는 겨울 동안 동면(휴면) 상태에 들어간다. ◆ slow down 늦추다

〔돋보기🔍〕 뒤에 SVO문형의 완전한 절이 와서 시간 선행사인 winter를 수식하므로 관계부사 when 또는 in which로 고쳐야 한다.

08 ✕, which[that] | 사회학자들은 첫사랑의 행복이 미래의 모든 연애를 판단하는 비현실적인 기준이 될 수 있다는 사실을 발견했다. ◆ sociologist 사회학자 unreal 비현실적인 standard 기준 judge 판단하다

〔돋보기🔍〕 전치사 by의 목적어가 없는 불완전한 절이므로 관계대명사가 와야 한다. 선행사 an unreal standard를 대신하는 목적격 관계대명사 which 또는 that으로 고쳐야 한다.

~ *an unreal standard* [**which[that]**$^{O''}$ all future romances$^{S'}$

are judged$^{V'}$ / by$^{전'}$ ●].

09 ○ | 지원이 효과적이지 않을 수 있는 몇 가지 이유가 있다. 한 가지 가능한 이유는 도움을 받는 것이 자존감에 타격일 수도 있다는 것이다. ◆ blow 타격; 강타

〔돋보기🔍〕 뒤에 SVC문형의 완전한 절이 와서 이유 선행사인 several reasons를 수식하므로 <전치사+관계대명사> 형태인 for which는 적절하다.

10 ○ | 시각은 우리의 눈과 뇌 사이의 공동의 노력이며, 우리가 시각적 현실을 처리하는 방식은 이 둘(= 눈과 뇌)이 소통하는 방식에 달려 있다. ◆ collaborative 공동의, 협력적인

〔돋보기🔍〕 방법을 나타내는 선행사 the way 뒤에 관계부사 how가 생략된 형태로 쓰였으므로 적절하다.

Main Stage 3   영작 서술형

본책 p. 164

〔정답〕 [각6점] **01 when his daughter said**   **02 why eyes look red in photographs**
             03 where a major battle took place   **04 an example of how animals have evolved**
             05 the phenomenon where someone reads something very general

      [10점] **06 can impact the way we perceive the flavor of food**

Exercise

01 〔정답〕 **참조**

〔돋보기🔍〕 뒤에 완전한 절이 오고 앞에 시간 선행사 the moment가 있으므로 관계부사 when을 골라 영작한다.

He can't forget the moment [**when**$^{M'}$ his daughter$^{S'}$ said$^{V'}$
S   V   O

"I love you"$^{O'}$ / to him / for the first time].

02 〔정답〕 **참조** | ◆ blood vessel 혈관

〔돋보기🔍〕 뒤에 완전한 절이 오고 앞에 이유 선행사 the reason이 있으므로 관계부사 why를 골라 영작한다.

The blood vessels (at the back of the eyes) / are
         S   V

the reason [**why**$^{M'}$ eyes$^{S'}$ look$^{V'}$ red$^{C'}$ / in photographs (taken
  C

with a flash)].

03 〔정답〕 **참조** | ◆ plain 평원 take place 벌어지다, 일어나다

〔돋보기🔍〕 뒤에 완전한 절이 오고 앞에 장소 선행사 a plain이 있으므로 관계부사 where를 골라 영작한다.

The ancient ruins stand / on a plain [**where**$^{M'}$ a major battle$^{S'}$
       S   V

took place$^{V'}$ / about 1,800 years ago].

04 〔정답〕 **참조** | ◆ camouflage 위장; 위장하다 blend into ~에 뒤섞이다 chance 가능성 survival 생존

〔돋보기🔍〕 뒤에 완전한 절이 올 수 있고 '~한 방법'이라는 의미를 나타낼 수 있는 관계부사 how를 골라 영작한다.

Camouflage is an example (of **how**$^{M'}$ animals$^{S'}$ have evolved$^{V'}$
      S   V   C

/ to blend into their surroundings and enhance their chances of survival).

05 〔정답〕 **참조** | ◆ phenomenon 현상

〔돋보기🔍〕 뒤에 완전한 절이 오고 앞에 추상적인 장소를 나타내는 선행사 the phenomenon이 있으므로 관계부사 where를 골라 영작한다.

The Barnum Effect is the phenomenon [**where**$^{M'}$ someone$^{S'}$
      S   V   C

reads$^{V'1}$ something very general$^{O'1}$ / but believes$^{V'2}$ that it only
applies to them$^{O'2}$].

06 [정답] **참조** | 맛에 대한 판단은 그 음식의 겉모습이나 비슷한 음식과 관련된 이전 경험에 기초한 예측에 종종 영향을 받는다. 예를 들어, 딸기 맛 음식은 붉은색일 것으로 예상된다. 하지만 만약 초록색으로 착색된다면, 초록색 음식들과 라임과 같은 맛들의 연관성 때문에, 그 맛이 아주 강하지 않은 한 그것이 딸기 맛임을 알기 어려울 것이다.

[요지] 음식의 겉모습이 우리가 음식의 맛을 인지하는 방식에 영향을 줄 수 있다.

◆ judgment 판단   prediction 예측   association 연관(성)   identify 알다, 확인하다   perceive 인지하다

돋보기 🔍 딸기 맛 음식이 초록색이면 그 맛을 알기 어렵다는 예를 들며, 맛에 대한 판단이 음식의 겉모습에 의해 영향을 받는다는 사실을 설명하고 있다. 즉, 음식의 겉모습이 우리가 음식의 맛을 인지하는 방식에 영향을 줄 수 있다는 것이 글의 요지이다. 동사 can impact를 쓰고, 문장의 목적어 the way를 수식하는 관계부사절을 영작한다. 이때 선행사 the way와 관계부사 how는 함께 쓸 수 없으므로 관계부사 없이 선행사 the way 다음에 절을 바로 이어서 쓴다.

The appearance (of food) / can impact **the way** [we$^{S'}$ perceive$^{V'}$
_____   _____   _____
        S   V   O
the flavor (of food)$^{O'}$].
_____

Plus Stage

본책 p. 166

정답 **01** where, **they(S)**, originate(V)   **02** which, **the parade(S)**, will come(V)
  03 which, **he(S)**, showed(V), me(O)   **04** where, **all others(S)**, object to(V), your decision(O)

1 내가 너에게 말한 이유가 내 분노를 설명해준다.

2 우리는 우리가 중요하다고 생각하는 휴일에 함께 모인다.

3 이곳이 내가 자는 방이다.

4 기록은 그 건물이 무너졌던 날을 밝혀준다.   ◆ reveal 밝히다, 폭로하다

5 운동선수들은 자신의 연습을 되돌아보는 일지를 쓴다.   ◆ keep a journal 일기[일지]를 쓰다   reflect on ~을 되돌아보다

Try by Yourself!

01 where, **they(S)**, originate(V) | 대부분의 사람에게, 감정은 그것이 비롯된 상황에 결부된다.   ◆ tie 결부시키다; 묶다   originate 비롯되다

돋보기 🔍 originate는 SV문형을 취하는 자동사이므로 빈칸 뒤는 완전한 절이다. 선행사가 추상적 장소인 the situation이므로 관계부사 where가 적절하다.

02 which, **the parade(S)**, will come(V) | 퍼레이드가 지나갈 광장 중심부는 현재 사람들로 붐빈다.   ◆ square 광장   be crowded with ~로 붐비다

돋보기 🔍 빈칸 뒤는 전치사 through의 목적어가 없는 불완전한 절이다. 선행사 The town square를 대신하므로 목적격 관계대명사 which가 적절하다. 여기서 come은 자동사로 목적어를 취하지 않는다.

03 **which, he(S), showed(V), me(O)** | 그가 나에게 보여준 집은 조용하고 평화로운 지역에 있고 혼자 살기에 완벽하다.   ◆ neighborhood 이웃; 지역

돋보기 🔍 빈칸 뒤는 SVOO문형의 동사 show의 직접목적어가 없는 불완전한 절이다. 선행사 The house를 대신하므로 목적격 관계대명사 which가 적절하다.

04 **where, all others(S), object to(V), your decision(O)** | 다른 모두가 당신의 결정에 반대하는 경우를 마주한다면, 그들의 관점을 재평가하고 고려하는 것이 필수적이다.   ◆ object to ~에 반대하다   reassess 재평가하다

돋보기 🔍 빈칸 뒤는 SVO문형의 완전한 절이다. 선행사가 추상적 장소인 a case이므로 관계부사 where가 적절하다. object to는 목적어를 취하는 타동사 역할의 구동사이다.

Point 20   What / Which / That

Zero Stage

본책 p. 167

1 나는 그 물건이 정말 마음에 든다. + 남편이 그것을 중고 물품 세일에서 샀다.
→ 나는 남편이 중고 물품 세일에서 산 것이 정말 마음에 든다.
◆ garage sale (자기 집 창고에서 하는) 중고 물품 세일

2 정말 중요한 것은 타인에 대한 친절이다.

3 그는 내가 말하는 것에 주의를 기울였다.

4 자기 성찰은 개인의 성장으로 이어지는 것이다.   ◆ self-reflection 자기 성찰

5 나는 용서가 치유로 향하는 첫걸음이라는 것을 마침내 깨달았다.
◆ forgiveness 용서

6 휴대전화가 울린다고 해서 (전화를) 받아야만 하는 것은 아니다.   ◆ ring (휴대전화 등이) 울리다

7 저희 프로젝트 제안이 위원회에서 받아들여져서 정말 기쁩니다.   ◆ proposal 제안   committee 위원회

Main Stage 1 어법 서술형

정답 [각 4점] **01** ✕, what **02** ○ **03** ✕, that **04** ✕, that **05** ○ **06** ✕, which **07** ✕, that
08 ✕, which **09** ○ **10** ✕, what

감점 요소 -2점 (✕는 올바르게 표시했지만 틀린 부분을 바르게 고치지 못한 경우)

[각 5점] **11** ① which → what, 뒤에 목적어가 없는 불완전한 절이 왔고 앞에 선행사가 없으므로 관계대명사 what으로 고쳐야 한다.
/ ⑤ what → that, 뒤에 완전한 절이 왔고 동사의 목적어 역할을 할 수 있는 명사절이 필요하므로 명사절 접속사 that으로 고쳐야 한다.

감점 요소 -2점 (틀린 부분을 찾았지만 바르게 고치지 못한 경우) / -3점 (틀린 이유를 바르게 쓰지 못한 경우)

---

1 그녀는 성공하려면 계속해서 열심히 노력해야 한다고 스스로에게 말했다.

2 당신이 알고 있어야 할 계약서에 있는 법적 요구 조건들을 확인하십시오.
◆ legal 법률(상)의; 법률이 요구하는 contract 계약(서) aware 알고 있는
[돋보기] 관계대명사 which의 선행사는 the legal requirements이다.

3 나는 베스트셀러 목록 상위권에 있는 책을 찾았다.

4 학생들은 그 저자가 말하려고 애쓰던 것에 대해 가지각색의 의견을 가지고 있다.
◆ varying 가지각색의; 바뀌는, 변화하는

> **NOTE** 전치사 뒤에 that을 쓰는 경우
> 아래 두 가지 표현을 제외하면, 전치사 뒤에는 명사절 접속사 that이 이끄는 절을 쓰지 않는다. 해석에도 유의한다.
> • in that 주어+동사 (~라는 점에서)
> • except that 주어+동사 (~을 제외하고는)

5 그것들은 치명적인 산을 함유하고 있는데, 이 산은 철저한 조리로 제거할 수 있다. ◆ eliminate 제거하다 thorough 철저한

Exercise

01 ✕, what | 나는 그 과정에서 잘못되었던 것을 발견하고 고쳐서 매우 기쁘다.
[돋보기] to have found out and fixed의 목적어절이자, 주어가 없는 불완전한 절을 이끌 수 있는 관계대명사 what으로 고쳐야 한다.

02 ○ | 회의 중에 그는 우리가 하길 원하는 것을 분명히 말했다. ◆ plainly 분명히, 명확하게
[돋보기] 동사 said의 목적어절이자, to do의 목적어가 없는 불완전한 절을 이끌 수 있는 것은 관계대명사 what이다. 동사와 목적어절 사이에 부사나 부사 역할을 하는 전명구가 올 수도 있다.

03 ✕, that | 그녀는 그것이 자신에게 재정적 지원을 제공할 것이라는 바람으로 장학금을 신청했다. ◆ apply for ~을 신청하다; ~에 지원하다 scholarship 장학금 financial 재정의, 자금의 assistance 지원, 원조
[돋보기] 완전한 절이자 the hope를 보충 설명하는 동격절을 이끄는 접속사 that으로 고쳐야 한다.

04 ✕, that | 나는 평범한 것이 다른 누군가의 가장 흥미진진한 모험이 될 수 있다는 것을 오랫동안 이해하지 못했다. ◆ ordinary 평범한; 일상적인
[돋보기] 뒤에 완전한 절이 왔고 동사 didn't understand의 목적어가 필요하므로 명사절 접속사 that으로 고쳐야 한다.

05 ○ | 광고는 잠재적인 고객에게 구매할 가치가 있는 제품에 대해 알리기 위해 사용된다. ◆ potential 잠재적인 be worth v-ing v할 가치가 있다
[돋보기] 주어가 없는 불완전한 절이자, 앞의 선행사 the product를 수식하는 절을 이끄는 주격 관계대명사 that은 적절하다.

06 ✕, which | 과거에는 축제가 열리는 지역들의 농업적 풍요를 강조하기 위해 축제가 열리는 경우가 많았다. ◆ hold (축제 등을) 열다, 개최하다 highlight 강조하다 agricultural 농업의
[돋보기] 뒤에 완전한 절이 왔으므로 명사절 접속사 또는 앞의 the regions를 선행사로 하는 <전치사+관계대명사> 또는 관계부사가 와야 하는데, 앞에 전치사 in이 이미 있으므로 관계대명사가 와야 한다. 전치사 뒤에 관계대명사 that은 올 수 없고 선행사가 사람이 아니므로 which로 고쳐야 한다.

07 ✕, that | 버스에서 내리면서, 우리의 여행 가이드는 아침 일찍 박물관을 방문하는 것이 많은 인파를 피하는 데 도움이 된다고 말했다.
[돋보기] 뒤에 완전한 절이 왔고 동사 mentioned의 목적어가 필요하므로 명사절 접속사 that으로 고쳐야 한다.

08 ✕, which | Dorothy Hodgkin은 1954년에 빈혈을 치료하는 데 무엇이 필수적인지를 발견했고, 이는 그녀가 1964년에 노벨 화학상을 수상하는 것으로 이어졌다. ◆ essential 필수적인 award (상을) 주다, 수여하다
[돋보기] 뒤에 주어가 없는 불완전한 절이 문맥상 앞의 절 전체를 추가 설명하고 있는 것이므로 관계대명사 which로 고쳐야 한다. 콤마 뒤에 관계대명사 that은 올 수 없다. 참고로, 이 문장에서 what은 '무엇'으로 해석되는 의문대명사이다.

09 ○ | 지금 우리가 진화의 사실이라고 부르는 것은 1838년 찰스 다윈과 같은 박물학자들에 의해 서서히 밝혀지고 있었던 가설이었다. ◆ evolution 진화 hypothesis 가설
[돋보기] 뒤에 SVOC문형을 이루는 동사 call의 목적어가 없는 불완전한 절이 왔고 선행사가 없으므로 관계대명사 what이 적절하다.
What$^{O'}$ we$^{S'}$ now call^{V} the fact (of evolution)$^{C'}$ / was, ~,
a hypothesis [that$^{S'}$ was slowly being revealed / by ~].

10 ✕, what | 인사 고과(를 받던) 중에, 그는 매니저로부터 고객들이 불만을 표하는 것에 더 주의를 기울이라는 조언을 받았다. ◆ pay attention to ~에 주의를 기울이다
[돋보기] 뒤에 전치사 about의 목적어가 없는 불완전한 절이 왔고 앞에 선행사가 없으므로 관계대명사 what으로 고쳐야 한다. what이 이끄는 절이 전치사 to의 목적어 역할을 한다.
~ / to **what**$^{O''}$ the customers$^{S'}$ were complaining$^{V'}$ about$^{전'}$.

11 정답 참조 | 신생아는 흔들림을 통해 편안해지는데, 이것은 이 동작이 그들이 자궁에서 경험한 것과 유사하기 때문이며, 이런 익숙한 느낌에서 편안해지는 것이 틀림없다는 말을 종종 듣는다. 이는 사실일 수 있지만, 지금까지 그것들 사이의 관계를 입증하는 설득력 있는 자료는 없다. 신생아가 부드러운 흔들림을 젖을 먹는 것과 연관시키게 된다는 생각도 마찬가지로 가능할 법하다. 부모는 흔들어주는 것이 신생아를 진정시킨다는 것을 알고 있으며, 수유 중에 부드럽고 반복적인 움직임을 매우 자주 제공한다. 음식이 주된 강화물이기 때문에 신생아는 움직임에 대한 애착을 갖게 될 수 있다.

◆ newborn 신생아 comfort 위로하다; 편하게 하다 rocking 흔들림 womb 자궁 convincing 설득력 있는 demonstrate 설명하다 just as ~처럼, ~만큼 feed (밥, 우유를) 먹이다 cf. feeding (아기의) 수유 quiet 진정시키다 repetitive 반복적인 primary 주된, 일차적인 fondness 애착

돋보기🔍 ① what이 이끄는 절은 전치사 to의 목적어 역할을 한다.
We're often told // that newborns are comforted by rocking /
S   V   O1
because this motion^S is^V similar^C to^전 **what** they experienced
in the womb$^{O''}$ // and that they must take ~ feeling.
O2

⑤ that이 이끄는 명사절은 동사 understand의 목적어 역할을 한다.
Parents understand / **that** rocking$^{S'}$ quiets$^{V'}$ a newborn$^{O'}$, // ~.
S1   V1   O1

오답풀이 ② 뒤에 완전한 구조의 절이 왔고, 동사 told의 목적어가 되는 두 번째 명사절을 이끄는 것이므로 명사절 접속사 that은 적절하다.
③ 주어가 없는 불완전한 절이자, 앞의 선행사 no convincing data를 수식하는 절을 이끄는 주격 관계대명사 that은 적절하다.
④ the idea를 설명하는 동격절을 이끄는 접속사 that은 적절하다.

Main Stage 2 영작 서술형
본책 p. 171

정답 [각 5점] **01 is what helps you stay calm when facing challenges**
02 What causes a person to be inactive is that
03 What is natural to you may be considered significant difficulties for others
04 where we discussed the importance of sleep was what changed
05 has taught us that what was labeled as misinformation
06 which managed to eliminate poverty shows what good governance can achieve
07 What determines your progress, the belief that you are capable of achieving anything

[5점] **08 is how[a way] you can add value to what you see**

[10점] **09 is determined by what the entire diet is composed of**

Exercise

01 정답 참조 | ◆ patience 인내

돋보기🔍 'S는 C이다'라는 뜻의 SVC문형 문장을 영작한다. 주어 뒤에 동사를 쓰고, '~하는 것(이다)'로 해석되며 보어 역할을 하는 관계대명사 what이 이끄는 절을 영작한다.
Patience is // **what**$^{S'}$ helps$^{V'}$ you$^{O'}$ stay calm$^{C'}$ / when facing
S   V   C
challenges.

02 정답 참조 | ◆ inactive 활발하지 않은 lack 부족 motivation 동기

돋보기🔍 주어진 우리말의 '~하는 것은' 주어 역할을 하는 관계대명사 what이 이끄는 절로 영작한다. 이어서 문장의 동사인 is를 쓰고 보어가 되는 명사절을 이끄는 접속사 that을 이어 쓴다.
What$^{S'}$ causes$^{V'}$ a person$^{O'}$ to be inactive$^{C'}$ // is **that** they might
S   V   C
be experiencing a lack of motivation.

03 정답 참조

돋보기🔍 SVOC문형의 수동태 문장을 영작한다. 주어진 우리말의 '~하는 것이'로 해석되며 주어 역할을 하는 관계대명사 what이 이끄는 절을 영작한다. 이어서 문장의 동사인 may be considered와 보어를 이어서 쓴다.

What$^{S'}$ is$^{V'}$ natural$^{C'}$ / to you // may be considered significant
S   V   C
difficulties / for others.

04 정답 참조 | ◆ nightly (매일) 밤의

돋보기🔍 완전한 절을 이끌어 장소 선행사를 수식할 수 있는 관계부사 where를 이용하여 주어를 수식하는 관계부사절을 영작한다. 이때 관계부사절 안의 동사 discuss는 목적어를 가지는 SVO문형 동사이다. 이어서 문장의 동사 was를 쓰고, '~하는 것(이다)'로 해석되며 보어 역할을 하는 관계대명사 what이 이끄는 관계대명사절을 영작한다.
The seminar [**where**$^{M'}$ we$^{S'}$ discussed$^{V'}$ the importance (of sleep)$^{O'}$]
S
/ was // **what**$^{S'}$ changed$^{V'}$ my nightly routines$^{O'}$.
V   C

05 정답 참조 | ◆ label 분류하다 turn out 드러나다, 밝혀지다

돋보기🔍 'IO에게 DO를 가르쳐주다'라는 뜻의 teach가 쓰인 SVOO문형 문장을 영작한다. 뒤에 완전한 절이 오고 직접목적어 역할을 하는 that절을 영작하는데, 이때 that절의 주어로는 '~하는 것이'로 해석되는 관계대명사 what이 이끄는 절을 영작한다.
History has taught us // **that what** was labeled as misinformation$^{S'}$
S   V   IO   DO
/ often turned out$^{V'}$ to be true$^{C'}$.

06 정답 참조 | ◆ poverty 가난 achieve 성취하다

돋보기🔍 불완전한 절을 이끌고 주어 The country를 수식하는 관계대명사 which가 이끄는 관계대명사절을 영작한다. 문장의 동사 shows 뒤에는 '~하는 것을'로 해석되며 목적어 역할을 하는 관계대명사 what이 이끄는 관계대명사절을 영작한다.

The country [which^S managed^V to eliminate poverty$^{O'}$] / shows // what$^{O'}$ good governance$^{S'}$ can achieve$^{V'}$.

07 정답 참조 | ◆ determine 결정하다 be capable of ~할 수 있다

돋보기🔍 'S는 C이다'라는 뜻의 SVC문형 문장을 영작한다. '~하는 것은'으로 해석되어 주어 역할을 하는 관계대명사 what이 이끄는 절을 영작한다. 보어로는 명사 the belief를 쓰고, 이를 보충 설명하는 동격절을 that을 사용하여 영작한다.

What$^{S'}$ determines$^{V'}$ your progress$^{O'}$ / is / the belief // that you are capable of achieving anything.

08 정답 참조 | 수십만 명의 사람들이 캐나다 모피 교역에 참여하기 위해 멀리 이동했다. 많은 이들이 그 북쪽 지역 주민들이 겨울에 식품을 어떻게 저장하는지, 즉 고기와 채소를 눈에 파묻어 보관하는 것을 보았다. Clarence Birdseye라는 이름의 한 청년은 이 관습이 다른 분야와 관련될 수 있는 방법에 대하여 한 가지 생각을 했다. 이 생각으로 냉동식품 사업이 탄생했다. 그는 북쪽 사람들에게는 식품을 보존하는 일상적인 관행이었던 것으로부터 놀라운 것을 만들어 냈다. 그의 호기심 가득하고 완전히 몰두한 마음에서 신비로운 무언가가 일어났다. 호기심은 당신이 보는 것에 가치를 더할 수 있는 방법이다.

◆ journey 이동하다, 여행하다 inhabitant 주민 custom 관습 relate to ~와 관련되다 extraordinary 놀라운 preserve 보존하다 engaged 몰두하고 있는

돋보기🔍 북쪽 주민들에게는 일상적인 관행이었던 것을 보고 호기심을 가지고 냉동식품 사업을 탄생시킨 사례를 소개하고 있다. 빈칸에는 그 사례로부터 얻을 수 있는 교훈으로, 호기심이 당신이 보는 것에 가치를 더할 수 있는 방법이라는 내용이 와야 적절하다. 방법을 나타내는 선행사와 이를 수식하는 관계부사절을 영작한다. 어구에 a

Plus Stage

1 그는 그가 그 계약에 대해 아무것도 모른다고 진술했다.

2 나는 두려움 때문에 내가 성공하는 데 필요한 것을 오랜 시간 동안 방치했다.
◆ neglect 방치하다; 게을리하다

3 그는 내가 읽고 있는 것을 이미 읽었다.

---

way와 how가 있는데, 방법을 나타내는 선행사와 관계부사 how는 동시에 쓸 수 없으므로 둘 중 하나만 써서 영작한다. how를 쓴다면 앞에 선행사 a way가 생략된 문장을 영작하고, a way를 쓴다면 how를 생략한 관계부사절을 영작한다. 관계부사절 안에는 전치사 to의 목적어 역할을 하는 관계대명사 what이 이끄는 절을 영작한다.

Curiosity is // how^M you^S can add^V value$^{O'}$ / to$^{전'}$ what you see$^{O''}$.
(= Curiosity is a way [you$^{S'}$ can add$^{V'}$ value$^{O'}$/ ~].)

09 정답 참조 | 미국 성인 10명 중 거의 8명은 '좋은 음식'과 '나쁜 음식'이 있다고 생각한다. 하지만 상한 음식에 대해 이야기하는 것이 아닌 한, 어떤 음식도 좋은 음식 또는 나쁜 음식으로 분류할 수 없다. 그러나 결국 건강에 좋은 또는 건강에 해로운 식단이 되는 음식의 조합은 존재한다. '좋은' 음식, 예를 들어 생브로콜리, 삶은 두부, 당근과 같은 것들만 먹는 성인의 경우를 생각해 보라. 이러한 음식은 모두 영양소가 풍부하지만, 우리가 필요한 다양한 영양소를 충분히 공급하지 않기 때문에 결국 건강한 식단이 되지 않는다. 또는 가끔 튀긴 닭을 먹는 십 대의 경우를 예로 들어 보자. 그것은 그 또는 그녀의(학생의) 식단을 망가뜨리지는 않을 것이다. 하지만 매일 튀긴 음식을 먹고 채소나 과일은 거의 먹지 않는 사람은 나쁜 식단을 가지고 있다.

[요약문] 대부분의 사람이 믿는 것과 달리, 음식을 좋은 것과 나쁜 것으로 정의하는 것은 적절하지 않다. 사실, 건강한 식단은 전체 식단을 구성하고 있는 것에 의해 결정된다.

◆ unless ~하지 않는 한 spoiled 상한 combination 조합 add up to 결국 ~가 되다 boiled 삶은 nutrient-dense 영양소가 풍부한 supply 공급하다 occasionally 가끔 off track 궤도를 벗어난

돋보기🔍 문맥상 음식을 좋은 음식과 나쁜 음식으로 구분할 수 있다고 생각하는 일반적인 믿음과 다르게 개인이 섭취하는 식단의 구성에 따라 식단의 좋고 나쁨을 구분할 수 있다는 것이 이 글의 요지이다. 전치사 by의 목적어 역할을 하는 관계대명사 what이 이끄는 절을 영작한다.

~, a healthy diet is determined / by what$^{O'}$ the entire diet$^{S'}$ is composed$^{V'}$ / of$^{전'}$.

본책 p. 174

4 나는 그에게 내가 읽고 있다고 말했다.

5 이것은 내가 읽고 있던 책이다.

6 하지만 나는 내가 그것에 대한 정보를 제공할 수 있는 위치에 있다고 생각하지 않는다.

UNIT EXERCISE

본책 p. 175

정답 [밑줄당 4점] 01 ○ 02 ✕, what 03 ○ 04 ✕, What 05 ○ 06 (A) ✕, whose (B) ○
07 (A) ○ (B) ✕, that 08 (A) ○ (B) ✕, that

감점 요소 -2점 (✕는 올바르게 표시했지만 틀린 부분을 바르게 고치지 못한 경우)

[각 7점] 09 ③ which they → which[that], 관계대명사 which가 접속사와 대명사의 역할을 동시에 하므로 중복되는 대명사 they는 필요하지 않다. they가 없으면 뒤에 주어가 없는 불완전한 절이 오게 되고 앞에 선행사 Wheeled carts가 있으므로 관계대명사 which 또는 that으로 고쳐야 한다.
/ ④ what → whose, 선행사는 Animals이고 '동물들의 힘'이라는 뜻이므로 소유격 관계대명사 whose로 고쳐야 한다.

▶ 추가 설명하는 관계사절

01 ○ | 수렵 채집인들은 자연환경에서 사냥하고 채집하는 생활방식을 고수하는 사람들인데, 이는 야생동물을 사냥하고 그들이 태어난 환경에서 식용식물을 채집하여 먹고 사는 것을 의미한다. ◆ adhere to ~을 고수하다 live by v-ing v해서 먹고 살다 native 태어난 곳의; 원산의

돋보기 🔍 뒤에 주어가 없는 불완전한 구조의 절이 왔으므로 관계대명사 자리이다. 앞에는 콤마가 있으므로, 선행사 a lifestyle ~ environment를 추가 설명하는 관계대명사절을 이끄는 which가 적절하다.

▶ 관계대명사 what

02 ✕, what | 연극의 열린 결말은 관객이 다음에 어떤 일이 일어날지에 대해 생각하게 만들고 그들의 마음속에서 이야기가 지속되도록 그들을 (이야기 속으로) 초대하는 것이 될 수 있다. ◆ force 강요하다, (어쩔 수 없이 ~하게) 만들다

돋보기 🔍 뒤에 주어가 없는 불완전한 구조의 절이 왔고 앞에 마땅한 선행사가 없다. 의미상 '~하는 것'이란 해석이 자연스러우므로 관계대명사 what으로 고쳐야 한다.

▶ 관계부사

03 ○ | 동사 'inspire'의 라틴어 의미는 '숨을 불어넣다'이며, 이것은 창의적인 영감이 신이 처음 인간에게 생명을 불어넣은 창조의 순간과 비슷하다는 생각을 반영하는 것이다. ◆ inspire 영감을 주다; 고무하다 cf. inspiration 영감

돋보기 🔍 뒤에 완전한 구조의 절이 왔고 문맥상 앞의 시간 선행사 the moment를 수식하므로 관계부사 when이 적절히 쓰였다. <선행사+수식어구+관계사> 구조에 주의해야 한다.

~ the moment (in creation) [when$^{M'}$ God$^{S'}$ first breathed$^{V'}$ life$^{O'}$ ~].

▶ 관계대명사 what

04 ✕, What | 여행객들이 기자 피라미드에 대하여 가장 흥미롭다고 생각한 것은 이 고대 건축물들이 수천 년 전에 지어져, 시간의 시험을 견뎌 내고 여전히 대부분 온전하게 남아 있는 방식이다. ◆ withstand 견뎌 내다 largely 대부분, 주로

돋보기 🔍 뒤에 동사 found의 목적어가 없는 불완전한 구조의 절이 왔고 앞에 선행사가 없다. '~하는 것'으로 해석되므로 관계대명사 What으로 고쳐야 한다. SVOC문형에서 O가 빠진 구조에 주의해야 한다.

▶ that (명사절 접속사)

05 ○ | 여러분이 믿는 것을 위해 싸우는 것은 중요하지만, 여러분의 관점을 위한 싸움을 멈추고 신뢰할 수 있는 사람들의 집단이 생각하는 것이 최선임을 받아들이는 것이 더 현명한 때가 온다. ◆ accept 받아들이다 trustworthy 신뢰할 수 있는

돋보기 🔍 뒤에 완전한 구조의 절이 왔고 이끄는 절 전체가 (to) accept의 목적어 역할을 하므로 명사절 접속사 that이 적절하다. that이 이끄는 절의 주어는 관계대명사

what이 이끄는 절이다.

~ and (to) accept / **that** what a trustworthy ~ think$^{S''}$ is$^{V'}$ best$^{C'}$.
 V' O'

▶ 소유격 관계대명사 whose / 주격 관계대명사

06 (A) ✕, whose (B) ○ | 피카소는 추상적 형태를 대담하게 사용하여 예술적 표현에 혁신을 일으켰는데, 현대 미술의 풍경을 재구성한 20세기의 가장 영향력 있는 예술가 중 한 명으로 여겨진다. ◆ bold 대담한 revolutionize 혁신을 일으키다 reshape 새 형태로 만들다 landscape 풍경

돋보기 🔍 (A) 선행사는 Picasso이고 '피카소의) 대담한 사용'이라는 뜻이므로 소유격 관계대명사 whose로 고쳐야 한다. 이때 뒤의 명사구와 함께 revolutionized의 주어가 된다.
(B) 뒤에 주어가 없는 불완전한 구조의 절이 왔고, 문맥상 선행사 the most influential artists를 대신하므로 주격 관계대명사 that은 적절하다.

▶ 주격 관계대명사 / that (동격)

07 (A) ○ (B) ✕, that | '방 안의 코끼리'는 무시되고 있거나 언급되지 않는 명백한 사실을 가리키는 영어 관용구이다. 그것은 방 안에 있는 코끼리를 못 보고 넘어가는 게 불가능하다는 생각에 기반한다. ◆ idiom 관용구 obvious 명백한 ignore 무시하다 unaddressed 언급되지 않는 overlook 못 보고 넘어가다, 간과하다

돋보기 🔍 (A) 뒤에 주어가 없는 불완전한 구조의 절이 왔고 앞의 선행사 an obvious truth를 수식하고 있으므로 주격 관계대명사 which는 적절하다. 관계대명사 that으로 대신할 수도 있다.
(B) 뒤에 완전한 구조의 절이 왔고 문맥상 앞의 명사 the idea의 동격절이 와야 하므로 접속사 that으로 고쳐야 한다.

▶ that (명사절 접속사)

08 (A) ○ (B) ✕, that | 친구나 가족으로부터 여러분의 아기가 바로 누워 자면 곤히 자지 않을 것이라고 들어봤을지도 모르지만, 사실은 바로 누워 자는 것이 영아돌연사증후군(12개월 미만의 영아가 수면 중 갑작스럽게 사망하였으나 의학적 원인이 불명인 경우)의 위험을 크게 낮춰주기 때문에 안전한 선택일 수 있다는 것이다. ◆ sleep on one's back 바로 누워 자다 soundly (잠이 든 모양이) 깊이, 곤히 sudden 갑작스러운 infant 유아, 영아 syndrome 증후군

돋보기 🔍 (A) 뒤에 SV문형의 완전한 구조의 절이 왔고 그 절 전체가 동사 may have heard의 목적어 역할을 하므로 명사절 접속사 that이 적절하다. 동사와 목적어인 that절 사이에 전명구 from friends or family가 왔다.
(B) '~ 것'으로 해석되지만 뒤의 절이 완전한 구조이므로 명사절 접속사 that을 써야 한다. that이 이끄는 절이 but 이하의 절에서 보어 역할을 한다.

09 정답 참조 | 세 개의 매우 중요한 발명품이 메소포타미아에서 나왔는데, 이들은 바퀴, 쟁기, 그리고 범선이다. 그 당시, 동물의 노동 가용성은 매우 광범위해서 바퀴와 쟁기의 발명을 용이하게 했다. 말이 끄는 바퀴 달린 수레는 더 많은 상품을 시장에 더 빠르게 운송할 수 있었다. (씨앗을) 심기 위해 땅을 경작하는 쟁기를 끌 만큼 힘이 센 동물들은 인간보다 훨씬 더 효율적이었다. 돛은 바다를 통해서만 도달할 수 있는 나라들과 무역하는 것이 가능하게 만들었다. 세 발명품은 모두 메소포타미아의 도시들을 각각 3만 명에 달하는 사람들로 이루어진 강력한 무역 중심지로 만들었다.

◆ plow 쟁기　sailboat 범선《돛을 단 배》　availability 가용성, 이용 가능성　extensive 광범위한　facilitate 용이하게 하다　transport 운송하다　turn A over A를 뒤집다

돋보기🔍 ③ 대명사 they를 삭제하고 접속사와 대명사 역할을 동시에 할 수 있는 주격 관계대명사 which만 남기거나 주격 관계대명사 that으로 고친다.
④ whose power ~ planting까지가 선행사 Animals를 수식한다.
⑤ 선행사가 장소의 의미를 가진 countries이기 때문에 관계부사가 필요하다고 생각하기 쉽지만, 뒤에 주어가 없는 불완전한 절이 왔으므로 주격 관계대명사를 써야 한다.

오답풀이 ① 앞의 선행사 Three extremely important inventions를 추가 설명하는 관계대명사절을 이끄는 which이다.
② '너무 ~해서 …하다'라는 의미의 <so+형용사[부사]+that+S′+V′> 구문의 that으로, 부사절 접속사이다.

▶ 주격 관계대명사 / 전치사+관계대명사

10 정답 참조 | refrigerator 냉장고　spoilage 부패　dramatically 극적으로　civilization 전 세계 (사람들); 문명

돋보기🔍 첫 번째 빈칸에는 선행사 refrigerators를 수식하는 주격 관계대명사절을 영작한다. 두 번째 빈칸에는 방법을 나타내는 선행사 the way를 수식하는 관계사절을 영작하는데, 완전한 절을 이끄는 in which를 사용한다.

The development (of refrigerators [that$^{S'}$ prevent$^{V'}$
　　　　　　　 S
spoilage (of food)$^{O'}$]) / has dramatically affected
　　　　　　　　　　　　　　　V
the way [in which$^{M'}$ civilizations$^{S'}$ eat$^{V'}$].
　O

▶ 관계대명사 what / 추가 설명하는 관계사절

11 정답 참조 | carbohydrate 탄수화물　convert A to B A를 B로 전환하다　associated 관련된

돋보기🔍 첫 번째 빈칸에는 '~하는 것'으로 해석될 수 있으며 뒤에 불완전한 절이 오고 앞에 선행사는 오지 않는 관계대명사 what이 이끄는 절을 주어로 영작하고 뒤이어 동사 is converted를 쓴다. 두 번째 빈칸에는 앞의 절 what ~ fat를 추가 설명하는 관계대명사절을 영작한다.

Our body breaks down bad carbohydrates quickly, // and
　　S1　　　V1　　　　　O1
what the body cannot use / *is converted* / *to fat*, // **which**$^{S'}$
　　　　S2　　　　　　　　　　V2
can lead$^{V'}$ / to weight gain and associated health risks.

▶ 관계대명사 what / 주격 관계대명사

12 정답 참조 | interpret 해석하다　intend 의도하다

돋보기🔍 문장의 주어를 '~하는 것'으로 해석되며 뒤에 불완전한 절이 오고 앞에 선행사는 오지 않는 관계대명사 what이 이끄는 절로 영작한다. 이어서 문장의 동사인 is not understood를 쓰고 전명구의 individuals를 대신하는 주격 관계대명사 who를 사용하여 영작한다.

Sometimes / **what**$^{O'}$ **we**$^{S'}$ **do**$^{V'}$ / is not understood /
　　　　　　　　　　S　　　　　　　　　　V
by individuals [**who**$^{S'}$ hold$^{V'}$ different values$^{O'}$].

▶ 관계대명사 what

13 정답 참조 | ◆ serve 결과를 낳다

돋보기🔍 전치사 of와 with의 목적어 각각을 '~하는 것'으로 해석되는 관계대명사 what이 이끄는 절로 영작한다.

Being envious / of^{전} **what others have**$^{O''}$ / only serves / to make
　　　　　　　　　　　　　S　　　　　　　　　　V
you unhappy / with what you personally have.
　　　　　　　　전　　　　　전치사의 O′

▶ 추가 설명하는 관계대명사절 / 목적격 관계대명사

14 정답 참조 | ◆ launch 시작[개시]하다

돋보기🔍 선행사 their own companies를 추가 설명하는 관계대명사절을 영작한다. 콤마 뒤 절의 주어는 우리말에서 '그중 많은 것은(= 회사는)'으로 표현되었으므로 many of which의 형태로 영작한다. 절의 나머지 부분 중에서 reflect의 목적어를 선행사로 하는 목적격 관계대명사절을 영작한다. 그 절에서 관계대명사는 전치사 about의 목적어를 대신한다.

These days, celebrities launch *their own companies*, //
　　　　　　　　S　　　　V　　　　　O
many of which$^{S'}$ reflect$^{V'}$ the fashion and lifestyles$^{O'}$ [**that**$^{O''}$
they$^{S'}$ are$^{V'}$ passionate$^{C'}$ about^{전} ●].

▶ that (명사절 접속사) / 주격 관계대명사

15 정답 참조 | Timothy Wilson은 학생들에게 다섯 개의 다른 미술 포스터에 대한 선택권을 주고, 그러고 나서 이후 그들이 자신의 선택을 여전히 마음에 들어 하는지 알아보기 위해 조사하는 실험을 했다. 자신의 선택을 의식적으로 검토하라고 들은 사람들은 몇 주 후 자신의 포스터에 가장 덜 만족스러워했다. 포스터를 짧게 보고 고른 사람들이 이후 가장 만족스러워했다. 또 다른 연구자는 가구 상점에서 사무용 가구로 실제 상황에서 그 결과를 그대로 보여줬다. 가구 선택은 소비자들이 하는 가장 인지적으로 부담이 큰 선택 중 하나이다. 덜 의식적으로 검토한 뒤에 사무용 가구를 선택한 사람들은 매우 신중하게 검토한 뒤에 구입한 사람들보다 더 만족스러워했다.
[요약문] 실험들은 자신의 선택에 대해 더 신중하게 생각한 사람들이 자신의 선택에 대해 더 낮은 만족도를 보고했다는 것을 보여주었다.

◆ survey 조사하다　consciously 의식적으로　examine 검토하다 *cf.* examination 검토　briefly 짧게　replicate (그대로) 복제하다　cognitively 인지적으로　demanding 부담이 큰, 힘든　purchase 구입; 구입하다　report 보고하다, 전하다

돋보기🔍 신중하게 고민한 후 물건을 선택한 사람이 그렇지 않은 사람보다 자신이 선택한 물건에 대해 더 낮은 만족도를 가졌다는 것이 이 글의 요지이다. 문장의 동사 showed 뒤에는 목적어 역할을 할 수 있는 명사절 접속사 that이 이끄는 절을 영작한다. that이 이끄는 절의 주어는 individuals인데, 주격 관계대명사 who가 이끄는 절이 individuals를 수식하도록 영작하고 이어서 that절의 동사 reported 이하를 쓴다.

The experiments showed // **that** individuals$^{S'}$ [**who** thought more
　　　　　　　S　　　　　V　　　　　　　O
carefully about their choice] / reported$^{V'}$ lower satisfaction$^{O'}$ /
with their selections.

UNIT 06 주요 구문

Point 21 비교구문 I

Zero Stage

본책 p. 179

1 새 치료법은 전통적 접근법만큼 효과 있는 것으로 판명되었다. ◆approach 접근법; 다가가다

2 그녀는 그 외국어를 모국어만큼 자연스럽게 구사했다. ◆mother tongue 모국어

3 수백만 년 전, 인간의 얼굴은 오늘날 (인간의 얼굴이) 그런 것만큼 납작하지 않았다. ◆flat 납작한; 평평한

4 그는 그가 평소 그러는 것만큼 일찍 도착하지 않았다.

5 흰올빼미의 귀는 각각 크기가 다르며, 하나는 다른 것보다 더 높이 있다.

6 새 스마트폰 모델이 이전 것보다 성능 면에서 더 우수하다. ◆in terms of ~의 면에서

7 약 10,000명의 인구로 이루어져, 나우루는 남태평양에서 가장 작은 나라이다.
◆population 인구

8 저것이 저녁 파티에서 나온 모든 요리 중에서 가장 맛있었다. ◆serve (음식 등을) 제공하다, 차려 주다

9 그 여자는 "아, 그녀는 내가 지금까지 본 (귀부인) 중에 가장 아름다운 귀부인이에요."라고 말했다.

10 아이들은 놀이공원을 아주 좋아했으며, 모든 것 중 범퍼카를 가장 즐겼다.

11 여성은 종종 (남성보다) 세부 사항에 더 주의를 기울인다. ◆attentive 주의를 기울이는; 신경을 쓰는

12 인스타그램과 같은 소셜 네트워크 사이트는 (이전보다) 더 인기를 끌고 있다.

13 다른 아이스크림 맛들을 먹어본 후, 그녀는 초콜릿 맛이 (모든 맛들 중) 가장 맛있다고 단언했다. ◆declare 선언하다; 단언하다, 분명히 말하다

Main Stage 1 어법 서술형

본책 p. 180

정답 ❶ smaller ❷ dangerous ❸ ✕, important ❹ ○

[각4점] **01** ○ **02** ✕, most **03** ✕, strict **04** ✕, louder **05** ○
감점 요소 -2점 (✕는 올바르게 표시했지만 틀린 부분을 바르게 고치지 못한 경우)

[각5점] **06** ②fluent → fluently, 동사 can't speak를 수식하는 부사 자리이므로 fluently로 고쳐야 한다.
/ ④very → much[(by) far, a lot, still, even], very는 비교급을 수식할 수 없으므로 much, (by) far, a lot, still, even 등으로 고쳐야 한다.
감점 요소 -2점 (틀린 부분을 찾았지만 바르게 고치지 못한 경우) / -3점 (틀린 이유를 바르게 쓰지 못한 경우)

❶ **smaller** | 가축들은 종종 야생의 동류들보다 더 작다.
◆domestic animal 가축 cousin 사촌; 동류, 같은 계통의 것
돋보기🔍 Domestic animals와 their wild cousins, 이 둘의 크기 차이를 표현하는 <비교급+than ~> 형태의 비교급 구문으로 표현해야 한다.

❷ **dangerous** | 고속도로에서 천천히 운전하는 것은 도시에서 질주하는 것만큼 위험하다. ◆highway 고속도로 race 경주하다; 질주하다, 돌진하다
돋보기🔍 Driving slowly on the highway와 racing in cities, 이 둘의 위험성이 같은 정도임을 표현하는 <as+원급+as> 형태의 원급 구문으로 표현해야 한다.

1 그는 나타났던 것만큼 빠르게 사라졌다.

2 그녀의 그림은 네 것(= 그림)만큼 많은 세부적인 것들을 담고 있지 않다.

❸ **✕, important** | 광고에서 매체는 디자인과 구호만큼 중요하다.
◆advertising 광고 slogan 구호, 슬로건
돋보기🔍 <as+원급+as>의 원급이 문장에서 보어 역할을 하므로 원급 자리에는 형용사가 적절하다.
~, / the medium is **as important** / as the design and the slogan.
　　　　　　　　 S　　V　　　　C
(← The medium is important.)

④ ○ | 그 어린 소녀는 어른들만큼 능숙하게 피아노를 연주하였고, 그것은 청중을 놀라게 했다. ◆ skillfully 능숙하게 astonish 놀라게 하다

돋보기🔍 <as+원급+as>의 원급이 문장에서 동사 played를 수식하므로 원급 자리에는 부사가 적절하다.

*The little girl played the piano **as skillfully** / **as** adults, // which ~.*
    S   V   O   M

(← The little girl played the piano skillfully.)

---

3 인간은 우리 뇌의 독특한 구조 덕분에 다른 모든 종보다 훨씬 더 똑똑하도록 진화했다. ◆ evolve 진화하다 unique 독특한; 고유의 structure 구조

Exercise

01 ○ | 세차를 한 뒤, 내 차는 처음 샀을 때 그랬던 것만큼 깨끗해 보였다.

돋보기🔍 <as+원급+as>의 원급이 문장에서 보어 역할을 하므로 원급 자리에는 형용사가 적절하다.

After ~, // my car looked **as clean** // **as** it did / when ~.
            S   V   C

(← My car looked clean.)

02 ✕, most | 그 밝은 색깔의 열대어는 그때까지 내가 봤던 것 중에 가장 인상적인 생물이었다. ◆ colored ~한 색깔의 tropical 열대의 impressive 인상적인 creature 생물

돋보기🔍 문맥상 내가 봤던 것 중에 '가장 인상적인' 생물이었다는 내용이 되어야 자연스러우므로, <the+최상급> 표현이 되어야 한다.

The brightly colored tropical fish was
                S

the most impressive creature [that I had ever seen].
        C

NOTE the+최상급+(that)+(S'+)have ever p.p.
'지금까지 (S'가) ~한 것 중에 가장 …한[하게]'이라는 의미를 나타낸다. that절이 비교 대상의 범위를 '지금까지 ~한 것'으로 한정한다.

03 ✕, strict | 우리는 성 역할이 이전 세대만큼 엄격하지 않은 사회에 살고 있다. ◆ gender role 성 역할 strict 엄격한 generation 세대

돋보기🔍 <as+원급+as>의 원급이 where가 이끄는 관계사절에서 보어 역할을 하므로 원급 자리에는 형용사가 와야 한다.

We live in a society [where gender roles are not **as strict** / **as** in
                            S'   V'   C'

previous generations].
(← Gender roles are not strict.)

---

04 ✕, louder | 다른 사람의 행동은 종종 그들의 말보다 더 크게 말한다(더 많은 것을 알려준다). 하지만 사람이 항상 행동으로 정의되는 것은 아니다. ◆ define 정의하다

돋보기🔍 문맥상 '(둘 중) ~보다 더 …한'이라는 의미이므로 비교급 표현이 되어야 한다.

05 ○ | 인지된 한계보다 훨씬 더 높게 목표를 설정하는 것은 여러분이 나아가서 새로운 수준의 성공을 발견하도록 독려한다. ◆ perceive 인지하다

돋보기🔍 비교급 higher를 수식하는 부사로 a lot은 적절하다.

06 정답 참조 | 우리는 태어나기도 전에 다른 사람들과 비교될 수 있다. 최신 의료 기술을 통해, 부모들은 태어나기 전에 자신들의 아기를 다른 아기와 비교하고 누구의 아이가 가장 훌륭한지 정하려고 노력할지도 모른다. 남은 생애 동안 우리는 다른 사람들과 비교된다. "나는 영어를 그가 할 수 있는 것만큼 유창하게 못 해" 또는 "그녀는 나보다 (외모가) 더 좋아 보여"와 같은 비교는 우리의 자아 존중감을 떨어뜨릴 가능성이 있다. 겉보기에 여러분보다 훨씬 나은 것처럼 보이는 다른 사람들에게 집중하기보다, 자신만의 고유한 자질에 집중해라. 긍정적인 자아 개념은 자신의 고유한 가치를 인정하는 데서 생겨나므로 타인과 비교하여 자신의 가치를 판단하는 것을 피해라.
◆ compare A with B A를 B와 비교하다 latest 최신의 fluently 유창하게 be likely to-v v할 가능성이 있다 self-worth 자아 존중감 rather than ~보다는 seemingly 겉보기에는 attribute 자질, 속성 self-concept 자아 개념 stem from ~에서 생겨나다 inherent 고유의; 내재하는

돋보기🔍 ② <as+원급+as>의 원급이 문장에서 동사 can't speak를 수식하므로 원급 자리에는 부사가 적절하다.

~ "I can't speak English **as fluently** // **as** he can" ~.
        S   V   O   M

(← I can't speak English fluently.)
④ very는 the와 함께 쓰여 최상급을 강조할 수 있다.

오답풀이 ① 문맥상 모든 아이들을 비교하여 '누구의 아이가 가장 훌륭한지'를 정하려고 노력할지도 모른다는 내용이 자연스러우므로 '(셋 이상 중에서) 가장 …한'이라는 의미의 최상급 표현이 적절하다.
③ 문맥상 She와 I, 둘의 외모를 비교하여 그 차이를 말하는 것이므로 '(둘 중) ~보다 더 …한'이라는 의미의 비교급 표현이 적절하다.

Main Stage 2 영작 서술형

1 책을 읽는 것은 TV를 보는 것보다 많은 점에서 훨씬 더 좋다.

2 그 심리학자는 또래의 영향력이 부모의 그것(= 영향력)보다 더 강력하다고 주장한다. ◆influence 영향(력) peer 또래 psychologist 심리학자

3 그녀는 부모님보다 더 자주 운동한다.

4 그녀는 부모님이 그러는(= 운동하는) 것보다 더 자주 운동한다.

Exercise

01 정답 참조 | ◆tiny 아주 작은 microorganism 미생물 microscope 현미경 glow 빛나다 faintly 희미하게

돋보기🔍 주어진 우리말이 '가장 ~한'이므로 <the+최상급> 구문을 사용해야 한다. tiny를 최상급 tiniest로 바꿔 The tiniest microorganism으로 쓰고 비교 대상의 범위를 나타내는 관계대명사절을 이어서 영작한다.

The tiniest microorganism [that I have ever observed / under
　　　　　　S　　　　　　　　　　　　　　
a microscope] / was glowing faintly.
　　　　　　　　　V

02 정답 참조 | ◆regain 회복하다

돋보기🔍 주어진 우리말이 '~만큼 …한'이고 주어진 어구에 as가 있으므로 <as+원급+as> 구문을 사용해야 한다. 원급 자리의 형용사가 수식하는 명사(energy)가 있으므로 <as+형용사 원급+명사+as>의 어순으로 영작한다.

When you sleep, // your body regains **as** much energy // **as** you
　　　　　　　　　　　S　　　　V　　　　　　　O
spent / during the day.

> **NOTE** 비교구문에서의 형용사의 의미 변화
>
> 형용사가 비교구문에 쓰이면 고유의 의미는 사라진다. 예를 들어, Tom is tall.은 Tom의 키가 크다는 것을 의미한다. 하지만 Tom is as tall as his mother.나 Tom is taller than his mother.는 '엄마와 비교해서' 키가 같거나 더 크다는 것을 의미할 뿐이다. 아무리 작은 사람도 다른 사람과 비교하면 as tall as, taller than 같은 표현을 쓸 수 있다. 위 02번에서도 as much energy as는 '~와 똑같이 많은 에너지'를 의미하지 않는다. '~만큼의(~와 같은 양의) 에너지'로 해석하는 것이 맞다.

03 정답 참조 | ◆significant 중요한 celebrate 축하하다

돋보기🔍 주어진 우리말이 '~만큼 …한'이고 주어진 어구에 as가 있으므로 <as+원급+as> 구문을 사용해야 한다. 원급이 문장의 보어이므로 부사 significantly를 형용사 significant로 바꿔 쓴다. 비교되는 대상인 '실패로부터 배우는 것'과 '성공을 축하하는 것'은 동명사구로 영작하여 두 어구가 문법적으로 대등하게 한다.

Learning from failures / is **as significant** / **as** celebrating successes
　　　　　S　　　　　　　　V　　　　　　C
/ in terms of personal growth.

04 정답 참조 | ◆sensitive 민감한 organ (신체) 장기 entire 전체의 respond to ~에 반응하다 pressure 압력; 압박(감)

돋보기🔍 주어진 우리말이 '가장 ~한'이므로 <the+최상급> 구문을 사용해야 한다. sensitive를 최상급 most sensitive로 바꿔 The most sensitive organ으로 쓰고 이를 수식하는 전명구를 이어서 영작한다.

The most sensitive organ (in our entire body) / is *our skin*, //
　　　　　　　S　　　　　　　　　　　　　　　V　　　　C
which responds to pressure, temperature, and pain.

05 정답 참조 | 교실 안의 소음은 의사소통 패턴과 주의를 기울이는 능력에 부정적인 영향을 미친다. 따라서 소음에 지속적으로 노출되는 것이 아이들의 학업 성취도와 관련이 있다는 것은 놀랍지 않다. 일부 연구자들은 유치원 교실들이 소음 수준을 낮추도록 바뀌었을 때, 아이들이 더 자주 그리고 더 완전한 문장으로 서로 이야기했으며 사전 읽기 테스트에서 성적이 향상되었다는 사실을 발견했다. 읽기와 수학 시험에서 시끄러운 교실의 초등학생들은 더 조용한 환경의 학생들보다 일관되게 낮은 성적을 받았다.

[요약문] 한 실험에 따르면, <u>조용한 환경에서 공부하는 학생들이 시끄러운 환경의 학생들보다 시험에서 더 잘 수행한다.</u>

◆constant 지속적인 exposure 노출 academic 학업의 preschool 유치원 perform 수행하다 setting 환경 surroundings (주변) 환경

돋보기🔍 글에서 소개하는 연구의 결과를 요약하면, 조용한 환경에서 공부하는 학생들이 시끄러운 환경에서 공부하는 학생들보다 시험에서 더 잘 수행한다는 것이 된다. 각 환경의 학생들을 서로 비교하는 것이고 주어진 어구에 than이 있으므로, well을 비교급 better로 바꿔 <비교급+than ~> 구문을 영작한다.

According to an experiment, / students [who study in quiet
　　　　　　　　　　　　　　　　　S
environments] / perform **better** on tests / **than** students (in noisy
　　　　　　　　V　　　　M
surroundings).

> **NOTE** 비교급, 최상급의 불규칙 변화형
>
> good/well-better-best　　　　bad/badly-worse-worst
> many/much-more-most　　　 little-less-least

Plus Stage

정답 01 ③, less → the least   02 (A) better (B) worse

Try by Yourself!

01 ③, less → the least | 각 연령대에서, 온라인 학습 자료를 이용한 사람들의 퍼센티지는 온라인 강좌를 이용한 사람들의 그것(= 퍼센티지)보다 더 높았다. 25-34세 그룹은 모든 연령대 중 온라인 강좌를 이용한 사람들의 퍼센티지가 가장 높았다. 55세 이상은 다섯 개의 연령대 중 온라인 강좌를 이용할 가능성이 가장 낮았다.
◆ age group 연령대   material 자료

돋보기 ③ 모든 연령대 중 online courses를 가장 적게 이용한 그룹의 사람들을 표현하는 것이므로 최상급 the least로 고쳐야 한다.

오답풀이 ① online learning materials와 online courses의 이용자 퍼센티지, 둘을 비교하는 것이며 전자가 더 높으므로 비교급 higher는 알맞다.
② 모든 연령대 중 25-34세 그룹에서 online courses의 이용자 퍼센티지가 가장 높으므로 최상급 the highest는 알맞다.

02 (A) better (B) worse | 이런저런 종류의 신용 거래는 인류 문명 전반에 걸쳐 존재해 왔다. 이전 시대의 문제는 사람들이 미래가 현재보다 더 좋을 것이라고 믿지 않았기 때문에 좀처럼 많은 신용 거래를 하고 싶어 하지 않았다는 것이었다. 그들은 일반적으로 과거의 시대가 자신들의 시대보다 (A) 더 좋았고 미래는 (B) 더 나쁠 것으로 생각했다. ◆ credit 신용   throughout ~에 걸쳐서   civilization 문명 era 시대   seldom 좀처럼 ~않다   extend 연장하다   generally 일반적으로

돋보기 이전 시대 사람들이 미래가 현재보다 더 좋을 것이라 믿지 않았다는 앞의 내용으로 보아, 과거가 현재보다 더 좋았고 미래는 더 나쁠 것이라고 생각했다는 내용이 적절하므로 (A)에는 good의 비교급인 better, (B)에는 bad의 비교급인 worse가 적절하다. 이때 worse 뒤에 비교 대상이 명확히 드러나지는 않지만, 문맥상 자신들의 시대(their own times)와 비교하는 것임을 알 수 있다.

Point 22   비교구문 Ⅱ

Zero Stage

1   나는 쇼핑몰에 가능한 한 빨리 내 주문을 취소해달라고 요청했다.

2   포유류는 다른 종류의 동물들보다 색이 덜 다채로운 경향이 있다. ◆mammal 포유류   tend to-v v하는 경향이 있다

3   그는 역대 가장 성공한 작가 중 한 명으로 알려져 있다. ◆ be known as ~로 알려져 있다   of all time 역대, 지금껏

4   탄소는 우주에서 네 번째로 가장 풍부한 원소이다. ◆carbon 탄소 abundant 풍부한   element 원소

5   성수기 동안, 객실 요금이 정가의 세 배만큼 비쌀 수 있다. ◆ peak season 성수기   rate 요금

6   연습은 모든 기술을 숙달하는 데 가장 중요한 요소이다. ◆ crucial 중요한 master 숙달하다

7   (다른) 어느 것도 연습만큼/연습보다 중요하지 않다.

8   (다른) 누구도 너만큼/너보다 나를 잘 이해하지 않는다.

Main Stage 1   어법 서술형

정답 ❶ ✕, the more desirable it becomes   ❷ ○   ❸ ○   ❹ ✕, effectively

1   더 높이 오를수록 더 추워졌다.

2   당신이 더 많은 사람을 만날수록 당신은 다양한 문화에 대하여 더 폭넓은 지식을 얻을 수 있다. ◆gain 얻다

3   더 빠를수록 더 좋다.

4   기대가 더 높을수록 만족하기 더 어렵다.

❶ ✕, the more desirable it becomes | 희소성의 원리에 따르면 어떤 것이 더 한정될수록 그것은 더 가치 있게 된다. ◆scarcity 희소성   desirable 가치 있는; 바람직한

돋보기 It becomes desirable.이라는 문장에서 형용사 desirable을 비교급인 more desirable로 바꾸고 the를 붙여 앞으로 보낸 형태여야 한다.

❷ ○ | 우리가 텔레비전을 더 많이 볼수록 우리 주변 사람들과 함께 보낼 시간이 더 줄어든다.

돋보기 We have little time ~.이라는 문장에서 little을 <the+비교급>으로 바꾸어야 하는데, 뒤의 time을 수식하므로 the less time을 한 덩어리로 묶어 앞으로 보냈다.

5   더 위험하게 운전할수록 사고 위험이 더 높아진다.

③ ○ | 당신이 여행하기 전에 더 열심히 목적지를 조사할수록 당신의 여행은 더 순조로워질 것이다. ◆ diligently 열심히, 부지런히   destination 목적지   smooth 순조로운, 매끄러운

돋보기🔍 원래 문장 구조가 You research a destination diligently ~.이므로 동사를 수식하는 부사 diligently는 적절하다.

The more diligently you research a destination / before
    M1   S1   V1   O1
traveling, // the smoother your trip will be.
               C1   S2   V2

④ ✕, effectively | 우리가 더 천천히 먹을수록 우리 몸은 음식에서 영양소를 더 효과적으로 흡수할 수 있다. ◆ absorb 흡수하다   nutrient 영양소, 영양분

돋보기🔍 원래 문장 구조가 Our bodies can absorb nutrients effectively ~. 이므로 동사를 수식하는 부사 effectively로 고쳐야 한다.

The more slowly we eat, // the more effectively our bodies can
    M1   S1 V1   M2   S2   V2
absorb nutrients / from our food.
      O2

Main Stage 2   영작 서술형 I
본책 p. 187

정답 ❶ The more you practice, the more confident you will be
    ❷ The more frequently you assess, the deeper your self-awareness grows
    ❸ The more free information people can get, the harder

❶ 정답 참조 | ◆ confident 자신감 있는   audience 청중

돋보기🔍 원래 절이 각각 You practice a presentation much., You will be confident ~.이다. much와 confident를 각각 <the+비교급>으로 바꾸어 절 앞으로 보내고 나머지 어구는 그 뒤에 순서대로 쓴다.

The more you practice a presentation, // the more confident you
  M1   S1   V1   O1   C2   S2
will be / in front of an audience.
 V2

❷ 정답 참조 | ◆ assess 평가하다   self-awareness 자기 인식

돋보기🔍 원래 절이 각각 You assess your situation frequently., Your self-awareness grows deep.이다. frequently와 deep을 각각 <the+비교급>으로 바꾸어 절 앞으로 보내고 나머지 어구는 그 뒤에 순서대로 쓴다.

The more frequently you assess your situation, // the deeper
    M1   S1   V1   O1   C2
your self-awareness grows.
    S2   V2

❸ 정답 참조 | ◆ make a decision 결정을 내리다

돋보기🔍 원래 절이 각각 People can get much free information., Making decisions can become hard.이다. much와 hard를 각각 <the+비교급>으로 바꾸어 절 앞으로 보낸다. 이때 much가 명사(구) free information을 수식하므로 The more free information을 한 덩어리로 묶어 앞에 보내야 하는 것에 주의한다. 나머지 어구는 그 뒤에 순서대로 쓴다.

The more free information people can get, //
          O1   S1   V1
the harder making decisions can become.
  C2   S2   V2

Main Stage 3   영작 서술형 II
본책 p. 188

정답 [각 5점] 01 is 13.6 times as heavy as the same volume of water
            02 are more vulnerable than any other group in our society
            03 are less clear than those of the continents
            04 no other organ in our body uses more energy than the brain
            05 he grabbed his seat as tightly as he could
            06 The more time people spend, the more dissatisfied they tend to be
            07 One of the worst moments of my vacation was

감점 요소 -2점 (어순은 올바르나 어형 변형이 틀린 경우)

[각7.5점] 08 (A) the more often people see someone (B) the more likely a friendship is to develop

Exercise

01 정답 참조 | ◆ mercury 수은   metallic 금속의   volume 부피

돋보기🔍 주어진 우리말이 '…배만큼 ~한'이고 주어진 어구에 as가 있으므로 <배수+as 원급 as> 구문을 사용하여 영작한다.

Mercury, / a metallic element, / is 13.6 times as heavy / as the
 S   =   V   C
same volume of water.

02 정답 참조 | ◆vulnerable 취약한

돋보기🔍 '아이들이 사회에서 가장 취약한 집단이다'라는 최상급 의미를 나타내는 문장이다. 주어진 어구에 than과 any other가 있으므로 <비교급 than any other ~ (다른 어떤 ~보다 더 …한)> 구문을 사용한다. vulnerable은 비교급 more vulnerable로 바꿔 쓰고 than any other 뒤에는 group을 쓴다.

Children <u>are</u> **more vulnerable** / **than any other group** (in our
     S1 V1   C1

society), // [and] therefore, they need protection.

03 정답 참조 | ◆geographical 지리적인　boundary 경계　continent 대륙

돋보기🔍 주어진 우리말이 '~보다 덜 …한'이고 주어진 어구에 less가 있으므로 <less 원급 than> 구문을 사용한다. 비교되는 두 대상은 '대양의 지리적 경계들(The geographical boundaries of the oceans)'과 '대륙의 지리적 경계들(the geographical boundaries of the continents)'이다. than 이하에 반복되는 명사 the geographical boundaries를 대명사로 쓸 수 있으므로, 주어진 대명사 that을 반복되는 명사의 수(복수)에 맞춰 복수형 those로 바꿔 쓴다.

The geographical boundaries (of the oceans) / <u>are</u> **less clear** /
                S   V   C

than *those* (of the continents).

(= the geographical boundaries)

04 정답 참조 | ◆per 당, 마다　unit 단위　matter 물질

돋보기🔍 '뇌가 우리 몸의 기관 중 가장 많은 에너지를 사용한다'라는 최상급 의미를 나타내는 문장이다. 주어진 어구에 no other와 than이 있으므로 <no other … 비교급 than ~ (다른 어떤 ~보다 더 …하지 않은)> 구문을 사용한다. no other 뒤에 organ을 쓰고, much를 비교급 more로 바꿔 수식하는 명사 energy 앞에 쓴다.

Per unit of matter, / **no other organ** (in our body) / <u>uses</u>
                            S   V

more energy / **than** the brain.
    O

05 정답 참조 | ◆grab 붙잡다, 쥐다　tightly 꽉, 단단히

돋보기🔍 주어진 우리말이 '가능한 한 ~하게'이고 주어진 어구에 as와 could가 있으므로 <as 원급 as+S′+could> 구문을 사용한다. 원급이 문장의 동사 grabbed를 수식하므로 형용사 tight를 부사 tightly로 바꿔 쓴다.

As the plane started shaking, //

he grabbed his seat **as tightly** // **as he could.**
S   V   O   M   (= possible)

06 정답 참조 | ◆analyze 분석하다　dissatisfy 불만족하게 하다

돋보기🔍 원래 절이 각각 People spend much time analyzing ~., They tend to be dissatisfied with ~.이다. much와 dissatisfied를 각각 <the+비교급>으로 바꾸어 절 앞으로 보내는데, much는 수식하는 명사 time과 한 덩어리로 묶어 The more time의 형태로 바꿔 앞에 보낸다.

Plus Stage

본책 p. 190

정답　**01 bigger**　　**02 ✕**　　**03 ○**

01 bigger | 오늘날의 팀 역학에서, 우리 자신과 비슷한 사람을 고용하는 것은 더 이상 효과적이지 않다. 우리는 구성원들이 서로를 보완하는 다양한(다양성이 있는) 팀을 추구한다. 새로운 팀을 모으거나 팀의 구성원을 모집할 때, 우리는 각 개인이 종

The more time people spend analyzing their options, //
     O1   S1   V1

the more dissatisfied^C′ they tend to be^V′ / with their choices later.
                      S2 V2   O2

07 정답 참조 | ◆rainstorm 폭풍우

돋보기🔍 주어진 우리말이 '가장 ~한 것들 중 하나'이고 주어진 어구에 one이 있으므로 <one of the 최상급+복수명사> 구문을 사용한다. One of the 뒤에 bad를 최상급 worst로 바꿔 쓰고 복수명사 moments를 이어 쓴다. 문장의 주어는 One이고 과거의 사실을 말하고 있으므로 동사 be는 was로 바꿔 쓴다.

One (of the worst moments (of my vacation)) / **was** // when I got
S   V   C

caught in a rainstorm without an umbrella.

> **NOTE** <one of the 최상급+복수명사>
>
> 위 구문의 one은 셀 수 있는 명사를 대신하는 부정대명사이며, 셀 수 없는 명사를 대신해 쓸 수 없다. 그러므로 one of 뒤에는 항상 복수명사가 온다.

08 정답 참조 | 심리학자 Leon Festinger와 Stanley Schachter, 사회학자 Kurt Back은 우정이 어떻게 형성되는지 궁금해하기 시작했다. 왜 어떤 낯선 사람들은 지속적인 우정을 쌓는 반면, 어떤 사람들은 기본적인 상투적인 말을 넘어서는 데 어려움을 겪을까? 일부 전문가들은 우정 형성이 유아기까지 거슬러 올라갈 수 있으며, 이 시기에 아이들은 삶에 대한 특정한 태도를 습득하게 된다고 설명했다. 하지만 Festinger, Schachter 그리고 Back은 다른 이론을 추구했다. 그들은 물리적 공간이 우정 형성의 열쇠라고 믿었다. 사람들은 자주 마주치는 사람과 친구가 되는 경향이 있다. 즉, 사람들이 누군가를 더 자주 볼수록 우정이 발전할 가능성이 더 크다는 것이다. 그들의 관점에서, 비슷한 태도를 가진 사람들이 친구가 된다기보다는, 하루 동안 서로를 지나쳐 간 사람들이 친구가 되는 경향이 있고, 따라서 시간이 지남에 따라 비슷한 태도를 취하게 되는 것이었다.

◆sociologist 사회학자　wonder 궁금해하다　form 형성되다　lasting 지속적인　struggle to-v v하는 데 어려움을 겪다　be traced to ~로 거슬러 올라가다　acquire 습득하다　attitude 태도　pursue 추구하다　view 관점　adopt (태도 등을) 취하다; 채택하다

돋보기🔍 빈칸 앞의 That is는 '다시 말해, 즉'이란 의미로 앞 내용을 다시 진술하는 문장을 이끈다. 앞 내용은 자주 마주치는 사람과 친구가 되는 경향이 있다는 것이다. 주어진 어구에 the more가 있으므로, 빈칸에는 '누군가를 더 자주 볼수록 우정이 발전할 가능성이 더 크다'라는 내용이 와야 적절하다. the more often ~, the more likely ~.로 영작한다.

That is, // **the more often** people see someone, // **the more likely**
                       M1   S1 V1   O1   C2

a friendship is to develop.
   S2   V2

합적인 팀의 목표에 얼마나 맞느냐를 평가해야 한다. 팀이 커질수록, 다양해질 가능성이 더 많이 존재한다.

◆ dynamics 역학 diverse 다양한 *cf.* diversity 다양성 complement 보완하다 assemble 모으다 recruit 모집하다 overall 종합적인; 전체의 objective 목표

돋보기 🔍 앞에서 우리는 우리 자신과 비슷한 사람보다는 다양한 사람들로 팀을 구성하는 것을 추구한다고 하였다. 문맥상 팀이 커질수록 (팀이) 다양해질 가능성이 더 많이 존재한다는 내용이 되어야 적절하다. <the+비교급 ~, the+비교급 ...>이 사용되었으며, 앞 절에서는 be동사가 생략되었다.

The bigger the team (is), // **the more possibilities** exist ~.
　　C1　　 S1　　 V1　　　　 　　 S2　　　　 V2

---

02 ✕ | 2023년에 스마트폰 사용자의 퍼센티지는 태블릿 사용자의 그것(= 퍼센티지)보다 3배 높았다.

돋보기 🔍 <A+배수/분수+비교급 than B>가 쓰여, 2023년 스마트폰 사용자의 퍼센티지가 태블릿 사용자의 퍼센티지의 3배임을 표현한다. 전자가 57%, 후자가 29%이므로 틀린 설명이다.

03 ○ | 2023년에 컴퓨터는 전자책 단말기의 절반만큼 사용되었다.

돋보기 🔍 <A+배수/분수+as 원급 as B>가 쓰여, 2023년 컴퓨터 사용률이 전자책 단말기 사용률의 절반임을 표현한다. 전자가 32%, 후자가 64%이므로 옳은 설명이다.

Point 23　도치구문

Zero Stage

본책 p. 191

1　그녀는 결코 자신의 실패를 되돌아보지 않았다.

2　나는 비가 아름다운 무지개로 변할 것이라고는 거의 예상하지 않았다.

3　Amy는 요리할 수 있을 뿐만 아니라, 다른 사람들에게 요리를 가르칠 수도 있다.

4　Claire는 땅콩 알레르기가 있고, 그녀의 자매도 역시 그렇다. (= 그녀의 자매도 땅콩 알레르기가 있다.)　◆ be allergic to ~에 알레르기가 있다

5　A: 나는 태국에 가본 적이 없어. B: 나도 그런 적이 없어. (= 나도 태국에 가본 적이 없어.)

6　저기 기차가 간다.

7　비가 내렸다.

8　지평선 위로 장엄한 일출이 나타났다.　◆ horizon 지평선; 수평선 magnificent 장엄한, 웅장한

Main Stage 1　문장전환 서술형

본책 p. 192

정답 ❶ Not only can she sing very well　❷ Rarely have cultures been
❸ Only after the sun had set did the nocturnal animals come
❹ Beyond the rocky cliffs lay a beautiful beach　❺ Inside the old envelope were faded pictures

1　그녀는 자신의 감정을 거의 보이지 않는다.

2　나는 그의 다른 의견에 한 번도 화가 난 적이 없었다.

3　우리는 열심히 일하고 열정이 있어야만 성공할 수 있다.

4　그녀는 집에 도착하고 나서야 열쇠를 잊어버린 것을 알아차렸다.

❶　**정답 참조** | 그녀는 노래를 매우 잘할 뿐만 아니라, 아름다운 가사를 쓸 수도 있다.　◆ lyric (노래의) 가사

돋보기 🔍 Not only를 문두로 보내고, 주어와 동사를 도치시킨다. 조동사 can이 있으므로 <can+she ~>의 어순이 된다.

Not only can she sing very well, // **but** she can **also** ~.
부정어구　조동사 S1　V1

❷　**정답 참조** | 문화는 외부의 영향으로부터 완전히 고립되는 일이 거의 없다.
◆ isolate 고립시키다 external 외부의

돋보기 🔍 Rarely를 문두로 보내고, 주어와 동사를 도치시킨다. 조동사 have가 있으므로 <have+cultures ~>의 어순이 된다.

Rarely *have cultures been* completely *isolated* ~.
부정어　조동사　S　└────V────┘

❸　**정답 참조** | 그 야행성 동물들은 해가 지고 나서야 사냥을 하러 나왔다.

돋보기 🔍 Only가 포함된 부사절을 문두로 보내고, 주절의 주어와 동사를 도치시킨다. 일반동사 came이 과거시제이므로 <did+the nocturnal animals ~>의 어순이 된다.

Only after the sun^{S'} **had set**^{V'} / *did the nocturnal animals come* ~.
부정어 포함 부사절　　　　　　 조동사　　　 S　　　　 V

5　내가 길을 건너기 전에 버스 한 대가 모퉁이를 돌아 왔다.

❹　**정답 참조** | 바위 절벽 너머에 부드러운 파도가 해안가로 밀려들어오는 아름다운 해변이 있었다.　◆ roll in 밀려들어오다 rocky 바위로 된 cliff 절벽

돋보기 🔍 장소 부사구 Beyond the rocky cliffs를 문두로 보내고, 주어와 동사를 도치시킨다. 장소 부사구를 강조하므로 동사 lay는 형태 변화 없이 그대로 도치한다.

Beyond the rocky cliffs / *lay a beautiful beach* (with ~).
장소 부사구　　　　 V　　　 S

⑤ 정답 참조 | 그 낡은 봉투 안에는 한 소녀의 웃는 얼굴을 담은 색이 바랜 사진들이 있었다. ◆fade (색깔이) 바래다　envelope 봉투

돋보기🔍 장소 부사구 Inside the old envelope을 문두로 보내고, 주어와 동사를 도치시킨다. 동사 were를 주어 앞에 원래 형태 그대로 써준다.
Inside the old envelope / *were faded pictures* [that captured ~].
　　장소 부사구　　　　　V　　　　　S

Main Stage 2 어법 서술형

본책 p. 193

정답　❶ ○　❷ X, do most people read　❸ ○　❹ X, did she have　❺ X, does it thrive
　　　❻ X, does　❼ ○　❽ X, soar

[각 4점]　**01** X, were　**02** X, do they consider　**03** X, should children be left　**04** X, do　**05** ○
감점 요소　-2점 (X는 올바르게 표시했지만 틀린 부분을 바르게 고치지 못한 경우)

[각 5점]　**06** ② the town had witnessed → had the town witnessed, 부정어 never가 문장 앞에 쓰일 때 주어와 동사 had witnessed는 <never + had + 주어 + witnessed>의 어순이 되어야 한다.
　　　/ ④ we knew → did we know, 부정어 little이 문장 앞에 쓰일 때 주어와 동사 knew는 <little + did + 주어 + know>의 어순이 되어야 한다.
감점 요소　-2점 (틀린 부분을 찾았지만 바르게 고치지 못한 경우) / -3점 (틀린 이유를 바르게 쓰지 못한 경우)

1　나는 이사를 가고 나서야 비로소 내가 가족을 얼마나 그리워하는지 깨달았다.

2　나는 그 거리의 이름을 기억하지 못했고, 나를 안내해줄 지도도 없었다.

❶ ○ | 너의 운동 계획을 따른 후에, 나의 체력은 많이 좋아졌고 감정 상태도 역시 그렇다. ◆state 상태

돋보기🔍 'S도 역시 그렇다'라는 의미의 <so + V + S> 구문이다. 이때 did는 앞의 improved a lot을 대신하는 대동사이다.

❷ X, do most people read | 요즈음, 대부분의 사람들은 약관을 거의 읽지 않고 '동의'를 클릭한다. ◆terms and conditions 약관

돋보기🔍 scarcely가 문두에 온 도치구문이다. 일반동사 read가 현재시제이고 주어 most people이 복수이므로 조동사 do를 사용해 도치한다. <조동사(do) + 주어(most people) + 동사(read)>의 어순이 적절하다. (← ~, most people **scarcely** read the terms and conditions ~.)

❸ ○ | 다채로운 색의 암초 속으로 호기심 많은 스쿠버 다이버가 역동적인 해양 생물을 관찰하기 위해 헤엄쳤다. ◆reef 암초　curious 호기심 많은　dynamic 역동적인; 활발한

돋보기🔍 방향 부사구 Into the colorful reef가 문두에 온 도치구문이므로 <동사(swam) + 주어(the curious scuba diver)>의 어순이 적절하다. (← The curious scuba diver swam **into the colorful reef** ~.)

❹ X, did she have | 그녀는 자기 자식을 가져본 적이 없었지만, 아이들을 사랑했고 그들 주변에서 편안함을 느꼈다.

돋보기🔍 부정어 Never가 문두에 온 도치구문이다. 일반동사 had가 과거시제이므로 조동사 did를 사용해 도치한다. <조동사(did) + 주어(she) + 동사(have)>의 어순이 적절하다. (← She **never** had children of her own, ~.)

❺ X, does it thrive | 고무나무는 생존하기 위해 많은 물을 필요로 하지 않으며, 직사광선 속에서 잘 자라지 않는다. ◆rubber 고무

돋보기🔍 'S도 역시 그렇지 않다'라는 의미의 <nor + V + S> 구문이다. 일반동사 thrives가 현재시제이고 주어 it(= The rubber tree)이 단수이므로 조동사 does를 사용해 도치한다. <조동사(does) + 주어(it) + 동사(thrive)>의 어순이 적절하다.

3　공원 내부의 언덕에는 방문객들이 훌륭한 경치를 즐길 수 있는 전망대들이 있다. ◆observation deck 전망대

❻ X, does | 의류 산업은 과잉 생산과 쓰레기에 대해 좀처럼 고심하지 않으며, 이는 환경을 해친다. ◆address (문제 등에 대해) 고심하다, 다루다 overproduction 과잉 생산

돋보기🔍 Seldom이 문두에 온 도치구문이다. 주어는 조동사 뒤의 단수명사 the clothing industry이므로 does로 고쳐야 한다. (← The clothing industry **seldom** addresses ~.)

❼ ○ | 소셜 미디어의 시대에 고객 불만을 회사가 무시하는 경우는 좀처럼 없다. ◆ignore 무시하다

돋보기🔍 Rarely가 문두에 온 도치구문이다. 주어는 조동사 뒤의 복수명사 customer complaints이므로 복수동사 are는 적절하다. (← Customer complaints are **rarely** ignored ~.)

❽ X, soar | 숲의 높은 나무들 위로 위풍당당한 매들이 날아올라 아래 있는 먹이를 찾아 살핀다. ◆soar 날아오르다　eagle 매, 독수리　scan (무언가를 찾느라고 유심히) 살피다

돋보기🔍 장소 부사구 Above ~ forest가 문두에 온 도치구문이다. 주어는 동사 뒤의 복수명사 majestic eagles이므로 복수동사 soar로 고쳐야 한다. (← Majestic eagles soar **above the tall trees of the forest**, ~.)

Exercise

01 ✕, were | 그의 성공 뒤에는 그가 마주하여 극복해야 했던 많은 도전들이 있었다. ◆ overcome 극복하다

돋보기🔍 장소 부사구 Behind his success가 문두에 온 도치구문이다. 주어는 동사 뒤의 복수명사 many challenges이므로 복수동사 were로 고쳐야 한다. (← Many challenges that ~ overcome were **behind his success**.)

02 ✕, do they consider | 사람들은 도시의 발전에 대해 생각할 때, 엘리베이터와 에스컬레이터 같은 수직 운송 수단의 중요한 역할을 좀처럼 고려하지 않는다. ◆ critical 중요한; 비판적인　vertical 수직의

돋보기🔍 rarely가 문두에 온 도치구문이다. 일반동사 consider가 현재시제이고 주어 they가 복수이므로 조동사 do를 사용해 도치한다. <조동사(do)+주어(they)+동사(consider)>의 어순이 적절하다. (← ~, they **rarely** consider ~.)

03 ✕, should children be left | 사고를 예방하기 위해 어떤 상황에서도 아이들은 방치되어서는 안 된다. ◆ unsupervised 감시 없는, 무감독의

돋보기🔍 부정어 no가 포함된 부사구 Under no circumstances가 문두에 온 도치구문이다. 조동사 should가 있으므로 <조동사(should)+주어(children)+be p.p.(be left)>의 어순이 적절하다.

NOTE 부정어를 포함한 부사구

부정어를 포함한 부사구가 문두에 오면 부정어구처럼 주어와 동사를 도치한다.
- in/under no circumstances: 무슨 일이 있어도 (결코 ~않는)
- on no account: 무슨 일이 있어도[무슨 이유로든]
- for no reason: 아무 이유 없이, 공연히
- at no time: 한 번도 ~하지 않는
---

04 ✕, do | 우리가 원하는 결과가 결코 충분히 빠르게 나오지 않을 것 같아서, 우리는 달라지는 것 없이 다시 전의 일상으로 빠져든다. ◆ slide (나쁜 상태로) 빠져들다, 되어가다

돋보기🔍 부정어 Never가 문두에 온 도치구문이다. 주어는 조동사 뒤의 복수명사 the results이므로 do로 고쳐야 한다. (← The results we want **never** seem to come quickly enough, ~.)

Never *does* / *the results* [we^S′ want^V′] / *seem* to come ~.
부정어구　조동사　　　S⤴　　　　　　　V

05 ○ | 패스트푸드는 영양학자들에게 지지를 받지 않고, 가공식품 소비도 역시 그러지(= 영양학자들에게 지지를 받지) 않는다. ◆ nutritionist 영양학자　consumption 소비　processed food 가공식품

돋보기🔍 'S도 역시 그렇지 않다'라는 의미의 <neither+V+S> 구문이다. 주어는 단수명사 the consumption이므로 동사도 does로 수일치시킨다. 이때 does는 앞의 gets support from nutritionists를 대신하는 대동사이다.

06 정답 참조 | 혼란 속으로 의용소방대가 달려갔다. 그 마을은 이전에 그렇게 큰 산불을 목격한 적이 한 번도 없었지만, 이 용감한 사람들은 자신들의 공동체를 지키기 위해 스스로 위험에 빠졌다. 장비를 준비하고 교통을 관리하는 등 보조 업무 수행에 대한 헌신만으로, 그 소방관들은 위급상황에 효율적으로 대응할 수 있었다. 우리는 이 용감한 봉사자들의 헌신을 거의 알지 못했다. 하지만 그들은 분명히 어려운 때의 공동체를 위한 이타적 봉사에 대하여 우리의 감사를 받아 마땅하다.
◆ witness 목격하다　dedication 헌신　auxiliary 보조의　undoubtedly 분명히, 의심의 여지없이　deserve ~해야 마땅하다　selfless 이타적인

돋보기🔍 ② 부정어 Never가 포함된 부사구 Never before가 문두에 있으므로 조동사 had와 주어를 도치시킨다. (← The town had **never before** witnessed such a big wildfire, ~.)
④ '부정'의 뜻이 담긴 Little이 문두에 있고 일반동사 knew가 과거시제이므로 조동사 did를 사용해 도치한다. (← We **little** knew the dedication of ~.)

오답풀이 ① 방향 부사구 Into the chaos가 문두에 온 도치구문이므로 <동사(rushed)+주어(the volunteer fire brigades)>의 어순은 적절하다. 일반동사가 쓰였지만 조동사 do/does/did를 사용하지 않는다.
③ '부정'의 뜻이 담긴 Only가 포함된 부사구가 문두에 온 도치구문이므로 <조동사(could)+주어(the firefighters)+동사(respond)>의 어순은 적절하다.

Main Stage 3　영작 서술형

본책 p. 195

정답 ❶ have humans created various languages and alphabets
❷ appeared a familiar face that I hadn't seen
❸ he discovered the principles of marketing did he find

❶ 정답 참조
돋보기🔍 '부정'의 뜻이 담긴 Only가 포함된 부사구 Only recently를 강조하는 도치구문으로 영작한다. 우리말과 주어진 어구로 보아 현재완료형이므로 <조동사(have)+주어(humans)+p.p.(created)>의 어순으로 써야 한다.

Only recently / *have humans created* various languages and
부정어 포함 부사구　조동사　S　V　　　O
alphabets.

❷ 정답 참조
돋보기🔍 장소 부사구 Among the crowd of people을 강조하는 도치구문으로 영작한다. 일반동사 appeared가 쓰였지만 장소 부사구 도치구문에서는 do/does/did를 사용하지 않고 동사 형태 그대로 도치하므로 <동사(appeared)+주어(a familiar face that ~)>의 어순으로 써야 한다. 이 문장처럼 짧은 서술어(appeared) 뒤에 상대적으로 긴 주어를 위치시키면 좀 더 문장 이해가 쉽고 안정된 느낌을 주기도 한다.

Among the crowd of people / *appeared a familiar face* [that I
장소 부사구　　　　　　　　　V　　　S⤴
hadn't seen in years].

❸ 정답 참조

돋보기 🔍 부정어구 Not until이 이끄는 부사절을 강조하는 도치구문으로 영작한다. 먼저 강조되는 어구인 부사절을 영작하는데, 부사절은 기본 어순(S+V)으로 영작해야 하므로 주어 he와 동사 discovered를 순서대로 쓰고 목적어도 이어서 쓴다. 이어서 문장의 주어와 동사를 도치시키는데, 일반동사 find가 쓰였고 우리말로 보아 과거시제이므로 <조동사(did)+주어(he)+동사(find)>의 어순으로 써야 한다.

Not until he$^{S'}$ **discovered**$^{V'}$ **the principles (of marketing)**$^{O'}$ //
부정어 포함 부사절

did he find increased success.
조동사 S　V　　　O

Plus Stage

본책 p. 196

정답 **01** ✕, **the teacher**　　**02** ○　　**03** ✕, **very tall and impressive mountains**　　**04** ○

Try by Yourself!

<보기> 태양 전지판 뒤에는 태양으로부터 에너지를 모으고 저장하는 배터리들이 있다. ◆ solar panel 태양 전지판　store 저장하다

돋보기 🔍 장소 부사구 Behind the solar panels가 문두에 온 도치구문이다.

01 ✕, **the teacher** | 선생님은 학생들이 보고서를 제출한 후에야 피드백을 공유했다. ◆ submit 제출하다

돋보기 🔍 Only가 포함된 부사절이 문두에 온 도치구문으로 주어는 조동사 did 뒤의 the teacher이다.

02 ○ | 공상 과학 소설은 학생들이 작동하는 과학 원리를 보도록 도울 뿐만 아니라, 비판적인 사고와 창의적인 기술도 키워준다. ◆ in action 작동하는, 활동하는

돋보기 🔍 부정어구 not only가 문장 중간에 위치한 정상어순의 문장이다.

03 ✕, **very tall and impressive mountains** | 연구 시설의 왼쪽에는 아주 크고 인상적인 산들이 지평선을 등지고 서있었다. ◆ facility 시설

돋보기 🔍 장소 부사구 To the left ~ facility가 문두에 온 도치구문으로 주어는 동사 were 뒤의 mountains이다.

04 ○ | 멀티태스킹의 최극단에서, 청소년들은 그들이 휴대폰으로 통화하고, 음악을 듣고, 숙제를 하는 동안 끊임없이 메시지를 보내고 있다. ◆ extreme 극심한, 극도의; 지나친　constantly 끊임없이

돋보기 🔍 장소 부사구 At the extreme end of multitasking이 문장 앞에 왔지만, 콤마 뒤에 주어와 동사가 순서대로 있는 정상어순의 문장이다.

Point 24　It을 활용한 구문

Zero Stage

본책 p. 197

1　고객이 실제로 원하는 제품을 생산하는 것은 항상 도전이다.

> **NOTE** <가주어(it)-진주어(v-ing)> 구문
> 동명사구는 대부분 주어 자리에 그대로 쓴다. 가주어 it을 사용하는 관용표현은 숙어처럼 외워둔다.
> • it is no use v-ing: v해도 소용없다
> • it is worth v-ing: v하는 것은 가치가 있다
> • it is nice v-ing: v하는 것은 좋다
> • it is fun v-ing: v하는 것은 재미있다

2　웃음이 건강에 긍정적인 영향을 미치는 것은 확실하다. ◆ have an impact on ~에 영향을 미치다

3　그녀는 주변의 모든 소음으로 공부에 집중하기 어렵다는 것을 알았다.
◆ concentrate on ~에 집중하다

4　학교는 학생들이 문화교류 프로그램에 참가하는 것을 필수로 했다.
◆ essential 필수적인　participate in ~에 참가하다　exchange 교류; 교환

5　내 휴대전화가 조용한 도서관에서 갑자기 울렸다. → 조용한 도서관에서 갑자기 울린 것은 바로 내 휴대전화였다.

6　환경적 요인과 사회적 영향이 우리의 행동에 크게 영향을 미치는 것 같다.

7　전문 댄서가 새로운 춤의 스텝을 외우는 데는 단 몇 분이 걸린다.
◆ memorize 외우다

8　나는 슈퍼마켓에서 오랜 친구와 우연히 마주쳤다. ◆ bump into ~와 (우연히) 마주치다

Main Stage 1 어법 서술형

정답 ❶ X, It   ❷ X, it   ❸ O

---

1 새로운 언어를 배우는 것은 여러 이유로 좋은 일이다.

---

2 놀랍게도, 나는 몇몇 간단한 보관 해결책의 도움으로 내 책상을 정리하는 것이 쉽다는 것을 발견했다. ◆reorganize 정리하다; 재조직하다 storage 보관; 저장

3 그들은 재정 안정을 위해 돈을 저축하는 것이 현명하다는 것을 알았다. ◆sensible 분별 있는, 현명한 financial 재정의 stability 안정(성)

---

4 그 지역 농부들은 자신들이 생산한 농산물을 팔기 어렵다는 것을 알게 될 것이다.

5 나는 자원봉사자들이 다른 사람들이 참여하도록 격려하는 것이 인상적이라는 것을 알게 되었다. ◆inspire 격려하다, 고무하다

❶ **X, It** │ 당신이 비전문적으로 보이게 하기 때문에 회의에 늦게 도착하지 않는 것이 낫다. ◆unprofessional 비전문적인

[돋보기Q] 주어로 해석되는 to부정사구(~ 도착하지 않는 것이)가 뒤에 있으므로, 이를 대신할 수 있는 가주어 It이 와야 한다.

It is better / not **to arrive** late to meetings // ~.
　가주어　　　　　　　　진주어

❷ **X, it** │ 항해의 발전은 한계를 넓혔다. 돛의 발명은 우리 조상들이 바다를 통해서만 도달할 수 있는 나라들과 무역하는 것을 가능하게 했다. ◆advancement 발전 navigation 항해 sail 돛 ancestor 조상 reach 도달하다, 닿다

[돋보기Q] 목적어로 해석되는 to부정사구(~ 무역하는 것을)가 뒤에 있으므로, 이를 대신할 수 있는 가목적어 it이 와야 한다.

The invention (of the sail) / made **it** possible / for our ancestors
　S　　　　　　　　　　　V 가목적어　C　　　to-v 의미상의 주어
to trade ~.
　진목적어

❸ **O** │ 백 년도 훨씬 전에, 어떤 마음씨 고운 남자가 위험한 해안 근처에 살고 있었다. 그는 그렇게 많은 선원이 그곳에서 죽었던 것은 비극이라고 생각했다. ◆coast 해안 (지방)

[돋보기Q] 동사 thought의 목적어인 that절 안에 <가주어(it)-진주어(that절)> 구문이 쓰였다. 문맥상 '그렇게 많은 선원이 그곳에서 죽었던 것은'에 해당하는 that so many ~로 시작하는 절이 진주어이다.

He thought // (that) **it** was tragic / **that** so many sailors had
　　　　　　　　　　가주어´ V´　C´　　　　　　　진주어´
died ~.

Main Stage 2 문장전환 서술형

본책 p. 199

정답 ❶ was his introverted personality that enabled him to excel in independent tasks
❷ is high-quality customer service that businesses rely on to maintain client satisfaction
❸ was only when he was with his family that he seemed perfectly natural and relaxed
❹ this photo was designed   ❺ The student's study habits, to have improved

---

1 John은 지질학에서 새 연구를 수행했다.
→ **2** 지질학에서 새 연구를 수행한 것은 바로 John이었다.
→ **3** John이 지질학에서 수행한 것은 바로 새 연구였다.
→ **4** John이 새 연구를 수행한 것은 바로 지질학에서였다.
◆conduct 수행하다 geology 지질학

❶ [정답 참조] │ 그의 내성적인 성격은 그가 독립적인 작업에 탁월하도록 해주었다. → 그가 독립적인 작업에 탁월하도록 해준 것은 바로 그의 내성적인 성격이었다.
◆introverted 내성적인 excel 탁월하다 independent 독립적인

[돋보기Q] 동사 enabled가 과거시제이므로 강조하고자 하는 주어 His introverted personality를 It was와 that 사이에 넣어야 한다. that 뒤에 문장의 나머지 부분을 빠짐없이 쓴다.

It was _his introverted personality_ // **that** enabled him to excel
　　　　　　　　S　　　　　　　　　　V　　O　　C
in independent tasks.

❷ [정답 참조] │ 기업들은 고객 만족도를 유지하기 위해 수준 높은 고객 서비스에 의존한다. → 기업들이 고객 만족도를 유지하기 위해 의존하는 것은 바로 수준 높은 고객 서비스이다. ◆rely on ~에 의존하다

[돋보기Q] 동사 rely on이 현재시제이므로 강조하고자 하는 목적어 high-quality customer service를 It is와 that 사이에 넣어야 한다. that 뒤에 문장의 나머지 부분을 빠짐없이 쓴다.

It is _high-quality customer service_ // **that** businesses rely on /
　　　　　　　　　　O　　　　　　　　　　　　S　　　V
to maintain client satisfaction.

❸ [정답 참조] │ 그는 오직 가족과 함께 있을 때만 완전히 자연스럽고 편안해 보였다. → 그가 완전히 자연스럽고 편안해 보인 것은 오직 가족과 함께 있을 때뿐이었다.

[돋보기Q] 동사 seemed가 과거시제이므로 강조하고자 하는 부사절 only when he was with his family를 It was와 that 사이에 넣어야 한다. that 뒤에 문장의 나머지 부분을 빠짐없이 쓴다.

It was _only when he was with his family_ // **that** he seemed
　　　　　　　　　　M　　　　　　　　　　　　　　S　V
perfectly natural and relaxed.
　　　C

5 그녀는 매우 행복한 것 같았다.

6 그는 아팠던 것 같다.

❹ 정답 참조 | 이 사진은 소비자들에게 설득력 있는 메시지를 주기 위해 고안되었던 것 같다. ◆persuasive 설득력 있는

돋보기🔍 This photo를 that절의 주어로 전환한다. to have been designed를 that절의 동사로 바꿔 쓰면 주절의 시제(현재)보다 앞선 was designed나 완료형인 has been designed가 모두 가능하다. 주어진 빈칸 수를 고려하여 was designed로 쓴다.

It seems // that <u>this photo</u> <u>was designed</u> / to give consumers
　　　　　　　　S′　　　　　　V′
persuasive messages.

NOTE that의 생략
<It seems[appears] that S′+V′> 구문에서 that은 생략할 수 있다.
e.g. It seems (that) this photo was designed ~.

❺ 정답 참조 | 그 학생의 공부 습관은 지난 시험 이후로 향상된 것 같았다.

돋보기🔍 주어진 문장에서 the student's study habits를 주어로 하는 <S+seem to-v> 구문을 영작한다. that절의 동사 had improved가 완료형이므로 to have improved로 써야 한다.

The student's study habits **seemed** to have improved / since the
　　　　　S　　　　　　　　V　　　　　　　　C
last exam.

Main Stage 3　영작 서술형

본책 p. 200

정답 [각5점] **01** it remarkable for rescue workers to stay calm and focused
　　　　　　 02 It was wise of her to compare the prices of different airlines
　　　　　　 03 in times of difficulty that the true essence of one's character is revealed
　　　　　　 04 seems that the younger generation is opting for minimalism

　　　　[10점] **05** It is more effective to keep all tasks in one place for better time management and decision-making

Exercise

01 정답 참조 | ◆remarkable 놀라운　pressure 압박(감)

돋보기🔍 '구조대원들이 압박감 속에서 침착하고 집중하는 것'이 <의미상의 주어+to-v>인데, found의 목적어에 해당하므로 가목적어 it을 사용하여 영작해야 한다.

I found **it** remarkable / for rescue workers **to stay** calm and
S　V 가목적어　　C　　　　to-v 의미상의 주어　　　진목적어
focused / under pressure.

02 정답 참조 | ◆book 예약하다

돋보기🔍 '그녀가 항공편을 예약하기 전에 여러 항공사의 가격을 비교한 것'이 <의미상의 주어+to-v>인데, 문장의 주어에 해당한다. 주어진 어구 중 해석되지 않는 it이 있으므로 이를 가주어로 문장 앞에 써서 영작한다. wise가 의미상의 주어에 대한 '칭찬'을 의미하므로 <of+목적격>으로 의미상의 주어를 나타낸다.

It was wise of her / **to compare** the prices (of different airlines) /
가주어　　to-v 의미상의 주어　　　　진주어
before booking her flight.

03 정답 참조 | ◆in times of ~의 때[시기]에　essence 본질; 정수　character 인성; 성격, 기질　reveal 드러내다; 밝히다

돋보기🔍 우리말에서 '바로'라는 수식어가 붙어 강조되는 말이 있고, 문두에 It is가 주어졌으므로 <it be ~ that ...> 구문을 사용하여 영작한다. It is와 that 사이에 강조되는 in times of difficulty를 쓰고, that 이하에는 강조된 부분(부사구)을 제외한 나머지 부분을 영작한다.

<u>It is</u> *in times of difficulty* // <u>that</u> the true essence (of one's
　　　　　　　　M　　　　　　　　　　　S
character) / is revealed.
　　　　　　　V

04 정답 참조 | ◆minimalism 미니멀리즘((최소한의 요소로 최대 효과를 이루려는 사고방식))

돋보기🔍 우리말과 주어진 어구로 보아 '~인 것 같다'를 의미하는 <It seems that S+V> 구문으로 영작한다.

It seems // that the younger generation is opting for minimalism
　　　　　　　　S′　　　　　　　　V′　　　　O′
/ as a way (to reduce waste).

05 정답 참조 | 현명해 보일지도 모르지만, 일과 사적 생활을 위한 두 개의 분리된 달력을 가지고 있는 것은 주의 산만으로 이어질 수 있다. 당신의 일정을 확인하기 위해, 각각 다른 해야 할 일 목록을 여러 번 확인하고 있는 자신을 발견하게 될 것이다. 대신, 모든 일을 한곳에 정리하라. 이는 직장과 가정 사이에 시간이 어떻게 나뉘는지에 대해 좋은 아이디어를 당신에게 줄 것이다. 이는 당신이 어떤 일이 가장 중요한지에 대해 잘 알고 내린 결정을 할 수 있도록 해줄 것이다.
[요약문] 더 나은 시간 관리와 의사결정을 위해 모든 일을 한곳에 두는 것이 더 효과적이다.

◆distraction 주의 산만　organize 정리하다; 체계화하다　informed (특정 주제나 상황에 대해) 잘 아는, 정보통인

돋보기🔍 글의 주제문은 Instead 뒤에 나오는 organize all of your tasks in one place.이다. 뒤에는 이것이 주는 두 가지 효과(시간 관리와 의사결정)가 이어지고 있다. 주어진 조건에서 It is로 시작하는 문장으로 작성하라고 했으므로 가주어 It을 쓰고 진주어는 to keep이 이끄는 어구로 써야 한다. 주어진 어구로 보아 두 가지 효과도 진주어에 포함시켜 요약문을 완성해야 한다.

It is more effective / **to keep**^{V′} all tasks^{O′} in one place^{A′} / for better
가주어　　　　　　　　진주어
time management and decision-making.

정답 **01** dissatisfied customers, complain   **02** the color

Try by Yourself!

01 dissatisfied customers, complain │ 회사의 실패작에 대한 시장의 피드백은 영향력이 강하다. 불만족한 고객으로부터의 불평은 판매자에게 개선과 소중한 학습 경험일 수 있다. 한 화장품 회사는 한때 끈적거리는 자외선 차단 로션에 대하여 사람들이 불평하게 했는데, 이는 시장의 20퍼센트를 점유한 끈적이지 않는 대안 제품을 개발하는 기회를 제공했다. 회사의 잠재적 이득을 고려하면, 불만족한 고객들이 불평하는 것은 중요하다.

◆ impactful 영향력이 강한   complaint 불평, 항의   cosmetics 화장품   sticky 끈적거리는   alternative 대안, 선택 가능한 것; 대체의

(돋보기🔍) 고객 불평이 판매자에게 개선과 소중한 학습 경험으로 이어진다는 설명 뒤에 그 예가 제시된 글이다. 그러므로 불만족한 고객들이 불평하는 것이 중요하다는 주장을 <가주어(it)-진주어(to-v)> 구문을 사용하여 영작한다.

02 the color │ 우리는 음식의 겉모양을 우리 판단의 일부로 생각하지만, 겉모양이 얼마나 우리의 지각에 영향을 미칠 수 있는지는 놀랍다. 만약, (음료의) 색깔이 잘못되어 있다면, 사람들은 과일 맛이 나는 음료를 제대로 식별하는 것이 어렵다는 것을 알게 된다. 와인을 공부하는 학생들을 대상으로 한 연구에서, 대단히 흥미로운 관찰이 이루어졌다. 붉은 색소로 물들인 화이트 와인을 받았을 때, 학생들은 전형적으로 레드 와인과 연관되는 시음 노트를 선택했다. 심지어 숙련된 와인 감식가들도 그것에 속을 수 있는 것처럼, 맛과 냄새에 대한 우리의 지각에 크게 영향을 미치는 것은 바로 색깔이다.

◆ astonishing 놀라운   perception 지각, 자각   flavored (~의) 맛이 나는   involve 관련시키다, 연루시키다   fascinating 대단히 흥미로운   observation 관찰   associate 연관 짓다   taster (와인 등의) 맛 감식가   fool 속이다

(돋보기🔍) 겉모양이 맛과 냄새보다 우리의 지각에 더 영향을 미친다는 설명 뒤에 예가 이어지고 있으므로 첫 문장이 주제문이다. 이어지는 예에서, 색깔이 잘못되면 음료의 맛을 제대로 식별하지 못한다고 했으므로, 빈칸에는 'the color'가 들어가야 한다.

정답 [각4점] **01** ✕, frequent   **02** ○   **03** ✕, does   **04** ✕, poorer   **05** ○   **06** ✕, easily   **07** ✕, that
08 ○   **09** ✕, to seek   **10** ○

(감점 요소) -2점 (✕는 올바르게 표시했지만 틀린 부분을 바르게 고치지 못한 경우)

[각5점]   **11** does memory underlie our ability to think
12 nothing more fundamental to the human spirit than the need
13 the regular use of dental floss that effectively removes plaque
14 It is challenging for any of us to maintain a consistent level of attention
15 The more people you know, the more colorful your life becomes

(감점 요소) -2점 (어순은 올바르나 어형 변형이 틀린 경우)

[7점]   **16** these new meat products are as safe as traditional meat

(감점 요소) -3점 (어순은 올바르나 어형 변형이 틀린 경우)

[각6점] **17-19** ① them → it, that 이하의 명사절 목적어를 대신하는 가목적어 it으로 고쳐야 한다.
/ ② feel people → people feel, <the +비교급+S +V> 어순인 people feel로 고쳐야 한다.
/ ④ that → those, 비교 대상이 복수명사 people이므로 those로 고쳐야 한다.

(감점 요소) -2점 (틀린 부분을 찾았지만 바르게 고치지 못한 경우) / -4점 (틀린 이유를 바르게 쓰지 못한 경우)

[10점]   **20** has the spirit of innovation flourished as profoundly as it did

(감점 요소) -5점 (어순은 올바르나 어형 변형이 틀린 경우)

▶ 비교구문 (배수사+as 원급 as)

01 ✕, frequent │ 실험 중에 사람들이 웃는 데 보낸 시간은 혼자 있을 때보다 둘씩 짝을 지어 있을 때 거의 두 배만큼 빈번했다. ◆ frequent 빈번한   in pairs 둘씩 짝을 지어

(돋보기🔍) <배수사+as 원급 as>의 원급이 문장에서 보어 역할을 하므로 원급 자리에는 형용사가 와야 한다. 비교 대상은 The time individuals spent laughing in pairs와 the time they spent laughing when alone인데, as 뒤에 중복되는 the time ~ laughing을 생략한 것이다. when이 이끄는 부사절의 <S′ +V′> 역시 생략되었다.

~, / the time [individuals spent laughing] / was nearly **twice as**
frequent in pairs // as when (they were) alone.

▶ 도치구문 (장소 부사구)

02 ○ │ 개인주의의 핵심에는 각 개인이 자기 세계의 중심을 구성한다는 믿음이 있다. ◆ heart 핵심   individualism 개인주의   constitute ~을 구성하다

(돋보기🔍) 장소 부사구 At the heart of individualism이 문두에 와서 주어와 동사가 도치된 문장이다. 일반동사가 쓰였지만 조동사 do/does/did를 사용하지 않고

동사 형태 그대로 도치하며, 동사 뒤의 주어 the belief에 수일치시켜야 한다. the belief 뒤에 이어지는 that절(that ~ universe)은 the belief를 보충 설명하는 동격절이다. (← The belief that ~ lies **at the heart of individualism**.)

▶ 도치구문 (부정어구)

03 ✕, does | 전기 자동차의 광범위한 채택은 탄소 배출을 줄일 뿐만 아니라, 화석 연료에 대한 의존도 낮춘다. ◆ adoption 채택 emission 배출 lower 낮추다 dependency 의존 fossil fuel 화석 연료

돋보기🔍 도치구문은 항상 수일치에 주의해야 한다. 주어는 단수인 the widespread adoption이고 현재시제이므로 조동사 do를 does로 고쳐야 한다. (← The widespread adoption of electric vehicles **not only** reduces ~.)

▶ 비교구문 (비교급 + than)

04 ✕, poorer | 소수 집단의 구성원들은 다수 집단의 구성원들보다 더 나쁜 건강 결과를 보이는 경향이 있는데 그 이유는 그들의 복지에 미치는 차별의 영향 때문이다. ◆ minority 소수 majority 다수 discrimination 차별 well-being 복지

돋보기🔍 Members of minority groups와 those(= members) of majority groups, 두 대상이 보이는 건강 결과의 좋고 나쁨을 비교하는 것이므로 비교급 표현이 되어야 한다.

▶ it be ~ that 강조구문

05 ○ | 비록 우주에 대한 우리의 이해는 여전히 불완전하지만, 해답에 대한 우리의 끝없는 탐구가 시작되는 것은 바로 이 불완전성 안에서부터이다. ◆ incomplete 불완전한 cf. incompleteness 불완전성 endless 끝없는 quest 탐구

돋보기🔍 문맥 및 구조상 부사구 from within this same incompleteness를 강조하는 <it be ~ that ...> 강조구문이다.

▶ 비교구문 (as + 원급 + as)

06 ✕, easily | 오늘날 세상에서 정보는 하키 퍽이 아이스링크의 평평한 표면을 미끄러지는 것만큼 쉽게 전 세계로 이동할 수 있다. ◆ globe 지구; 세계 hockey puck 하키 퍽《하키용 공》

돋보기🔍 <as + 원급 + as>의 원급이 문장에서 동사 can move를 수식하므로 원급 자리에는 부사가 와야 한다.
~, / information can move / across the globe / as easily //
S   V
as a hockey puck^S′ slides^V′ across ~].

▶ 가주어 it

07 ✕, that | 부모가 아이들에게 학업과 친구들뿐만 아니라 그들의 안전에 관하여 정기적으로 이야기하는 것은 중요하다. ◆ on a regular basis 정기적으로 schoolwork 학업

돋보기🔍 <가주어-진주어> 구문으로, 문맥상 '부모가 ~ 이야기하는 것'이 진짜 주어이다. 뒤에 주어와 동사를 갖춘 절이 이어지므로 that으로 고쳐야 한다. for parents를 의미상의 주어로 하는 to부정사구로 표현할 수도 있다. (= **It** is essential for parents **to talk** to ~.)
It is essential // **that** parents^S′ talk^V′ / to their children ~.
가주어   진주어

▶ 도치구문 (부정어구)

08 ○ | 경제가 도전에 직면할 때만(= 경제가 어려울 때만) 어떤 회사들이 재정 기반이 튼튼하고 어떤 회사들이 불안정한지 알 수 있다. ◆ foundation 기반; 기초 shaky 불안정한; 흔들리는

돋보기🔍 Only가 포함된 부사절이 문두에 온 도치구문이므로 <조동사(can) + 주어(you) + 동사(see)>의 어순은 적절하다. (← You can see which ~ shaky **only when the economy faces challenges**.)

▶ 가목적어 it

09 ✕, to seek | 교사와 학생들 간의 불충분한 의사소통은 학습자들이 복잡한 주제에 대하여 지도를 구하는 것을 더 어렵게 만든다. ◆ insufficient 불충분한 guidance 지도, 안내

돋보기🔍 문장의 동사 makes의 가목적어 it 뒤에 진목적어가 나와야 하므로 to seek으로 고쳐야 한다. 앞의 for learners는 to seek의 의미상의 주어이다.
Insufficient communication (between teachers and students) /
                                         S
makes **it** more difficult / for learners **to seek** guidance ~.
V   가목적어   C   to-v 의미상의 주어   진목적어

▶ 최상급의 의미를 나타내는 비교급

10 ○ | 최근의 한 연구가 알아낸 바에 의하면 정신 건강은 소득, 나이, 영양 등 다른 어떤 요인보다 노인의 비자발적 체중 감소와 더 밀접하게 관련이 있다. ◆ be linked to ~와 관련이 있다 involuntary 비자발적인 income 소득

돋보기🔍 <비교급 than any other ~ (다른 어떤 ~보다 더 ···한)> 구문을 사용하여, '정신 건강이 노인의 비자발적 체중 감소와 가장 밀접하게 관련이 있다'라는 최상급 의미를 나타내었다.

▶ 도치구문 (부정어구)

11 정답 참조 | ◆ underlie 기초가 되다, 기저를 이루다

돋보기🔍 부정어구 Not only가 문두에 주어졌으므로 주어와 동사가 도치된 어순으로 영작한다. 일반동사 underlie가 쓰였고, 우리말로 보아 현재시제이며 주어가 단수인 memory이므로, 조동사 does로 변형하여 <조동사(does) + 주어(memory) + 동사(underlie)>의 어순으로 써야 한다.
Not only does memory underlie our ability (to think), // **but** it
부정어구   조동사1   S1   V1   O1   S2
defines the content (of our experiences).
V2   O2

▶ 최상급의 의미를 나타내는 비교급

12 정답 참조 | ◆ fundamental 근본적인

돋보기🔍 우리말이 최상급을 나타내고, 주어진 어구에 nothing과 than이 있으므로 <nothing ... 비교급 than ~ (~보다 더 ···한 것은 없다)> 구문을 사용한다. fundamental을 비교급 more fundamental로 바꿔 nothing 뒤에 수식어로 쓰고 than 이하를 영작한다. 참고로 <There + V + S> 구문이 쓰였다.
There is **nothing more fundamental** / to the human spirit / **than**
V   S   M
the need (to connect with others).
=

▶ it be ~ that 강조구문

13 정답 참조 | ◆ dental floss 치실 tooth decay 충치

돋보기🔍 우리말에서 '바로'라는 수식어가 붙어 강조되는 말이 있고, 문두에 It is가 주어졌으므로 <it be ~ that ...> 강조구문으로 영작한다. It is와 that 사이에 강조되는 the regular use of dental floss를 쓰고, that 이하에는 강조된 부분(주어)을 제외한 나머지 부분을 영작한다.
It is the regular use of dental floss // **that** effectively removes
S   V
plaque / from between teeth, // preventing tooth decay.
O

14 정답 참조 | ◆challenging 어려운, 힘든 consistent 일관된

돋보기🔍 우리말에서 '우리 중 누구든 근무 시간 내내 일관된 수준의 주의력을 유지하는 것'이 주어에 해당하며, 이는 to maintain ~이나 that절 형태의 주어로 영작할 수 있다. 하지만 주어진 어구 중 해석되지 않는 it이 있고(가주어 it 사용), to부정사의 의미상의 주어를 이끄는 for가 있으므로 <it ~ for+의미상의 주어+to-v ~>의 구문으로 영작한다.

It is challenging / for any of us to maintain a consistent level
가주어   to-v 의미상의 주어   진주어
of attention / throughout our working hours.

15 정답 참조 | ◆background 배경

돋보기🔍 우리말이 '~할수록 더 …하다'이므로 <the+비교급 ~, the+비교급 ...> 구문을 사용한다. 첫 번째 절에서는 much를 비교급 more로 바꿔 쓰고, 수식하는 명사 people을 이어 쓴다. 두 번째 절에서는 colorful을 비교급 more colorful로 바꿔 쓴다.

The more people you know / of different backgrounds, //
         O1   S1   V1
the more colorful your life becomes.
         C2   S2   V2

16 정답 참조 | 대체육 산업은 빠르게 성장하고 있다. 여기에는 식물성 버거나 실험실에서 키운 고기와 같은 식품이 포함된다. 이러한 식품을 만드는 제조업체들은 안전에 큰 비용과 노력을 들이고 있다. 그들은 이 새로운 고기 제품들이 전통적인 고기만큼 안전하다는 것을 확실하게 하고 싶어 한다. 사람들이 이러한 식품이 안전하다고 느끼면, 그들이 그것을 먹어볼 가능성이 커질 것이다. 또한 안전에 초점을 맞추면 각국에서 정해진 규칙을 준수하는 데 도움이 된다.

◆plant-based 식물성의 traditional 전통적인 meet 준수하다, 지키다

돋보기🔍 우리말이 '~만큼 …한'이고 주어진 어구에 as가 있으므로 <as+원급+as> 구문을 사용한다. 원급이 be동사의 보어이므로 형용사 safe를 그대로 써야 한다.

They want to ensure // that these new meat products are as safe
                              S'   V'   C'
/ as traditional meat.

17-19 정답 참조 | 최근 수행된 새 연구가 알아낸 것은 사회적 고립이 사람들이 위험한 재정적 결정을 내리도록 이끈다는 것을 주목할 만하다는 것이다. 사람들이 그들의 사회적 연결망에 연결되어 있다고 느끼지 않을 때, 그들은 종종 만족을 구매하려고 한다. 그리고 사람들이 더 거부당한다고 느낄수록, 돈을 그들의 문제를 해결해 줄 수단으로 볼 가능성이 더 크다. 홍콩에서의 한 실험은 거부당하는 느낌을 더 받는다고 말한 사람들이 더 사회적으로 연결된 느낌을 받는다고 알린 사람들보다 복권과 훨씬 더 위험한 투자 전략에 대한 도박을 더 많이 보고하는 경향이 있다는 것을 발견했다. 사회적 거부가 사람들이 돈을 통한 만족을 찾아 더 위험한 결정을 내리게 만든다는 것이 분명했다.

◆notable 주목할 만한 isolation 고립 risky 위험한 reject 거부하다
cf. rejection 거부 report 보고하다, 알리다 gambling 도박

돋보기🔍 ① 목적어로 해석되는 that절(~ 이끈다는 것)이 뒤에 있으므로, 이를 대신할 수 있는 가목적어 it이 와야 한다.
② <the+비교급 ~, the+비교급 ...> 구문을 이루는 절의 어순은 <the+비교급+S+V>이다.
④ 반복되는 people을 대신하는 대명사이므로 복수형 those가 적절하다.

오답풀이 ③ 비교급 riskier를 수식하는 부사로 much는 적절하다.
⑤ 주어로 해석되는 that절이 있으므로, 이를 대신할 수 있는 가주어 It은 적절하다.

20 정답 참조 | 르네상스 시대는 14세기부터 17세기에 걸친 시대인데, 오늘날까지 계속해서 영감을 주는 혁신 정신이 놀랍고도 비할 데 없이 번성했던 시기였다. 고전 학문의 부흥은 휴머니즘의 탄생과 연관되었는데, 사람들이 세상과 관계를 맺는 방법에 있어 놀라운 변화를 촉발했다. 레오나르도 다빈치, 미켈란젤로 그리고 갈릴레오 갈릴레이와 같은 획기적인 예술가들과 사상가들은 예술, 과학, 그리고 문학의 경계를 초월했다. 그들의 혁명적인 기여는 그들의 분야를 새롭게 만들었을 뿐만 아니라 현대 세상의 기초를 세웠다.

[요약문] 혁신의 정신이 르네상스 시대만큼 크게 번성한 적이 없다(혁신의 정신이 가장 번성했던 시대는 르네상스 시대이다).

◆span (얼마의 기간에) 걸치다 extraordinary 놀라운, 기이한 flourish 번성하다
innovation 혁신 revival 부흥 couple 연결하다 engage 관계를 맺다
groundbreaking 획기적인 thinker 사상가 transcend 초월하다
contribution 기여 reshape 새로운 모양으로 만들다 profoundly 크게, 깊이;
심오하게

돋보기🔍 글에서 르네상스 시대에 혁신의 정신이 비할 데 없이 번성했고 그 정신은 현대에도 큰 영향을 준다고 말하고 있으므로, 혁신의 정신이 르네상스 시대만큼 크게 번성한 적이 없다(즉, 혁신의 정신은 르네상스 시대에 가장 번성했다)는 내용이 되어야 적절하다. 부정어 Never가 문두에 왔고, 주어진 어구로 보아 현재완료형이므로 <조동사(has)+주어(the spirit of innovation)+p.p.(flourished)>의 어순으로 써야 한다. 주어진 어구에 as가 있으므로 <as+원급+as> 구문을 영작하는데, 원급이 문장에서 동사 has flourished를 수식하므로 profound를 부사 형태인 profoundly로 바꿔 쓴다. 두 번째 as 뒤의 did는 과거시제 일반동사구 flourished profoundly를 받는 대동사이다. 앞에서는 과거부터 현재까지 계속됨을 의미하는 현재완료형 has flourished를 썼지만, as 뒤에서는 과거 르네상스 시대에 대한 내용이므로 과거시제가 쓰였다.

Never has the spirit of innovation flourished as profoundly // as
부정어 조동사   S   V   M
it did / during the Renaissance period.